本书出版获国家重点研发计划课题《道路应急抢通装备集成示范》（2016YFC0802707）资助。

道路交通应急抢通培训教材

主　编　宋　翔　曹红雷
副主编　任春晓　周晓晶

东南大学出版社
SOUTHEAST UNIVERSITY PRESS
·南京·

图书在版编目(CIP)数据

道路交通应急抢通培训教材/宋翔,曹红雷主编.
南京:东南大学出版社,2019.12
ISBN 978-7-5641-8590-9

Ⅰ.①道… Ⅱ.①宋… ②曹… Ⅲ.①道路运输-突发事件-应急对策-技术培训-教材 Ⅳ.①U491.31

中国版本图书馆CIP数据核字(2019)第241746号

道路交通应急抢通培训教材

主　　编	宋　翔　曹红雷
出版发行	东南大学出版社
社　　址	南京市四牌楼2号　(邮编:210096)
出 版 人	江建中
责任编辑	陈　淑

经　　销	全国各地新华书店
印　　刷	江苏凤凰数码印务有限公司
开　　本	700mm×1000mm　1/16
印　　张	22
字　　数	408千
版　　次	2019年12月第1版
印　　次	2019年12月第1次印刷
书　　号	ISBN 978-7-5641-8590-9
定　　价	88.00元

本社图书若有印装质量问题,请直接与营销部联系。电话(传真):025-83791830

编委会

主　　编　宋　翔　曹红雷

副 主 编　任春晓　周晓晶

参编人员　李　旭　鲁甲杰　李海鹏
　　　　　　徐启敏　杨淞博　卫晓泽
　　　　　　吴　韡　胡玮明　胡锦超
　　　　　　高怀堃　任　岩　胡泽峰
　　　　　　孔　栋　韦　坤

前言 Preface

截至 2017 年年底,我国公路总里程达 477.35 万 km,其中高速公路里程达 13.65 万 km,里程规模居世界第一,独立桥梁及隧道达 883 km,是国民经济快速发展的重要支柱。但公路在遭受战争袭击、各类自然灾害、恐怖活动或重特大交通事故时,往往会受到严重破坏,在发生这些道路交通突发事件后,如果不能快速、及时地进行应急抢通,往往会导致长时间的交通拥堵和中断,甚至会发生诸如连环撞车、环境污染等二次事故,严重影响国民经济生产和人民生活,甚至威胁人民群众的生命和财产安全。因此,对损毁的交通基础设施进行应急抢通,保证道路交通畅通无阻,是一项长期、重大的课题。

基于这样的考虑,结合国家重点研发计划课题"道路应急抢通关键技术研究与应用示范"技术成果的推广应用,我们组织编写了《道路交通应急抢通培训教材》(简称《教材》),可供军事交通部门、武警部队、地方交通部门、应急管理部门、高等学校相关专业人员学习参考。

《教材》立足道路应急抢通基础知识,融合了历年来武警部队参与重大抢险任务的实战经验总结,着眼于让包括武警部队战士在内的从业人员较为全面地了解道路抢通相关知识,构建了一套相对完备的理论体系、技术方案和保障措施。《教材》注重对从业人员基础知识、专业知识以及应用能力的三重培养,基于这样的培养目标,全书内容分为绪论以及基础篇、技能篇、实践篇共三篇十章。其中,绪论介绍了道路应急抢通的含义、意义、任务和特点等;基础篇共三章,分别介绍了道路应急抢通相关政策规定、从业人员基本要求与从业人员生理、心理健康;技能篇共五章,分别介绍了常见道路灾害、抢通场景类型和主要受损模式、装备知识、抢通处置技术和相关安全知识;实践篇共两章,分别介绍了道路应急抢通一般工作流程与预案和"5·12"汶川地震抢通案例分析。《教材》既可作为从业人员开展道路抢通培训的实用教材,也可为道路应急抢通提供技术参考,具有较强的可读性、针对性和实用性。

本教材是集体智慧的结晶,众多技术工作者参加了编写工作。本教材由宋翔和曹红雷任主编、任春晓和周晓晶任副主编,由曹红雷和宋翔确定纲目并统稿。其具体编写分工如下:绪论由宋翔、曹红雷、周晓晶编写,第一章由宋翔、任春晓编写,第二章由宋翔、李旭编写,第三章由宋翔、李旭、徐启敏、吴靽编写,第四章、第五章由曹红雷、鲁甲杰、李海鹏、杨淞博、卫晓泽编写,第六章由曹红雷、任岩、胡泽峰编写,第七章由周晓晶、宋翔编写,第八章由宋翔、徐启敏、吴靽、胡玮明、胡锦超编写,第九章由宋翔、胡玮明、胡锦超、高怀堃、孔栋、韦坤编写,第十章由曹红雷、鲁甲杰、李海鹏编写。全书由宋翔统稿,曹红雷、任春晓、周晓晶审阅,李旭、鲁甲杰、李海鹏、徐启敏、吴靽等同志也参与了本书的审阅工作。

《教材》编写过程中,参考了有关专家和科研人员的著作,得到了东南大学、武警某部交通第一支队、交通运输部公路科学研究院、南京晓庄学院的大力支持和帮助,在此表示诚挚的感谢!

由于时间仓促,加之编者水平有限,难免存在不足之处,恳请广大技术和管理人员提出宝贵意见和建议,以供《教材》修改和完善。

编 者

二〇一九年八月

目录 Contents

绪论 ··· 001
  第一节 道路应急抢通在国民经济中的地位 ···································· 001
      一、道路应急抢通的含义 ·· 001
      二、道路应急抢通的意义、地位和作用 ································· 003
  第二节 道路应急抢通的任务、特点、问题及处置原则 ··········· 005
      一、道路应急抢通的主要任务 ······································· 005
      二、道路交通突发事件及道路应急抢通的特点 ················· 006
      三、道路应急抢通的主要问题 ······································· 008
      四、道路应急抢通的指导思想及原则 ····························· 010

基 础 篇

第一章 道路应急抢通相关政策规定汇编 ························· 013
  第一节 道路应急抢通相关法律法规 ··································· 013
      一、《中华人民共和国突发事件应对法》 ··························· 013
      二、《中华人民共和国公路法》(2016年修正) ················· 014
      三、《公路安全保护条例》 ·· 014
      四、《国防交通条例》 ··· 015
      五、《中华人民共和国防震减灾法》 ································ 015
      六、《中华人民共和国防洪法》(2016年修正) ················· 016
      七、《国家突发公共事件总体应急预案》 ··························· 016
      八、《军队参加抢险救灾条例》 ······································ 017
      九、《地质灾害防治条例》 ·· 017
      十、《中华人民共和国防汛条例》 ··································· 018
      十一、《交通运输突发事件应急管理规定》 ······················ 018
  第二节 道路应急抢通地方性条例 ······································ 020

一、《四川省〈中华人民共和国公路法〉实施办法》 ········· 020
二、《四川省突发事件应对办法》 ························· 020
三、《四川省抢险救灾工程项目管理办法》 ················· 021
四、《四川省普通公路应急抢通保通指导意见》 ············· 021
五、《江西省高速公路保畅通应急处置办法》 ··············· 022
六、《浙江省公路抢险应急及小额零星工程管理暂行办法》 ··· 022
七、《青海省公路抢险救灾工程管理办法》 ················· 022
八、《云南省公路养护水毁、地质灾害防治与阻断抢通工作管理制度》 ··· 023

第二章 道路应急抢通从业人员的基本要求 ················· 026
第一节 道路应急抢通从业人员的职业情况 ················· 026
一、职业定义 ··· 026
二、职业责任 ··· 026
三、职业要求 ··· 027
四、职业特点 ··· 028
第二节 道路应急抢通从业人员的社会责任和职业道德 ······· 029
一、道路应急抢通从业人员的社会责任 ··················· 029
二、道路应急抢通从业人员的职业道德 ··················· 030
三、道路应急抢通从业人员职业道德建设的必要性 ········· 033
四、提高职业道德修养的途径 ··························· 034

第三章 道路应急抢通从业人员的职业心理和生理健康 ······· 035
第一节 道路应急抢通的职业危害 ························· 035
一、职业危害 ··· 035
二、道路应急抢通从业人员的职业特点及其危害 ··········· 035
第二节 道路应急抢通从业人员的心理健康与调节方法 ······· 036
一、职业心理问题 ····································· 036
二、道路应急抢通从业人员常见的心理问题 ··············· 036
三、做好从业人员心理调适工作的对策 ··················· 038
四、道路应急抢通从业人员心理健康的自我调节方法 ······· 039
第三节 道路应急抢通从业人员常见生理性疾病与预防知识 ··· 040
一、影响道路应急抢通从业人员生理状况的因素 ··········· 040
二、道路应急抢通从业人员常见职业病类型 ··············· 042
三、道路应急抢通从业人员职业病日常防护措施 ··········· 043

技 能 篇

第四章 道路应急抢通灾害介绍 …………………………………………… 047
第一节 基于灾害产生原因的道路应急抢通灾害分类与特点 ………… 047
一、战争灾害 …………………………………………………… 047
二、事故灾难 …………………………………………………… 048
三、自然灾害 …………………………………………………… 049
第二节 灾害发生机理 …………………………………………………… 056
一、滑坡 ………………………………………………………… 056
二、崩塌 ………………………………………………………… 057
三、泥石流 ……………………………………………………… 058
四、堰塞湖 ……………………………………………………… 060
五、地面塌陷 …………………………………………………… 061
第三节 灾情应急调查与评估 …………………………………………… 064
一、应急调查方法及工作程序 ………………………………… 064
二、调查准备工作 ……………………………………………… 066
三、调查内容 …………………………………………………… 067
四、灾害评估 …………………………………………………… 069

第五章 道路分类结构类型与受损模式分析 ……………………………… 075
第一节 道路应急抢通主要场景的结构类型与特点 …………………… 075
一、陆面道路主要结构类型与特点 …………………………… 075
二、桥梁主要结构类型与特点 ………………………………… 078
三、渡口简介 …………………………………………………… 089
四、隧道主要结构类型 ………………………………………… 090
第二节 应急抢通主要场景的受损模式 ………………………………… 092
一、陆面道路受损模式分析 …………………………………… 092
二、桥梁受损模式分析 ………………………………………… 097
三、隧道受损模式分析 ………………………………………… 099
四、渡口受损模式分析 ………………………………………… 102
五、机场道面、港口码头与堤防工程的主要破坏类型 ……… 103

第六章　道路应急抢通装备基础知识 ··· 107
第一节　道路应急抢通装备概述 ··· 107
第二节　道路应急抢通装备分类及功能 ·· 108
第三节　道路应急抢通装备分类简介 ··· 109
　　一、土石方机械类 ··· 109
　　二、起重机械类 ··· 120
　　三、桩基和桥梁装备类 ··· 126
　　四、隧道装备类 ··· 133
　　五、路面机械类 ··· 139
　　六、小型机械装备类 ··· 148
　　七、保障车辆类 ··· 154
　　八、除雪机械类 ··· 158
　　九、新型救援机械类 ··· 160
第四节　装备维护及保养 ··· 167

第七章　道路应急抢通处置技术 ··· 169
第一节　陆面道路抢通抢建处置技术 ··· 169
　　一、路基抢通 ··· 169
　　二、路面抢修 ··· 188
第二节　桥梁抢修抢建处置技术 ·· 189
　　一、破损桥梁抢修 ··· 189
　　二、垮塌桥梁抢建 ··· 192
第三节　隧道抢通抢修处置技术 ·· 197
　　一、运营隧道洞口抢通 ··· 198
　　二、隧道洞身段坍塌抢修 ··· 199
　　三、隧道涌水抢修 ··· 199
　　四、临时支护 ··· 201
　　五、隧道火灾及其他突发事件处置措施 ····································· 202
第四节　机场道面快速修复处置技术 ·· 204
　　一、损毁道面及坑槽清理 ··· 204
　　二、坑槽回填处理 ··· 206
　　三、道面基层恢复 ··· 207
　　四、道面快速抢修 ··· 207

第五节　港口码头抢修抢建处置技术 ·················· 210
　　一、进出港道路快速抢修 ·························· 210
　　二、重力式码头快速修复 ·························· 211
　　三、高桩码头结构修复 ···························· 212
　　四、港口堆场快速抢修 ···························· 215
　　五、其他水工建筑物快速抢修 ······················ 216
第六节　堤防工程抢建抢修处置技术 ·················· 216
　　一、防漫溢抢险 ·································· 217
　　二、渗水（散浸）抢险 ···························· 221
　　三、管涌（翻沙鼓水、泡泉）抢险 ·················· 227
　　四、滑坡（脱坡）抢险 ···························· 232
　　五、漏洞抢险 ···································· 236
　　六、风浪抢险 ···································· 244
　　七、裂缝抢险 ···································· 247
　　八、坍塌抢险 ···································· 250
　　九、跌窝抢险 ···································· 254

第八章　道路应急抢通过程潜在风险与安全知识 ······ 256
第一节　安全生产管理 ······························ 256
　　一、基本概念 ···································· 256
　　二、安全生产管理要素 ···························· 257
　　三、安全生产管理原则 ···························· 257
第二节　道路应急抢通过程二次事故危险源辨识 ······ 259
　　一、危险源的概念 ································ 259
　　二、危险源的构成要素 ···························· 259
　　三、危险源的分类 ································ 260
　　四、危险源辨识 ·································· 262
第三节　道路应急抢通施工作业安全控制 ·············· 262
　　一、道路工程 ···································· 262
　　二、桥梁工程 ···································· 274
　　三、隧道工程 ···································· 278
　　四、机场场道工程 ································ 279
　　五、特殊季节与夜间施工 ·························· 281

实 践 篇

第九章 道路应急抢通一般工作流程与预案 ········ 287
  第一节 应急抢通准备及响应 ········ 287
    一、道路抢通装备调配 ········ 287
    二、选择应急抢通通道,保障快速、安全到达现场 ········ 292
  第二节 应急抢通现场工作 ········ 293
    一、抢通路线选择 ········ 293
    二、安全保障措施 ········ 294
  第三节 应急抢通预案与技战法 ········ 297
    一、涉水路段抢通技战法 ········ 297
    二、山区道路滑坡体应急救援技战法 ········ 298

第十章 "5·12"汶川特大地震震后应急抢通案例分析 ········ 301
  第一节 绵茂公路汉旺至清平段抢通 ········ 301
    一、基本情况 ········ 301
    二、灾害情况 ········ 301
    三、应急抢通技术措施 ········ 302
  第二节 小岗剑堰塞湖应急处置 ········ 305
    一、基本情况 ········ 305
    二、灾害情况 ········ 305
    三、抢险技术措施 ········ 306
    四、抢险实施 ········ 311
  第三节 汶川地震中破损桥梁抢修 ········ 313
    一、基本情况 ········ 313
    二、桥梁典型震害情况 ········ 313
    三、损伤桥梁抢修技术措施 ········ 313
  第四节 都汶公路彻底关321钢桥抢建 ········ 316
    一、基本情况 ········ 316
    二、彻底关大桥震害受损情况 ········ 317
    三、彻底关大桥抢通抢建方案 ········ 317
    四、抢建实施 ········ 318
  第五节 平武县南坝镇涪江低水桥抢建 ········ 324

一、基本情况 ··· 324
　　二、抢通技术方案 ··· 324
　　三、低水桥抢建实施 ·· 324
　　四、任务完成情况 ··· 325
第六节　宝成铁路 109 隧道震灾抢险整治 ·· 325
　　一、基本情况 ··· 325
　　二、宝成铁路 109 隧道工程概况及震害情况 ······························· 325
　　三、109 隧道抢险加固整治 ··· 326
　　四、经验教训 ··· 328

参考文献 ··· 329

绪　　论

第一节　道路应急抢通在国民经济中的地位

一、道路应急抢通的含义

道路应急抢通是指因道路交通突发事件对道路交通设施造成巨大破坏,道路出现断道、损坏后,造成或者可能造成交通运输中断、阻塞,为满足战争和应对突发事件的道路交通保障需求,有计划、有组织地提高道路交通系统的应变能力,必须立即实施的道路应急性清障、应急性维修、紧急修建抢险通道和临时便道(构筑物)等为恢复道路通畅、保障道路安全通行而开展的各项工程活动和作业行为。

1. 道路含义的界定

道路,从词义上讲是供各种无轨车辆和行人通行的基础交通设施。根据《中华人民共和国道路交通安全法》第一百一十九条的规定:"道路",是指公路、城市道路和虽在单位管辖范围但允许社会机动车通行的地方,包括广场、公共停车场等用于公众通行的场所。其主要包括:

(1)"公路",根据《中华人民共和国公路法》第二条规定,公路包括公路桥梁、公路隧道和公路渡口,即公路包括陆面道路、公路桥梁、公路隧道和公路渡口。根据《中华人民共和国公路法》第六条规定,按照其在公路网中的地位,公路可分为国道、省道、县道和乡道。公路的主要组成部分包括路基、路面、桥梁、涵洞、渡口码头、隧道、绿化、通信、照明等设备及其他沿线设施。

(2)"城市道路",根据我国《城市道路管理条例》第二条规定,城市道路是指城市供车辆、行人通行的,具备一定技术条件的道路、桥梁及其附属设施。

(3)"在单位管辖范围但允许社会机动车通行的地方",是指厂矿道路、机场道路、港区道路等,凡是社会机动车可以自由通行的地方,均按照道路进行管理。

(4)"广场",是指城市规划在道路用地范围内,专供公众集会、游嬉、步行和交通集散的场地。

(5)"公共停车场",是指在规划的道路用地范围内专门划设出供车辆停放的车辆集散地,是道路系统中的一个重要组成部分。

综合上述定义,并结合应急抢通实际应用需求,本书所界定的道路包括但不限于陆面道路、桥梁、隧道、机场与港口等,即上文所界定的公路与重要运输枢纽。考虑到道路应急抢通绝大多数情况下发生在《中华人民共和国公路法》第二条所规定的"公路"范围内,重要运输枢纽如港口、机场、桥梁等也均可囊括在广义的"公路"范围内,且在交通运输行业中,道路运输与公路运输词义基本重合,因此本书中,可用"公路交通应急"取代"道路交通应急",下文中,"公路"与"道路"两词不再做明确区分。

2. 道路交通突发事件的界定

道路交通突发事件,是指突然发生,造成或者可能造成交通运输设施损毁,交通运输中断、阻塞,需要采取应急处置措施,疏散或者救援人员,提供应急运输保障的自然灾害、事故灾难、公共卫生事件和社会安全事件。自然灾害,主要包括水旱灾害、气象灾害、地震灾害、地质灾害、海洋灾害、生物灾害和森林草原火灾等。事故灾难,即公路交通运输生产事故,主要包括交通事故、公路工程建设事故、危险货物运输事故等。广义上来说,道路交通突发事件的发生因素包括战争因素和非战争因素;狭义上来说,道路交通突发事件是由自然灾害、意外事故等非战争因素所导致的。本书所述内容则主要是针对非战争因素所致的道路交通突发事件的应急抢通工作。

3. 应急抢通含义的界定

根据道路交通突发事件所发生的地点和处理方式的不同,本书所述的应急抢通泛指在不同突发事件下为恢复道路通畅,保障道路安全通行而进行不同应急处置保障技术措施的总和。"抢"强调应急处置的时效性,"通"强调应急处置的效果。抢通阶段指灾情发生后,通过快速采取应急抢险的各种工程措施和作业行为,公路由中断到恢复通行的阶段。

事实上,在抢通阶段之后,应有保通阶段,即灾后公路恢复通行后,由于公路通行能力较差、次生地质灾害频发,为维持或提高通行能力而需要进一步采取工程技术措施的阶段。由于本书所面向对象的主要职责为灾害后保障道路通行,即抢通,而保通则主要为当地交通部门的任务,因此,本书仅仅着眼于抢通阶段的介绍,对保通则不加进一步阐述。

广义上来说,本书所界定的"抢通"是指为战时军事运输和平时抢险救灾、应急处置各类突发事件中为保障道路通行能力的应急抢修抢通公路而提供的工程技术保障,包括但不限于突发公共事件及战争条件下,遭受损毁的道路、桥梁、隧道的快速评估、应急性清障、抢修、抢建、抢通等各种技术措施,如针对路基的抢通,针对桥梁的抢修和抢建,针对隧道的抢通和抢修等,而并非单纯界定为抢通技术本身。

二、道路应急抢通的意义、地位和作用

道路(公路)交通与铁路、水路、航空、管道交通共同组成了我国国民经济和军队作战的生命线,是我国国民经济的大动脉。《中国统计年鉴2017》的数据表明,在五大运输方式中,道路(公路)交通在客运量、货运量、旅客周转量、货物周转量方面占据整个交通运输体系首位。截至2017年年末,我国公路总里程达477.35万km,其中高速公路里程达13.65万km,里程规模居世界第一,独立桥梁及隧道达883 km,全国公路旅客周转量为9 765.18亿人千米,公路货物周转量为66 771.52亿吨千米。

同时,公路是联系铁路、水路、航空、管道等其他运输方式的重要手段,其他运输方式的正常运转很大程度上要依赖公路运输来实现。公路交通覆盖范围广、通达程度深、机动灵活、可实现直达运输,在当前的经济社会条件下,具有其他交通方式无可比拟的优势。因此,道路(公路)交通在综合交通运输体系以及交通应急保障中具有十分重要的地位与作用,确保道路的畅通是国民经济快速发展的重要依托之一。但是与公路建设飞速发展、通达深度和服务水平进一步提升、有力支撑国民经济快速健康发展相比,道路交通应急抢通能力的建设还相当滞后。由于公路在遭受地震、山体滑坡、泥石流、雪灾等自然灾害或发生恐怖活动、重特大交通事故时,往往会受到严重破坏,在发生这些道路交通突发事件后,如果不能快速、及时地进行应急抢通,往往会导致长时间的交通拥堵和中断,甚至会发生诸如连环撞车、环境污染等二次事故,严重影响国民经济生产和人民生活,甚至威胁人民群众的生命和财产安全。特别是在战时或是灾害后,道路的畅通更是征战的基本条件和灾害成功处置的有力保障。

因此,无论是战时还是平时,对道路交通应急抢通能力的建设都具有极端的重要性和迫切性。

(1) 战时

几乎所有的战争都是以各种各样的道路作为征战最基本的条件,在过去以地面战争为主的战争中,道路运输发挥着"生命线"的作用。随着时代的发展和技术的进步,现代战争是诸军兵种联合(协同)作战的立体战争,机动作战将成为

主要的作战样式。虽然我国的海、空军机动能力大大加强,但是作为地面作战和非战争行动主体的地面部队,其庞大的技术兵器和大量的兵员物资仍要依靠道路来实施机动和运输,需保障军用车辆、救援车辆、重大型车辆等特种车辆的顺利通行。同时,现代战争的突然性和破坏力空前增大,人力物力消耗骤增,战场运输任务日益繁重,对道路交通保障的依赖性大大增强,对保障的时限性要求也更加严格。战时的重要道路、桥梁、港口码头、机场等重要交通设施必将是重要的受敌打击目标,易遭敌打击破坏以阻止我军快速机动和后勤保障,而信息化条件下的远程精确制导武器打击将使交通设施更加脆弱。高等级公路是战时的主要机动道路,公路一旦被破坏,车辆疏散隐蔽困难,抢修难度大,危险性高,时间要求紧迫,这些都对道路交通应急抢通能力的建设提出了更高的要求。

（2）平时

除战争之外,能够对道路交通设施造成重大破坏的突发事件主要包括自然灾害、安全事故和恐怖袭击。

公路作为长大线性结构物,受地理地质众多因素影响,易遭自然灾害损毁。我国是世界上自然灾害最严重的国家之一,自然灾害种类多、分布地域广、发生频率高、造成损失重。尤其近年来,洪涝、干旱、台风、风雹、沙尘暴、地震灾害、地质灾害等自然灾害更是多发、频发。每当灾害发生,公路不仅是损毁的对象,同时也是救灾的重要载体。灾害发生时,最急迫的就是保证抢险人员、装备和救灾物资第一时间进入受灾一线,然而由于灾害的发生往往会造成道路损毁、交通阻断,常导致救灾受阻,且灾区人员疏散、伤病人员外送转移较为困难,严重影响抢险救灾的进度。因此,畅通的道路就是救灾的"生命线",面对急迫的抢险救灾和恢复重建,打通生命线通道,对损毁道路快速予以抢通,以保障救援人员、装备、物资的及时输送和灾区人员的及时疏散,是首先需要解决的关键问题,也是国家公共安全保障的重大战略需求。

类似于自然灾害,在事故灾难(重特大交通事故、安全事故和恐怖袭击)的抢险救灾过程中,快速抢通灾区道路,保障救援物资和人员的及时输送也是关键的环节。

综上所述,道路受损后能否快速抢通,对国防安全、国民经济和人民生活的正常运转具有十分重要的现实意义。为了满足平时快速处置各类突发事件,组织自然灾害救援及作战保障,都需要保障道路的安全畅通,公路抢通承担着巨大的行业责任且面临很大的社会压力。本书限于篇幅,重点介绍平时各类道路交通突发事件的应急抢通处置,战时的绝大多数情况下道路抢通所需设备、操作技术等,也可参照本书执行,对于战时所涉及的特殊情况,将另行进行介绍。

第二节 道路应急抢通的任务、特点、问题及处置原则

一、道路应急抢通的主要任务

道路应急抢通的主要任务在本书中主要着眼于保障公路的安全通行,就是要在各类突发事件情况下,通过快速抢修和维护,确保陆面道路、桥梁、渡口与隧道这四个公路组成部分在承载能力、通行能力方面保持良好状态,确保战时或平时的公路安全、顺利通行。

具体任务分类如下:

1. 陆面道路保障方面

(1) 抢修塌陷的路基;

(2) 加宽原道路的转弯处等特殊路段,使其具有足够的转弯半径,可保障特种车辆通行;

(3) 加强原道路结构,以保障重载车辆通行;

(4) 抢修破损的路面;

(5) 清除道路上影响通行的各种障碍;

(6) 应急修建临时道路,保障车辆通行等。

2. 桥梁保障方面

(1) 抢修塌陷或受损的桥台;

(2) 抢修受损的桥跨结构;

(3) 抢修破损的桥面;

(4) 对原有桥梁结构进行快速加强,以保障重载车辆通行;

(5) 在断桥处或其附近快速架设应急桥梁,如各类桥上桥、浮桥;

(6) 清除桥梁上影响通行的各种障碍等。

3. 公路渡口保障方面

(1) 抢修渡口码头及岸坡设施;

(2) 抢修汽渡船;

(3) 快速疏浚渡口航道;

(4) 抢建临时渡口;

(5) 抢通渡口的连接线等。

4. 公路隧道保障方面

(1) 隧道塌方的救援与抢通;

(2) 隧道水灾的救援与抢通；

(3) 隧道火灾的扑灭、救援与抢通；

(4) 隧道交通事故的救援与抢通等。

二、道路交通突发事件及道路应急抢通的特点

1. 道路交通突发事件的特点

本书主要叙述的道路突发事件是指战时和平时对道路交通设施造成重大破坏的突发事件，除战争之外主要有自然灾害、安全事故和恐怖袭击。自然灾害主要是指给人类生存带来危害或损害人类生活环境的自然现象，本书主要是指会给道路带来损毁的自然灾害，如泥石流、地震、滑坡、洪水、冰雪等。安全事故主要是指道路交通设施在建设或运营过程中发生的各种生产安全事故，如营运车辆在隧道内起火、爆炸造成隧道结构破坏，桥梁垮塌等。恐怖袭击主要是指恐怖分子对关键性桥梁、隧道实施的爆炸破坏。只有充分认识道路交通突发事件的特点，才能科学、合理、高效地组织实施道路应急抢通活动。

道路交通突发事件主要有以下特点：

(1) 突发性：是指对战争和突发公共事件造成的道路交通设施的损毁很难在事先进行准确预测，即发生时间的不确定性。

(2) 随机性：是指对战争和突发公共事件造成的道路交通设施损毁的规模、程度、地点、类型的不确定性。

(3) 时效性：是指对战争和突发公共事件造成的道路交通设施损毁的抢修抢建，具有很强的时效性，要求在极短的时间内必须予以恢复通行。

2. 道路应急抢通的特点

道路交通突发事件的上述特点，决定了道路应急抢通与其他社会实践活动相比，具有明显的社会性、计划性、强制性、紧迫性、简约性、并行性、高危性等主要特点。

(1) 社会性

道路应急抢通是关系到战时或平时能够快速处置各类突发事件的重要保障，是一个由多种相互联系、相互制约的因素所构成的复杂系统，涉及全社会方方面面，通常是以交通系统的专业力量为骨干、以军队为突击力量，广大人民群众共同参与，因而道路应急抢通既是军队工作，又是地方工作，是社会组织和全体公民的共同义务，不是哪一级组织或个别社会成员的行为，而是将各种力量和积极因素进行综合、凝聚、转化为统一的整体力量的社会活动。

(2) 计划性

道路应急抢通是国防交通保障的一部分,它有国家交通和国防交通这个基础作为依托;此外,道路应急抢通又有着自己的特殊性,它需要有高度集中统一的指挥机制,需要有各项物质准备以及相关法律保障的良好运行环境,等等。

道路应急抢通的计划性,是指对交通、武警等系统的人力、物力、财力预先进行合理的组织和分配,使之能在必要时快速组织落实。道路应急抢通的计划性不仅是对应急抢通保障所需的内容和数量的安排,也是对其工作方式、手段和步骤的筹划。而运用计划手段就是提高其合理性程度的基本措施。若缺少这种筹划,既不可能最大限度地集中利用各种相关资源为公路应急抢通服务,也会使需求和应急抢通保障严重脱节,造成资源的极大浪费或破坏其整体力量结构的平衡,最终使应急抢通保障实力下降。这些工作涉及范围广、内容多、关系复杂,短时间内无法完成,工作时离不开平时的计划(预案),需要时依计划协调落实,以最大限度地提高道路应急抢通的效益。

(3) 强制性

道路应急抢通是为战时或平时处置各类突发事件服务的社会活动,体现了国家或政府的意志,也常常代表了相关人民群众的意愿。因此,公民和社会组织应当且必须服从国家或政府有关决策、法律、法规。这些决策、法律、法规对一切机关、团体、单位和个人都具有普遍的约束力,任何单位或个人都不得以任何理由拒绝执行,否则就会遭到法律的制裁。由于道路应急抢通很有可能事关国家的存亡、人民群众的安危,又通常是在战时或重大自然灾害等非正常状态下进行的社会活动,只有严肃、正确地运用法律手段,才能使政令、军令畅通,确保应急公路交通保障准确、高效、快速实施。因此,国务院、军队以及部分省份都出台了相应的条例来保障道路应急抢通有法可依,这些条例是实施道路应急抢通的强制性依据。

(4) 紧迫性(时限性)

在现代条件下,战争爆发的突然性大大增强,战争节奏显著加快,反应时间十分有限,军事运输只能在边准备、边展开、边保障的情况下实施,时间短促,对军队的快速机动提出了更高要求。此外,由于战争的破坏性大大增强,为保持和增强前方战力,军事运输始终处在紧张的状态。而平时的各类突发事件也具有类似的特点和要求,都具有强烈的应急色彩,需要道路尽快恢复通行状态。可以说,应急能力的强与弱,是道路应急抢通的根本标志。道路抢通只有应急,才能满足应对突发事件的要求,必须本着"时间第一,速度至上"的原则,增强公路通行保障实施的紧迫感,立足于最困难、最复杂的情况,力争在最短的时间内完成道路应急抢通任务。以灾害救援的道路抢通为例,尤其是在重特大自然灾害初期,道路抢通的主要目的是为抢救生命打通通道,要求尽可能在 72 小时内完成道路的抢通,保证受困人员得到及时救援,救援物资、人员得到及时输送,因此抢通的总时间要求尽可能短。

(5) 简约性

完整的道路施工包含很多工序,工序间的时间跨度大,但是应急道路抢通必须在保证质量的前提下尽量减少施工工序,缩短各工序的时间和工序间的时间间隔,以求实现最大程度减少工程施工的总时间,保证顺利及时实施救援。

(6) 并行性

为提高抢通效率,缩短施工工序时间,需要在抢通现场集中大量的人员和设备,以供随时调遣。尽量扩大施工作业面,实施多点同时作业,通过科学统筹、编组作业,发挥人员和设备的最大功效,提高抢通效率。同时,对于专业特色明显的工序在并行队伍不足的情况下,应在总的抢通工程并行作业的基础上,由专业作业分队有重点地逐个克服。

(7) 高危性

在地质条件复杂多变的山区,道路依山而建,环境非常恶劣,灾后山区道路损毁严重,抢通困难极大。且次生灾害如滑坡、泥石流等随时可能再度发生,抢通队伍和设备工作环境恶劣、安全威胁极大,作业过程中需胆大心细,安全措施需周全并落实到位。

(8) 对象的广泛性、技术的先进性和工作的高成本性

对象的广泛性是指道路的应急抢通对象广泛,包括路基、路面、桥梁、涵洞、渡口码头、隧道及其他沿线交通设施;技术的先进性是指由于社会的发展对公路畅通提出越来越高的要求,只有不断运用先进设备,不断引进先进工艺和新材料,才能满足需求;工作的高成本性是指抢通对象自身价值较高,为恢复抢通对象使其达到技术标准和必需的服务水平,所需投入较大。

三、道路应急抢通的主要问题

由于本书的道路应急抢通主要考虑因非战争因素所导致的道路损毁,因此本节所述的主要问题主要是针对平时的道路应急交通保障。近年来,由于世界范围内的政治经济危机、环境恶化以及自然灾害等危及人类安全的问题不断出现,各类应急行动成为当前世界普遍关注的安全焦点和热门话题。新中国成立后,我国经历了多次灾难,国家和各级地方政府成功组织了多次抢险救灾行动,尤其是近年来,取得了 1998 年特大洪灾、2008 年初南方特大雪灾、"5·12"汶川

特大地震、2010年青海玉树地震等特大自然灾害抢险救灾的胜利，这些灾害的成功处置，离不开道路交通应急抢通和应急运输保障，对于及时、有效开展各项应急救援工作，为灾区人民供应生活急需的各种物资，最大限度地抢救生命，减少人员伤亡和财产损失，保障救援人员战斗力，防止灾害扩大化，确保灾区社会稳定，加快恢复重建进程，发挥了重要作用。

但我们也应该清醒地认识到，我国道路交通应急处置能力与发达国家相比还有很大差距，应急长效机制、意识、装备、技术还有待进一步发展提高。其突出问题主要体现在以下几个方面。

1. 组织指挥不够顺畅，指挥协同异常复杂

在历年来的抢险救灾行动中，存在以下问题：受领任务不够及时，错过黄金救援时间；职责不清、多头指挥，政令多头下达，个别单位协调配合不够的情况，导致交通保障及运输保障出现了混乱现象，影响抢险救灾的效果；多部门多头调用抢通力量的情况，使部队难以适从，影响了抢险的快速、高效和有效运用。同时，公路应急抢通往往涉及军队、武警以及地方力量，党、政、军、民共同参与，体系十分庞大，使得组织和协调更加复杂，加之通信联络和指挥控制手段滞后，增大了指挥协同的难度。

2. 内容多样、任务繁重

道路应急抢通中，要组织抢修抢建、运输、交通管制、后勤保障等多方面大量的人力、物力，涉及部队、交通、公安、信息、卫生等多个行政部门和事业单位，也涉及国有、私营、合资、股份制等多种企业，且在交通保障的前期涉及动员、编组、改装、移交等环节，后期则涉及复原、补偿等环节，且此类应急抢通任务又必须在短时间内完成，因此道路应急抢通的内容多样、任务繁重。

3. 交通保障手段不足

"5·12汶川特大地震"发生后，都汶高速公路桃关隧道至福堂隧道的大桥其中一跨垮塌后，没有合适的架桥器材和装备可以快速架通桥梁，从而使得救援部队不得不从水路开进，实际上由于水路运输的能力十分有限，大大影响了救援队伍的开进。雪灾也是我国的常见自然灾害。由于我国除冰扫雪机械整体技术水平较低，除冰扫雪机械设备可靠性不高、作业效率较低，无法满足目前大量的高速公路、国（省）道干线公路以及机场应急除冰扫雪的需要。而我国南方地区以往对冰雪灾害认识不足，除冰扫雪的机械、工具和应急发电设备的储备严重不足，在应对2008年的特大雪灾时，还是靠铁锹、铁镐等传统办法和人海战术破冰除雪，效率很低、速度很慢，严重影响了道路的抢通。

4. 装备器材种类不全且数量欠缺

当公路桥梁被破坏后,目前国内应急抢通的主要方法是临时架设装配式公路钢桥,也有的采用制式桥梁器材。但这些军民用的制式桥梁器材主要是针对保障重型车辆装备通行而设计的,一般本身比较笨重,器材运输车本身行动受限,使用时对作业机械设备、人力数量及作业场地要求高,且储备代价高,装备数量有限,所能构筑的应急通道数量少,不能满足应急抢通的需要。

5. 交通设施抢修困难

随着现代科技的发展,公路桥梁、隧道等设施技术含量加大,一旦遭到破坏,抢修十分困难。

四、道路应急抢通的指导思想及原则

1. 道路应急抢通的总体指导思想

道路应急抢通要确立"以快为本、先通后善"的总体指导思想,充分依托国家和地方政府的交通动员能力,充分发挥信息技术优势,以快做准备,以快求生存,先确保道路畅通,再完善道路通行条件。

2. 道路应急抢通应遵循的原则

由于道路交通突发事件具有很强的时效性,决定了道路交通应急抢通必须遵循以下基本原则:

(1) 快速:战争和突发公共事件对道路交通应急运输能力的需求和生命救援的要求,决定了道路应急抢通和交通设施抢修抢建应本着快速的原则。

(2) 临时:采用工程机械、制式桥梁和渡河器材,以及其他临时性工程措施,疏通、修复壅塞道路,加固、修复和抢建损毁的桥梁、隧道和防护工程设施,以保障道路通行为根本目的,与正常状态下的道路交通设施施工生产有根本的区别。

(3) 安全:在快速抢通的前提下,还要保障通行的安全要求。如搭建临时支挡、临时桥梁等工程构筑物,荷载等级、通行速度等与原有道路技术指标相比可以降低,但必须满足基本的安全需求。

(4) 先通后畅:在保证安全通行的前提下,首先采取各种工程技术措施、使用装备器材抢通道路,即"先通";然后在此基础上,边通行边采取加固、补强等技术措施对受损的桥梁、隧道等结构工程进行修复,采取拓宽、平整、压实、防护等技术措施提高道路的通行能力、安全性等各项技术指标,即"后畅"。

(5) 因地制宜:应根据道路交通突发事件的现场地形地貌、工程地质、灾害类型、损毁程度、损毁规模制定应急抢通技术方案,充分利用既有道路、残存结构和就便器材,慎重选择桥梁、隧道坍塌后的改移桥位重建和绕行等技术方案。任何抢通技术方案的制定和实施必须以减小工程量和缩短时间为根本前提。

基 础 篇

第一章 道路应急抢通相关政策规定汇编

第一节 道路应急抢通相关法律法规

目前,我国涉及道路应急抢通方面的相关法律法规主要有《中华人民共和国突发事件应对法》《中华人民共和国公路法》(2016年修正)、《公路安全保护条例》《国防交通条例》《中华人民共和国防震减灾法》《中华人民共和国防洪法》(2016年修正)以及《国家突发公共事件总体应急预案》《军队参加抢险救灾条例》《地质灾害防治条例》《中华人民共和国防汛条例》《交通运输突发事件应急管理规定》等,它们是实施道路应急抢通的强制性依据。对与道路应急抢通方面相关的法律法规摘录如下:

一、《中华人民共和国突发事件应对法》

第一条 为了预防和减少突发事件的发生,控制、减轻和消除突发事件引起的严重社会危害,规范突发事件应对活动,保护人民生命财产安全,维护国家安全、公共安全、环境安全和社会秩序,制定本法。

第二条 突发事件的预防与应急准备、监测与预警、应急处置与救援、事后恢复与重建等应对活动,适用本法。

第三条 本法所称突发事件,是指突然发生,造成或者可能造成严重社会危害,需要采取应急处置措施予以应对的自然灾害、事故灾难、公共卫生事件和社会安全事件。

按照社会危害程度、影响范围等因素,自然灾害、事故灾难、公共卫生事件分为特别重大、重大、较大和一般四级。法律、行政法规或者国务院另有规定的,从其规定。

突发事件的分级标准由国务院或者国务院确定的部门制定。

第十四条 中国人民解放军、中国人民武装警察部队和民兵组织依照本法和其他有关法律、行政法规、军事法规的规定以及国务院、中央军事委员会的命令,参加突发事件的应急救援和处置工作。

第二十八条 中国人民解放军、中国人民武装警察部队和民兵组织应当有计划地组织开展应急救援的专门训练。

第四十九条 自然灾害、事故灾难或者公共卫生事件发生后,履行统一领导职责的人民政府可以采取下列一项或者多项应急处置措施:

……

(三)立即抢修被损坏的交通、通信、供水、排水、供电、供气、供热等公共设施,向受到危害的人员提供避难场所和生活必需品,实施医疗救护和卫生防疫以及其他保障措施。

二、《中华人民共和国公路法》(2016年修正)

第四十条 因严重自然灾害致使国道、省道交通中断,公路管理机构应当及时修复;公路管理机构难以及时修复时,县级以上地方人民政府应当及时组织当地机关、团体、企业事业单位、城乡居民进行抢修,并可以请求当地驻军支援,尽快恢复交通。

三、《公路安全保护条例》

第七条 县级以上各级人民政府交通运输主管部门应当依照《中华人民共和国突发事件应对法》的规定,制定地震、泥石流、雨雪冰冻灾害等损毁公路的突发事件(以下简称公路突发事件)应急预案,报本级人民政府批准后实施。

公路管理机构、公路经营企业应当根据交通运输主管部门制定的公路突发事件应急预案,组建应急队伍,并定期组织应急演练。

第八条 国家建立健全公路突发事件应急物资储备保障制度,完善应急物资储备、调配体系,确保发生公路突发事件时能够满足应急处置工作的需要。

第五十三条 发生公路突发事件影响通行的,公路管理机构、公路经营企业应当及时修复公路、恢复通行。设区的市级以上人民政府交通运输主管部门应当根据修复公路、恢复通行的需要,及时调集抢修力量,统筹安排有关作业计划,下达路网调度指令,配合有关部门组织绕行、分流。

设区的市级以上公路管理机构应当按照国务院交通运输主管部门的规定收集、汇总公路损毁、公路交通流量等信息,开展公路突发事件的监测、预报和预警工作,并利用多种方式及时向社会发布有关公路运行信息。

第五十四条 中国人民武装警察交通部队按照国家有关规定承担公路、公路桥梁、公路隧道等设施的抢修任务。

四、《国防交通条例》

第二十五条　本条例所称国防交通保障队伍,是指战时和特殊情况下执行抢修、抢建、防护国防交通工程设施、抢运国防交通物资和通信保障任务的组织。

国防交通保障队伍,分为专业保障队伍和交通沿线保障队伍。

第二十六条　专业保障队伍,由交通管理部门以本系统交通企业生产单位为基础进行组建;执行交通保障任务时,由国防交通主管机构统一调配。

交通沿线保障队伍,由当地人民政府和有关军事机关负责组织。

第二十七条　交通管理部门负责专业保障队伍的训练,战时应当保持专业保障队伍人员稳定。

有关军事机关负责组织交通沿线保障队伍的专业训练;国防交通主管机构负责提供教材、器材和业务指导。

第二十八条　县级以上人民政府及有关部门,对专业保障队伍应当给予必要的扶持。

第二十九条　交通保障队伍的车辆、船舶和其他机动设备,应当按照国家国防交通主管机构的规定,设置统一标志;在战时和特殊情况下可以优先通行。

第五十三条　本条例下列用语的含义:

(一)特殊情况,是指局部战争、武装冲突和其他突发事件;

(二)交通管理部门,是指主管铁路、道路、水路、航空和邮电通信的行业管理部门。

五、《中华人民共和国防震减灾法》

第五十条　地震灾害发生后,抗震救灾指挥机构应当立即组织有关部门和单位迅速查清受灾情况,提出地震应急救援力量的配置方案,并采取以下紧急措施:

……

(三)迅速组织抢修毁损的交通、铁路、水利、电力、通信等基础设施。

第五十一条　特别重大地震灾害发生后,国务院抗震救灾指挥机构在地震灾区成立现场指挥机构,并根据需要设立相应的工作组,统一组织领导、指挥和协调抗震救灾工作。各级人民政府及有关部门和单位、中国人民解放军、中国人民武装警察部队和民兵组织,应当按照统一部署,分工负责,密切配合,共同做好地震应急救援工作。

六、《中华人民共和国防洪法》(2016年修正)

第四十二条 对河道、湖泊范围内阻碍行洪的障碍物,按照谁设障、谁清除的原则,由防汛指挥机构责令限期清除;逾期不清除的,由防汛指挥机构组织强行清除,所需费用由设障者承担。

在紧急防汛期,国家防汛指挥机构或者其授权的流域、省、自治区、直辖市防汛指挥机构有权对壅水、阻水严重的桥梁、引道、码头和其他跨河工程设施做出紧急处置。

第四十三条 在汛期,气象、水文、海洋等有关部门应当按照各自的职责,及时向有关防汛指挥机构提供天气、水文等实时信息和风暴潮预报;电信部门应当优先提供防汛抗洪通信的服务;运输、电力、物资材料供应等有关部门应当优先为防汛抗洪服务。

中国人民解放军、中国人民武装警察部队和民兵应当执行国家赋予的抗洪抢险任务。

七、《国家突发公共事件总体应急预案》

1.3 分类分级

本预案所称突发公共事件是指突然发生,紧急事件。

根据突发公共事件的发生过程、性质和机理,突发公共事件主要分为以下四类:

(1) 自然灾害。主要包括水旱灾害、气象灾害、地震灾害、地质灾害、海洋灾害、生物灾害和森林草原火灾等。

(2) 事故灾难。主要包括工矿商贸等企业的各类安全事故、交通运输事故、公共设施和设备事故、环境污染和生态破坏事件等。

(3) 公共卫生事件。主要包括传染病疫情、群体性不明原因疾病、食品安全和职业危害、动物疫情,以及其他严重影响公众健康和生命安全的事件。

(4) 社会安全事件。主要包括恐怖袭击事件、经济安全事件和涉外突发事件等。

各类突发公共事件按照其性质、严重程度、可控性和影响范围等因素,一般分为四级:Ⅰ级(特别重大)、Ⅱ级(重大)、Ⅲ级(较大)和Ⅳ级(一般)。

4.6 交通运输保障

要保证紧急情况下应急交通工具的优先安排、优先调度、优先放行,确保运输安全畅通;要依法建立紧急情况社会交通运输工具的征用程序,确保抢险救灾物资和人员能够及时、安全送达。

根据应急处置需要,对现场及相关通道实行交通管制,开设应急救援"绿色通道",保证应急救援工作的顺利开展。

八、《军队参加抢险救灾条例》

第二条 军队是抢险救灾的突击力量,执行国家赋予的抢险救灾任务是军队的重要使命。

各级人民政府和军事机关应当按照本条例的规定,做好军队参加抢险救灾的组织、指挥、协调、保障等工作。

第三条 军队参加抢险救灾主要担负下列任务:

(一)解救、转移或者疏散受困人员;

(二)保护重要目标安全;

(三)抢救、运送重要物资;

(四)参加道路(桥梁、隧道)抢修、海上搜救、核生化救援、疫情控制、医疗救护等专业抢险;

(五)排除或者控制其他危重险情、灾情。

必要时,军队可以协助地方人民政府开展灾后重建等工作。

第十七条 中国人民武装警察部队参加抢险救灾,参照本条例执行。

九、《地质灾害防治条例》

第二条 本条例所称地质灾害,包括自然因素或者人为活动引发的危害人民生命和财产安全的山体崩塌、滑坡、泥石流、地面塌陷、地裂缝、地面沉降等与地质作用有关的灾害。

第二十五条 国务院国土资源主管部门会同国务院建设、水利、铁路、交通等部门拟订全国突发性地质灾害应急预案,报国务院批准后公布。

县级以上地方人民政府国土资源主管部门会同同级建设、水利、交通等部门拟订本行政区域的突发性地质灾害应急预案,报本级人民政府批准后公布。

第二十六条 突发性地质灾害应急预案包括下列内容:

(一)应急机构和有关部门的职责分工;

(二)抢险救援人员的组织和应急、救助装备、资金、物资的准备;

(三)地质灾害的等级与影响分析准备;

(四)地质灾害调查、报告和处理程序;

(五)发生地质灾害时的预警信号、应急通信保障;

（六）人员财产撤离、转移路线、医疗救治、疾病控制等应急行动方案。

第三十一条　县级以上人民政府有关部门应当按照突发性地质灾害应急预案的分工，做好相应的应急工作。

国土资源主管部门应当会同同级建设、水利、交通等部门尽快查明地质灾害发生原因、影响范围等情况，提出应急治理措施，减轻和控制地质灾害灾情。

民政、卫生、食品药品监督管理、商务、公安部门，应当及时设置避难场所和救济物资供应点，妥善安排灾民生活，做好医疗救护、卫生防疫、药品供应、社会治安工作；气象主管机构应当做好气象服务保障工作；通信、航空、铁路、交通部门应当保证地质灾害应急的通信畅通和救灾物资、设备、药物、食品的运送。

十、《中华人民共和国防汛条例》

第五条　任何单位和个人都有参加防汛抗洪的义务。

中国人民解放军和武装警察部队是防汛抗洪的重要力量。

第十六条　关于河道清障和对壅水、阻水严重的桥梁、引道、码头和其他跨河工程设施的改建或者拆除，按照《中华人民共和国河道管理条例》的规定执行。

第二十八条　在汛期，公路、铁路、航运、民航等部门应当及时运送防汛抢险人员和物资；电力部门应当保证防汛用电。

第三十六条　在发生洪水灾害的地区，物资、商业、供销、农业、公路、铁路、航运、民航等部门应当做好抢险救灾物资的供应和运输；民政、卫生、教育等部门应当做好灾区群众的生活供给、医疗防疫、学校复课以及恢复生产等救灾工作；水利、电力、邮电、公路等部门应当做好所管辖的水毁工程的修复工作。

十一、《交通运输突发事件应急管理规定》

第一条　为规范交通运输突发事件应对活动，控制、减轻和消除突发事件引起的危害，根据《中华人民共和国突发事件应对法》和有关法律、行政法规，制定本规定。

第二条　交通运输突发事件的应急准备、监测与预警、应急处置、终止与善后等活动，适用本规定。

本规定所称交通运输突发事件，是指突然发生，造成或者可能造成交通运输设施毁损，交通运输中断、阻塞，重大船舶污染及海上溢油应急处置等，需要采取应急处置措施，疏散或者救援人员，提供应急运输保障的自然灾害、事故灾难、公共卫生事件和社会安全事件。

第八条　应急预案应当根据有关法律、法规的规定，针对交通运输突发事件的性质、特点、社会危害程度以及可能需要提供的交通运输应急保障措施,明确应急管理的组织指挥体系与职责、监测与预警、处置程序、应急保障措施、恢复与重建、培训与演练等具体内容。

第九条 应急预案的制定、修订程序应当符合国家相关规定。应急预案涉及其他相关部门职能的,在制定过程中应当征求各相关部门的意见。

第十条 交通运输主管部门制定的应急预案应当与本级人民政府及上级交通运输主管部门制定的相关应急预案衔接一致。

第十五条 交通运输主管部门应当加强应急队伍应急能力和人员素质建设,加强专业应急队伍与非专业应急队伍的合作、联合培训及演练,提高协同应急能力。

交通运输主管部门可以根据应急处置的需要,与其他应急力量提供单位建立必要的应急合作关系。

第三十四条 交通运输突发事件发生后,负责或者参与应急处置的交通运输主管部门应当根据有关规定和实际需要,采取以下措施:

(一)组织运力疏散、撤离受困人员,组织搜救突发事件中的遇险人员,组织应急物资运输;

(二)调集人员、物资、设备、工具,对受损的交通基础设施进行抢修、抢通或搭建临时性设施;

(三)对危险源和危险区域进行控制,设立警示标志;

(四)采取必要措施,防止次生、衍生灾害发生;

(五)必要时请求本级人民政府和上级交通运输主管部门协调有关部门,启动联合机制,开展联合应急行动;

(六)按照应急预案规定的程序报告突发事件信息以及应急处置的进展情况;

(七)建立新闻发言人制度,按照本级人民政府的委托或者授权及相关规定,统一、及时、准确地向社会和媒体发布应急处置信息;

(八)其他有利于控制、减轻和消除危害的必要措施。

第三十五条 交通运输突发事件超出本级交通运输主管部门处置能力或管辖范围的,交通运输主管部门可以采取以下措施:

(一)根据应急处置需要请求上级交通运输主管部门在资金、物资、设备设施、应急队伍等方面给予支持;

(二)请求上级交通运输主管部门协调突发事件发生地周边交通运输主管部门给予支持;

(三)请求上级交通运输主管部门派出现场工作组及有关专业技术人员给

予指导；

（四）按照建立的应急协作机制，协调有关部门参与应急处置。

第二节 道路应急抢通地方性条例

除上述相关法律法规外，四川等地质灾害频发的某些省份也出台了相应的地方性条例，如《四川省〈中华人民共和国公路法〉实施办法》《四川省突发事件应对办法》《四川省抢险救灾工程项目管理办法》《四川省普通公路应急抢通保通指导意见》《江西省高速公路保畅通应急处置办法》《浙江省公路抢险应急及小额零星工程管理暂行办法》《青海省公路抢险救灾工程管理办法》《云南省公路养护水毁、地质灾害防治与阻断抢通工作管理制度》等。对与道路应急抢通方面相关的地方性条例摘录如下：

一、《四川省〈中华人民共和国公路法〉实施办法》

第四十五条　公路突发事件发生后，县级以上地方人民政府交通行政主管部门及其公路管理机构和有关部门以及公路建设、养护和经营管理单位应当按照规定启动应急预案。

公路突发事件造成公路损毁的，公路管理机构应当及时组织修复，并依法向事件发生地人民政府报告。损毁特别严重的，事件发生地人民政府应当及时组织抢修。

公路突发事件发生后，公安和交通行政主管部门应当采取交通管制措施，维护现场秩序，向社会发布交通管制信息。

二、《四川省突发事件应对办法》

第四十三条　负责处置突发事件的县级以上地方人民政府应当建立应急交通保障制度，根据实际需要对现场及相关通道实行交通管制，开辟专用通道。运送突发事件应对所需物资、设备、工具、应急救援人员的交通工具，经省人民政府批准同意，按有关规定优先免费通行。

第五十条　受突发事件影响地区的人民政府应当尽快组织修复被损坏的交通、通信、供水、排水、供电、供气、广播、电视、医疗卫生等公共设施，及时组织救援物资和生活必需品的调拨和供应，尽快恢复受影响地区正常生产生活秩序。

三、《四川省抢险救灾工程项目管理办法》

第三条 本办法所称的抢险救灾工程项目是指因突发事件引发,造成或者可能造成严重危害,必须立即采取措施的工程项目。

主要包括:道路桥梁等交通设施抢通、保通、修复、临时处置及技术评估等工程项目;防汛排涝等水利抢险加固工程项目;崩塌、滑坡、泥石流等地质灾害抢险治理工程项目;对城镇功能、生活及生产活动有重大影响的房屋建筑和市政、环卫等公共设施、生命线的抢险修复工程项目;法律法规确定的其他抢险救灾工程项目。

第四条 抢险救灾工程项目必须同时满足以下条件:

(一)因自然灾害、事故灾难、公共卫生事件和社会安全事件等突发事件引起;

(二)需立即采取措施,不采取紧急措施排除险(灾)情可能给社会公共利益或者人民生命财产造成较大损失;

(三)限于险(灾)情发生的特定受损范围。

四、《四川省普通公路应急抢通保通指导意见》

第二条 本意见适用于我省普通公路因自然灾害断道后的应急抢通保通应对工作。应急抢通保通工程是指公路出现断道、损坏后,必须立即实施的公路应急性清障、应急性维修、紧急修建抢险通道和临时便道(构筑物),保障公路安全通行开展的各项工程活动。

第四条 抢通保通工程按照"安全第一、永临结合、先通后固"的原则组织实施。抢通保通工程应以保障施工人员和人民群众生命财产安全为出发点,做好安全隐患排查和风险管控,在保障安全的前提下科学实施;抢通阶段应突出"通"字,以打通断点、尽快恢复公路应急通行能力为主要目标;保通阶段应突出"固"字,将公路断道可能降至最低,以保障安全通行为主要目标。

第十一条 应急抢通保通工程应根据抢险难易程度分类制定施工方案。技术简单、施工安全、工程量不大的工程可由项目业主组织设计单位(如果有)、施工单位现场确定施工方案、初估工作量或工程数量,各方签字确认后直接实施;技术复杂或工程量较大的项目,应委托具有相应资质的设计单位开展应急方案设计后组织实施。特别紧急情况下需立即实施的项目,可在开工后完善相关手续,实施过程中做好详细记录,施工单位计量时提供相应记录、图片和影像资料。

第十二条 应急抢通工程实施前,施工单位应根据施工环境条件开展施工安全风险估测,制定安全管理措施,降低施工风险。对于高度风险的施工作业活动应采取相应的安全风险防控措施,加强施工过程的监测预警。

五、《江西省高速公路保畅通应急处置办法》

第三条 建立统一、高效、分级负责的指挥机制,按照事件的性质、严重程度等因素,实行快速、有效处置。

(一)在省政府领导下,成立省高速公路保畅通工作指挥部(以下简称省指挥部),负责全省高速公路保畅通工作,由省交通运输行政主管部门、公安交警、消防、安监、高速公路经营管理单位等组成。

(二)根据路网布局,省指挥部下设若干现场指挥部。现场指挥部依托交警支队、路政支队和高速公路经营管理单位等组成,在所属区域内具体负责指挥现场处置工作。

1. 因发生雨、雪、冰冻、塌方、地震、洪水、道路施工等因素导致高速公路受堵的,由高速公路经营管理部门作为现场指挥部牵头单位,交警、路政等相关部门配合。

2. 因雾天能见度低影响车辆安全通行、发生交通事故或载有易燃、易爆、化学危险物品车辆发生事故等因素导致高速公路受堵的,由交警部门作为现场指挥部牵头单位,高速公路经营管理、路政和安监等相关部门配合。

当现场处置工作完成后,事发路段是否具备安全通行条件,由现场指挥部牵头部门商有关配合单位确定或报上一级指挥部确定。

六、《浙江省公路抢险应急及小额零星工程管理暂行办法》

第二条 本办法适用于本省境内所有非收费公路、收费公路(包括政府收费还贷公路、经营性收费公路)抢险应急工程以及小额零星工程(以下简称公路抢险应急及小额零星工程)的管理。

本办法所指的抢险应急工程是指为排除因各种自然灾害及突发事件引起的公路通行不畅而实施的公路养护工程。

本办法所指的公路小额零星工程是指工程项目资金未达到有关规定要求的招标金额下限而未进行招投标的公路养护工程。

七、《青海省公路抢险救灾工程管理办法》

第一条 为加强公路抢险救灾工程的管理,根据《公路法》《突发事件应对法》和《建设工程质量管理条例》《公路建设监督管理办法》等法规,结合我省公路管理实际,制定本办法。

第二条　本办法适用于我省遭受灾害地区的公路抢险救灾工程的实施和监督管理。公路抢险救灾工程包括：

1. 应急抢险保通工程,是指灾害(包括次生灾害)发生后,对中断、受损的运营或试运营的公路实施的清障、应急性修复、开辟应急通道及保通维修等工程。

2. 在建工程的灾后恢复工程,是指灾害发生时尚未交工验收或未投入运营的项目中,对灾害损坏工程的修复、恢复和按新的防灾、减灾要求实施的加固、改造工程。

3. 应急恢复、重建工程,是指在灾区重建中,对交通保障起关键和控制作用的公路的应急性恢复、改建、重建的工程。

第四条　灾害发生后,应及时组织现场调研和检测评估,为抢险救灾提供依据。现场调研检测评估按其管理权限由省级交通主管部门或州(地、市)指定的机构或部门组织专家调研组或委托具有相应资质的设计、咨询单位进行。现场调研和检测评估的工作内容主要有：

1. 对受灾工程进行调查、检测,形成调查、检测报告；

2. 根据调查、检测报告对受灾工程进行技术评估、质量评估和安全评估,并对恢复或重建标准和方案提出建议,初步评估灾后损失；

3. 在建项目,因灾害引起地形、地质条件较大改变的,应对原设计进行复核,并根据新的地形、地质条件和新的防灾、减灾设防要求对原设计提出设计变更建议。

八、《云南省公路养护水毁、地质灾害防治与阻断抢通工作管理制度》

第一条　为加强公路水毁、地质灾害防治与抢通的管理,不断提高公路防毁抗灾能力,确保公路安全畅通,参照交通部《公路减灾规划》《公路养护技术规范》和《交通部公路交通阻断信息报送制度(试行)》等有关规定,结合我省实际制定本制度。

第二条　本制度适用于云南省高等级公路、普通公路养护水毁、地质灾害等导致公路、桥梁、隧道等通行阻断的抢通与抢修工作(以下简称"水毁、地质灾害工程")。

第三条　公路水毁、地质灾害工程要贯彻"预防为主,防治结合"的方针,实行分级管理、各负其责的原则。

省交通厅负责全省公路养护水毁、地质灾害工程的行业管理、技术指导、检查、督促和信息的上报工作；

省公路局负责所辖公路养护水毁、地质灾害工程的组织实施、技术指导、检查、督促、抢通、抢修、抢毁资料和信息的上报工作；

州(市)交通局负责所辖公路水毁、地质灾害工程的组织实施、技术指导、检查、督促、抢通、抢修、抢毁资料和信息的上报工作；

省公路投资公司、各高速公路公司负责所辖公路养护水毁、地质灾害工程的组织实施、抢通、抢修、抢毁资料和信息的上报工作。

第六条 根据公路养护水毁、地质灾害工程造成阻断交通的时间、涉及范围、可能造成的不同后果等情况，管理定义的级别为：Ⅰ级(重大型水毁、地质灾害工程)；Ⅱ级(大型水毁、地质灾害工程)；Ⅲ级(较大型水毁、地质灾害工程)；Ⅳ级(一般型水毁、地质灾害工程)。

Ⅰ级：高速公路(含一、二级公路)水毁、地质灾害工程造成阻断交通的时间预计出现超过12小时的，以及国道、省道等干线公路预计出现超过24小时的交通中断或阻塞，且短期内难以修复的，滞留车辆很多，涉及面和社会影响很大的。各管养单位应立即启动水毁、地质灾害工程抢修应急预案，并立即报告当地政府和上级交通主管部门，向社会、媒体通告阻车信息。在政府和上级公路主管部门的指导下，各级应急指挥机构按分工各负其责，各管养单位主要领导必须及时亲临现场组织抢通、抢修和协调工作。

Ⅱ级：高速公路(含一、二级公路)水毁、地质灾害工程造成阻断交通的时间预计出现6～12小时，国道、省道等干线公路预计出现12～24小时的交通中断或阻塞，且短期内难以修复的，滞留车辆较多，涉及面和社会影响较大的。各管养单位应立即启动水毁、地质灾害工程抢修应急预案，并立即报告当地政府和上级交通主管部门，向社会、媒体通告阻车信息。在政府和上级公路主管部门的指导下，各级应急指挥机构按分工各负其责，各管养单位分管领导必须及时亲临现场组织抢通、抢修和协调工作。

Ⅲ级：高速公路(含一、二级公路)水毁、地质灾害工程造成阻断交通的时间预计6小时以下，国道、省道等干线公路预计出现12小时以下的交通中断或阻塞，且短期就可以修复的，滞留车辆较多，涉及面和社会影响大的。各管养单位应立即启动水毁、地质灾害工程抢修应急预案，并立即报告当地政府和上级交通主管部门，向社会、媒体通告阻车信息。在政府和上级公路主管部门的指导下，各级应急指挥机构按分工各负其责，各管养单位部门负责人必须及时亲临现场组织抢通、抢修和协调工作。

Ⅳ级：水毁、地质灾害工程抢修仅占用着个别车道的，车辆可以缓慢通行，涉及面较小，由各部门自行及时处理。

第九条　各管养单位要制定高等级公路、国省干线公路养护水毁、地质灾害阻车紧急处置预案，对易发水毁、地质灾害阻车路段要预先制定绕行路线方案，一旦发生重大水毁、地质灾害阻车难于及时抢通的，要立即启动紧急处置预案。

第十一条　公路水毁、地质灾害抢修工作应遵循"先干线后支线，先抢通后修复"的原则，在积极组织抢修的同时向上级和当地政府及有关部门汇报和反馈情况。

第十二条　提高水毁、地质灾害和阻车路段的抢通速度和清障能力。公路发生水毁、地质灾害溜塌方后，各管养单位要全力以赴做好公路溜方清理、塌方处置和疏通工作，集中人力、物力以最快速度恢复公路交通。

第十三条　重视和规范公路水毁、地质灾害路段交通标志的设置工作。应在受毁路段及时设置规范、明显的警告或指示等交通标志。标志牌的尺寸和字体大小应符合"国标"规定，设置后应拍照留档备查。

第十四条　进一步提高公路交通安全意识。公路发生水毁、地质灾害后，对不具备通行条件的路段，应立即封闭交通，并通过媒体告知社会。

第二章 道路应急抢通从业人员的基本要求

通过本章的学习,道路应急抢通从业人员能够了解自身的职业特点,深入理解道路应急抢通从业人员的社会责任和职业道德的内涵,增强社会责任感、使命感和正确的职业道德观。

第一节 道路应急抢通从业人员的职业情况

职业是个人在社会中所从事的、有稳定收入的工作,是谋生的手段。由于社会属性、工作环境、劳动强度、服务对象等不同,任何一种社会职业都具有其自身的特点。

一、职业定义

广义上来说,道路应急抢通从业人员泛指从事道路应急抢通行业特有职业(工种)范围的从业人员,即在战时和平时发生道路交通突发事件时,承担道路应急性清障、应急性维修、紧急修建抢险通道和临时便道(构筑物)等为恢复道路通畅、保障道路安全通行而开展的各项工程活动和作业行为的人员。包括公路交通部门的养护抢通人员,武警交通部队的广大官兵,军队交通战备部门应急抢通人员以及民间道路养护抢通、清障救援的企业专业人员等。狭义上来说,本书所指的道路应急抢通从业人员特指本书所面向的对象——武警交通部队的广大官兵,一般具有武警战士和专业操作人员的双重身份。

二、职业责任

本书所指的道路应急抢通从业人员,其职责主要是担负因自然灾害、恐怖袭击和战争等因素导致损毁的公路、桥梁、隧道、机场、港口等交通设施抢修抢建任务;同时,还承担着重要国防边防公路养护保通和重要公路桥隧管护任务,以及涉及国家安全和国家需要的特殊工程建设等国家指令性任务。此外,依法执行国家赋予的维护社会稳定和处置突发事件任务。

三、职业要求

本书所指的道路应急抢通从业人员,集军事化、专业化、机械化于一身,应忠于中国共产党,忠于祖国,热爱社会主义,全心全意为人民服务;忠于职守,严格遵守国家的法律、法规和军队的条令、条例,尊重领导,服从命令,听从指挥;举止文明,礼貌待人,遵守社会公德,尊重公民的宗教信仰和风俗习惯等政治素质、作风纪律;具备良好的事业心和责任心,尽职尽责,具有强健的身体,适应各种复杂、多变和危险的环境;具备过硬的业务本领,刻苦钻研道路抢通技术,精通道路抢通理论和抢通技术、战术,熟练掌握抢通装备,具备执行多样化道路抢通任务的过硬本领;具备良好的心理素质,遇到危险时情绪稳定,不慌、不惧;具备良好的观察、记忆、判断和思维能力。

(1) 责任心要求

道路抢通的职责决定了每个从业人员必须具有高度的政治责任感,热爱自己的工作,时时刻刻以党和国家的利益为重,做好自己的工作。道路应急抢通是一项政策性、技术性、群众性较强的工作,从业人员要以强烈的事业心和对党、对人民高度负责的精神,做到尽职尽责,不管遇到什么困难,要想方设法去克服,为道路的安全畅通出计献策。

(2) 体能要求

具备良好的力量、速度、耐力、灵敏性和柔韧性等身体素质,能适应在复杂、多变和危险的环境中进行道路抢通,以最短的时间、最快的速度去完成任务;能适应长时间和大负荷量的抢通工作;能在任何复杂环境中坚持抢通工作避免个人伤害;具备良好的适应自然环境的能力,能在严寒、酷暑以及风、雨、雪等气候条件下进行抢通工作;具备勇敢顽强、雷厉风行、不怕牺牲、不怕疲劳和连续作战的过硬战斗作风。

(3) 技能要求

熟练掌握道路应急抢通业务理论知识;了解道路应急抢通的历史与现状,明确道路应急抢通的发展趋势;熟悉典型灾害特征、性质;懂得各类抢通装备的性能与用途;熟悉岗位职责、作业流程和抢通预案;了解各种公路突发事件的发生、发展过程,灵活实施抢通战术,正确使用抢通装备,确保抢通成功。

依据不同的抢通措施类型,练就过硬的抢通业务技术。经过业务技能、安全教育以及规范抢通等系统化培训,适应在特定对象、环境、条件下的抢通工作;汽车、工程机械类抢通抢修抢建设备的操作人员需满足《武警交通部队士兵职业技能鉴定标准(汽车、工程机械类)》要求或持有国家颁发的相应设备上岗证或有关资格证书。

了解掌握道路应急抢通战术原则与预案、抢通基本战术方法、各类抢通对象的特点和抢通基本对策,熟悉单兵、小组、班战术进攻的实施方法与协同配合。

(4) 心理素质要求

在战时或平时的道路应急抢通中,道路应急抢通人员将承受空前沉重的心理负荷,因此在心理上必须具备勇敢、胆大心细、沉着冷静、坚定顽强、果敢机智、坚韧不拔等心理素质,在经过长时间的体力和心理负荷以及精神上的震动后而不丧失争取胜利的意志能力。

四、职业特点

(1) 社会责任大

近年来全球范围内自然灾害等突发事件发生次数不断提高,我国也频发各种类型的自然灾害。道路的畅通是自然灾害中抢险救灾和恢复重建的前提,也是国家公共安全保障的重大战略需求。同时,道路应急抢通是为国家和人民提供服务的,这种劳动关系到抢险人员、装备和救灾物资能否第一时间进入受灾一线,灾区人员能否得到疏散,灾区伤病人员能否及时被外送转移;关系到抢险救灾能否顺利、及时推进。因此,道路应急抢通从业人员的工作承担着巨大的社会责任。

(2) 工作环境差

道路应急抢通的从业人员常常工作在艰苦的环境下,面对的是各种不同类型的灾害环境和灾难现场,可能分布在边疆、海岛、沙漠、高原等艰苦的地域,衣食住行都难以得到及时保障。在战时其艰苦程度更是难以想象。

(3) 劳动强度大

道路应急抢通是一种高强度的劳动,在抢通过程中,从业人员常常需要长时间连续工作,并始终保持良好的状态,在单位时间内体能消耗的程度一般都比较高,劳动强度较大。

(4) 工作时间长

由于道路应急抢通工作刻不容缓,无论是工作日还是节假日,一时一刻也不能耽误。不论是白天还是黑夜、工作日还是节假日、盛夏还是严寒,只要接到应急抢通任务,从业人员都要随时投入到紧张的工作当中,工作时间远超法定工作时间。

(5) 复杂程度高

道路应急抢通涉及不同的自然灾害类型、不同的道路损毁类型、多种抢通设备的使用,抢通过程中还涉及天气、环境等自然条件的变化,充满着很多的不确定性。同时,随着科技的发展和道路里程的增加,抢通设备不断更新换代,新的道路损毁问题也有可能出现,这些都在客观上决定着道路应急抢通职业的复杂程度。

(6) 危险因素多

道路应急抢通一般发生在灾害后或战时,道路抢通从业人员可能面临着次生灾害或炮火的威胁。同时,道路应急抢通多在户外进行,环境复杂多变,安全风险较高;设备的长途运输、野外宿营、紧急避险、爆破等中都存在着风险;在抢通作业过程中,也存在二次事故发生的可能,这些都大大增加了道路应急抢通的安全风险。

第二节 道路应急抢通从业人员的社会责任和职业道德

一、道路应急抢通从业人员的社会责任

每一种职业都代表着一种社会分工,都有它的社会属性,也有它相应的社会责任。道路应急抢通从业人员的社会责任是指从业人员在道路应急抢通活动中对社会和谐发展应负的责任,包括承担高于自身目标的社会义务、法律义务和经济义务等。

一般来说,道路应急抢通从业人员的社会责任包括两方面:一是作为一般社会成员(公民)所必须履行的一般社会责任,如尊老爱幼、热爱祖国、遵纪守法等;二是作为特殊社会成员(道路应急抢通专业人员)所必须履行的特殊社会责任。本节主要阐述其作为特殊社会成员所必须履行的特殊社会责任。

(1) 塑造武警队伍军人形象的责任

本书所面向的道路抢通从业人员同时具备武警战士的军人身份,其使命任务使其更多的时候不是在封闭式军营里,而是在开放化社会中从事道路抢通工作,其形象受到社会各界的广泛关注和评议。作为军队的精神品牌,军人形象既是民族精神的生动体现,又是国防"软实力"的核心要素和重要表现。从一定意义上讲,军队的形象反映军队的战斗力,影响国防的综合实力。因此,每一个道路抢通从业人员都肩负着做好自身工作,提高自身素质,赢得群众爱戴,塑造良好军队形象的责任。

(2) 遵守职业规则程序的责任

遵守职业规则程序是道路抢通从业人员在作业过程中肩负的重要责任,只

有遵守职业规则程序,才能保障道路应急抢通工作有序进行和顺利完成。

(3) 实现灾害救援过程中与其他应急救援岗位有序合作的责任

在灾害救援过程中,还有其他类型的抢险救灾人员,道路抢通从业人员必须与其他岗位人员协调合作,才能保障整体应急救援工作的顺利完成。

(4) 发挥职业职能、完成岗位任务、维护道路安全畅通的责任

作为道路应急抢通人员,完成本职岗位任务,对堵塞、损毁道路进行快速抢通抢修,恢复道路畅通,保障道路交通的安全通行是道路抢通从业人员的应有职责。

(5) 避免二次事故发生的责任

在道路应急抢通过程中,由于工作环境复杂危险,抢通设备多为重型机械,本身的操作也具有相当的危险性,道路应急抢通从业人员应具备高度的工作责任心,避免二次事故的发生,避免生命财产的二次损失。

(6) 促进行业和社会经济发展的责任

道路抢通从业人员应意识到,自己为道路的安全畅通、灾害救援的顺利进行和社会经济的发展付出的辛勤劳动和做出的贡献,只有不断提高专业技能和安全意识,提高道路抢通能力,才能为灾害应急救援提供更好的通行条件,更有力地提升灾害应急救援效率,更及时地抢救人民群众的生命和财产,促进道路应急抢通行业和社会经济健康、可持续发展。

(7) 奉献社会的责任

奉献精神是社会责任感的集中表现,道路抢通从业人员的军人和灾害救援人员的双重身份,都要求其面对责任全身心地付出,不计较代价与回报,把道路应急抢通工作当成一项事业来热爱和完成;努力做好每一件事、认真善待每一个人,全心全意为道路应急抢通工作服务,履行党和人民赋予的光荣职责。

二、道路应急抢通从业人员的职业道德

职业道德是人们从事正当的社会职业,在履行其职责过程中思想和行为应遵循的道德准则和行为规范的总和。它依靠内心信念、社会舆论、传统习惯和教育的力量来调整人与人之间及个人与社会之间的关系。不同的职业,表现为不同的社会行为。不同的职业行为,均有各自的行为规范,它就是贯穿于人们各自职业活动中的职业道德,或者说带有职业特点的道德,是人们在长期的职业活动中所形成的,适合本职业需要的,体现职业特点的在本职业中通行的道德,是一般社会道德在职业生活中的具体体现,是职业品德、职业纪律、专业胜任能力及职业责任等的总称,属于自律范围。它通过公约、守则等对职业生活中的某些方

面加以规范。

职业道德作为道德体系中的一个重要组成部分,是为了调节和约束从业人员的职业活动而形成和制定的行为规范,是所有从业人员在职业活动中应该遵循的行为准则,涵盖了从业人员与服务对象、职业与职工、职业与职业之间的关系,从而广泛渗透于职业活动的各个方面,对本行业所有从业者具有引导和约束作用,同时也是保障道路应急抢通持续、健康、有序发展的必要条件。

道路应急抢通从业人员的职业道德是道路应急抢通从业人员的基本素质,必需的职业道德与职业技能一样重要,是指从事道路应急抢通从业人员在其道路应急抢通职业生活中所应遵守的道德行为规范和准则,是道路应急抢通从业人员社会责任感的具体体现。它既是道路应急抢通从业人员在职业活动中的行为规范,又是道路应急抢通行业对社会所负的道德责任和义务。道路应急抢通从业人员在工作过程中,不仅要遵循社会道德,还要遵守职业道德,按照职业道德规范,规范自己的行为,完成岗位职责。因此,加强道路应急抢通从业人员的职业道德观念修养,对规范道路应急抢通行为,保障应急抢通质量,展现从业人员道德风尚是尤为重要的。

职业道德的基本规范是爱岗敬业、诚实守信、办事公道、服务群众、奉献社会。这五项基本规范是社会各行各业践行社会主义职业道德的本质要求,具有鲜明的时代特征,爱与责任是其中的核心和灵魂。结合道路应急抢通从业人员的职业特点和职业责任,其职业道德规范主要体现在以下几个方面:

(1) 爱国爱民,服务社会,文明礼貌,救死扶伤

爱祖国、爱人民是每个公民道德建设的基本要求,也是每一个从业人员行为的基本准则。每个从业人员都必须树立对祖国、对人民高度负责的思想,立足于本职工作,时刻把人民生命和国家财产放在第一位,全心全意为人民、为社会服务。与社会上其他职业相比,道路应急抢通从业人员肩上的担子更重,肩负着打通灾区"生命线"的重任。若从业人员缺乏对祖国、对人民的责任心,缺乏服务社会的觉悟,不仅会影响急迫的抢险救灾和恢复重建任务,而且还会产生严重的负面影响。

文明礼貌是人们在职业实践中长期修养的结果,是从业人员的基本素质,是塑造道路抢通从业人员形象和军人形象的需要;救死扶伤是中华民族的传统美德,道路应急抢通从业人员在抢通过程中经常会遇见灾害中的伤员,这种情况下,道路应急抢通从业人员应急群众之所急,给予力所能及的救助。

(2) 爱岗敬业,忠于职守

爱岗敬业是社会主义职业道德的重要规范,是道路应急抢通从业人员行为

的基本准则,是忠诚于职业的一种态度,是道路应急抢通从业人员职业道德的基础与核心。爱岗就是热爱自己的工作岗位,热爱本职工作;敬业就是用一种恭敬严肃的态度去对待自己的工作,其具体要求概括为树立职业理想,强化职业责任,提高职业技能。职业是人的使命所在,爱岗敬业是人类共同拥有的一种精神。道路应急抢通从业人员要有职业荣誉感和敬业精神,热爱自己的本职岗位,热爱自己所从事的、为社会公众提供服务的事业;要树立正确的人生观、价值观,急他人之所急、想他人之所想。忠于职守不仅表现在口头上,更要落实到行动上,虚心向先进人物学习,增强职业责任感和事业心。爱岗敬业主要体现在以下几个方面:

① 树立良好的职业观,有端正的从业态度,有强烈的责任感和事业心,爱本职、钻业务、干事业,脚踏实地地做好本职工作,切实履行岗位职责。

② 讲求奉献,全身心地投入到工作中,树立敬业、爱业的思想,具有我为人人的意识,能够把自己的理想、信念、才智毫不保留地奉献给所在岗位。

③ 不断钻研业务,努力提高专业技术使自己的知识和技能满足社会经济发展、抢通技术革新及日益复杂的抢通环境的需要。

(3) 勤于学习,精通业务,钻研技术,提高技能,规范操作,开拓创新

随着科学技术日新月异的发展,道路抢通新技术、新装备的不断涌现,每一个道路应急抢通从业人员都需要不断地学习。道路应急抢通从业人员要提升抢通效率、快速恢复道路通畅,必须掌握过硬的技术,精通业务,严格遵守抢通抢修操作规程。增强自尊、自信、自强意识,勤奋学习新知识、新技术,掌握科学技术文化知识、新技术、新装备在道路应急抢通中的应用,努力钻研抢通技能,以便更好地履行岗位职责。

钻研技术必须"勤业",干一行、钻一行,善于从一般的了解转变成熟练的掌握。根据道路应急抢通行业的特点,要把钻研的力量放在抢通技术上,善于从理论到实践,不断探索新问题、新情况,精益求精。规范操作是钻研技术的具体表现,在抢通作业过程中要严格按照技术要求,遵章循矩,逐步形成规范的技能技巧,尤其对特殊性的道路应急抢通,绝对不盲目蛮干,要重视实践,善于总结经验,掌握过硬的抢通本领。在道路应急抢通工作中,面对种种复杂的作业环境,要求从业人员保持开拓创新精神,要有创造意识和科学思维,要有坚定的信心和意志,积极面对新的困难。

(4) 遵章守纪,安全作业

遵章守法就是要遵守有关法律法规、职业纪律、行业管理规定和安全技术操作规程,其中职业纪律是在特定的职业活动范围内从业人员必须共同遵守的行

为准则,包括劳动纪律、组织纪律、群众纪律、保密纪律、宣传纪律等基本纪律要求以及各行各业的特殊纪律要求。法律法规、职业纪律、行业管理规定和安全技术操作规程是人类长期实践的结晶,它包含着许多人的血汗和辛劳、经验和智慧,是道路应急抢通活动正常开展的重要前提和基本保证。而安全对道路应急抢通从业人员来说是头等大事,直接关系到应急抢通的成败和效率,关系到人民生命财产的安全。因此,遵章守法是道路应急抢通从业人员职业道德的基本要求,也是安全作业的重要保证,道路应急抢通从业人员应养成自觉遵章守法的习惯和意识,确保作业安全,避免各类事故的发生。

(5) 听从指挥,团结协作

道路应急抢通是一个需要高度合作的工作,难以凭借个人力量完成。在道路抢通过程中,有各种设备的驾驶员、操作员,有通信人员,有地方和军队等不同单位的抢通人员,同时可能还有医疗等其他类型的应急救援人员。为了实现应急救援的整体目标,每个从业人员必须顾全大局,听从统一指挥,团结协作,各司其职,同时要注意与其他应急救援人员的统筹协调,互相帮助,互相支持,互相学习,通力合作,这样才能高效、有序地完成道路应急抢通工作。

(6) 高度的责任心和使命感,竭诚奉献

高度的责任心和使命感是道路应急抢通从业人员必须具备的素质,责任心是第一执行力。道路应急抢通工作需要强烈的责任心。在责任感的驱使下,从业人员才会积极挖掘自我潜能,才会更加勇敢、坚忍和执着,才会充满激情地勤奋工作。责任心体现在执行力上。责任决定成败,在具体的工作中,工作完成得好与坏,能力是条件,责任是支柱,执行是根本。使命感是持久的内在动力。使命感是一种对人生的认知,是内在永恒的核心动力。对使命认识越透彻,目标越明确,则使命感就会越强烈。以强烈的责任心和使命感开展道路应急抢通工作,有助于从业人员树立自觉自愿、无私无畏地为社会做贡献的人生观,正确处理个人、集体和国家的利益。培养强烈的职业责任感和脚踏实地、竭诚奉献的精神,有助于从业人员工作有条不紊,处事认真负责,恪尽职守,踏实勤恳,奋发有为,凝心聚力,攻坚克难,做好道路应急抢通工作,为灾害应急救援提供坚强保障。

三、道路应急抢通从业人员职业道德建设的必要性

(1) 社会发展为道路应急抢通从业人员职业道德建设注入新的元素

随着现代社会分工的发展和专业化程度的增强,整个社会对从业人员职业观念、职业态度、职业技能、职业纪律和职业作风的要求越来越高。要大力倡导

以爱国守法、明礼诚信、团结友善、勤俭自强、敬业奉献为主要内容的职业道德规范,鼓励从业人员在工作中做一个好的建设者。

道路应急抢通行业的职业道德是各从业人员在长期的实践中形成的文化,是从业人员与社会逐步衔接的标志与体现。职业道德内容要与社会主义核心价值观的基本要求与道德实践结合起来,引导从业人员践行爱国爱民、服务社会、文明礼貌、救死扶伤的职业道德。

(2)加强职业道德建设是行业自身发展的需要

现今社会正处于信息化、数字化和网络化交互的"网络社会"时期,一些传统社会规范的约束作用在"网络社会"中开始"失灵",从而大大提高了对职业道德的要求。我们必须认识到加强职业道德建设的重要性,使每个从业人员能够从容地面对因环境变化所造成的种种挑战,把职业道德建设作为一项长期性的系统工程来抓好。

(3)加强职业道德建设是从业人员自身发展的重要途径和保证

职业道德建设是武警救援部队(交通)发展的重要保证,直接反映社会文明发展的程度和部队接受新鲜事物的水平,要引导道路应急抢通从业人员树立爱岗敬业、无私奉献的职业观念,形成追求卓越、不断进步的职业态度。只有养成脚踏实地的职业作风,才能在思想上积极向上、勇往直前、不断追求进步;才能有工作的积极性,有不被困难吓倒的决心和勇气;才能知难而进,不断向未来挑战自我。

四、提高职业道德修养的途径

(1)学习职业道德基本知识;

(2)在工作实践中不断学习提高;

(3)加强自身修养;

(4)学习先进人物,力求见贤思齐(以人为镜)。

第三章　道路应急抢通从业人员的职业心理和生理健康

在道路应急抢通过程中，从业人员的心理和生理健康关系着抢通工作的安全和效率，遵循"情绪稳定、注意力集中、良好心理习惯、饮食规律、睡眠充足、加强锻炼、定期体检"七大原则，可确保作业安全高效。

第一节　道路应急抢通的职业危害

一、职业危害

在从事生产劳动中，劳动者的身体健康状况，受到劳动过程、生产环境中各种不良因素的影响。由于长期从事某种职业劳动，对于这种不良因素未能消除或预防不到位，这些不良因素会对劳动者的身体健康产生一定的危害。这种在生产劳动过程中对劳动者的身体健康产生的危害称为职业危害。造成这种危害的因素称为职业危害因素。职业危害因素有不同的分类方式，依据其来源，可以分为来源于生产工艺过程、来源于劳动过程、来源于作业环境这三类；依据其性质，可以分为物理性因素、生物性因素及化学性因素。其中，物理性因素包括异常气象条件、噪声、振动、电离及非电离辐射、压力和摩擦等，生物性因素包括致病微生物、寄生虫及动植物等，化学性因素包括生产性毒物和粉尘等。

在本书中，职业危害因素不仅仅定义为会导致劳动者身体健康受影响的因素，还包括会对道路应急抢通从业人员心理产生负面影响的因素。

二、道路应急抢通从业人员的职业特点及其危害

道路应急抢通从业人员担负着恢复公路畅通的重要任务。其职业环境条件和工作特点为：劳动强度大，长期在野外露天公路沿线作业，工作面分散点多、线长，噪声大，经常接触汽车尾气、粉尘、沥青等有毒、有害物质等，这些特点都会带来相应的职业危害。因此，道路应急抢通职业危害有多种，常见的职业危害有：石棉尘、有机粉尘等粉尘危害；毒气危害，主要包括沥青、油漆等其他化学气体引

起的中毒、窒息；施工过程中产生对人体较大的噪声和震动的危害；弧光辐射，主要是在公路施工过程中，涉及电焊、切割作业时产生的辐射。此外，为了确保道路及时恢复通畅，道路应急抢通人员需要远离城区，加班加点地工作，特别是雨、雪、雾、冰等恶劣天气出现时，正是路面、桥面需紧急抢修保畅通之际，很容易出现严重超时、疲劳作业。冬季过冷会影响人动作的灵活性，夏季高温会影响人的体力及精神状态，在类似环境下工作，都会影响从业人员的生理及心理健康，带来安全隐患。

第二节 道路应急抢通从业人员的心理健康与调节方法

一、职业心理问题

所谓职业心理问题是指人们在工作中由于心理问题而造成的影响工作行为的一种现象。职业心理是人们在职业活动中表现出的认识、情感、意志等心理倾向或个性心理特征。健康的职业心理素质是指人在认知、情绪、情感、意志、自我意识、价值观、适应力等方面的素养，是在环境熏陶下个体经过长期的修养逐步内化的一种心理结果。简单一点就是工作人员的心理。常见的职业心理问题有以下三种：

（1）感觉上的倦怠感。在工作中容易疲累、睡不好，工作缺乏动力；性格变得冷漠；整个人的精神状态不佳，颓丧、懒散。

（2）认知上的心理功能受损。在处理问题时注意力不能集中，易被小事干扰；记忆力减退；做事的变通性降低，挫折忍受力降低；不能忍受不确定感，判断、决策力降低，容易出错。

（3）情绪上的不稳定。情绪上开始变得焦虑，精神变得紧张，经常处于备战状态；脾气烦躁易怒；整个人变得挑剔；开始变得不快乐、沮丧，觉得生活没有意义。

二、道路应急抢通从业人员常见的心理问题

1. 常见心理问题

道路应急抢通从业人员常见的心理问题有心理疲劳、焦虑、失落、抑郁等。

（1）心理疲劳。心理疲劳主要表现为在高强度的工作压力下，如工作时间过长、工作环境较差或条件多变等，从业人员会感到心慌、心绪不宁，对作业过程产生无力应付的感觉。心理疲劳是一种常见的心理现象，一般来讲，在工作结束

后经过一段时间的休息,就能恢复。

(2) 焦虑。焦虑是道路应急抢通从业人员的典型心理问题,是对作业过程中不确定因素的防御性身心反映,表现为因不可预见作业过程中的危险或困难程度,而感到紧张不安、忧心忡忡。一般性焦虑是情境性、暂时性的,常会随着作业结束而消除。但是,如果作业时间持续较长,从业人员不能及时调节心理状态,就会出现心理障碍,不自觉地紧张、担心。

(3) 失落。道路应急抢通从业人员的工作生活地点大多远离城市、亲人和家庭。同时,长年累月从事的道路应急抢通工作枯燥重复、工作环境较差,艰苦而又劳累的工作若得不到社会的理解和认可,从业人员不干不行,干下去又没有什么大的出息,从而在心理上产生失落感。

(4) 抑郁。抑郁是从业人员在遭受心理挫折以后,出现如家庭变故、工作待遇不公平、工作分配不合理等情况,而产生干什么都没意思的郁闷感觉,表现为无精打采、疲劳无力、情绪消沉、悲观厌世。

2. 主要原因

道路应急抢通从业人员产生心理问题的主要原因为:

(1) 工作任务的压力。道路应急抢通人员在抢险救灾中担负着打通生命线的任务,道路抢通的效率直接影响着应急救援的效果,从而给从业人员带来了较大的心理压力。精神压力会引起从业人员的情绪不稳定,而长时间受压会影响从业人员的身心健康。

(2) 特殊行业下的环境因素。道路应急抢通施工工作流动性较大,且远离城区,时常受到机械设备噪音和尾气、施工粉尘、沥青混合料等伤害。临时应急性抢通任务比较多,有时需要连续几个昼夜在路上加班抢险,作息时间凌乱,长期下来从业人员身体疲惫,负面情绪逐渐增多,极易产生烦躁心理,身心疲惫,不安全行为时常流露在日常工作过程中。

(3) 管理压抑的心理因素。道路应急抢通从业人员在抢通作业时,吃住全部在抢通现场,除了要认真遵守工作操作规范、安全防范标准、劳动纪律制度等,还要接受各种检查考核,从业人员思想上长时间处于紧张状态。另外,从业人员大部分时间在军营,与家人团聚的时间相对较少,不能时常回家照顾老人、小孩,没有时间和家人、朋友相聚,不能一起参加社会活动,因而时常会听到家人抱怨,得不到亲朋好友的理解,特别是年轻的员工在婚姻恋爱上遭遇异地工作的限制因素较多,这些都可能造成家庭压力和社会关系压力。其业余生活单调,一定程度上影响了从业人员的安全积极性。

(4) 新老从业人员安全习惯存在不良因素。大量的事故或隐患都与思想麻痹大意有关。老的从业人员依仗自己对路况熟悉,技能熟练,降低了对安全防范工作的要求标准;新的从业人员因安全思想认识不足,经验不够,时有违章违规作业现象。

(5) 社会环境因素。道路应急抢通从业人员的心理问题有时也与一些社会环境因素有关,如冰雪、雨雾等恶劣天气等。

三、做好从业人员心理调适工作的对策

通过上述分析可以看出,道路应急抢通从业人员的不良心理有来自社会的、单位的,但是更多的还是来自自身的。因此,必须对从业人员进行必要的教育和引导,使从业人员树立正确的世界观、人生观、价值观,同时要给从业人员营造一个和谐的环境。在从业人员思想教育中,要做到"对症下药,有的放矢",为从业人员化解心理矛盾,使其保持心理平衡,以更加积极健康的状态投入到道路应急抢通工作中去。

(1) 加强适当的心理辅导

为了提高思想政治工作的时效性,结合道路应急抢通工作的实际,单位的领导和政工干部不但要会管理,而且还要会做思想工作。因此,上述管理人员首先要学习相关知识,成为兼职心理辅导员,一旦发现有关人员出现"心理问题苗头",马上进行交流辅导,帮助其释放压力,树立信心。尤其在职工生病住院、家庭出现困难、工作出现差错、同志间有了分歧以及岗位变动等关键时刻,领导和政工干部更要提前介入,及时谈心,倾听意见,进行交流,解除他们的"疙瘩"。同时,要及时从有关网站、报纸杂志上精选心理辅导文章和资料,为其进行心理辅导,在组织从业人员进行政治理论学习时,帮助他们了解相关心理健康知识。

(2) 加强必要的心理调控

① 采取"回避"方式。把握从业人员的思想脉搏,及时抑制消极情绪,消除工作中的单调乏味,保持从业人员对工作的兴趣。

② 采取"变通"方式。帮助从业人员妥善处理好人际关系,让从业人员工作有张有弛,生活乐观开朗,保持良好的心境。

③ 采取"转视"方式。对从业人员进行信仰、信念、信心的教育,帮助从业人员增强责任心、进取心和事业心。

(3) 加强双向的环境优化

① 优化"硬环境"。进一步加强军营"规范化、标准化"建设,美化、净化从业人员工作、生活的社会环境,为从业人员营造一个拴心留人的"小家"。同时,要加大投入,提高机械化水平,降低从业人员的劳动强度,解决好从业人员的生活问题。

② 优化"软环境"。领导干部要坚持以人为本,加强民主管理力度,理解人、关心人、尊重人,使从业人员保持愉悦、高效、健康的工作状态。增强从业人员的主人翁意识,从而使他们在工作中更加积极主动。领导干部要善于"走出去"理顺关系,更要善于"坐下来"倾听从业人员的意见和建议,积极拓宽沟通渠道,把从业人员的冷暖记在心头,把从业人员的政治、文化利益同经济利益统一起来,把解决思想问题与解决实际问题融为一体,把温暖送到从业人员心坎上,努力实现"小家"和睦、"大家"稳定。

(4) 加强系统的文化引导

文化背景的差异是个体之间心理差异的一个重要原因。现实生活中,多元文化与多元的个体心理紧密相连,互为因果。因此,可以通过舆论引导这种潜移默化的方式对从业人员的心理施加一种无形的压力,使从业人员的思想、心理和行为受到不同形式的影响。日常工作中,可以开展形式多样的寓教于情、寓教于行、寓教于乐的宣传教育活动,以树形象为切入点,建立健全各项规章制度,着力营造团结友善、催人奋进的工作环境,健康向上、明礼诚信的文化环境;充分发挥舆论导向作用,做到思想政治工作与行业文化相结合,探索"文化管理",为从业人员"指方向、鼓士气、敲警钟、通信息、传知识、明思路、聚人心"。

四、道路应急抢通从业人员心理健康的自我调节方法

心理健康与一个人的人生观、价值观密切相连。热爱生活,热爱工作,勇于承担起自己的家庭责任、社会责任,正视生活、工作中的不顺心、不如意,学会排除不良情绪,是心理健康的基础。

(1) 自动调节方法

人们在面临挫折时,常常会调动自身的适应机制,减少焦虑情绪,维持心理平衡。道路抢通从业人员可以用提升自己情绪的稳定性、转移注意力等方法进行自我调节。

① 提升自己情绪的稳定性。作业过程中,不可避免地会遇到各种不愉快的事情,从业人员应学会抵制不良情绪的影响。在作业开始前、结束后,经常性地检查审视自己的情绪,检查自己对易引起不正常情绪事物的反应,并学会控制自己。

② 转移注意力。作业过程中,当从业人员意识到自己情绪受到影响时,要学会及时从兴奋或愤怒的情绪中转移出来,可以用转移注意力等理智手段来控制自己情绪发生的强度,改变情绪发生的方向。

(2) 目标寻觅法

道路应急抢通从业人员在遭受生活、工作的挫折时,常常会感到失去了生

活、工作的目标,感到迷惘,出现"挫折感"或"空虚感"等心理障碍;作业过程中表现出对工作的厌倦。此时,从业人员应从精神层面上寻找生活目标、工作意义,建立明确和坚定乐观的人生态度。

① 积极的自我暗示法。当遇到苦难时告诉自己这不是最坏的结果,比起其他人,自己现在的状况还不是最差的,未来的生活还是会好的,经常憧憬美好的未来,保持奋发进取的生活状态。

② 扩宽兴趣法。兴趣是维持良好心理状态的重要条件,是生活的一种调剂。从事自己喜欢的活动常能给人带来极大的满足感和成就感。当面对生活、工作带来的压力和挫败感时,可以从个人兴趣中得到安慰和补偿。

③ 合理宣泄法。合理宣泄就是利用或创造某种条件,以合理的方法把压抑的情绪倾诉和表达出来,以减轻或消除心理压力、稳定思想情绪的一种方法。当从业人员心情不好时,向朋友和家人倾诉,可以缓解内心的压抑感。因为有时候,问题一旦说出来就会发现其实问题并没有那么严重,同时还可以从亲友那里得到一些安慰和有用的建议。

④ 身心放松法。从业人员可以通过放松训练来缓解与消除心理紧张。放松训练对于缓解紧张性头痛、失眠、高血压、焦虑、不安等生理、心理状态较为有效,有助于稳定情绪、振作精神、恢复体力、消除疲劳,可增强从业人员处理突发紧急情况的能力。

第三节 道路应急抢通从业人员常见生理性疾病与预防知识

除了道路应急抢通从业人员的心理健康对从业安全有影响之外,其生理健康也对从业安全有重要影响。道路应急抢通从业人员在露天作业,工作条件、环境较差,长时间暴露在噪声、粉尘、路面有毒挥发物、汽车尾气等不良环境下,劳动强度大,精神高度紧张,抢通作业时生活节奏不规律,熬夜、饮食睡眠不规律、暴饮暴食等时有发生,因而易发生各种疾病。虽然随着机械化程度的提高,道路应急抢通从业人员的劳动强度有所降低,职业性危害因素有所控制,但还有相当一些地方仍未得到改善。因而,会不同程度地出现各种职业病。道路应急抢通从业人员了解一些常见的职业病类型,并积极地、有针对性地采取措施,有利于预防疾病的发生。

一、影响道路应急抢通从业人员生理状况的因素

(1) 粉尘危害。危害道路应急抢通从业人员的粉尘有自然粉尘和生产性粉

尘。自然粉尘是应急抢通施工时，由风或车辆扬起的地面积尘。生产性粉尘是作业时人为产生的长时间悬浮在空气中的粉尘，主要包括矽尘、石棉尘、有机粉尘或混合性粉尘。身体吸入过多的粉尘可能会引起全身中毒性、局部刺激性、致癌性、尘肺等各种病症，特别是在隧道等通风不畅的空间内作业，其中以尘肺最为严重。粉尘是诱发从业人员尘肺病的主要原因，尘肺病已成为影响养路工身体健康的主要职业病之一。

（2）生产性毒物危害。生产性毒物主要指的是沥青和设备尾气，同时还包括在隧道等密闭空间作业时的有毒气体。沥青是当前我国公路路面广泛使用的一种材料，常见的有石油沥青和煤焦沥青。沥青是由不同分子量的碳氢化合物及其非金属衍生物组成的一种混合物，通常沥青在常温条件下就能够挥发出大量的有机物，对人体的皮肤产生强烈的刺激作用，同时沥青中包含酚、蒽等有毒物质。长期处在沥青路面作业环境下的从业人员，经常会出现头晕、恶心、呕吐等不良反应。抢通机械设备尾气中包含大量的一氧化碳、碳氢化合物、二氧化硫等气体，这类气体大多含有毒性，长期处在这种环境下的养路工会引发低氧血症、鼻炎、呼吸系统疾病等，甚至引发肺癌。隧道等密闭环境下由于空气流通性较差，所产生的一氧化碳、二氧化氮等有毒气体可能会引发急性中毒甚至窒息。

（3）噪声、振动危害。影响道路应急抢通从业人员身体健康的噪声主要是指抢通机械设备如空压机、风钻、挖掘机、装载机等在作业过程中产生的噪声，抢通设备运输时的马达轰鸣声和喇叭声，以及车轮与地面摩擦所产生的噪声。长期接触这种噪声，不仅造成听觉系统损害，而且还会造成神经衰弱、头晕、头痛、失眠、耳鸣等，同时对神经系统、心血管系统、消化系统也会造成程度不一的影响。抢通机械设备在行驶或作业过程中的颠簸、振动也会导致从业人员神经系统功能下降。

（4）弧光辐射。弧光辐射主要是在作业过程中，电焊、切割作业时产生的辐射。一般弧焊时的电弧温度可高达 5 000～30 000 K，会产生强烈的弧光辐射。当弧光辐射长时间作用到人体，可能被体内组织吸收引起人体组织的致热作用、光化作用和电离作用，对作业者的眼睛、皮肤造成急性和慢性的伤害，并且这种伤害具有重复性。弧光辐射主要包括可见光辐射、红外线和紫外线光辐射。强可见光可能引发短暂失明，甚至视网膜灼伤，出现视力下降、畏光等症状。红外线辐射可引发白内障和皮肤的灼伤。紫外线作用于眼睛时，会对眼睛的角膜和晶状体造成危害，急性症状表现为引发电光性眼炎，长时间接触可导致白内障，甚至失明；紫外线强烈作用于皮肤时，可导致光照性皮炎，皮肤上出现红斑、水疱、水肿等症状，严重的还可引发皮肤癌，并可能引发电光性皮炎、皮肤癌；紫外线作用于中枢神经系统,出会现头痛、头晕、体温升高等症状。

(5) 露天作业与异常气候条件。道路应急抢通从业人员常年在野外露天作业不可避免地受到不同气候环境的影响。在高温条件下,如果没有做好必要的防暑降温工作,就很容易发生中暑。中暑是一种急性疾病,是由于外界热量作用于人体,体内热量散发困难而蓄热过多,加上体内盐分随着汗液大量排出而造成的。中暑的症状主要是头痛、头晕、体温升高、恶心呕吐,严重者会出现虚脱、晕倒,急救不及时则有生命危险。在高温条件下,人的排汗量也会大大提高,这时很容易引发头晕、体温升高甚至是休克。在低温条件下,由于气温低、风力大、空气干燥,从业人员如果防寒措施差,且长时间作业,随着体能的大量消耗,身体的抵抗力就会降低,因而易引发感冒、肺炎等呼吸道疾病和皮肤冻伤以及湿冷性关节炎等,风雪严重时还会造成冻伤、雪盲等。从业人员在冬天作业时通常会采取手足保护措施,但是由于频繁接触水泥、石灰等物质,很容易造成皮肤表面的损伤,容易引起皮肤皲裂,甚至严重恶化。

(6) 地域环境。由于道路应急抢通的地域广阔,特殊的地域条件、环境也会引发不同的职业病,如工作在高海拔地区易引发高山病等;在抗洪道路抢通中,易受污水浸泡,从而受到各种微生物侵袭,皮肤上可能出现红斑、丘疹,有时候还有脓渗出,严重的还会出现水疱等。

(7) 饮食不规律。道路应急抢通从业人员常年在外施工作业,很多时候工作在生活难以保障的灾后地区,多为集体就餐,饥一顿饱一顿的情况时有发生,饮食不规律,易暴饮暴食,故胆石症、胆囊炎、脂肪肝等发病率也较高。

(8) 机械损伤和触电。在道路应急抢通施工作业中,从业人员经常需要使用掘路挖掘机、吊车、搅拌机、碎石机、冲击钻等大型设备,因而极易被砸伤、碰伤、撞伤、扎伤等。如摊铺机在移动的过程中,如果与混凝土路面发生机械性碰撞,就可能会造成碎石飞溅而导致眼部伤害。触电也是养护工作中经常发生的一种危害现象,一般触电事故常常发生在无法预见的情况下,如不慎触及路边电杆上断落在地面的电线以及使用电动工具时因漏电、电线破损而触电等。

(9) 疲劳与精神压力。道路应急抢通从业人员在休息不好或长时间连续工作后,因担负较大的精神压力,会出现生理机能的失调,导致免疫力下降、慢性疼痛、头痛等不良症状,甚至会引发心脏病、高血压、肠胃病、癌症等疾病。

二、道路应急抢通从业人员常见职业病类型

(1) 呼吸系统疾病。因有毒气体、粉尘等造成的呼吸系统疾病,主要病变在气管、支气管、肺部及胸腔,如尘肺病、气管炎等。

(2) 职业性皮肤病。经常接触沥青、水泥粉尘等有毒物质或污水中作业而引发的职业性皮肤病。

(3) 神经系统疾病。操作或运输抢通设备时的颠簸、振动会导致从业人员神经系统功能下降。例如,条件反射受到抑制,神经末梢受损,振动觉、痛觉功能减退,对环境温度变化的适应能力降低等。振动过强时有的从业人员会感到手臂疲劳、麻木、握力下降。随着时间的推移,还会出现肌肉痉挛、萎缩,引起骨、关节的改变,出现脱钙、局部骨质增生或变形性关节炎等。

(4) 免疫系统疾病。免疫系统疾病是指长期暴露在有害环境中而形成的职业性多发病,如机体抵抗力降低、呼吸道感染、消化道疾病、关节炎等疾病。

(5) 消化系统疾病。道路应急抢通人员在野外作业的紧迫性,导致饮食很不规律,吃饭经常凑合甚至不吃饭。长期不合理、不规律的饮食习惯,带来的后果就是易患消化系统疾病,常见的有消化不良、胃部疼痛或胆石症,严重者还会引起大出血。

(6) 泌尿系统疾病。泌尿系统疾病有其复杂的形成原因。首先,长时间作业,精力高度集中,无法进行放松活动,这一行为习惯除了引起颈、腰部肌肉酸痛之外,对尿路也会造成长时间压迫,影响血液循环;其次,在外作业受环境因素影响较大,易发生感冒及肠胃道疾病,还会导致泌尿系统感染并反复发作;同时,饮水少、经常憋尿,也会使前列腺疾病症状加重。

(7) 噪声性耳聋。抢通机械设备发动机的运转、汽车喇叭、所载物体的振动等,都可产生不同强度的噪声。从业人员长期在噪声的"轰击"下,易产生噪声性耳聋。早期在作业操作之后会出现听力下降,如不作业听力又会逐渐恢复。但长期操作作业,反复接触强噪声,就会造成听力明显损害,且不能完全恢复,导致双侧不可逆性耳聋。

(8) 眼部疾病。眼部疾病包括因弧光辐射所引发的电光性眼炎等或因冰雪造成的雪盲症等。

(9) 中暑、高原反应、中毒等。中暑、高原反应、中毒等指因高原、隧道密闭空间等特殊作业环境或高温等异常环境所造成的特殊疾病。

三、道路应急抢通从业人员职业病日常防护措施

(1) 树立安全第一的思想,将从业人员职业危害的预防作为一项重要的管理工作提上日程。根据道路应急抢通的实际情况和经验,制定操作性较强的防治方法和制度并且严格执行。

(2) 加强对从业人员职业卫生教育及劳动保护工作,日常要对从业人员进

行防尘、防噪、防毒等知识的教育和培训,让他们认识到会引起的职业危害,从思想上加以重视。

(3) 加强对劳动防护用品的发放和管理,结合生产需要确定数量及品种,配备足够数量的、合格的防尘面罩、防毒口罩、防噪耳塞、护目镜等劳保用品,教会从业人员正确使用,并在作业过程中加强监督检查力度。

(4) 改善作业环境,对于一些特殊的作业场所,对其设备和技术进行不断的改造和创新,安装必要的防尘、防噪设备,以此来降低粉尘和噪声对从业人员健康产生的影响。在野外作业时,必须要穿戴好必要的防护措施。对于空压机、发电机、电锯、风钻等强噪声设备,在施工时,应合理选择位置,采取相应的隔离措施,还应合理安排作业时间,以减少强噪声的扩散。

(5) 定期对从业人员进行健康体检,发现疾病应及时治疗。

(6) 轮流定时休息。个人一次作业时间一般不宜过长。控制连续作业时间,否则身心疲惫,既影响从业安全,又会危害健康。

(7) 定时、合理饮食。应做到合理安排作业时间,用餐定时定量,避免暴饮暴食,或食用不健康食物。

(8) 注意设备保养改造。从业人员泌尿系统等疾病产生的重要原因在于设备产生的振动,所以应避免旧设备"超期服役",及时更换陈旧、磨损的零部件,对设备、机械进行定期保养,及时维护,使其保持良好的工作状态。同时,改造声源、降低噪声和振动,通过技术革新,把发声物体改造为不发声或发小声的物体,把强振动物体改造为弱振动物体。

(9) 在隧道等密闭空间作业时,应先进行通风,从业人员严禁在风管的进出口停留,并根据国家制定的一系列卫生标准,检测作业环境中粉尘、有毒性气体的浓度,及时发现问题,及时解决问题。

(10) 根据气候特点,合理安排施工时间,做到早开工、晚收工,避开气温最高的中午时间施工。合理调配人员,严禁长时间连续作业。在高温或者严寒条件下,做好必要的防护措施。在高温条件下,不能长时间进行作业,应当采取轮换制度,在作业的过程中,利用冷水进行降温,在条件允许的情况下,应当做好必要的防暑降温工作,配备防暑降温物品、药品、饮品等。组织从业人员进行有关高温作业安全知识的学习,掌握基本的急救知识。当从业人员出现脱水、中暑等症状时,要及时抢救,不得延误。在严寒条件下,同样应当避免长时间持续工作,需要做好必要的防寒措施,当手脚或者皮肤出现冻伤症状时,要及时涂擦有效的药膏,防止其进一步扩大。

(11) 从事高原作业要配备必要的医护人员和设备,并加强健康检查力度。

技　能　篇

第四章　道路应急抢通灾害介绍

为有效地对不同类型的道路损毁模式实施针对性的应急抢通,制定针对性的应急抢通预案,需对不同类型灾害的特点、发生机理、监测预警技术以及不同类型道路特点和损毁模式等有基本的认识。

第一节　基于灾害产生原因的道路应急抢通灾害分类与特点

根据灾害产生的原因,可将导致道路堵塞或损毁的灾害分为三大类,即自然灾害、战争灾害与事故灾难,其中,在和平时期,以自然灾害所占的比例最大。因此,本章后续几节内容重点对自然灾害及其所涉及的道路损毁模式进行重点介绍,而对战争灾害及事故灾难仅在本节进行简单综述。

一、战争灾害

战争中对道路的直接破坏最为常见,如飞机投弹或发射导弹炸垮险要地段路基,或炸断跨江、跨河大桥和机场跑道。

1. 飞机轰炸

在战争中,使用飞机直接在目标上空投炸弹,对道路、大桥及运输车辆等目标进行轰炸较为普遍。如在抗美援朝战争中,美军凭借空中优势,出动大批飞机对我军运输线进行轮番轰炸,对朝鲜北部发动"空中封锁交通线战役"。志愿军只能在夜间用大量民工抢修道路与桥梁,随炸随修,随修又随炸。这样,前线军队进攻所需要的弹药、粮食、药品等物资只能靠战前储备。

2. 远程轰炸

随着武器的升级换代,除了飞机外,导弹、火箭或无人机的使用较为频繁,并出现了专门的钻地弹、延时弹、子母弹等新型破坏武器,这些武器的投放精度越来越高、破坏性越来越大,因此常被用于摧毁道路、桥梁、机场等基础设施目标。

1999年科索沃战争更是以大规模空袭为作战方式,以美国为首的北约凭借占绝对优势的空中力量和高技术武器,对南斯拉夫联盟的军事目标和基础设施进行了连续 78 天的轰炸,造成了大量人员伤亡和基础设施损毁,其中就有 12 条铁路被毁、50 座桥梁被炸。最终,北约在没有派出地面部队的情况下就取得了战争的胜利。

3. 气象武器使用

越南战争期间,美国曾利用东南亚地区西南季风盛行、季节多雨的有利条件,秘密在老挝、越南和柬埔寨的毗邻地区进行人工降雨,造成局部地区洪水泛滥,桥断坝塌,村庄被毁,道路泥泞难行,"胡志明小道"的通行能力由原来每周能通行 9 000 多辆锐减到 900 多辆,严重地破坏了越军的运输线。据统计,美军人工降雨给越南带来的损失,比整个越战期飞机轰炸造成的损失还要大。

4. 破坏与重建

在战争中,一些"咽喉"地段是地面部队行进的必经之路,桥梁通常是交通运输线的关键节点,因此,交战双方都极力进行抢夺。对这些节点的破坏和抢建也随战局交替变化,最为著名的是抗美援朝战争第二次战役中"炸不断的水门桥"事件。

水门桥位于古土里以南 5.6 km,跨度 8.8 m,桥的两端是悬崖,周围没有任何可以绕行的道路。1950 年 12 月 1 日,志愿军第 60 师炸桥小分队很快穿插到水门桥附近,将水门桥炸毁。但是美军陆战 1 师第 1 工兵营迅速将其修复。12 月 4 日,志愿军小分队乘黑夜第二次将美军架好的桥梁炸毁。美军陆军第 10 军第 73 工兵营又在原桥残留的桥根部架设了钢木桥梁,使其恢复通行。12 月 6 日志愿军炸桥小分队第三次将美军新建的桥和原桥的根部彻底炸毁。

但是,美军强大的后勤机构立即在日本三菱重工连夜制作了 8 套 M-2 型钢木标准桥梁,用 C-119 运输机在 7 日凌晨运往一千多千米以外的朝鲜水门桥附近,9 时 30 分用巨型降落伞直接空投到美军阵地,经过一夜的紧张施工,陆战 1 师的工兵部队于 8 日 16 时终于架起了一座可以通过所有重型装备包括坦克在内的临时桥梁。当晚一千余辆车辆、坦克、大炮,以及所有剩余士兵,通过了这座桥梁。过桥后美军炸毁了桥梁,阻止了志愿军追击。

水门桥三次被志愿军炸毁和三次被美军修复,并且由一千多千米之外的日本三菱重工生产桥梁,然后空投到美军阵地上,保障了美军的顺利撤退,由此可见,战时道路应急抢通的重要性。

二、事故灾难

事故灾难广义而言包括安全事故以及恐怖袭击等。其中安全事故是指道路交通设施在建设或运营过程中发生的各种安全事故,如营运车辆在隧道内起火、爆炸引起隧道结构损坏、桥梁垮塌,重特大交通事故导致道路堵塞,危化品运输车辆的交通事故引起的爆炸、火灾事故等;恐怖袭击则主要是指恐怖分子对关键性桥梁、隧道实施的爆炸破坏。

1. 安全事故对道路的破坏与阻塞

在日常路网运行中,危险品安全事故也会对道路、桥梁造成严重损毁,比较典型的为烟花爆竹、有毒化学品等,特别是因此而导致的火灾、爆炸会严重损毁道路和交通设施。同时,重特大的交通事故也会造成道路严重的堵塞,特别是发生在狭窄的桥梁、隧道等处的交通事故,如:2011年4月8日兰临高速公路新七道梁隧道内油罐车爆炸事故,导致道路封闭达30 h之久,严重影响了道路通行能力,造成了恶劣的社会影响;2011年12月16日,在西汉高速秦岭隧道群双岭隧道处发生严重交通事故,造成双向交通堵塞,堵车达几十公里,道路处于封闭状态近6 h。

2. 恐怖活动对道路的破坏

恐怖活动通常是与战争紧密联系在一起的,以美国为例,自20世纪90年代以来,美军先后进行了海湾战争、科索沃战争、阿富汗战争、伊拉克战争。虽然美军对外声称都取得了军事胜利,并很快占领了这些国家和地区,但却又长期面临新的恐怖袭击威胁。恐怖分子通常使用汽车炸弹、人体炸弹、遥控炸弹和地雷攻击各种民用和军事目标,他们较为擅长进行各种针对占领军补给线的破坏活动,多次炸毁一些重要的桥梁,并袭击运输和巡逻车队。

三、自然灾害

自然灾害中会导致道路产生严重损毁从而急需应急抢通的主要有地震、台风、洪水、低温雨雪冰冻等,还包括滑坡、崩塌、泥石流、堰塞湖等次生灾害。表4-1所示即为这些主要自然灾害及其对道路交通可能造成的损害,下面即对这些主要自然灾害的概念及特点进行简要介绍。

1. 地震

地震,又称地动、地振动,是地球上经常发生的一种自然现象。由于地壳运动引起地球表层快速震动,地壳快速释放能量过程中造成震动,其间会产生地震波,因此地震也是地壳运动的一种特殊表现形式。

大地震动是地震最直观、最普遍的表现。在海底或滨海地区发生的强烈地震,能引起巨大的波浪,称为海啸。地震是极其频繁的,绝大多数太小或太远以至于人们感觉不到,真正能对人类造成严重危害的地震每年大约有一二十次。地震释放的能量决定地震的震级,其释放的能量越大,震级就越大,地震相差一

表 4-1　道路交通常见灾害类型

序号	灾害类别	可能造成的损害
1	地震	(1) 道路： 路基沉陷、开裂、滑移、扭曲、隆起、挤压破坏等；支挡、防护排水工程的坍塌、外倾、侧移，墙面鼓胀，基础脱空以及抗滑桩（或桩板墙）位移变形，锚杆（索）框架扭曲失效，主动防护网失效，挂网喷浆出现浅表层挤压破坏或剪切破坏等；地震引起水位变化引发水毁 (2) 桥涵： 全桥损毁或部分垮塌；主梁纵、横向移位及落梁，梁体破损开裂；支座移位、脱空、损坏；墩台挡块断裂或破损；墩柱倾斜、破损、开裂、压溃、剪断，盖梁、系梁开裂；拱桥拱圈变形、开裂、拱脚开裂、移位、拱上建筑损坏；桥台墙体开裂、倾斜、移位、坍塌；基础倾斜、沉陷、变形；桥面铺装开裂，伸缩缝错位、破坏，护栏、人行道、灯具、管线破损 (3) 隧道： ① 土建结构 洞口：边仰坡地表开裂、失稳、垮塌，支挡防护工程出现裂缝、倾斜、下沉，截排水沟开裂、沉陷 洞门：洞门墙体开裂、下沉、倾斜、垮塌 洞身：衬砌开裂、剥落、错台、垮塌、侵限、脱空、渗水 路面：开裂、下沉或隆起、断裂、渗水 检修道、电缆沟、预埋沟（槽、管）：开裂、错台 ② 机电设施 供配电、照明、通风、消防、救援和监控等设施倒塌、脱落、损坏等 ③ 其他工程设施 污水处理设施、防雷接地装置损坏
2	泥石流	(1) 道路：坍塌、掩埋、防护和排水结构物损坏 (2) 桥涵：淤塞、移位、墩台基础垮塌和损毁 (3) 隧道：洞口和墙身冲毁、阻塞
3	滑坡	(1) 道路：掩埋，支挡、防护排水结构损毁 (2) 桥涵：掩埋、移位、错台、垮塌 (3) 隧道：洞口冲毁、阻塞
4	洪水	(1) 道路：淤塞、掩埋、溃堤、损毁 (2) 桥涵：移位、垮塌 (3) 隧道：洞口洞门水毁、洞身墙体坍塌、突水突泥
5	冰雪	(1) 道路：掩埋、移位，支挡、防护排水结构损毁，融雪后的翻浆沉陷 (2) 桥涵：倾覆、垮塌、移位 (3) 隧道：坍塌、水毁

(续表)

序号	灾害类别	可能造成的损害
6	堰塞湖	(1) 道路:水毁、掩埋、浸泡 (2) 桥涵:水位上升变化引起水毁 (3) 隧道:水毁、坍塌
7	溶洞、采空区、地下水	(1) 道路:沉陷、坍塌 (2) 隧道:仰拱沉陷及坍塌、水毁

级,能量相差约30倍。地震常常造成严重人员伤亡,可能造成火灾、水灾、有毒气体泄漏、细菌及放射性物质扩散等直接灾害,还可能造成海啸、滑坡、崩塌、地裂缝等次生灾害。地震导致的公路交通基础设施损毁,将影响整个生命线系统功能的发挥和震后救灾工作的开展,其对公路的破坏有以下四个方面的特征:

(1) 影响范围广。地震所引起的公路网系统灾害,不仅表现在关键基础设施或某条路段的损毁,而且涉及一个点(桥梁、隧道等关键设施)、一条线(路网中某些节点间整条线条)的损毁。当地震灾害发生烈度及震源深度较大时,这种破坏会覆盖至整个地震范围内的所有公路,导致整个区域公路中断,无对外通道。

(2) 破坏程度深。与其他自然灾害相比,由震害所造成公路网系统的破坏程度较深,如路基、桥梁、隧道的各种结构性损毁,导致公路网系统的修复难度较大。

(3) 次生灾害类型多。地震常常引发滑坡、塌方、泥石流等次生灾害,从而导致公路出现路基路面塌陷、下沉,山体滑坡掩埋路面,易燃易爆物的引燃造成火灾、爆炸等,加重震害对公路网系统的影响及破坏。

(4) 损失巨大。根据国内外城市或地区在地震灾害中的财产损失分析,当地区(特别是人口密度和社会财富密度大的城市和地区)遭遇高烈度的地震袭击时,其人员伤亡以及经济损失都非常大。如汶川地震造成人员死亡近7万人,直接经济损失8 451.4亿元,地震、滑坡、泥石流等导致的受损公路达31 412 km,公路网和其他城市基础设施的损失占到总损失的21.9%。

公路交通作为现代交通运输体系的重要组成部分,具有覆盖范围广、通达程度深、机动灵活等优点,使之成为震后灾区救援和恢复重生的大动脉。因此,受地震影响而被破坏和损毁的公路网的抢通保畅和重建工作,对应急交通运输保障及整个抗震救灾工作的顺利开展具有极其重要的意义。

2. 滑坡

（1）滑坡

滑坡和泥石流是我国两种最常见的地质灾害类型。滑坡是指斜坡上的土体或者岩体，受河流冲刷、地下水活动、雨水浸泡、地震及人工切坡等因素影响，在重力作用下，沿着一定的软弱面或者软弱带，整体或者分散地顺坡向下滑动的自然现象。泥石流是指在山区或者其他沟谷深壑、地形险峻的地区，因为暴雨、暴雪或其他自然灾害引发的山体滑坡并携带有大量泥沙以及石块的自然现象。

滑坡主要发生在不良地质的高挖方边坡处，是公路作业和运营期间遇到的重要问题，是山区公路的主要灾害之一。其破坏特征如下：

① 坍塌。公路上边坡变形滑动，导致交通中断，破坏路基、路面。

② 冲毁。由于滑坡的产生，使公路的桥梁、涵洞、挡土墙等失去功效。

③ 阻塞。在山区公路沿溪线，由于滑坡的产生，引发河道阻塞，使河流改道，冲毁公路。

（2）泥石流

泥石流主要发生在地质不良、地形陡峻的山区或山前区，具有突发性以及流速快、流量大和破坏力强等特点。泥石流常常会冲毁公路、铁路等交通设施甚至村镇等，造成巨大损失。在小流域内，滑坡和泥石流通常相伴而生、互为因果，具有强烈的冲击、破坏作用。泥石流对公路的危害主要表现在：

① 冲毁。泥石流冲刷路基、路面，掏空桥涵基础，导致桥涵局部沉陷变形，甚至损毁。

② 堵塞。泥石流携带的大量堆积物堵塞河道和排水设施，造成排水不畅；泥石流漫溢改道，致使桥涵被废置一旁，迫使改建或新建桥涵工程。

③ 淤埋。淤埋线路及沿线设施，导致公路中断，功能丧失，抢通困难，严重者致使整段公路改线。

3. 台风

根据《热带气旋等级》（GB/T 19201—2006），我国将热带气旋分为热带低压、热带风暴、强热带风暴、台风、强台风和超强台风六个等级。热带气旋是指生成于热带或副热带海洋上伴随有狂风暴雨的大气旋涡，在北半球沿逆时针方向旋转，在南半球沿顺时针方向旋转，在围绕自己中心旋转的同时不断移动。在气象学上，热带气旋中心持续风速达到12级（即32.7 m/s或以上）称为台风。在我国，通常把热带风暴及以上等级的热带气旋统称为台风。

热带气旋在我国登陆地点大多集中在东南沿海、台湾或海南，其中在广东登陆的热带气旋最多，其次是台湾和海南。在我国，受热带气旋影响的频数由南向北,由沿海向内陆呈现逐渐减少的特征。

热带气旋所引发的狂风、暴雨、风暴潮常常给沿海地区造成巨大人员伤亡和经济损失。其破坏力主要由强风、暴雨和风暴潮三个因素引起,如表4-2所示。

表4-2 热带气旋的特征及破坏形式

类型	特　征	破坏形式
强风	热带风暴及以上的热带气旋风速在17.2 m/s以上,最高风速甚至能达到60 m/s	严重影响行车安全,损坏甚至摧毁桥梁等公路交通基础设施
暴雨	一次热带气旋登陆,降雨中心一天内降雨量可达100～300 mm,甚至可达500～800 mm	热带气旋带来的暴雨可引发山洪、堤坝溃决、泥石流、滑坡、塌方等灾害,破坏性极大
风暴潮	当热带气旋移向陆地时,由于强风和低气压的作用,海水向海岸方向堆积形成风暴潮,有时能使沿海水位上升5～6 m	导致潮水漫溢、堤坝溃决、冲毁道路、淹没城镇和农田,造成人员伤亡和财产损失

4. 暴雨、洪涝灾害

暴雨是指降雨强度和降雨量均相当大的雨,是一种夏季常见的灾害性天气现象。根据气象部门规定,每小时降雨量达16 mm以上,或连续12 h降雨量达30 mm以上、24 h降水量达50 mm及其以上的雨称为暴雨。根据《降水量等级》(GB/T 28592—2012)对暴雨的规定,按其降水量大小可分为三个等级:24 h降水量达50～99.9 mm为暴雨,100～249.9 mm为大暴雨,250 mm及其以上为特大暴雨。按照影响范围的大小,还可以将暴雨划分为局地暴雨、区域性暴雨、大范围暴雨、特大范围暴雨。此外,还可按流域将暴雨分为支流暴雨、干流暴雨和全流域暴雨等。我国暴雨具有季节性特征突出、降雨强度大、持续时间长、范围广等主要特征。

我国的洪涝具有以下几个特点:成因和种类多样,时空分布广但不均匀,洪灾具有突发性而涝灾具有延迟性。洪涝的成因总的来说可分为自然因素和人为因素两大类。自然因素包括自然地理环境、天气气候特征以及水系情况、暴雨的特点等,人为因素主要是人类活动对暴雨洪涝的影响。我国大部分地区各个季节都有洪涝发生,就空间分布而言,东部为暴雨洪涝的多发区,洪涝灾害频繁;西部地区暴雨发生次数较少,但有时也会引发洪涝,且融冰、融雪时常会造成洪涝灾害。

与暴雨季节性特征一样,洪涝也是在夏季比较集中,春秋季时有发生,冬季较少。相对于洪涝灾害,洪水具有很强的突发性,如泥石流洪水、山洪及风暴潮洪水等,其形成和发生的过程比较短,几分钟至几个小时就能造成严重损失。

我国山洪灾害的一般特点有:分布广泛、数量大,以溪河洪水灾害尤为突出和普遍;突发性强,预测预防难度大;成灾快,破坏性强,频率高;季节性强,区域性明显,易发性强。

山洪的发生除了与地形地质条件有关外,暴雨是诱发的重要因素。在山地,山高坡陡、植被较差、土层较薄,在遇有暴雨或大暴雨时,很容易发生山洪灾害。一般来说,我国七大江河的上游干流及支流水系的山区,常常会因暴雨引发山洪并诱发滑坡、泥石流、崩塌等地质灾害。

暴雨、洪涝灾害影响范围广,常常淹没或冲毁公路,使路基沉陷、边坡垮塌,造成人员伤亡和经济损失。据不完全统计,近5年来,我国国省干线公路网平均每年因暴雨、洪涝、山洪泥石流等灾害造成公路水毁损失均超过100亿元,且近年来呈逐年上升趋势。

5.低温雨雪冰冻灾害

(1)形态

我国低温雨雪冰冻灾害主要包括雪灾、低温冰冻等两种类型,其中雪灾主要是长时间大量降雪造成的积雪、风吹雪、雪崩等,低温冰冻主要是冷空气及寒潮入侵造成的气温下降。低温雨雪冰冻灾害包括多种形态:

① 积雪。积雪是一种常见的雪灾。由于降雪量过大,公路积雪常常导致交通中断,影响人们出行。在积雪的山坡或高山上,当积雪受重力拉引向下滑动,引起大量雪体崩塌时,便形成雪崩现象。

② 风吹雪。由于大量的雪被强风卷起并随风运动,水平能见度低,致使行人迷失方向,对行车安全影响巨大,并有可能对人民的生命财产安全和社会生活造成灾难性后果。

③ 低温冰冻。当雨滴从空中落下来时,由于近地面的气温很低,在电线杆、树木、植被及公路表面冻结成薄冰,即我们通常所说的冻雨。

(2)影响

从低温雨雪冰冻灾害的类型来看,不同的天气灾害对公路交通的影响有所不同。

① 积雪掩埋公路。如东北、华北等地的降雪,通常因降雪量较大、持续时间较长,形成雪灾;新疆、川藏部分地区的风吹雪等常常造成路面严重积雪,掩埋公路。

② 损毁公路、桥梁、机场等交通基础设施。新疆和青藏高原等山地多发雪

崩,造成桥涵、防护设施等公路结构物损毁,交通中断。

③ 影响行车安全。冬季雨雪天气,由于气温较低,路面出现积雪、结冰,伴随低温冰冻天气的持续,路面的水层会越来越厚,很容易致使车辆打滑发生交通事故,造成交通阻断,影响道路通行及行车安全。

④ 路网协调管理压力大。低温雨雪冰冻灾害一旦造成交通中断,就容易导致区域路网大面积、大范围拥堵,路网协调和调度将变得困难,且低温冰冻出现的时间往往与春运的时间段重合,因此保障春运期间的路网畅通,路网的协调管理面临着低温雨雪冰冻天气及客货流的双重压力。

6. 崩塌落石

在地震作用、降雨冲刷条件下,硬质岩边坡易发生大型崩塌落石砸坏或掩埋路基路面、桥梁、隧道洞口。

7. 堰塞湖

堰塞湖是指原有水系被阻塞物阻断溪流,因而造成上游淹没成湖。堰塞湖作为一种较为常见的次生灾害,主要是由于滑坡、崩塌、泥石流、火山熔岩及冰川的冰碛物堆积等造成河道堵塞,进而蓄水形成湖泊。堵塞河道的滑坡体,称为"堰塞体",实际上是一座天然水坝,可能淹没或掩埋公路、桥梁或隧道。当堰塞湖形成时,如果它对上下游构成威胁,就要采取紧急措施进行处理。

从形成过程和其可能造成的灾害,可以将堰塞湖分为高危型堰塞湖、稳态型堰塞湖和即生即消型堰塞湖。高危型堰塞湖是指形成堰塞湖后,河道依然保持原来的下泄路径,没有别的泄流通道,造成堰塞湖内持续蓄水,而坝体又不稳定,虽大部分堰塞坝体并不会马上被冲垮,但随着蓄水量的增大,逐渐形成管涌或裂缝,在形成后几天甚至若干年后被水压冲垮,垮坝时将有巨大的能量释放出来,形成严重的次生水灾。稳态型堰塞湖亦称"死湖",是指在形成后存在了100年以上,未决口垮坝的堰塞湖。即生即消型堰塞湖是指地震时河流遭受崩塌、滑坡、泥石流等物质阻塞,形成短时堰塞湖,但由于坝体松散,很快被蓄积的湖水冲毁。

堰塞湖造成的次生水灾害主要表现在三个方面:

(1) 对于堰塞湖上游地区,由于堰塞体堵塞了原有河道,堰塞湖湖水没有了下泄通道或者通道下泄能力小,下泄湖水流量远小于上游来水流量,出入湖水量不平衡,湖内水位不断上涨,进而湖水淹没区域扩大,对原有田地、房屋等财产造成损失。

(2) 对于堰塞湖下游地区,由于湖水下泄,特别是当堰塞坝快速大范围溃决形成超过下游河道防洪标准的洪水,对沿河城镇造成了洪水威胁和损失。

(3) 堰塞湖湖水受其他原因影响,可能造成水质恶化。

第二节 灾害发生机理

一、滑坡

滑坡的形成主要有以下因素：

（1）降雨是滑坡发生的重要因素。降雨对滑坡的影响很大，不少滑坡具有"大雨大滑、小雨小滑、无雨不滑"的特点。降雨渗入山体斜坡，导致斜坡岩土层饱和，增加坡体岩土重力，增大下滑力；水浸泡软化易滑地层，使岩土层的抗剪强度大幅度降低；水充满裂隙时形成静水压力，出现水头差时形成动水压力；干湿交替导致岩土体风化开裂，使更多的水进入坡体导致斜坡失稳。

此外，人为造成的地表水向斜坡大量下渗，水渠和水池的漫溢和渗漏，工业生产用水和废水的排放及农业灌溉等，均易使水流渗入坡体，从而促使或诱发滑坡的发生。

（2）沟谷、河流、湖泊、海洋水流冲刷岸坡，掏蚀坡脚，削弱坡脚支撑力，当下滑力大于抗滑力时，岸坡就会滑动。

（3）人类工程活动破坏坡体平衡。违反自然规律、破坏斜坡稳定条件的人类工程活动会诱发滑坡。例如：

① 人为破坏斜坡的稳定，如开挖斜坡坡脚，在斜坡上部填土、弃土、兴建大型建筑物等。修建铁路、公路，依山建房、建厂等工程，常因使坡体下部失去支撑而发生下滑。一些铁路、公路因修建时大量爆破、强行开挖，事后陆续在边坡上发生了滑坡，给道路施工、运营带来危害。厂矿废渣的不合理堆弃，常触发滑坡的发生。

② 兴建水利工程，改变原地表水排泄条件。坡体因漏水和渗透作用而易产生滑动，水库的水位上下急剧变动，加大了坡体的动水压力，也可诱发斜坡和岸坡发生滑坡。

③ 工程大爆破及机械振动的松动作用也会引起斜坡滑动。

④ 在山坡上乱砍滥伐，使坡体失去保护，有利于雨水等水体的渗入从而诱发滑坡。

（4）地震的作用。地震的强烈作用使斜坡承受的惯性力发生改变，使斜坡岩土的内部结构发生变化，原有的结构面张裂、松弛，造成地表形变和裂隙增加，降低岩土的力学强度。地震可引起土层中水位及孔隙水压力变化，砂土液化，抗剪强度降低，动荷载增大，促使斜坡岩土体产生滑动。另外，一次强烈地震的发生往往伴随着许多余震,在地震力的反复震动冲击下,斜坡岩土体更容易发生变形,最后就会发展成滑坡。

此外,如果人类工程活动与不利的自然作用互相结合,则更容易促使滑坡的发生。

二、崩塌

1. 崩塌形成的内在条件

(1) 地貌条件

崩塌多发生在坡度大于 55°的高陡斜坡、孤立山嘴或凹形陡坡地形,以及河流强烈切割、地势高差较大、坡度陡峻的高山峡谷区、水库库岸,或发生于铁路边坡、公路边坡、工程建筑边坡及其各类人工边坡等地段。

大量的天然斜坡和人工边坡的崩塌调查表明,陡峻的斜坡地形是形成崩塌的必不可少的条件之一,斜坡坡度越陡,越容易形成崩塌。

(2) 地质条件

崩塌主要发生在节理、裂隙面、岩层面、断面等地质构造面,特别是具垂直节理的坚硬、脆性块状结构的岩层上。如果这些坚硬岩层与软弱岩层交互,就更容易风化掏蚀,使坚硬岩层突悬发生崩塌。构造运动强烈、地层挤压破碎、地震频繁的地区亦容易发生崩塌现象。

① 由坚硬、脆性的岩石(厚层石灰岩、花岗岩、石英岩、玄武岩等)构成较陡的斜坡,如其构造、卸荷节理发育,并存在深而陡的、平行于坡面的张裂隙时,有利于崩塌落石的发生。

② 软硬岩互层(如砂岩与页岩互层、石灰岩与泥灰岩互层)构成的陡峻斜坡,由于抗风化能力的差异,常形成软岩凹、硬岩凸的斜坡,也易形成崩塌落石。

③ 黄土垂直节理发育形成的陡坡,极易产生崩塌。

④ 陡坡上部为坚硬岩石,下部为易熔岩或软岩(如煤系地层)时,或受河水冲蚀破坏,或受人为活动的变形影响,硬岩受张应力的作用,裂隙进一步向深部发展,当形成连续贯通的分离面时,便易形成崩塌。

2. 崩塌形成的外在条件

(1) 气候条件

崩塌作用与强烈的物理风化作用密切相关。在日温差、年温差较大的干旱和半干旱区,冻融交替的物理风化作用强烈,易发生崩塌。

(2) 强烈震动

强烈的地震、大爆炸、列车的反复振动,可促使或诱发崩塌落石的产生。一般烈度大于 7°的地震都会诱发大量崩塌。在"5·12"汶川地震中,较陡的山体大多产生大量的崩塌岩体。

（3）工程开挖边坡

人类工程活动中边坡开挖过高过陡,破坏了山体平衡,会促使崩塌的发生。

（4）水库蓄水、河流冲刷侵蚀

水是引起崩塌最重要的因素之一,绝大多数崩塌都发生在雨季或暴雨之后。河(江)水的波浪冲刷作用以及雨水渗入岩土体,增加了重力,加大了静水压力,冲刷、溶解和软化了裂隙充填物形成的软弱结构面,会引起崩塌。

（5）矿产资源开采

矿产资源的开采形成高陡边坡、采空区,在其他因素触发下易产生崩塌、落石,甚至大规模的灾难性崩塌灾害。

三、泥石流

泥石流的形成过程与地形地貌、地质、水文、气象、植被、地震、人类活动等因素有关,但必须满足以下 3 个基本条件,即地质条件、地形条件和气象水文条件。

1. 地质条件（物源）

流域地质条件决定了松散固体物质的来源、组成、结构、补给方式和速度等。泥石流多发的山区,多是地质构造复杂、岩石风化破碎、新构造运动活跃、地震频发、崩塌滑坡灾害多发的地段。这样的地段,既为泥石流提供了丰富的固体物质来源,又因地形高耸陡峻、高差大,为泥石流活动提供了强大的动能优势。

就区域分布看,泥石流暴发区多位于新构造运动强烈的地震带或其附近。这是因为地震断裂带及其附近地段岩体破碎,崩塌、滑坡发育,为泥石流的形成提供了物质基础。例如,南北地震带是我国最强烈的地震带,也是我国泥石流最活跃的地带,其中像东川小江流域、西昌安宁河流域、武都白龙江流域和天水渭河流域,都是我国泥石流灾害严重的地带。受气候的影响,在此地震带上总的趋势是:南段泥石流较中段和北段更为发育。

风化作用也能为泥石流提供固体物质来源,尤其是在干旱、半干旱气候带的山区,植被不发育,岩石物理风化作用强烈,在山坡和沟谷中堆聚起大量的松散碎屑物质,成为泥石流的补给源地。

2. 地形条件（势源、动力源）

泥石流大多发生在陡峻的山岳地区。这种陡峻地形条件为泥石流的发生、发展提供了充足的位能,使泥石流蕴含一定的侵蚀、搬运和堆积能量。一般情况下,泥石流多沿纵坡降较大的狭窄沟谷活动。每一处泥石流自成一个流域,典型的泥石流流域可划分为形成区、流通区和堆积区三个区段。

(1) 形成区

形成区多为三面环山、一面出口的宽阔地段,周围山坡陡峻,地形坡度多为30°~60°,沟床纵坡可达30°以上,面积有时可达几十甚至几百平方千米。坡体往往裸露破碎,无植被覆盖。周围斜坡常为冲沟切割,崩塌滑坡堆积物发育。这种地形有利于大量水流和固体物质迅速聚积,并形成具有强大冲刷能力的泥石流。

(2) 流通区

流通区是泥石流搬运通过的地段,多为狭窄的峡谷或冲沟,谷壁陡峻而纵坡降较大,且多陡坎和跌水。泥石流物质进入流通区后具有极强的冲刷能力,将从沟床和沟壁上冲刷下来的土石携走。流通区纵坡的陡缓、曲直和长短,对泥石流的强度有很大影响。当纵坡陡而顺直时,泥石流流途通畅,可直泻下游,能量大;反之,则易堵塞停积或改道,削弱能量。流通区长短不一,甚至可缺失。

(3) 堆积区

堆积区一般位于出山口或山间盆地边缘,地形坡度通常小于5°。由于地形豁然开阔平坦,泥石流动能急剧降低,最终停积下来,形成扇形、锥形或带形堆积滩,典型的地貌形态为堆积扇。堆积扇地面往往垄岗起伏、坎坷不平,大小石块混杂。若泥石流物质能直接泻入主河槽,而河水搬运能力又很强时,则堆积扇有可能缺失。由于扇顶侵蚀基准面长期不断变化,前后多次泥石流活动,可使泥石流堆积范围不断前进或后退,形成所谓溯源侵蚀或溯源堆积。

3. 气象水文条件(水源)

泥石流的形成必须有强烈的地表径流,它为泥石流的暴发提供动力条件。泥石流的地表径流来源于暴雨、冰雪迅速融化和水体溃决,由此可将它划分为暴雨型、冰雪融化型和水体溃决型三种类型。暴雨型泥石流是我国最主要的泥石流类型。一般来说,暴雨型泥石流的发生与前期降水密切相关,只有前期降水积累到一定量值时,短历时暴雨的激发作用才显著。前期降水越大,土体中含水率越高,泥石流发生所需的短历时降雨强度就越小。

总之,水体来源是激发泥石流的决定性因素。除上述自然条件异常变化导致泥石流现象发生外,人类工程经济活动也不可忽略,它不但直接诱发泥石流灾害,还往往加重区域泥石流活动强度。人类工程经济活动对泥石流影响的消极因素很多,如毁林,开荒与陡坡耕种,放牧,水库溃决,渠水渗漏,工程和矿山弃渣不当等。这些有悖于环境保护的工程活动,往往导致大范围生态失衡、水土流失,并诱发大面积山体崩塌滑坡现象,为泥石流发生提供充足的固体物质来源,泥石流的发生、发展又过来加剧环境恶化,从而形成一个负反馈增长的生态环境演化机制。为此必须采取固土、控水、稳流措施,抑制因人类不合理工程活动所诱发的泥石流灾害。

上述三个基本条件中,前两个是内因,第三个是外因。泥石流的发生与发展是内、外因综合作用的结果。

滑坡、崩塌与泥石流的关系也十分密切,易发生滑坡、崩塌的区域也易发生泥石流,只不过泥石流的暴发多了一项必不可少的水源条件。而且崩塌和滑坡的物质经常是泥石流的重要固体物质来源。滑坡、崩塌还常常在运动过程中直接转化为泥石流,或者滑坡、崩塌发生一段时间后,其堆积物在一定的水源条件下生成泥石流,形成灾害链,即泥石流是滑坡和崩塌的次生灾害。泥石流与滑坡、崩塌有着许多相同的促发因素。

四、堰塞湖

堰塞湖是由火山熔岩流、冰碛物或由地震活动使山体岩石崩塌下来等原因引起的山崩滑坡体等堵截山谷、河谷或河床后贮水到一定程度而形成的湖泊。当堰塞体受到冲刷、侵蚀、溶解、崩塌等作用,便会出现"溢坝",最终演变成"溃堤"而导致山洪暴发,会对下游地区有着毁灭性破坏。

堰塞湖是在一定的地质、地理环境下形成的,通常需要具备以下几个基本条件:① 堰塞湖形成区域内有江河流过,且河床宽度不是很大,尤其是山区的"V"形河谷更利于堰塞湖的形成。② 在地震、降雨、融雪以及人类活动等因素的作用下,江河岸坡的山体有发生大型滑坡、崩塌、泥石流等山地灾害的可能。③ 河道上游必须有充分的水源条件或极强降雨的汇流条件。

根据形成堰塞体的常见山地灾害类型,可以将堰塞湖大致分为滑坡型堰塞湖、崩塌型堰塞湖和泥石流型堰塞湖三种类型。

堰塞湖的堵塞物(即堰塞体)不是固定不变的,它们容易受冲刷、侵蚀而溶解、崩塌。一旦堵塞物被破坏,湖水便漫溢而出,倾泻而下,形成洪灾,极其危险。伴随次生灾害(余震、崩塌、强降水、上游小型堰塞湖的溃决等)的不断发生,堰塞湖水位可能会迅速上升,随时可发生重大洪灾。

堰塞湖一般有两种溃决方式:逐步溃决和瞬时全溃。逐步溃决的危险性相对较小,但是,如果一连串堰塞湖发生逐步溃决的叠加,位于下游的堰塞湖则可能发生瞬时全溃,危险性极大。

五、地面塌陷

1. 地面塌陷的形成机制

地面塌陷是在特定地质条件下,因某种自然因素或人为因素触发而形成的地质灾害。由于不同地区地质相差很大,地下洞室拱顶失稳塌陷的主导因素不同,形成地面塌陷的原因很多。因此,对地面塌陷成因机制的认识存在多种观点。

(1) 潜蚀机制

在地下水流作用下,岩溶洞穴和含盐土洞中的物质和上覆盖层沉积物产生潜蚀、冲刷和掏空作用,岩溶洞穴或溶蚀裂隙中的充填物被水流搬运带走,在上覆盖层底部的洞穴或裂隙开口处产生空洞。若地下水位下降,则渗透水压力在覆盖层产生垂向的渗透潜蚀作用,土洞不断向上扩展,最终导致地面塌陷。

岩溶洞穴或溶蚀裂隙的存在、上覆土层的不稳定是塌陷产生的物质基础,地下水对土层的侵蚀搬运作用是引起塌陷的动力条件。自然条件下,地下水对岩溶洞穴或裂隙充填物质和上覆土层的潜蚀作用很缓慢,规模一般不大。

人为抽取地下水,使地下水的侵蚀搬运作用大大加强,促进了地面塌陷的发生和发展。此类塌陷的形成过程大体可分为以下四个阶段:

① 在抽水、排水过程中,地下水位降低对上覆土层的浮托力减小,水力坡度增大,水流速度加快,潜蚀作用加强。溶洞充填物在地下水的潜蚀、搬运作用下被带走,松散层底部土体下落、流失而出现拱形崩落,形成隐伏土洞。

② 隐伏土洞在地下水持续的动水压力及上覆土体的自重作用下崩落、迁移,洞体不断向上扩展,引起地面沉降。

③ 地下水不断侵蚀、搬运崩落体,隐伏土洞继续向上扩展。当上覆土体的自重压力逐渐接近洞体的极限抗剪强度时,地面沉降加剧,在张性压力作用下,地面开裂。

④ 当上覆土体自重压力超过洞体的极限强度时,地面产生塌陷。同时,在其周围伴有开裂现象。

潜蚀致塌论解释了某些岩溶地面塌陷事件的成因。按照该理论,岩溶上方覆盖层中若没有地下水或地面渗水以较大的动水压力向下渗透,就不会产生塌陷。但有时岩溶洞穴上方的松散覆盖层中完全没有渗透水流仍会产生塌陷,说明潜蚀作用还不足以说明岩溶塌陷的机制。

(2) 真空吸蚀机制

根据气体体积与压力关系的玻意耳-马略特定律,在密封条件下,温度恒定时,随着气体的体积增大,气体压力不断减小。在相对密封的承压岩溶网络系统中,由于采矿排水、矿井突水或大流量开采地下水,地下水水位大幅度下降。当水位降至较大洞穴覆盖层的底面以下时,空洞内的地下水面与上覆洞穴顶板脱开,出现无水充填的洞穴空腔。随着水位持续下降,空洞体积不断增大,空洞中的气体压力不断降低,从而导致空洞内形成负压。洞穴顶板覆盖层在自身重力及溶洞内真空负压的影响下向下剥落或塌陷,在地表形成塌陷坑或陷沟。

(3) 其他地面塌陷形成机制

其他地面塌陷模式包括重力致塌模式、冲爆致塌模式、振动致塌模式、荷载致塌模式等。

① 重力致塌模式是指因自身重力作用使洞穴上覆盖层逐层剥落或者整体下陷而产生地面塌陷的过程和现象。它主要发生在地下水位埋藏深、溶洞及土洞发育的地区。

② 冲爆致塌模式是指洞穴通道、空洞及洞中蓄存的高压气团和水头随着地下水位上涨,压力不断增加,当其压强超过洞穴顶板的极限强度时,就会冲破岩土发生"爆破"并使岩土体破碎,破碎的岩土在自身重力和水流的作用下陷入岩溶洞穴,在地面则形成塌陷。冲爆致塌现象常发生于地下暗河的下游。

③ 振动致塌模式是指由于振动作用,使岩土体发生破裂、位移和砂土液化等现象,降低岩土体的机械强度,从而发生地面塌陷。在岩溶发育地区,地震、爆破或机械振动等经常引发地面塌陷,如辽宁省营口地震时,孤山乡第四纪松散沉积物覆盖型岩溶区,由于地震引起砂土液化,出现了 200 多个岩溶塌陷坑。

④ 荷载致塌模式是指溶洞或土洞的覆盖层人为荷载超过了洞顶盖层的强度,压塌洞顶而发生的塌陷过程和现象。水库蓄水,尤其是高坝蓄水,可将库底岩溶洞穴的顶盖层压塌,造成库底塌陷,库水大量流失。

应当指出,地面塌陷实际上常常是在几种因素的共同作用下发生的。例如,洞顶的土层在受到潜蚀作用的同时,往往还受到自身的重力作用。

2. 地面塌陷的形成条件

(1) 地质条件

① 岩性条件

可溶性岩石的存在是岩溶地面塌陷形成的物质基础。中国发生岩溶地面塌陷的可溶岩主要是古生界。中生界的石灰岩、白云岩、白云质灰岩等碳酸盐岩,部分地区的晚中生界、新生界富含膏盐芒硝或钙质的砂泥岩、灰质砾岩及盐岩也发生过小规模的塌陷。大量岩溶地面塌陷事件表明,塌陷主要发生在覆盖型岩溶和裸露型岩溶分布区,部分发育在埋藏型岩溶分布区。

② 岩溶发育条件

岩溶塌陷主要因为溶洞的存在。幼年期岩溶在原始的可溶性岩表面开始发育,有原始河系切入,以地表水岩溶作用为主,形成溶沟、石芽和少量漏斗,岩溶塌陷不发育。青年期岩溶在地下水位附近形成溶洞,地表漏斗、落水洞、干谷、盲谷、溶蚀洼地发育,地表水大部分被吸入地下,洞顶坍塌,地下河又部分只保留主河,岩溶塌陷最发育,通常有许多溶蚀洼地、坡立谷和峰林。壮年期岩溶地表有大量溶蚀洼地、溶蚀谷地。老年期岩溶地下河全部转为地下河,地表流水发育,地表接近地下水水平径流带,有少数孤峰、溶丘地形,形成宽广的冲积平原,岩溶现象逐渐消失,岩溶塌陷不发育。可见,青、壮年期是岩溶发育最快时期,岩溶塌陷发育,尤以壮年期为最。

③ 盖层条件

在其他条件相同的情况下,第四系盖层的厚度愈大,成岩程度愈高,塌陷愈不易产生。相反,盖层薄且结构松散的地区,则易形成地面塌陷。如广东砂洋区疏干漏斗中心部位,盖层厚度为 40~130 m,地面塌陷少而稀;而在漏斗中心的东南部和东部边缘地段,因盖层厚度较小(8~23 m),地面塌陷多而密。调查统计结果显示,覆盖层厚度小于 10 m 发生塌陷的机会最多,10~23 m 以上只有零星塌陷发生。缺乏盖层,岩溶发育强烈地区,岩溶塌陷也发育。

④ 地貌条件

岩溶塌陷多发生在河床两侧及地形低洼地段,在这些地区,地表水和地下水的水力联系密切,相互转化比较频繁,在自然条件下就可能发生潜蚀作用,形成土洞,造成地面塌陷。

地面塌陷只发生在新构造运动的上升区,由于地壳上升,地下水位相对下降,包气带加厚,地下洞穴扩大或处于潜水面以上,有利于地面塌陷的发生。

(2) 气候条件

久旱无雨会造成地下水位下降,从而引发地面塌陷。江西省龙南县渡江镇象塘村田寮背村小组一块农田发生地面岩溶塌陷,上面直径约 6 m,底部直径约 2 m,深度约 5 m,面积超过 30 m²。塌陷原因是因为久旱少雨引起地下水大幅度下降。

长时间暴雨会造成伏流与暗河的下游产生冲爆致塌陷以及土洞和窑洞地面塌陷。

(3) 人为因素

① 矿坑突水,造成地下水位下降,引发地面塌陷。2006 年 5 月,江西瑞昌市横港镇楼下易村附近的苏家垅煤矿在开采时发生透水,地下水位迅速下降,地下溶洞发生崩落,使地面出现裂缝和塌陷。全村 23 户人家的房屋都存在不同程度的开裂,其中不少房屋是刚建成不久的新房。同时,在村庄前方的水田里出现了

6个塌陷大坑,这些塌陷坑面积小的有几平方米,大的超过 20 m²,水深 5～6 m 不等,而陷坑附近的农田里则表层出现龟裂,长约 30 m、深约 80 cm、宽 1～20 cm 的弧形裂缝将山头分成两半,令人触目惊心。

② 开采地下水引发岩溶塌陷。大量开采地下水而形成降落漏斗的地区,地下水运动强烈,促进了岩溶作用,加强了岩溶洞隙的发展,降低了地下水的浮托力,从而引发岩溶塌陷;愈接近降落漏斗中心,地下水运动愈强烈,岩溶塌陷愈发育。1986 年,抚宁区石门寨被开辟为秦皇岛市供水水源地,那里广泛分布着寒武系和奥陶系石灰岩,突然大量开采岩溶水,造成石门寨地下水位骤然下降,导致多处发生岩溶塌陷。

第三节 灾情应急调查与评估

一、应急调查方法及工作程序

1. 应急调查方法

地震、强降雨等灾害发生后,灾区交通、通信往往遭到严重破坏,为尽快确定公路抢通救援方案,需要在最短时间内获取公路灾损信息,如规模、大小、影响范围等。因此,公路灾损调查应综合应用遥感、无人机等新技术,结合现场应急调查,快速获取公路灾损信息。

(1) 遥感技术

遥感技术具有在不接触目标的情况下获取信息的能力。在遭遇大型地质灾害时,利用遥感影像可快速了解灾区的地理信息和灾损情况。对于地形陡峻的高山峡谷区,在道路完全中断的情况下,遥感影像甚至可能是唯一获取灾情的途径。因此,灾害发生后应立即启动遥感监测评估运行系统,或收集各相关部门的遥感解译成果,及时获取灾区灾损信息,为灾情快速评估及道路应急抢通提供基础资料。

(2) 无人机航测技术

无人机利用高清拍摄装置对受灾地区进行航拍,直接获取影像资料,为灾损严重地段合理分配救援力量、确定救灾重点区域、选择安全救援路线等提供支持,对于争分夺秒的灾后应急救援工作而言,非常重要。同时,无人机灵活性强、机动性好,利用航拍技术可有效避免调查人员遭受次生灾害的威胁。

(3) 现场应急调查

一旦灾害发生,应第一时间组织经验丰富的应急调查队伍,在保障安全的前提下徒步深入灾区调查,科学探路,摸清灾区道路受损情况。应急抢险阶段,公路灾害信息获取要求"时间短、覆盖广、信息快",相应的调查工作应突出"应急"特点。此阶段一般不动用检测仪器和大型设备,主要以调查、影像资料收集等为主。对于桥梁特殊部位(如水下墩)、隧道隐蔽部位等难以通过简单调查进行评估的部位,可开展必要的专业检测评估。

调查人员主要利用皮尺、钢卷尺、罗盘、卫星定位仪及导航系统、激光测距仪、手持水准仪、望远镜等工具设备,对主要灾损点进行调查,并利用数码相机、录像机对关键路段或受灾部位进行拍照和摄影。对部分第一现场已经改变的工点,应尽可能收集曾经到达现场人员的记录、照片、录像或其他资料。在主要调查工点调查时应进行详细记录,如公路灾害情况、公路路基边坡及支挡工程情况、梁式桥震后情况、拱桥震后情况、桥梁水毁后情况、公路隧道受损情况等,并及时整理出调查成果,对主要灾损点进行风险评估,提出应急抢通建议,为科学制定应急抢通方案提供直接依据。

2. 工作流程

灾害发生后,在接到公路灾损调查指令后,应按照调查准备、应急调查及评估、提出抢通技术及措施建议三个环节开展工作,如图 4-1 所示。

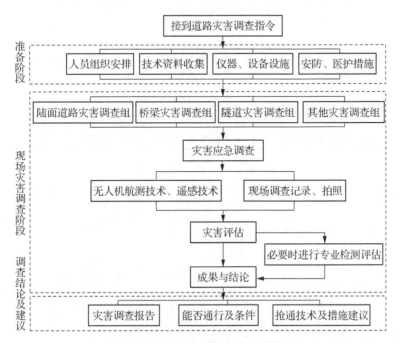

图 4-1 道路灾害调查评估工作流程

二、调查准备工作

1. 基础资料收集

灾害发生后需与交通公路部门合作,立即收集灾区公路交通图、地形图、区域地质资料、勘察设计文件、管理养护资料(表4-3~表4-5),并同步收集国土及其他救援部门的遥感、无人机调查成果资料(表4-6)。

表4-3 路线、路基基本信息

序号	项目	内容
1	路线基本背景资料	道路交通图、路网编号、路线走向、主要节点、路线等级,设计单位、修建单位、管理单位
2	路基地质资料	抗震设防标准、地基土类型及主要地质问题、与河流关系
3	主要特殊路基资料	主要高填深挖、支挡防护、地质灾害治理工点段落及设计图件
4	历史养护维修资料	灾害类型、段落、处置措施

表4-4 桥梁基本信息

序号	项目	内容
1	桥梁基本背景资料	桥梁位置、长度、宽度、建设年代、荷载标准、抗震设防标准、防洪标准、通航标准,设计单位、修建单位、管理单位
2	桥梁地质资料	桥梁勘察资料及主要地质问题
3	结构设计参数	桥梁结构形式、墩台及基础类型
4	历史养护维修资料	灾害类型与部位、处置措施

表4-5 隧道基本信息

序号	项目	内容
1	隧道基本背景资料	隧道位置、长度、净空、交通模式,设计单位、修建单位、管理单位
2	隧址区地质资料	围岩岩性及级别、隧址区构造资料(尤其是隧道相交的断层)、隧址区工程地质及水文地质勘查资料
3	结构设计参数	隧道结构形式、抗震设计等级、洞口边坡、洞门、超前支护、初期支护、二次衬砌、明洞、特殊结构
4	施工处置资料	特殊地质段处置措施
5	历史养护维修资料	灾害形式与部位、处置措施

表 4-6　相关部门收集资料

序号	项目	内容
1	国土及其他救援部门调绘资料	无人机影像、遥感解译成果、其他既有调查成果资料

2. 仪器、设备

本阶段调查所需工具、设备主要包括如下几个方面：

(1) 通信器材：手机、卫星电话、对讲机、电池与充电设备。

(2) 定位设备：卫星定位仪及导航系统、电池与充电设备。

(3) 记录表格：公路灾害应急调查记录表。

(4) 记录工具：记录本、喷漆罐、记号笔、数码相机或数码摄像机。

(5) 调查工具：皮尺、钢卷尺、罗盘、激光测距仪、手持水准仪、望远镜。

(6) 防护及医疗装备：安全帽、反光背心、手套、安全绳、医疗箱等。

3. 调查人员组成

现场应急调查工作小组成员包括专业技术人员、配合人员各若干名。一般情况下，专业技术人员主要包括路线、地质、路基、桥梁、隧道等专业经验丰富的技术人员。

三、调查内容

1. 地质灾害

影响或威胁公路的地质灾害工点调查内容如下：

(1) 灾害点位置、地质灾害类型、分布范围、影响公路长度。

(2) 地形坡度、岩土体类型、基岩结构面特征。

(3) 坡面汇水条件、地下水及(井)泉特征、河流冲淤特征。

(4) 边坡、支挡工程、防护结构变形破坏特征。

2. 路基

(1) 路基本体灾害应急调查内容

① 路基形式、填挖高度、既有防护措施。

② 地形坡度、岩土体类型、基岩结构面特征。

③ 河流关系、冲淤特征。

④ 路基本体破坏特征及范围。

(2) 路堑边坡灾害应急调查内容

① 边坡几何特征(坡比及高度)、既有防护措施。

② 岩土体类型、基岩结构面特征。

③ 边坡破坏特征及范围、堑坡外地质灾害分布情况。

(3) 支挡结构灾害调查内容

① 结构形式、段落长度。

② 岩土体类型、基岩结构面特征。

③ 河流关系、水文特征等。

④ 支挡结构受损特征、范围。

3. 桥梁

(1) 震害调查

根据地震后桥梁受损特点,地震后桥梁主要调查内容如表 4-7 所示。

表 4-7 地震后桥梁调查内容

调查部位	调查项目
桥面系	1. 桥面铺装:开裂、变形、错位、破损等; 2. 伸缩缝:异常缝宽、错位、损坏等; 3. 护栏:明显的损伤、错位等; 4. 桥面障碍物
上部结构	1. 主梁:位移及落梁、开裂、破损、桁梁扭曲; 2. 拱桥:拱掘开裂、变形,腹拱与立柱连接处开裂或脱落,拱上建筑局部挤坏; 3. 横向连接:横隔板、湿接缝等开裂、破损; 4. 支座:明显的移位及掉落
下部结构	1. 桥墩:基础下沉、开裂、破损、连续梁固结墩、墩身倾斜及倾斜角度; 2. 盖梁:受力开裂、挡块开裂; 3. 桥台:基础下沉、前墙及侧墙开裂、台背填土沉降或挤压隆起、翼墙及耳墙垮塌、拱座移位及开裂
次生灾害	飞石、塌方、滑坡、泥石流等
桥址地形、地形特征、周边环境	现场调查过程中应填写"桥梁震后应急调查记录表",根据现场调查结果初步评价桥梁破坏等级

(2) 水毁及其他灾害调查

根据水毁后桥梁的受损特点,确定水毁后桥梁受损状况的主要调查内容,如表 4-8 所示。

4. 隧道

隧道抢险阶段主要是调查评估隧道是否具备通行条件及二次灾害发生的可能性,应重点调查部位为隧道衬砌及洞口区域。隧道内路面的破损情况会对行

表 4-8 水毁及其他灾害桥梁调查内容

调查部位	调查项目
水环境调查	本次洪水位、历史洪水位、桥址区段河床稳定性、上游水库、闸坝及水工构筑物
基础	1. 桩基础：冲刷外露、撞击破损； 2. 扩大基础：基础下沉、掏空、滑移变位、损毁
墩台	1. 重力式墩：砌体松动、脱落、变形、墩身开裂、倾斜； 2. 重力式台：动体松动、脱落、变形、胸墙开裂、破损，台背填土沉降，护坡、锥坡垮塌； 3. 柱式墩：撞击破损、露筋、墩身倾斜； 4. 柱式台：耳墙、翼墙垮塌，护坡、锥坡损毁，台背填土沉降、损毁
其他	桥梁上部结构、桥面系等灾害情况调查，参照《公路桥涵养护规范》(JTGH11—2004)执行；在现场调查时，填写"桥梁水毁灾害应急调查记录表"，并根据现场调查结果初步评价桥梁破坏等级

车造成较大的影响，此外隧道内机电设施的损毁、洞内大规模的涌水突泥和隧道内有害性气体的聚集也会造成隧道无法通行，因此也将这几项列入了紧急调查项目。隧道主要调查内容如表 4-9 所示，现场调查时，应仔细填写"公路隧道应急调查记录表"。

表 4-9 灾后公路隧道调查内容

调查部位	调查项目
洞口	洞口是否被掩埋，洞口基础承载力是否丧失，洞口边仰坡及防护是否有严重破损，存在滑动和崩塌的可能，洞门墙是否有严重开裂、倾斜、存在失稳和倒塌的可能，洞口坡体变形及泥石流的规模、洞口排水设施等
洞身衬砌	支护衬砌是否严重变形，衬砌是否存在严重结构性开裂、错台，衬砌是否剥落、掉块，衬砌是否垮塌、掉落，洞内是否发生围岩塌方，洞内衬砌是否渗漏水等
洞内路面	路面及填充是否下沉、隆起、断裂错台等
其他	洞内是否发生大规模的涌水突泥，洞内附属设施和风机等是否存在不工作和掉落的情况，隧道内有害性气体聚集情况

四、灾害评估

本部分采用四川省交通运输厅的调查资料及统计分析成果，以通行能力损坏程度为评价指标形成公路灾害评估分级标准。将公路受损程度划分为轻微、中度、严重、损毁四级，分别用 A、B、C、D 表示，如表 4-10 所示。

表 4-10　抢通阶段公路灾害评估分级标准

灾害综合评估等级	灾损程度	结构物受损及通行能力降低程度	通行建议
A	轻微	公路结构物遭到轻微破坏;基本不影响车辆通行	可正常通行
B	中度	部分公路结构物受损,但主体结构基本完好;通行能力部分丧失,简单处理后可通行	简单处理后管制通行
C	严重	公路主体结构严重受损;通行能力基本丧失,需采取应急措施后才能基本恢复通行能力	采取技术措施后,于原路管制通行
D	损毁	公路主体结构基本完全毁坏;公路断道,无法通行	需采取大量清方、便道绕避、架设便桥等措施后管制通行

根据公路灾害评估分级标准,针对路基、桥梁、隧道等提出灾害分级对应的特征描述。灾情发生后,应立即开展应急调查,结合路基、桥梁、隧道灾害分级标准进行灾害评估,根据评估结果提出公路应急抢通技术与措施建议。

1. 路基

路基本体、路堑边坡、挡墙灾害评估分级的主要特征描述见表 4-11~表 4-13。支挡结构类型众多,其中重力式挡墙最为常见,故针对支挡结构,本节仅描述重力式挡墙灾害分级的特征。对于其他类型的支挡结构灾害评估,可参照重力式挡墙灾害评估的相关内容。

表 4-11　路基本体灾害评估分级标准

灾害等级	主要特征描述
A-轻微	路基无明显破损,路面有细微裂缝、轻微凹陷鼓胀现象;不影响正常使用,暂时无须修补
B-中度	路基受损较明显,路面有开裂错台、凹陷鼓胀现象,裂缝宽度小于 10 cm;路堤边缘有小范围垮塌现象,路堑边坡落石滚落至路面,造成行车不便;经简单处理能通车
C-严重	路基受损明显,路面开裂明显或错台严重,裂缝宽度大于 10 cm;路堤边缘部分垮塌,边坡崩塌落石砸落至路面,边坡滑坡掩埋路面,行车空间狭小或无法通行;经过一定时间清理才能恢复通车
D-损毁	路基大部分垮塌、侧移,边坡崩塌落石砸落、堆积路面,砸坏路基并堵塞道路,边坡滑坡掩埋路基;需要绕避或采取应急技术措施才能恢复通车

表 4-12　路堑边坡灾害评估分级标准

灾害等级	主要特征描述
A-轻微	边坡无明显破损;防护结构受损不明显,受损段面积(长度)占比小于5%,基本不影响边坡防护功能;不影响通车
B-中度	边坡有小型滑坡、崩塌现象;对路基本体、支挡结构造成小范围损毁,受损段面积(长度)占比5%～20%;经过简单处理能通车
C-严重	边坡滑坡、崩塌现象较严重,砸毁或整体掩埋路基;边坡防护结构受损明显,受损段面积(长度)占比20%～50%,防护结构受损,局部功能失效,严重影响通车;经过较长时间清理或采取应急技术措施才能恢复通车
D-损毁	边坡发生大规模滑坡、崩塌,砸毁并整体掩埋支挡结构和路基本体,堵塞河道形成堰塞湖,造成无法通车;边坡防护结构受损严重,受损段面积(长度)占比大于50%,防护功能失效;需要绕避或采取应急技术措施才能恢复通车

表 4-13　挡墙灾害评估分级标准

灾害等级	主要特征描述
A-轻微	挡墙受损不明显,或受损面积(开裂长度)占比小于10%,没有丧失支挡功能;无须修补可暂时使用
B-中度	挡墙受损较明显,受损面积(长度)占比10%～30%,墙顶位移明显;需进行局部修复才能通行
C-严重	挡墙受损明显,受损面积(长度)占比30%～60%,墙顶位移量较大、挡墙部分垮塌;需采取加固措施才能通行
D-损毁	挡墙完全垮塌;需便道绕避或重新修筑挡墙

根据路基本体、路堑边坡、支挡结构受损情况,被调查的路段综合评定为C级、D级时,调查小组应提出应急抢通处置措施及建议;当被评定为A级、B级时,可视工点情况提出一般处置措施及建议。

2. 桥梁

根据桥梁承载力损失程度,将破坏等级分为A、B、C、D共四级(表4-14)。根据桥梁受损情况,如果被调查的桥梁被评定为C级、D级时,调查小组应提出应急抢通处置措施及建议。

表 4-14 桥梁灾害评估分级标准

灾害等级	主要特征描述	
	直接灾害	间接灾害
A-轻微	承载构件未受损,护栏(栏杆)、伸缩缝、桥台锥等非承载构件受损	1. 桥面及桥头处有少量落石; 2. 护栏受落石撞击受损; 3. 主梁、桥墩棱角处受落石冲击局部缺损,但未导致开裂等可能影响承载力的损毁
B-中等	1. 主梁发生移位,但仍有可靠支撑,无落梁风险; 2. 桥墩无明显倾斜,桥墩轻微开裂或保护层剥落但未伤及核心区混凝土,桥墩承载能力无明显下降; 3. 桥台轻度破坏,桥台背墙、翼墙开裂; 4. 拱桥横向连接系开裂,拱上立柱轻微开裂	1. 受落石冲击,主要顶板、翼缘板等受损,但主梁承载力无明显损失; 2. 桥墩被落石撞击或土体推挤开裂,但裂缝未伤及核心混凝土; 3. 受落石和土体推挤,主梁出现移位,但无落梁风险; 4. 桥头处被掩埋
C-严重	1. 主梁发生严重移位,存在落梁风险; 2. 桥墩明显倾斜,桥墩严重开裂,形成主裂缝或多条剪切缝并延伸至核心区,桥墩承载能力明显下降; 3. 桥台破坏,背墙、翼墙垮塌或严重开裂,桥台台帽(帽梁)剪断; 4. 拱桥主拱圈横向贯通开裂,拱上立柱断裂,横向连接系断裂	1. 个别桥跨被掩埋或冲毁,但被冲毁桥跨经填埋等措施可以满足紧急通行,灾后需部分重建; 2. 个别桥跨主梁被落石撞击,导致桥跨承载能力严重受损或垮塌,但经紧急处置措施后可以满足应急通行,灾后需部分重建或加固; 3. 桥墩被落石碰撞或土体推挤,导致严重影响承载力的损伤或倾斜,主梁被土体推挤发生严重移位
D-完全损毁或失效	1. 全桥或部分联跨发生整体垮塌; 2. 主梁发生整跨落梁; 3. 桥墩出现剪断或倒塌	1. 主梁或主拱被落石撞击,承载能力损失严重,继续承担荷载有较大风险; 2. 桥跨被堰塞湖淹没或被泥石流、碎屑流掩埋或冲毁,救灾阶段无法通行,灾后需部分或完全重建

3. 隧道

结合地震震害分析成果及《公路隧道养护技术规范》(JTGH12-2015)相关内容,建立公路隧道灾害状况的评估体系,根据洞口、洞身衬砌、洞内路面、其他方面的灾害程度及对交通的影响程度,可依次划分为四个等级,即 A-轻微、B-中等、C-严重、D-损毁或失效。根据灾害等级判定标准,隧道灾害评估分级可按表 4-15~表 4-18 确定。

表4-15 隧道洞口灾害评估分级标准

灾害等级	主要特征描述
A-轻微	存在少量落石散落,边仰坡基本稳定;洞口结构有局部开裂现象,基本不妨碍交通
B-中等	洞口区域存在落石,边仰坡遭到破坏,但基本稳定;洞口结构开裂,对交通安全基本无影响
C-严重	洞口区域有大量落石,滑石侵入行车范围等,边仰坡有不稳定的趋势;洞口结构有大面积开裂,且有发展趋势,影响交通安全
D-损毁或失效	洞口已被完全掩埋,边仰坡有继续破坏、滑动、崩塌趋势;洞口结构发生严重破坏和变形,已阻断交通

表4-16 隧道洞身灾害评估分级标准

灾害等级	主要特征描述
A-轻微	衬砌有少量裂缝,且裂缝以环向为主,裂缝宽度小于1 mm,渗漏水较少,无股状流水
B-中等	二次衬砌有少量纵、斜向离散裂缝,且裂缝宽度小于1 mm或环向裂缝宽度大于1 mm,但无明显发展趋势
C-严重	二次衬砌为素混凝土时有少量纵、斜向裂缝,但裂缝延展长、宽度大、深入衬砌内部,甚至贯通裂缝,为钢筋混凝土时二次衬砌裂缝较多,纵横交织呈网状;结构存在局部掉块、错缝,但无大面积崩塌;局部存在涌水突泥现象
D-损毁或失效	素混凝土二次衬砌裂缝纵横交织呈网状,衬砌剥落、掉块、局部垮塌,衬砌大面积垮塌;钢筋混凝土衬砌剥落、掉块,钢筋弯曲外露,洞内围岩塌方;隧道内涌水突泥问题严重,路面被淹没

表4-17 隧道洞内路面灾害评估分级标准

灾害等级	主要特征描述
A-轻微	路面开裂轻微
B-中等	路面开裂,路面沉陷变形值小于5 cm
C-严重	路面开裂,局部出现沉陷或变形且小于30 cm
D-损毁或失效	路面大面积开裂、错台、整体隆起或变形,隆起变形值大于30 cm

表 4-18 隧道其他灾害评估分级标准

灾害等级	主要特征描述
A-轻微	基本无异常
B-中等	衬砌局部渗漏水、照明设施局部失效、个别风机失效
C-严重	衬砌严重渗漏水,局部存在股状流水,路面局部存在积水,照明设施完全失效,风机完全失效
D-损毁或失效	隧道出现大规模涌水突泥,路面被水或泥浆淹没,风机掉落或悬挂,洞内有害性气体聚集

灾害对隧道通行能力的影响主要体现在问题最严重的结构或段落,即只要有一处或一处以上灾害等级高,就影响整个隧道的通车条件。因此在紧急调查后,针对表 4-15～表 4-18 中各项指标进行综合评定时,以各项指标中最差的评定等级来确定隧道的综合安全等级,比如只要有一项等级被评估为 D 级,则综合评定等级应定为 D 级,其余等级评价以此类推。根据隧道的受损情况,如果被调查的隧道被综合评定为 C 级、D 级时,调查小组应提出应急抢通处置措施及建议。

第五章 道路分类结构类型与受损模式分析

第一节 道路应急抢通主要场景的结构类型与特点

一、陆面道路主要结构类型与特点

陆面道路是供各种车辆行驶的线形工程结构物。以几何线形划分,陆面道路由平面、纵断面和横断面等基本的线形构成;以组成结构划分,陆面道路由路基、路面组成,如图5-1所示。但作为交通设施,陆面道路还包括排水设施、防护设施等道路设施。

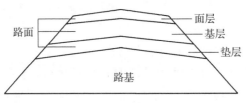

图 5-1 道路断面图

1. 路基

路基是道路的基本组成部分,是铺筑路面的基础。从工程性质和结构特点来说,路基主要是用土壤或石块等材料按一定的技术要求修筑的一种带状结构物。它是路面的基础,为路面提供一个平整层,并承受由路面传递下来的行车荷载。因此,要求路基在行车荷载和自然因素的综合作用下,应具有良好的结构和使用性质。

(1) 路基各部分名称

① 车行道:是直接供车辆行驶的部分。按车道数分为单车道、双车道和多车道。

② 路肩:是车行道外缘至路基边缘的带状部分。其作用是横向支撑、加固路面边缘和供临时停车及人员通行。为了提高道路的通行能力,通常将该部分筑成路面。

③ 路基边坡:是路基两侧具有一定坡度的坡面,其作用是保证路基的稳定。边坡坡度习惯上是用边坡高度与边坡宽度的比值来表示,它的大小直接影响到路基的稳定性。因此,路基边坡的设计以符合各种土壤能够达到自然稳定而不坍塌为原则,它的大小应根据当地自然条件、土壤或岩石的种类、边坡高度和施工方法而定。

④ 路中心线(简称中线):是道路中央的纵方向线。它表示道路的方向、位置和长度。

⑤ 路基边缘:是路肩外侧的边缘线。路基边缘标高通常为路基的设计标高,其作用是以其为标准计算路基的宽度、填土高度、挖土深度和路拱高度、边沟深度。

(2) 路基横断面形式

路基是在原有地面上挖或填成一定形状的横断面。按其横断面的挖填情况,分为填土路基、挖土路基、半挖半填路基和不挖不填路基等四种标准横断面。

① 填土路基(又称路堤)。填土路基是在原地面上用土或其他材料筑填起来的路基,其路基边缘高出自然地面。

② 挖土路基(又称路堑)。挖土路基是将原地面挖低而筑成的路基,其路基边缘低于自然地面。由于路堑开挖破坏了原地层的天然平衡状态,因此它的稳定性取决于地质条件与挖土深度,并且集中表现在边坡稳定性上。陡峻山坡上的半路堑,可挖成台口式路基,力求避免少量的局部填土。在整体性的坚硬岩层上,为节省石方工程,有时可采用半山洞路基。

③ 半挖半填路基。半挖半填路基是在山坡地段,将原地面挖去高的一侧,填至低的一侧筑成的路基。其挖、填土部分的要求与上述挖土、填土路基相同。半挖半填路基是路堤和路堑的综合形式,它主要设在较陡的山坡上,其横断面形式及稳定性与原地面的倾斜度有密切关系。

④ 不挖不填路基。不挖不填路基是在原地面上,利用开挖边沟的弃土铺成路拱的路基,其路基边缘与自然地面同高。这种路基只适用于干旱的平原微丘地区和山岭重丘地区的山脊线。不挖不填路基虽省工,但不利排水,易发生水淹、雪埋等灾害。

2. 路面

路面是道路的主要组成部分,是用各种筑路材料铺筑在路基上供车辆行驶的层状构造物。其作用是承受和传递行车荷载,减轻行车及自然因素对路基的损害,提高道路通行能力。目前国内外常见的公路路面按路面材料分为如下几类:沥青路面、水泥混凝土路面、稳定土路面、石料路面等。

(1) 沥青路面:是指在矿质材料中掺入路用沥青材料铺筑而成的路面,包括沥青表面处治、沥青贯入式路面、沥青碎石路面、沥青混凝土路面。

（2）水泥混凝土路面：是以水泥浆为结合料，碎（砾）石为骨料，砂为填充料，拌和成混凝土而修筑的路面。

（3）稳定土路面：是以当地土壤为主，外掺碎石、砾石或矿渣等材料，或用石灰、水泥和沥青等无机、有机结合料拌和后碾压而成的路面，如石灰土、水泥土、沥青土或沥青灰土路面。

（4）石料路面：是用当地的碎石、砾石材料铺筑而成的路面，如级配砾（碎）石路面、水结碎石路面、泥结碎（砾）石路面。

未铺筑路面的路基虽然也能行驶车辆，但它抵御自然因素和车辆荷载的能力很差，晴天尘土飞扬，雨天则泥泞积水，行车时会使其表面坑洼不平、车辆颠簸、打滑，行车速度慢，甚至无法通行，而且油料和机件耗损严重。铺筑路面后，改善了道路行车条件，使车辆能全天候以一定的速度安全行驶。

在道路抢通过程中，条件许可情况下，及时构筑路面可以提高道路的应急通行能力。

3. 道路设施

道路设施是为了保障路基排水、稳定和指引车辆安全行驶而构筑和设置的结构物。它包括排水设施、防护设施和道路标志以及路面标线等。

水对道路的危害性很大。由于地面水或地下水的长期作用，易使路基土壤软化，路基边坡坍塌，路面破裂，阻碍行车；雨季洪水冲毁道路，中断交通。因此，在构筑与维护道路时，应查明水源，设置与构筑各种排水设施，将水排至路基以外，以保证路基稳定，路面坚实。排水设施力求简单合理，方便有效，流径短捷，畅通无阻。排水设施主要包括排水沟、透水路堤、过水路面和涵洞等。

路基在车辆荷载和自然因素的长期作用下，经常发生变形和破坏，如不及时加以防护，就会引起严重的灾害。为保证路基的强度和稳定性，除做好路基排水以外，还必须采取有效的防护和加固措施。防护的重点是路基边坡。

路基的防护设施，按其作用不同，可分为坡面防护、冲刷防护、安全防护和支挡建筑物等四种类型。坡面防护用于保护易受自然因素影响而破坏的土质或岩石边坡，以阻止坡面的风化、剥落及坍塌。冲刷防护用于防护水流对路基的冲刷，因为沿河路堤直接受到水流侵袭，如浪击、冲刷等，为了保证路基的稳定性，必须采取冲刷防护措施。安全防护用于保证汽车在高路堤、急弯、傍山险路及桥涵两端等危险地段的行车安全。支挡建筑物用于防止路基变形或支挡路基土体，以保证路基的稳定性。

路基的防护设施，按结构作用的不同，可分为土墙、护坡和护栏三种类型。

二、桥梁主要结构类型与特点

桥梁作为人类跨越河流、沟谷与海峡等自然障碍的一种人工建造物,其主要功能是将桥梁自身和行车、行人以及自然界风、雨等荷载安全地传递到地基上。由于桥梁种类繁多,而且传力机理以及使用材料都不相同,造成桥梁的灾害与损毁形式均有所不同。以主梁使用的建筑材料来划分,桥梁可分为混凝土桥梁、钢桥、木桥等;以结构体系及其受力特点来划分,桥梁可分为梁式桥、刚架桥、拱式桥、悬索桥以及一些组合结构形式桥梁。本节简要介绍不同结构体系桥的构件受力特点。

1. 梁式桥

梁式桥的力学计算模式简单明了,桥跨在竖向荷载作用下,梁体承受弯矩及竖向剪力,下部墩台承受由梁传递来的竖向压力。按边界条件梁式桥可分为简支梁桥(图5-2)、悬臂梁桥(图5-3)和连续梁桥(图5-4)。

图5-2 简支梁桥(上海市宝山区长樱路杨盛河桥)

图5-3 悬臂梁桥(六库怒江桥)

图 5-4 连续梁桥(南京长江二桥北汊桥)

简支梁桥桥孔布置简单,单跨梁直接坐落在两侧墩台上,梁体中间无附加约束与支撑,一侧桥台以固定支座形式提供水平与竖向约束,允许自由转动,另一侧桥台以活动支座形式提供竖向约束,允许梁体自由转动与纵向水平移动。其特点是施工工艺简单、梁体质量易控制,以及造价较低等。简支梁桥最大跨度通常不超过 45 m,所以多为中小跨度桥梁选用桥型。

悬臂梁桥指的是以一端或两端向外自由悬出的简支梁作为上部结构主要承重构件的梁桥。将简支梁的梁体加长,并越过支点就成为悬臂梁,在工程上也称为伸臂梁,习惯把悬臂梁的主跨称为锚跨,而伸出有悬臂的孔跨称为悬臂跨。悬臂体系梁桥一般至少有三孔,除了悬臂梁以外,还可以设置支撑于悬臂梁牛腿上的挂梁,以实现更大的桥梁跨径。悬臂梁桥一般为静定结构,结构内力不受地基变形影响,对基础要求较低。悬臂梁桥虽然在力学性能上优于简支梁桥,可适用于更大跨径的桥梁方案,但由于悬臂梁桥的某些区段同时存在正、负弯矩,无论采用何种主梁截面形式,其构造较为复杂,因此应用范围不广。

连续梁桥的梁体不间断地跨越多个桥孔,支承处刚性连接,因而形成超静定结构的受力模式,在竖直荷载作用下,支点截面产生负弯矩,因而减小了跨中的正弯矩。与等跨度简支梁桥相比建筑主材料用量明显减少。国际上连续梁桥最大跨径可达到 200 m,目前是中大跨度桥梁中的主要结构形式之一。

普通钢筋混凝土连续梁桥跨径通常不超过 30 m,而预应力连续梁桥的跨径一般在 40~160 m。目前国内最大跨径的普通钢筋混凝土连续梁桥为南京长江二桥北汊桥(图 5-4),其跨径布置为 90 m+3×165 m+90 m。

2. 拱式桥

拱式桥根据桥面位置可分为下承式拱桥(图 5-5)、中承式拱桥(图 5-6)及上承式拱桥(图 5-7);根据拱圈建筑材料的不同可分为石拱桥、钢筋混凝土拱

图5-5 下承式拱桥(乐山大渡河大桥)

图5-6 中承式拱桥(兰州金雁黄河大桥)

图5-7 上承式拱桥(平罗高速大小井大桥)

桥、钢管混凝土拱桥。

上承式拱桥主要由主拱、拱上建筑和桥台组成。主拱与桥台受力特点类似于下承式拱桥。中承式拱桥由桥墩(台)、主拱、吊杆与主梁等组成。桥墩(台)主要承受竖向力与水平推力；主拱主要承受压力，同时也承受弯矩与剪力；吊杆主要承受拉力；主梁主要承受弯矩。拱式桥最大的特点是基础在竖向荷载作用下存在水平反力(拱脚推力)。拱式桥桥跨结构简称主拱，以受压为主，同时也承受弯矩和剪力，常用抗压能力强的材料(如砖、石、混凝土)、钢筋混凝土及钢材来建造，近年来出现大量的钢管混凝土主拱。由于拱桥跨越能力大，造型美观，一般在跨径 500 m 以内均可作为选用方案。

石拱桥是一种古老的桥梁结构形式，所用材料主要为石料，构造比较简单，施工工艺简单。上部结构由主拱圈和拱上建筑构成，其主拱圈拱轴线多采用等截面圆弧拱或等截面悬链线拱。其缺点有：墩台承受较大水平推力，增加了下部结构的圬工量，同时对下部结构的施工提出较高要求；与梁式桥相比，为保证桥下净空，往往建筑高度较低。2000 年建成的山西晋城丹河大桥(图 5-8)，主孔净跨径为 146 m，为迄今世界上最大跨度的石拱桥。

图 5-8　山西晋城丹河大桥

随着桥梁建设的发展，混凝土材料在建筑结构中大量应用，陆续出现了钢筋混凝土箱型拱桥、钢箱型拱桥及钢管混凝土拱桥等新型桥梁结构形式。这些桥型可根据设计技术指标、地理环境，以及桥梁美学上的实际要求，设计成上承式、中承式及下承式拱桥。

箱型拱桥力学性能好，整体块件刚度大，稳定性好。河南洛阳至三门峡高速公路许沟大桥(图 5-9)为钢筋混凝土箱型拱桥，主跨径为 220 m；1997 年建成的四川万县长江大桥为钢箱型拱桥(图5-10),主跨径为420 m。

图5-9 河南许沟大桥

图5-10 四川万县长江大桥

钢管混凝土拱桥其结构形式有肋板拱、箱拱等形式。其构件突出特点有:① 内填混凝土能提高钢管壁受压时的稳定性,提高钢管的抗腐蚀性和耐久性;② 管壁对混凝土的套箍作用,提高了混凝土的抗压强度和延展性;③ 在施工方面,钢管混凝土可利用空心钢管作为劲性骨架兼模板,施工吊装重量轻,进度快。施工方法有支架法、缆索吊装法和转体施工法等。广州丫髻沙大桥(图5-11)为钢管混凝土拱桥,其主跨径为360 m。

图 5-11　广州丫髻沙大桥

3. 刚架桥

刚架桥是一种梁(或板)与墩台(立柱或竖墙)刚性连接成整体的结构,在竖向荷载作用下,梁部主要受弯,但弯矩较同跨径的简支梁小,跨中建筑高度可做得较小;柱脚处具有水平反力和支承弯矩。从外荷载作用在桥梁主结构所产生的内力影响来看,可以说刚架桥是一种带有拱的特点的梁式桥,属广义的梁式桥范畴。根据桥跨结构形式及桥墩形式的不同,刚架桥可分为门式刚架桥(图5-12)、斜腿刚架桥(图5-13)、T形刚构桥(图5-14)及连续刚构桥等形式(图5-15)。

图 5-12　门式刚架桥(合肥肥西路跨南淝河桥)

图 5-13 我国第一座斜腿刚架桥(石庙沟铁路大桥)

图 5-14 T形刚构桥(重庆石板坡长江大桥)

图 5-15 连续刚构桥(重庆鱼洞长江大桥)

门式刚架桥的腿和梁垂直相交呈门形构造,可分为单跨门构桥、双悬臂单跨门构桥、多跨门构桥和三跨两腿门构桥。前三种跨越能力不大,适用于跨线桥,要求地质条件良好,可用钢和钢筋混凝土结构建造。三跨两腿门构桥,在两端设有桥台,采用预应力混凝土结构建造时,跨越能力可达 200 多米。

斜腿刚架桥的结构多为 3 跨连续,中间为主跨,两侧为辅跨。主跨长一般为 45~70 m。腿和梁所受的弯矩比同跨径的门式刚构桥显著减小,而轴向压力有所增加;同上承式拱桥相比不需设拱上建筑,使构造简化。桥型美观、宏伟,跨越能力较大,适用于峡谷桥和高等级公路的跨线桥,多采用钢和预应力混凝土结构建造。该桥型由于各部件截面尺寸较小,自重较轻,不但用料经济,而且分散了对桥台的垂直压力和水平推力。斜腿刚架桥的施工难度相对较大。

T 形刚构桥是在简支预应力桥和大跨钢筋土箱梁桥的基础上,在悬臂施工的影响下产生的。其上部结构可分为箱梁、桁架或桁拱,与墩固结形成整体,桥型美观、宏伟,适用于大跨悬臂平衡施工,可无支架跨越深水急流,避免下部施工困难或中断航运,也不需要体系转换,施工简便。其可分为带挂梁结构的 T 形刚构桥和带剪力铰结构的 T 形钢构桥。其特点为:跨中设铰接或挂梁以释放混凝土的收缩、徐变及温度引起的次应力。目前国内最大跨度的 T 形刚构桥为重庆石板坡长江大桥(跨中设挂梁),其主跨长达 174 m(图 5 - 14)。

连续刚构桥可分为主跨为连续梁的多跨刚构桥和多跨连续刚构桥,均采用预应力混凝土结构,有两个以上主墩,采用墩梁固结,具有 T 形刚构桥的优点。与同类桥(如连续梁桥、T 形刚构桥)相比,多跨刚构桥保持了上部构造连续梁的属性,跨越能力大,施工难度小,养护简便,造价较低。多跨连续刚构桥则在主跨跨中设铰接,两侧跨径为连续体系,可利用边跨连续梁的质量使 T 构做成不等长悬臂,以加大主跨的跨径。其突出特点为:由于梁体与桥墩固结,在混凝土收缩、徐变与环境温度等作用下,梁体受桥墩的约束容易产生较大的次应力;同时由于桥墩参与工作,与连续梁桥相比,由活荷载引起的跨中正弯矩较连续梁要小。重庆鱼洞长江大桥为主跨 145.32 m+2×260 m+145.32 m 预应力混凝土连续刚构桥(图 5 - 15)。

4. 悬索桥

悬索桥又称吊桥,主要由缆索、桥塔、锚碇、吊杆和加劲梁等组成。缆索跨过塔顶锚固在锚碇上,是桥的承重结构。缆索上悬挂吊杆,吊着加劲梁,缆索受拉。悬索桥结构的自重较轻,跨越能力比其他桥型大,一般认为其经济跨径为 500 m 以上,常用于建造跨越大江大河或跨海的特大桥,目前国内已建成的最大跨径悬索桥为主跨长 1 700 m 的武汉杨泗港长江大桥(图 5 - 16)。

图 5-16　武汉杨泗港长江大桥

5. 斜拉桥

斜拉桥由斜拉索、索塔和主梁组成，属组合体系桥梁。斜拉索一端锚在塔上，一端锚在梁上，拉索的作用相当于在主跨梁上设置若干斜上方向牵引，从而大大减少了梁内弯矩，使得梁体尺寸减小，梁体质量大大减轻，单跨跨越能力显著增强。根据主梁的材料不同分为预应力混凝土斜拉桥与钢箱梁斜拉桥。

斜拉桥力学特点是：在竖向荷载作用下，拉索承受拉力，索塔承受竖向反力及平衡的水平力。目前我国的苏通大桥（图 5-17）主跨长 1 088 m，居世界第一。

图 5-17　苏通大桥

6. 梁桥的立面形式

梁是所有桥梁的主体结构之一,通过梁将桥面上的车辆及人员荷载作用向基础传递。随着桥梁设计理论的不断发展,梁结构形式日益增多。了解梁的截面形式,有助于理解掌握其受力特点,一旦梁受破坏,就能较准确地判断其破坏影响,并快速制定出抢修方案。由于梁桥是我国建设数量最多的一种桥梁结构形式,超过90%的中小桥型采用梁式桥型,所以本部分重点以梁桥为对象进行分析。限于篇幅,对悬索桥、斜拉桥中的梁,以及拱结构的形式不做介绍。

梁桥从梁的立面布置与受力上可以分为简支梁桥、悬臂梁桥、连续梁桥、T形刚构桥与连续刚构桥五种类型。简支梁桥、悬臂梁桥与连续梁桥是三种早期的桥梁结构形式。20世纪50年代以后,由于悬臂拼装施工方式的成熟,导致了T形刚构桥的出现,后来随着T形刚构桥中桥墩变薄,形成柔性桥墩,上部结构的悬臂梁被连续梁替代,形成了连续梁与柔性桥墩固结的连续刚构桥。

(1) 简支梁桥

简支梁桥(如图5-18所示)是梁桥中应用最广泛的一种桥型。梁跨两端简支坐落在下部墩台上,在竖直荷载作用下,梁中只有正弯矩,受力简单,常设计成各种标准跨径的装配式结构。由于简支梁桥是静定结构,地基变形对桥体结构内力不产生影响,对基础要求较低,在多孔简支梁桥中,相邻桥孔各自单独受力,便于预制、架设、维修,且施工成本低,因此在城市高架桥以及大桥的引桥上被广泛采用。为减少伸缩缝装置,改善行车平整舒适度,国内目前常采用桥面连续的预应力混凝土简支梁桥。

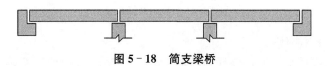

图5-18 简支梁桥

简支梁体系由于是静定结构,上部结构之间没有联系,因而某跨上部结构破坏时,只影响本跨梁体的承载力,不影响邻跨梁体的内力分布,但是相邻两跨共用一个桥墩,并且某跨完全坍塌时,桥墩由原来的轴心受压构件变为偏心受压构件,在偏心力作用下桥墩可能发生倾斜或倒塌,引起邻跨塌落,甚至连续坍塌。

(2) 悬臂梁桥

将简支梁梁体加长,并越过支点就成为悬臂梁桥,如图5-19所示。仅梁的一端悬出的称为单悬臂梁,两端均悬出的称为双悬臂梁。使用悬臂梁的桥跨多为三孔,或为两单悬臂梁,中孔采用简支挂梁,或为一双悬臂梁结构,两边孔采用简支挂梁。在长桥中,则可由单悬臂梁、双悬臂梁与简支挂梁共同组合成多孔悬臂梁桥。与简支梁相比较,悬臂梁材料用量更少,更经济。

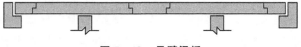

图 5-19　悬臂梁桥

悬臂体系尽管也是静定结构,但是悬臂梁与挂梁之间存在力的传递与相互作用。如果悬臂梁被完全破坏,挂梁失去支撑点而会整体掉落;如果挂梁被完全破坏,悬臂梁的悬臂端失去集中力的作用,梁体内力分布将发生变化。

(3) 连续梁桥

将简支梁梁体在支点上连接便形成连续梁,如图 5-20 与图 5-21 所示,可以做成多跨一连。连续梁桥不仅相邻跨存在力的传递,而且结构相互连接,即使某跨发生破坏而断裂,但由于相邻跨的约束作用一般不会塌落,因而整体安全性较简支结构强。但是一旦某跨发生局部破坏影响了整个梁体的刚度分布,即使破坏后结构体系没有发生变化,但结构内力也将发生显著变化。

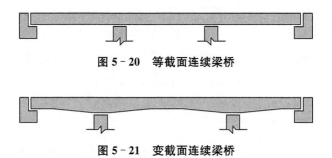

图 5-20　等截面连续梁桥

图 5-21　变截面连续梁桥

(4) T 形刚构桥

T 形刚构桥是一种将墩柱与桥跨梁刚性固结的结构形式桥,两边伸出端具有悬臂受力的特点。因伸出悬臂与墩柱组合后,形如字母"T",故被称为"T 形刚构桥"。相邻两悬臂端可以通过剪力铰相连,或在其间设置挂梁。图 5-22 为跨中设挂梁的类型。

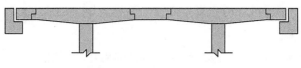

图 5-22　T 形刚构桥

带铰的 T 形刚构桥上部结构全部是悬臂部分,剪力铰只传递竖向应力,不能传递水平推力和弯矩。而带挂梁的 T 形刚构是静定结构,桥跨在墩柱处有负弯矩,而挂梁两端弯矩为0,故其总弯矩图面积相对较小。

T形刚构桥与悬臂梁桥的结构形式与传力特点相似,即都是静定结构,而且挂梁与T构之间存在力的传递,因而梁体被破坏后存在如下特点:挂梁一旦发生破坏断裂就会容易整体塌落,且导致T构所受外力发生变化,但是桥梁一般不会发生连续坍塌;而T构作为挂梁的支撑点,一旦发生破坏就会容易引发T梁连续破坏。

(5)连续刚构桥

连续刚构桥是一种较新型的桥梁,是预应力混凝土大跨梁式桥的主要桥型之一,它集连续梁桥和T形刚构桥的受力特点于一体,将多跨主梁做成连续梁体,与薄壁桥墩固结成一体,如图5-23。典型的连续刚构体系通常对称布置,并采用平衡悬臂施工法建造,而对于下部的桥墩,通常采用薄壁桥墩的形式,高薄壁墩对上部梁体的嵌固作用较小,转化为柔性墩。当跨径大而墩高较小时,由于温度的变化及混凝土的收缩,将在墩顶产生较大的水平位移,为减小这种水平位移在墩身上产生的弯矩影响,常采用水平抗推刚度较小的双薄壁墩。

图5-23 连续刚构桥

连续刚构桥与连续梁桥的特点类似,在局部发生破坏后一般能够保证桥梁整体稳定性,因而整体安全性高。但是局部破坏对全桥内力分布均有重要影响,如果设计不当反而会引发连续破坏。

三、渡口简介

历史上,轮船渡运(含汽渡)在水上交通运输中占有很大份额,在国民经济建设中发挥了重要作用。近年来,全国交通建设取得了突飞猛进的发展,跨越大江大河的各类大型桥梁已达到千余座,不仅大大缓解了水上交通"过江难"的问题,而且也大大地促进了国民经济的快速发展。但各类大型桥梁是固定结构物,在各类自然灾害或战争中遭受破坏的可能性较大,一旦发生较严重的破坏,要在短时间内修复并恢复通行基本上是不可能的。而水上渡运的轮船(或汽渡船)一方面是水上移动的运载工具,在各种灾害中遭受较大破坏的概率较低;另一方面,单艘轮船(或汽渡船)运载能力不够大,本身的造价也较低,一般不会成为主要的破坏目标。因此,大中型江河上的大桥在自然灾害或战争中受到严重破坏后,运输保障的最可靠途径就是采用轮渡方式。

公路渡口,是指连通水域两岸公路、专门供运送机动车辆(含搭载人员)的渡船停靠的人工构造物及相应设施,其基本组成包括渡口的引道、码头、安全设施及附属设施。公路渡口通常由公路主管部门管理。目前国内的许多大中型江河仍保留有一定数量的渡口。

四、隧道主要结构类型

我国是一个地理环境十分复杂的国家,在全国各地都分布着一定数量的公路隧道,它在公路交通运输中发挥了极其重要的作用。随着我国交通工程建设的快速发展,截至2017年年底,全国已建成16 229座、总长约1 528.51万m的公路隧道,公路隧道里程占公路总里程的比例逐渐加大,其增长趋势和高速公路增长趋势相当。长大隧道、大断面隧道也不断涌现,这表明我国公路隧道的建设水平不断提高。纵观国内外隧道发展历程,可以说我国是目前世界上公路隧道总里程最长、发展最快的国家之一。

公路隧道作为公路的重要咽喉之一,其畅通与否对于战时或平时处置突发事件的应急交通保障具有举足轻重的作用。现代战争条件下,公路隧道一旦被破坏,抢修技术难度大,危险性高,时间要求紧迫。平时,公路隧道由于其本身的结构复杂,受各种地理地质影响因素众多,导致其非常容易被地震、滑坡、泥石流等自然灾害破坏,也易遭到恐怖活动等破坏。"5·12"汶川特大地震中,都汶高速公路(都江堰—汶川)沿线隧道发生了不同程度的破坏,使得成都—都江堰—汶川的最便捷通道被中断,严重影响了汶川的抗震救灾。同时,高速公路快速发展在给人民带来工作和生活便利的同时,也产生了不少安全问题,特别是高速公路隧道成为事故的多发路段,救援难度较大,经常给人民生命财产造成重大损失。因此,隧道受损后快速抢通对国防安全、国民经济和人民生活的正常运转具有十分重要的现实意义。

公路隧道多采用非独立双洞的形式。非独立双洞隧道一般可以分为:

(1) 并行双洞,即双洞按左右平行或上下平行设置。

(2) 交叉双洞,即双洞在立面上按一定的交角设置。

(3) 连拱双洞,即双洞按左右平行且共用中壁设置,双洞呈连状。

我国公路很少采用交叉双洞的形式,我国非独立双洞隧道的一般断面形式有小净距非独立双洞隧道、水平连体(连拱)非独立双洞隧道、垂直连体非独立双洞隧道,如图5-23所示。这几种形式都有其适应的范围,和对地质条件的要求。目前我国隧道的建设中,主要还是采用小净距和水平连体两种形式。

小净距隧道是一种介于普通分离式双洞隧道和连拱隧道之间的一种特殊的

形式。小净距隧道最显著的特点是两隧洞的距离很近，中夹岩柱的厚度较薄，两隧道相互影响较大，是公路隧道中最常见的一种。

连拱隧道是现代公路建设中比较适用的一种隧道形式。20世纪90年代，随着我国高等级公路建设的快速发展，特别是山区高速公路建设规模的扩大，公路隧道建设也步入了快速发展的阶段，连拱隧道也逐渐被采用，建设规模逐步扩大，公路连拱隧道的数量和规模不断增加，连拱隧道已经成为目前山区高速公路短隧道的主要结构形式。

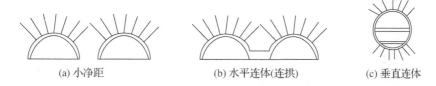

(a) 小净距　　　　(b) 水平连体(连拱)　　　(c) 垂直连体

图 5-23　非独立双洞隧道的一般断面形式

公路隧道的结构组成主要有围岩、洞身衬砌、洞门、附属设施等四部分。

（1）围岩：是指环隧道四周的天然岩石(土)结构，它是隧道结构的主体部分。

（2）洞身衬砌：是指维持围岩稳定的人工结构，通常可分为初期支护和二次支护。按照衬砌的施工工艺，可将隧道衬砌的形式分为四类：整体式模筑混凝土衬砌、装配式衬砌、喷锚支护和复合式衬砌。

① 整体式模筑混凝土衬砌也称模筑混凝土衬砌，即就地灌注混凝土衬砌。

② 装配式衬砌就是将预制好的装配式衬砌构件运到现场进行拼装的衬砌。

③ 喷锚支护是指将掺有速凝剂的混凝土和水等拌和成浆，利用空气压力喷射到隧道内壁上凝结而成的衬砌。包含有锚杆支护、喷射混凝土支护、喷射混凝土锚杆联合支护、喷射混凝土与钢筋网联合支护等多种类型。

④ 复合式衬砌是指由两层及两层以上不同形式、材料和方法施作而成的衬砌。目前通常分为内衬和外衬两层，较多的类型是内衬为整体式混凝土衬砌，外衬采用喷锚支护。

相对而言，复合式衬砌是较为合理、用得最为广泛的衬砌类型。

（3）洞门：是指隧道出、入口的结构。

（4）附属设施：一般包括隧道内的大小避洞、紧急停车带、逃离通道、消防设施、排水设施、通信设施、通风设施、电力设施、交通控制设施等。

第二节 应急抢通主要场景的受损模式

一、陆面道路受损模式分析

根据陆面道路遭受破坏原因和对通行影响程度的不同,陆面道路的毁损类型可以归纳为结构性毁损、障碍性毁损和其他毁损等三大类。

1. 结构性毁损

结构性毁损是指道路在地震波、洪水或者落石等作用下以及战时遭受打击破坏的情况下,因结构损坏造成部分或全部功能丧失,车辆正常通行受到影响。根据破坏部位和方式的不同,道路的结构性毁损基本类型如表 5-1 所示。各种结构性毁损类型的主要特征分述如下。

表 5-1 结构性毁损基本类型

路基	路基边坡滑塌、路基塌陷、路基挤压隆起、路基纵横向裂缝、路基错动断裂、路基坑洞
路面	路面开裂、路面破碎、路面坑洞、不均匀沉降
支挡结构	挡墙坍塌、挡墙开裂、挂网/防护网破损

(1) 路基

① 路基边坡滑塌。由于外部的影响,路基边坡内部稳定结构被破坏,在外部作用力和土压力共同作用下,边坡失稳,沿最不利滑动面发生塌滑。路基边坡滑塌的主要特征为:

a. 由于边坡滑塌,导致边坡支撑的路基路面也遭到破坏,行车道剩余宽度小于正常设计宽度,对车辆通行造成影响。

b. 若边坡滑塌处置不及时,则在水和地震波等作用下将进一步加大破坏程度,造成路基失稳,甚至造成整个路基破坏,完全中断交通。

② 路基塌陷。在路基结构发生变化,填筑密实度不同以及外部作用等因素的综合影响下,会导致相应路段的路基显著下沉。普通的塌陷经过简单的填筑处理甚至不处理在紧急条件下也可以通行,因此只要关注过大的路基塌陷,其主要特征为:

a. 过大的塌陷宽度和深度超出了车轮爬坡能力,车辆无法通行。

b. 塌陷土石方量巨大,抢通难度大。

c. 遇到雨天还会导致道路塌陷处积水,不仅影响道路通行,还会进一步加剧道路的破坏。

③ 路基挤压隆起。当地震等灾害发生时,在地震波等外部作用下,路基内部可能发生纵向或横向的挤压变形,导致土应力发生变化,当被动土应力过大,超过路基的允许应力时,路基就会发生一定程度的隆起,影响通行。路基挤压隆起的主要特征为:

a. 横向隆起的坡度较大,对车辆爬坡造成影响。

b. 纵向隆起的剩余宽度不足,对车辆通行造成影响。

c. 路基挤压隆起常常会导致路基路面多方向的裂缝,不仅影响通行,还会影响道路的使用寿命。

④ 路基纵横向裂缝。路基也可能出现拉伸变形,当拉应力过大,超过路基的允许应力时,路基就会出现横向或纵向的裂缝。路基纵横向裂缝的主要特征为:

a. 横向裂缝垂直于道路中线,纵向裂缝与道路中线大致平行。

b. 横向裂缝较短,但裂缝线分布较密;纵向裂缝较长,一般发生在路中线、路基边缘线位置。

⑤ 路基错动断裂。当路基剪应力过大,导致路基内部结构发生破坏,就会出现错动断裂。路基错动断裂的主要特征为:

a. 错动幅度较大,路基高低起伏大。

b. 行车道剩余宽度不足。

c. 抢通时的填方土石方量大。

⑥ 路基坑洞。路基坑洞主要是指在战时遭敌轰炸等形成的弹坑,以及在平时路基因水流冲刷、蛇鼠等动物破坏造成的坑洞。

(2) 路面破坏

路面破坏对应急通行抢通的影响较小,破坏形式较少。在外部作用下,路面会遭到开裂、破碎、沉陷等不同程度的破坏。

路面破坏的主要特征是碎粒粒径较小,路面起伏不大,对通行影响一般不大。如果路面破坏严重,其相应的路基段也会遭到破坏,可以归类到路基破坏类型进行处理。应急条件下的道路抢通对路面的修复不作为重点内容,但是可以构筑临时性路面以及制式路面。

(3) 支挡结构

① 挡墙坍塌

挡墙坍塌是在外部作用下,上边坡挡墙主动土压力增大,坡体内部结构遭到破坏,导致挡墙坍塌。

挡墙坍塌的主要特征是坍塌物多为碎石,并伴随部分山体塌滑物。障碍粒径较小，土石方量不大。

② 挡墙开裂

挡墙开裂的主要特征是挡墙裂缝明显，路面或落有碎屑，但通行暂不受影响。

③ 挂网/防护网破损

路基边坡容易遭到破坏，导致边坡上土石等颗粒增多，当挂网、防护网等防护结构无法承受边坡碎石颗粒带来的应力时，挂网、防护网就会发生破损，失去防护能力。

挂网/防护网破损的主要特征是结构破损，路面或有碎石等塌滑物，但数量不大。清除塌滑物后不影响道路通行。

2. 障碍性毁损

障碍性毁损是指道路被砂石、水流等障碍物掩埋或一定程度覆盖，导致相应功能丧失而对通行造成的影响。

(1) 表现形式

在外部作用下，道路结构容易遭到破坏，结构破坏产生的大量滑坡体在外力和重力作用下滑移至路面，对通行造成极大影响，形成障碍性毁损。障碍性毁损的表现形式主要如下三种：

① 山体障碍。山体破坏形成碎石或滑坡体等山体障碍，导致道路被掩埋、阻塞等。主要毁损（表现）形式有大孤石、碎石堆、滑坡等。

② 水体障碍。道路的部分路基或其他结构被雨水、河水或其他水体淹没、破坏的毁损形式。主要毁损形式有堰塞湖、路基水淹等。

③ 混合障碍。在雨水、河水的冲击下，松散土体以混合物的形式冲击路面，造成的道路破坏、掩埋的毁损形式。其中，对通行影响较大的毁损形式是泥石流。

(2) 主要特征

各种典型障碍性毁损的主要特征为：

① 大孤石。在外力作用下，山体结构遭到破坏，产生粒径不同的碎石颗粒。某些碎石粒径较大（定义大孤石粒径>50 cm），在外力作用下，可能滑落到道路中央、路侧或者悬于道路上方，短期内难以处理，阻塞交通，并对后期通行产生极大的安全隐患。

大孤石毁损与碎石堆毁损等对通行的影响不同，主要是由于孤石体积过大，占据道路，致使通行宽度不足，且难以清除。大孤石毁损的主要特征为：

a. 孤石数量不多，但粒径和体积巨大；

b. 孤石质量很大，且质地坚硬，清除困难；

c. 道路断面剩余宽度小，通行困难；

d. 通常还伴随有路面被砸出陷坑等破坏。

② 碎石堆。在外力作用下，山体松动，支挡结构也遭到破坏，碎石（定义粒径为 20～50 cm）失去约束滚落至路面。一般粒径不是很大，可以通过工程机械或者人工的力量清除，碎石堆毁损的主要特征为：

a. 碎石数量较多，但粒径和体积不大；

b. 碎石质量不大，质地坚硬，但清除相对容易；

c. 碎石堆杂乱分布，影响道路正常通行。

③ 滑坡。滑坡是指斜坡上的土体或者岩体，受河流冲刷、地下水活动、地震及人工切坡等因素影响，在重力作用下，沿着一定的软弱面或者软弱带，整体地或者分散地顺坡向下滑动的自然现象，俗称"走山""垮山""地滑""土溜"等。

山体在外力作用下内部结构遭到破坏，形成松散斜坡体（定义其粒径不大于 20 cm），斜坡体滑移至路面阻塞通行。

滑坡毁损的主要特征为：

a. 有大量土、石块碎落到路面，影响道路的通行安全；

b. 滑坡体颗粒较小，但是滑坡体长度较长，土石方量较大；

c. 土质松散，滑坡体稳定性差；

d. 滑坡体形状不规则，土石方量计算困难。

按滑坡体的体积划分通常分为如下四类：

a. 小型滑坡：滑坡体体积小于 10 万 m^3；

b. 中型滑坡：滑坡体体积为 10 万～100 万 m^3；

c. 大型滑坡：滑坡体体积为 100 万～1 000 万 m^3；

d. 特大型滑坡（巨型滑坡）：滑坡体体积大于 1 000 万 m^3。

④ 堰塞湖。堰塞湖是由火山熔岩流，冰碛物或由地震活动使山体岩石崩塌下来等原因引起山崩滑坡体等堵截山谷、河流或河床后贮水而形成的湖泊。堰塞湖的形成通常有如下四个过程：一是有原有的水系；二是原有水系被堵塞物堵住，堵塞物可能是火山熔岩流，可能是地震活动等原因引起的山崩滑坡体，亦可能是其他物质；三是河谷、河床被堵塞后，流水聚集并且往四周漫溢；四是储水到一定程度便形成堰塞湖。

堰塞湖毁损的主要特征为：

a. 水的库容量大，若不及时处理，库容量会随时间延长继续增大；

b. 水体较长，沿程不规则，库容和长度勘察困难；

c. 水淹路段较长，宽度较宽；

d. 泄洪速度快,对下游人口及经济社会存在潜在风险。

当堰塞湖水位高过附近路面时会淹没道路,影响通行,应予以尽快治理。

⑤ 路基水淹。山体滑坡阻塞河道,造成水位上涨,但是尚未将道路覆盖,在水位上升后,河流改道直接从道路路面上流过,致使道路被水流淹没冲刷。与堰塞湖相比,水量较小,且未完全阻断原有道路的通行。

⑥ 泥石流。泥石流是指在山区或者其他沟谷深壑、地形险峻的地区,由于暴雨暴雪或其他自然灾害引发的山体滑坡并携带有大量泥沙以及石块的特殊洪流。泥石流具有突然性以及流速快、流量大、物质容量大和破坏力强等特点。发生泥石流常常会冲毁公路、铁路等交通设施甚至村镇等,造成巨大损失。

在外力作用下,山体产生大量的沙土和碎石,为泥石流的形成提供了大量的固体物质,这些固体物质在水的冲击下混合着水流一起流到路面。如果泥沙、石块的体积达到10%以上,坡面角度达到15°便可形成泥石流。

泥石流毁损的主要特征为:

a. 发生时冲击力强,破坏力大,对人员车辆危害极大;

b. 常沿道路横断面方向冲击,对道路通行的阻碍长度有限;

c. 残留物含水量大,清理难度较小,影响道路通行。

3. 其他毁损

陆面道路结构复杂、形式多样,可能出现的毁损类型很多,以上的毁损类型只是出现频率相对较高的情况。还有其他毁损对道路通行影响较大,如排水设施破坏、引水设施破坏、护坡护栏破坏等。有的安全性要求更高、抢通时间更长。在每一个破坏路段,道路的结构性毁损和障碍性毁损不都是单独发生的,两种毁损同时发生的概率较高,破坏的具体形式也是多种多样的。对于组合破坏的情况,必须按类型、分步骤分别进行抢通。

4. 面向抢通处置技术的陆面道路常见破坏类型

为与本书第七章道路应急抢通处置技术相对应,下面从分类处置的角度出发,对陆面道路的常见破坏类型进行分类,以在第七章分别提出对应的抢通处置技术。

(1) 路基沉陷:指路基在土体自重、荷载和各种自然因素的作用下,导致路基表面产生较大的竖向位移,一般为不均匀下沉,同时出现路基开裂。

(2) 路基坍塌:指路基受到地震、水流、降雨等外力的作用,边坡失稳及支挡结构物损坏,导致路基在垂直方向产生严重下沉、坍塌,与原路基面形成巨大高差。

(3) 道路掩埋阻塞:指由地震、泥石流、滑坡、崩塌、雪崩等灾害引起的,大量松散土石、巨石、雪或者泥沙,堆积、汇聚于道路上,造成交通中断的状况。

(4) 涉水路段：指有过水要求的路基损毁。
(5) 需爆破处理的巨石、危石破碎及松散堆积体。
(6) 沙害、冰雪灾害对道路的损害。
(7) 路基抢修加固与防护。
(8) 堰塞湖。

二、桥梁受损模式分析

桥梁，特别是跨大江河的特大桥梁，作为平时交通运输的要道、战时交通保障的关键点，其安全使用是重中之重。战争、自然灾害以及恐怖袭击等，都可能给其带来毁灭性灾害，严重威胁交通安全。当破坏形成后，要迅速对其所受破坏程度进行判定，明确受破坏级别，计算桥梁残余通行能力，并采取相应的抢修抢建措施，将破坏影响降到最低，尽量维持其通行保障能力。

桥梁的毁伤形式是指桥梁遭受外力作用后的破坏形态，一般情况下有混凝土开裂、局部破损与凹坑、梁体与桥墩贯穿成洞、梁体断裂坍塌、梁体移位、墩台倾斜及倒塌等。桥梁具体会产生何种破坏模式，与桥梁抗毁伤能力、外来破坏力以及破坏方式等有关，另外还因不同的桥型而有所区别。

1. 梁式桥结构可能的破坏模式

梁式桥结构主要有预应力箱梁或普通钢筋混凝土箱梁、组合箱梁及空心板梁等形式，可能发生的破坏主要有桥面毁伤、主梁毁伤、桥墩与桥台毁伤等。

(1) 桥面毁伤主要有桥面铺装局部破损、局部坑洞等。

(2) 主梁毁伤主要有梁体被震裂、移位，以及局部凹坑等。当混凝土破损发生在预应力钢筋附近时预应力筋可能发生断裂与移位，锚固板破损等；最为严重的毁伤是部分梁体或全部梁体断裂，完全丧失承载能力，或箱梁整体断裂、多跨坍塌等。

(3) 桥墩及桥台可能发生的毁伤主要有冲击波作用下的混凝土裂缝、墩台倾斜，导弹直接打击下的局部破损、空洞、坍塌等。

(4) 组合箱梁的横梁局部出现裂缝，上翼缘出现空洞；横梁断裂导致箱梁横向连接失效。

(5) 钢筋混凝土梁因外力破坏或车辆燃烧引起局部破坏（如表面混凝土开裂、钢筋软化等），或因桥梁发生大面积燃烧，材料弹性模量迅速降低，导致钢筋混凝土梁承载力急剧下降直至彻底丧失。

2. 拱桥结构可能的破坏模式

拱桥的破坏模式主要有桥面毁伤、主梁毁伤、腹拱和立柱破坏、拱肋和拱圈破坏,以及桥墩及桥台破坏等。

(1) 桥面毁伤主要有桥面铺装局部破损、局部坑洞等。

(2) 主梁毁伤主要有梁体被震裂、移位,局部凹坑等,或部分梁体或全部梁体断裂,完全丧失承载能力。

(3) 腹拱和立柱破坏主要有腹拱、立柱局部坑洞或断裂破坏,以及拱板被炸断等。

(4) 拱肋和拱圈破坏主要有拱肋局部受损但未被炸断,拱肋无明显下垂,或拱圈发生坍塌影响相邻跨稳定等。

(5) 部分有桥墩的拱桥,其桥墩及桥台可能发生的破坏主要有冲击作用下的混凝土裂缝、墩台倾斜,导弹直接打击下的局部破损、空洞、坍塌等。

3. 斜拉桥或悬索桥可能的破坏模式

斜拉桥一般为大跨度桥梁,具有构件类型与建造材料多的特点,加之破坏模式多种多样,因而其破坏模式相对复杂,并且难以预计。可能发生的破坏模式有:

(1) 主缆在主鞍座与散索鞍被导弹命中,出现主缆局部断丝、主鞍座破坏与移位。

(2) 吊杆或斜拉索与主梁的连接处发生松动或断裂现象,以及吊杆、斜拉索局部由于弹片导致的破损及断裂。

(3) 钢箱梁局部贯穿成洞,洞体周围钢板严重变形,贯穿成洞的位置可能在桥面、箱梁底板、箱梁腹板、纵向肋板与横向肋板等各部分。

(4) 主塔表面出现局部破损与凹坑,塔柱与横梁局部贯穿成洞;主塔局部被炸毁并在重力与主缆或拉索的压力的共同作用下坍塌等。

(5) 锚碇体出现局部破损与凹坑,散索鞍下混凝土局部出现凹坑,散索鞍下混凝土局部破损后由于主缆压力导致混凝土局部压溃,主缆位置发生移动等。

(6) 钢箱梁发生燃烧引起局部破坏(如翘曲、软化等),或钢箱梁发生大面积燃烧,逐步丧失承载力,甚至梁段坍塌。

4. 面向抢通处置技术的桥梁常见破坏类型

下面从分类处置的角度出发,对桥梁的常见破坏类型进行分类,以在第七章分别提出对应的抢通处置技术。

(1) 上部结构的破坏

上部结构自身因直接受地震力而破坏的现象极为少见,但因支承连接件失效或下部结构失效等引起的落梁现象,在破坏性地震中常有发生。

在落梁破坏中,顺桥向的落梁占绝大多数。梁在顺桥向发生坠落时,梁端撞击下部结构常常使桥墩受到很大的破坏。

(2) 支承连接部位的破坏

支座、伸缩缝等支承连接件在桥梁工程造价中所占比重很小,因而往往未能引起工程技术人员的足够重视。桥梁支座、伸缩缝、锚栓和防震挡块等是桥梁结构中的薄弱环节,往往在地震中破坏较为普遍。

(3) 基础的破坏

扩大基础自身的震害现象极少发生,然而有时因不良的地质条件,也会出现沉降、滑移和倾斜等;桩基础的破坏现象时有发生,而且不易及早发现。

(4) 下部结构的破坏

对于钢筋混凝土桥台或桥墩,破坏现象包括混凝土保护层剥落、墩台身开裂和纵向钢筋屈曲等。严重的破坏现象还包括墩台的严重倾斜、剪断(折断)、倒塌等。钢结构的桥墩及受压构件(柱),可能会发生严重的屈曲而失稳,从而丧失承载能力。

三、隧道受损模式分析

正常使用过程中的公路隧道破坏模式,可从以下几个方面考虑:一是自然灾害引起的破坏,如大地震、洪水、泥石流等导致的隧道破坏或堵塞;二是战争或人为破坏,如战争中的炮弹、导弹袭击破坏,敌特破坏,以及平时恐怖活动的人为破坏等;三是意外事故的破坏,如隧道因车辆碰撞等多种原因引发的火灾、交通事故等。

1. 自然灾害造成的公路隧道破坏模式

大地震、洪水、泥石流等自然灾害导致的隧道破坏或堵塞,其中以大地震造成的破坏最为突出。地震会对隧道局部造成损坏,隧道震害形式概括起来有如下几种形式:

(1) 隧道塌方

隧道塌方指隧道的崩塌和滑塌。主要可分为隧道洞口塌方和洞身塌方。隧道洞口(进出口)是隧道唯一暴露的部分,其覆盖层一般较薄。洞口边坡震害是一种主要的隧道震害形式,一般以不同程度的高位崩塌、落石和滑塌为主,往往造成隧道洞门被砸坏,部分或全部被掩埋。此类震害多发生在由全强风化的破碎岩体构成的高陡斜坡隧道洞口,在洞口边坡未做防护或防护范围较小或防护能力较弱的洞口发生频率高。其中,落石的主要危害是砸坏洞门和边坡防护结构,堆积路口等;崩塌和滑塌的主要危害是部分或全部掩埋洞口,毁损洞门结构和边坡防护结构。

洞身围岩发生塌方。这类震害主要发生在距离震中较近的软弱围岩隧道中,主要表现为衬砌与围岩同时坍塌引起的坍方和二次衬砌坍落这两种形式,其中前者往往封闭隧道,后者主要发生在洞身拱腰以上部位,因支护结构为素混凝土,混凝土断裂面有张性和剪性两种。

在公路隧道众多破坏模式中,隧道塌方是最常见的一种破坏形式,也是对交通威胁最大、最难处置的破坏形式。基于应急抢通的特点,本书只考虑正常使用过程中的隧道主要因人为破坏、地下水及地壳运动而导致的塌方,所考虑的主要破坏情况如下:一是隧道洞口有落石、崩塌和滑塌。二是隧道洞身虽有落石、崩塌,但封堵的隧道长度较短,且从隧道顶部的弹洞(破坏处)滚落的块石、碎石为非持续性落石。

(2) 开裂破坏

端墙式和柱墙式隧道洞门结构易产生破裂与毁损,其表现形式为端墙、拱圈、翼墙开裂,伸缩缝扩张,拱圈与端墙脱开以及帽石掉落等。同时,隧道洞身结构也易出现开裂破坏,如隧道衬砌、拱肩处衬砌、边墙等出现混凝土剥落、裂缝甚至大面积交叉开裂等现象。

(3) 永久大变形

如隧道底部沿横向产生错台隆起,隧道在地震波作用下发生横向剪切破坏并产生了永久的相对位移等。

(4) 渗水破坏

地震会引起隧道施工缝处发生不同程度的渗水,主要表现为浸润、滴水、淋水等。此外,隧道遭遇大的水灾或较长时间的渗漏和浸泡,极有可能引起塌方等并发性灾害,从而使隧道通行受到影响,如过江隧道、过河隧道、海底隧道等可能存在此类破坏的风险,因此不可小视隧道内的渗漏水问题。

2. 人为因素造成的隧道破坏模式

(1) 战争破坏

战争情况下,敌方对我方隧道等重要交通枢纽的破坏活动势必加剧,隧道被导弹、炮弹直接击中的概率和精度提高,隧道的破坏通常有如下两种模式:一是对隧道洞口的袭击破坏造成隧道洞口的垮塌。因隧道洞口目标较明显,相对于隧道中部其覆厚度较小,较易被炮弹、航弹(导弹)袭击破坏。敌方通过破坏隧道洞口,可较易达到中断我方交通线的目的,但这种破坏较易抢通,属于轻微或中等破坏。二是敌方钻地炸弹对隧道中部的打击而导致隧道顶部的震塌或贯穿破坏。其中对隧道的贯穿破坏会造成隧道顶部、底部均有弹洞且伴随有块石、碎石掉落,若无块石、碎石不断地从隧道顶部的弹洞滚落下来,则只要尽快铲除掉落在隧道内的块石、碎石,填补隧道底部的弹洞就能快速恢复交通,因而属于中等破坏;而若钻地炸弹对隧道造成震塌破坏,有块石、碎石不断地从隧道顶部的弹洞滚落下来,则不仅会使交通中断,而且会威胁到隧道的抢通行动,因而属于严重破坏。但由于敌方难以准确确定隧道的线路,因而敌方钻地炸弹击中隧道中部造成严重破坏的概率较小。

(2) 人为破坏

战争中的敌特破坏和平时发生的恐怖活动都属于人为破坏。隧道的人为破坏模式主要有如下两种:一是在隧道内部的两侧拱脚设置足够量的爆炸物引起爆炸,导致隧道整体垮塌,这是最为严重的破坏效果,可导致隧道交通完全中断,难以修复或修复的时间较长。二是在隧道洞口设置爆炸物或其他障碍造成破坏,这类破坏的程度较轻,可在较短时间内恢复交通。

3. 意外事故造成的隧道破坏模式

通常情况下,由意外事故造成的隧道破坏模式主要有交通事故和火灾两大类。单纯性的隧道内交通事故,如车辆碰撞、车辆本身故障熄火等,虽会导致隧道内交通短时中断,但可较快恢复交通,属于轻微破坏。公路隧道由于行车之间碰撞、行车与隧道碰撞、隧道电路或电气设备老化等多种原因均可引发隧道内火灾。隧道火灾不仅会烧毁车辆、烧伤(烧死)人员,甚至会烧毁隧道内部设施,特别严重的会削弱隧道结构承载能力,其危害程度通常要比交通事故严重,属于一种主要的破坏模式,存在轻度破坏、中等破坏和严重破坏三种可能。

由上分析可知,公路隧道的塌方、水灾、火灾以及交通事故是应急保障难度较高的几种破坏模式,因而是实践中需重点关注的问题。

4. 面向抢通处置技术的隧道常见破坏类型

下面从分类处置的角度出发,对隧道的常见破坏类型进行分类,以在第七章分别提出对应的抢通处置技术。

(1) 隧道洞口段破坏

洞口由于暴露在地表,目标较为明显,易遭受攻击,常常是战时隧道安全问题中最薄弱的环节。此外,受次生灾害如塌方、滑坡等不良地质影响,隧道洞口段也是最容易出现事故的地点。洞口段破坏主要包括洞口段边仰坡垮塌、洞门全部或者部分被埋等。其中,以洞口段坍塌最为常见,即洞口边仰坡发生滑塌、崩塌、隧道洞口坍塌等。

(2) 隧道洞身段坍塌

主要指隧道洞内成段垮塌,或在洞内,由于自然灾害、恐怖袭击、战争、燃爆事故等突发事件的作用,隧道围岩自稳状态受到外力破坏,内部节理和层理松弛剥落,随应力释放而发生变形或下沉,导致围岩拱圈过载破坏,发生洞身结构及围岩坍塌。

(3)隧道涌水

当隧道遭受洞内恐怖袭击、洞外战争袭击时,含水层结构发生破坏,水动力条件和围岩力学平衡状态发生急剧改变,造成围岩空隙中的地下水体(孔隙水、裂隙水、岩溶水)或渗入空隙的地表水所储存能量在压力作用下,以流体高速运移形式瞬间释放,进而引发隧道涌水。

(4)衬砌裂缝、火灾、冻害及其他突发事件

① 隧道衬砌除了在外力作用或变形沉降的影响下,产生局部张拉或挤压,造成衬砌结构出现不同程度的开裂,引发隧道漏水、结构失稳以外,还可能因为建造工艺不满足要求,在混凝土硬化过程中产生裂缝。

② 隧道冻害指寒冷地区和严寒地区隧道内衬砌和围岩积水冻结,引起隧道拱部挂冰、边墙结冰、衬砌胀裂等。

③ 隧道内发生火灾大致可分为车辆碰撞引发火灾、危险化学品泄漏引发火灾和燃料油罐车火灾三大类,其中燃料油罐车火灾对隧道的结构危害最大,破坏最严重,且发生频率呈逐年上升趋势。调查表明,隧道火灾损坏主要是烧坏支护结构拱部及边墙,拱部较边墙严重。隧道火灾的破坏表现为衬砌结构严重变形、开裂,衬砌混凝土爆裂剥落,强度降低,整体性受到破坏。情况严重时,还会引发爆炸,造成拱顶掉落,边墙倒塌,造成整个隧道坍塌。

④ 隧道内其他突发事件是指车辆碰撞事故、恐怖袭击、自燃、危化品泄漏、瓦斯泄漏爆炸、生化灾害等突发性事件。对于该类突发性事件,应加大与公安、消防、防化及设计施工等专业消防救援机构的联系,密切配合,共同处置。

四、渡口受损模式分析

渡口受损通常指连接线道路、斜坡道、泊位等渡口设施遭受破坏。其破坏模式通常可从以下三个方面考虑:一是各类自然灾害引起的破坏,如地震、洪水、台风等导致的渡口设施破坏;二是意外事故引起的破坏,如船碰撞渡口设施、发生火灾等导致的渡口设施破坏;三是战争及人为破坏,如战争中的炮弹、导弹袭击破坏,敌特破坏,以及平时恐怖活动的人为破坏等。

以上三类情况引发的破坏,可根据不同的破坏程度,将渡口的破坏模式分为轻微破坏、中度破坏和重度破坏等三种不同等级。

1. 渡口连接线道路破坏模式

依据影响车道数量的多少(以 4 车道渡口连接线为例),可将破坏程度分为以下三种。

(1)轻微破坏:遭地震、台风等自然灾害袭击或战争破坏,连接线道路上

1个车道受损影响通行,其他车道完好。

(2)中度破坏:遭地震、台风等自然灾害袭击或战争破坏,连接线道路上2～3个车道受损,引起短暂通行受阻,但能够很快修复后满足通行要求。

(3)重度破坏:遭地震、台风等自然灾害袭击或战争破坏,整个连接线道路上所有车道均被彻底破坏,且在短时间内难以修复。

2. 渡口斜坡道破坏模式

渡口斜坡道是渡船靠岸、车辆上渡船的必经之道。依据对渡船靠岸、车辆上渡船的影响程度(以4车道渡口斜坡道为例),可将破坏程度分为以下三种。

(1)轻微破坏:遭地震、台风等自然灾害袭击或战争破坏,一岸(或两岸)斜坡道上1个车道受损,不经修复仍可正常使用。

(2)中度破坏:遭地震、台风等自然灾害袭击或战争破坏,一岸(或两岸)斜坡道上2～3个车道受损,若不经修复则影响上下荷载和通行速度。但在短期内可修复达到满足全载通行要求。

(3)重度破坏:遭地震、台风等自然灾害袭击或战争破坏,一岸(或两岸)斜坡道上所有车道均受损,且在较长时间内无法修复。

3. 泊位破坏模式

依据汽渡船破坏对停泊泊位的影响程度,可将破坏程度分为以下三种。

(1)轻微破坏:遭自然灾害袭击、战争破坏、敌特破坏或汽渡船相互碰撞,有30%以下泊位发生沉船事故,但在较短时间内可将沉船拖开后正常使用。

(2)中度破坏:遭自然灾害袭击、战争破坏、敌特破坏或汽渡船相互碰撞,有30%～75%的泊位发生沉船事故,在短时间内可将大部分沉船拖开,拖开后泊位能正常使用。

(3)重度破坏:遭自然灾害袭击、战争破坏、敌特破坏或汽渡船相互碰撞,75%以上的泊位甚至所有泊位都发生沉船事故,且在较长时间内无法拖开沉船,泊位无法继续使用。

五、机场道面、港口码头与堤防工程的主要破坏类型

下面从分类处置的角度出发,对道路抢通中涉及较少的机场道面、港口码头与堤防工程的常见破坏类型进行简单介绍。

1. 机场道面常见破坏类型

机场道面的破坏主要由各种自然灾害、恐怖袭击、战时遭火力袭击等造成。自然灾害造成的损毁与普通陆面道路类似,特殊的破坏主要是恐怖袭击或战时遭火力袭击形成的炸弹坑。机场道面在战争中,被反跑道炸弹或其他武器袭击后,损毁形式多样,通常有明坑、暗坑、坑洞三种。

(1)明坑。炸弹爆炸后在机场道面形成有一定直径、一定深度的可见坑,坑的周围有飞散。

(2)暗坑。有些延时炸弹入地很深,其爆炸力不能把地面全部炸开,在地下形成空洞,而地表则形成隆包和破损。

(3)洞坑。集束炸弹对道面的破坏程度较小,只是表面形成浅坑,道面未穿透,周围也没有隆包。

机场道面损毁程度一般用直径、深度、面积来区分,具体见表5-2。

表5-2 损毁程度界定参数表

损毁程度	直径/m	深度/m	面积/m²
小	<4	<1	2～80
中	4～8	<2.5	80～160
大	>8	>2.5	>160

2.港口码头常见破坏类型

港口作为物资和信息交换的重要载体,在我国社会经济发展中具有举足轻重的作用。随着港口功能的不断拓展,港口水运工程建设规模不断扩大,进驻港口的企业不断增加,进出港口水域的船舶逐年增加,加之近年来自然灾害(地震、台风等)和生产安全事故时有发生,对港口的正常运行与发展造成严重威胁。

港口面临的威胁可分为一般灾害和突发灾害两类。

(1)一般灾害。一般灾害主要是因港口所处的特殊地理位置和复杂的自然环境,使其主要设施既要承受陆地灾害的影响,又要长年遭受水、盐、微生物等的侵蚀,这些灾害具有缓慢变化、积累叠加的特点,通过日常维修处置和港口改(扩)建能得到有效预防和治理。

(2)突发灾害。突发灾害是由于地震、海啸、台风、生产安全事故以及战争的发生,导致突发性港口破坏,可分为整体破坏和局部破坏。整体破坏是指造港口遭受的破坏是全方位的、毁灭性的,一般需要对港口进行重建,方能恢复机能;局部破坏是指港口遭受的破坏是局部性的,仅部分设施受到损坏,使港口不能发挥正常的使用功能。

① 港口整体破坏。港口整体破坏对港口码头的破坏面广、涉及设施多,主要以高烈度强地震、灾害(灾难)性海啸、超强台风(飓风)或者战争造成的破坏为主,致使港口码头水工结构物、道路堆场铺面、装卸靠泊机械、交通后勤系统等受到损毁,港口处于瘫痪状态。

② 港口局部破坏。港口局部破坏对港口码头的破坏面小、涉及设施单一，主要以普通自然灾害（小型地震、台风、暴雨等）和人为操作失误等造成的破坏为主，致使港口部分码头水工结构物、道路堆场铺面、装卸靠泊机械等受到损坏，影响港口正常运行。

港口的损坏主要有码头水工结构物损坏（码头、防波堤、造修船水工结构物、导航设施、护岸建筑物等）、道路堆场铺面损坏、装卸靠泊机械损坏、交通后勤系统瘫痪等。

导致港口损坏的因素很多，归纳起来主要分为自然因素和人为因素两类。自然因素有地震、海啸、台风、雷电、高低温、大雾等；人为因素有战争、操作失误、使用问题、设计缺陷、施工问题等。以上因素都会对港口的正常运行造成影响，甚至导致整个港口瘫痪。

港口区域可能出现的损害，见表5-3。

表5-3 港口区域可能的损害

序号	港口区域	可能的损害
1	港池、航道	船舶偏离港池航道搁浅；船舶错失乘潮水位而搁浅
		船舶燃料油泄漏、着火、爆炸
2	码头	船舶靠离泊速度偏大撞击码头；周边锚地船舶走锚撞击码头
		水流、波浪超出允许值，船舶撞击码头或断缆
		装卸过程泄漏、着火、爆炸
		水位变化区域结构腐蚀
		台风、地震、海啸、雷电、风暴潮等自然灾害损坏码头构件
3	护岸、防波堤	台风、地震引起垮塌
4	机械、设备	台风引起机械倾覆；雷电损害电气设备
5	陆域场地	地基沉降不均匀引起面层断裂、塌陷
		地震引起结构面层断裂、塌陷、位移
		罐区、仓库、堆场等货物泄漏、着火、爆炸
6	辅建单体	后方辅建单体着火、坍塌

3. 堤防工程常见险情

堤防工程线长量大，因长期遭受风吹日晒、水冲雨淋、虫兽危害，极易发生破坏，导致防洪强度降低，在洪水作用下可能会出现各类险情，给防洪安全带来严重威胁。堤防工程常见险情主要有漫溢、渗水、管涌、滑坡、漏洞、风浪淘刷、裂缝、坍塌和陷坑等。

（1）漫溢险情。漫溢险情是指实际洪水位超过现有堤顶高程，或风浪翻过堤顶,导致洪水从堤防顶部溢出的险情。一旦发生漫溢险情,就会很快引起堤防溃决。堤防因漫溢决口称为漫决。

(2) 渗水险情。渗水险情是指堤防工程在较高水位及较长历时渗压作用下,背水堤坡及坡脚附近出现土壤潮湿、发软或渗出纤细明流的现象,又称散浸或堤脚洇水。若发展严重,超出安全渗流限度,可能导致土体发生渗透变形,形成管涌、流土、滑坡、漏洞等险情。

(3) 管涌险情。管涌险情是指在堤防背水坡脚附近或穿堤涵闸出口周围,在渗透水流的渗压作用下,堤身非黏性土体中的渗流比降超过其安全比降时,发生冒水冒沙的一种险情,又称地泉或翻沙鼓水。若自出水口向内逐渐逆行发展,管涌可继续扩大,甚至可能发展成贯通临背水的漏洞。

(4) 滑坡险情。滑坡险情也称脱坡险情,是指堤防由于土质构造、渗水压力等原因,使堤身土体内部潜在的薄弱层抗剪强度难以平衡重力作用而发生堤身边坡土体向下滑坠变形的险情。滑坡险情多发生在高水位情况下的背水坡面,也可发生在落水情况下的临水坡面。滑坡一般是由弧形缝发展而成的,滑坡严重削弱堤防断面抗洪能力,破坏堤防整体稳定。

(5) 漏洞险情。漏洞险情是指堤防由于内部有裂缝、洞穴、虚土层、冻土带、穿堤建筑物接茬不良等隐患在高水位下因渗水或漏水集中,堤身被穿透贯通形成临背河漏水通道,极易造成堤身溃决,是堤防最严重的险情之一。

(6) 风浪淘刷险情。风浪淘刷险情是指由于风力直接作用水面形成的强制性波浪动力,往复拍击堤防临水坡面而产生的堤身土体冲击破坏。风浪轻者造成堤坡坍塌险情,重者严重破坏堤身,以致决口成灾。

(7) 裂缝险情。裂缝险情是指堤防由于不均匀沉陷、滑坡、震动、干缩、冻融等原因,在堤防顶部、边坡或堤身内部出现的开裂缝隙。具体的开裂缝隙形式有平行堤防轴线方向的纵缝、垂直堤防轴线方向的横缝、走向呈斜线状的斜缝、两端低中间高的弧形缝以及不规则分布的龟裂缝等。

(8) 坍塌险情。坍塌险情是指由于近堤水流顶冲淘刷或高水位骤降时因堤身渗水反向排出,导致堤身作用力失衡而发生堤身土体或石方砌护体失稳破坏。

(9) 陷坑险情。陷坑险情也称跌窝险情,是指在高水位或雨水浸注作用下,堤身、戗台及堤脚附近发生的局部凹陷现象。陷坑发生的原因主要是堤身或临水坡面下存在隐患,土体浸水后松软沉陷,或堤内涵管漏水导致土壤局部冲失发生沉陷。察看堤顶与堤坡有无沉陷的情况,若有低洼陷落处,其周围又有松落迹象,上有浮土,即可确定为陷坑。

第六章 道路应急抢通装备基础知识

第一节 道路应急抢通装备概述

道路应急救援装备,是在应对道路交通突发事件中,参与受困人员的医疗救护,参与道路交通设施的抢修、抢建和抢通,参与灾害调查的侦测设备以及保障以上活动顺利进行的通信照明等辅助设备的总称。主要包括道路应急抢通装备(又称应急交通工程装备)、应急医疗救援设备、灾情侦测及评估设备、通信保障设备、消防防护设备以及后勤保障设备六大类。道路应急抢通装备,是指用于道路交通设施的抢修、抢通和抢建的大型工程机械。应急医疗救援设备主要包括远程会诊车、急救车、门诊车、手术车、X线车(医技保障车或放射车)、检验车、药品药械车等可以搭载车载医疗设备和医生的医护车辆。灾情侦测及评估设备主要包括配备 GPS 定位系统和高清摄像设备的无人机、探测生命迹象的生命探测仪以及探测有毒有害气体的测试设备。通信保障设备主要包括通信车、卫星通信设备和短波电台。消防防护设备主要包括应对火灾和爆炸的消防车、灭火装备以及个人防护装备等。后勤保障设备主要包括供电设备、照明设备以及生活保障装备等。

道路应急抢通装备是道路应急救援装备中最重要的一类。在道路交通的应急抢通过程中,各种应急抢通装备的合理调配和使用,是应急救援成功的必要保障。近年来,不论是抗冰保电、抗震救灾还是抗洪抢险、泥石流救援等都可以看到各种应急抢通装备,特别是大型工程机械。面对严重的道路交通突发事件,挖掘机、装载机、推土机、起重机、泵车、破拆设备等现代化工程机械已经成为救援人员手中的利器。应急抢通装备作为道路应急抢通的重要物质基础,对于保障道路畅通,有效应对各种突发性灾害,维护社会稳定和发展,具有重要而深远的意义。

鉴于已有相关专门书籍介绍了相关应急抢通装备,本章仅对各类型装备进行简单介绍。

第二节 道路应急抢通装备分类及功能

道路应急抢通装备有多种分类方式,依据装备所工作的主要作业场景,可划分为陆面道路抢通抢建装备、桥梁抢修抢建装备、隧道抢通抢修装备、机场抢修抢建装备、港口码头抢修抢建装备以及其他抢险救援装备等。

陆面道路抢通抢建装备主要是指用于陆面道路的路基、路面抢通抢建的常用装备,包括挖掘机、推土机、装载机、起重机、自卸汽车、平地机、压路机等。桥梁抢修抢建装备主要是指用于各类桥梁抢修抢建的常用装备,包括重型汽车吊机、装配式公路钢桥、机械化桥、应急快速桥等。隧道抢通抢修装备主要是指用于各类隧道抢通抢修的常用装备,包括凿岩机、空压机、混凝土喷射机、混凝土搅拌机、支撑台车、通风机、履带式隧道掘进机等。机场抢修抢建常规装备包括混凝土泵车、混凝土切割机等。港口码头抢修抢建装备包括打桩机、插板机和其他港口码头抢修抢建常规装备。其他抢险救援装备包括应急救援系统、多功能滑移装载机、无人驾驶挖掘机、遥控推土机、无人机、全地形车、排水抢险车、挖雪设备、抓料机、救援作业车等。这种分类方式中,各类型装备之间的区分并不明显,很多装备在各种工况均可使用。

因此,本书在对道路应急抢通装备进行简要介绍时,不采用这种基于作业场景的划分方式,而是综合考虑本书所介绍的课题与装备的功能,采取如图 6-1 所示的分类方式。由于篇幅所限,本章仅对在道路、桥梁、隧道、机场、港口码头等交通设施的抢通抢建过程中使用范围广、使用频率高,救援部队在通常情况下首先必须配备的常规主战装备进行简要介绍。依据装备所能实现的功能,将常规主战装备划分为土石方机械类、起重机械类、桩基和桥梁装备类、隧道装备类、路面机械类、小型机械装备类、保障车辆类、除雪机械类、新型救援机械类,并对各类型中的几种典型装备的用途特点、重要参数等进行简要介绍。

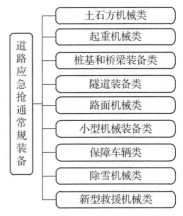

图 6-1 道路应急抢通装备分类

第三节 道路应急抢通装备分类简介

一、土石方机械类

土石方机械类,是指用于挖掘、铲运、推运或平整土壤和砂石等的机械,可细分为准备作业机械、挖掘机械、铲土运输机械、平整作业机械、压实机械和水力土方机械等。其中,挖掘机械是指用于挖掘高于或低于承机面的物料(包括土壤、煤、泥沙及经过预松后的岩土和矿石等),并将其装入运输车辆或卸至堆料场,其又可分为单斗挖掘机和多斗挖掘机两类。铲土运输机械是指用于铲运、推运或平整承机面的物料,主要靠牵引力工作,根据用途又可分为推土机、铲运机、装载机、平地机和运土机等。平整作业机械是指利用刮刀平整场地或修整道路的土方机械。压实机械是指利用静压、振动或夯击原理,密实地基土壤和道路铺砌层,使其密度增大,承载能力提高的土方机械。水力土方机械是指利用高速水射流冲击土壤或岩体,并将泥浆(或岩浆)输送到指定地点的土方机械。常见的土石方机械有挖掘机、装载机、推土机、平地机、铲运机、自卸汽车、拖拉机、压路机、凿岩穿孔机械等。

土石方机械类使用的一般安全要求为:

(1)启动发动机时应将离合器及变速杆放在空挡位置。开车时应发出信号,确认前方近处无人、履带或轮胎上无他物时方可开车作业。停车时必须把履带刹住。

(2)行驶中人员不得上下机车或传递物件,不得在机车与被牵引机械设备间跨越。陡坡上作业时禁止转弯及横向行驶。下大坡时不得空挡滑行,履带式机车上下坡时不许换挡。

(3)发动机运转时,不得在机车下面进行任何作业。行驶中不得进行修理调整工作。

(4)横越外露管道、电缆、钢丝绳等障碍物时,应铺道木或木板保护。

(5)施工中如发现有地下管道、电缆及建筑物时,应立即停车,并报告有关单位、部门处理。禁止拖、推、铲取埋在地下不明情况的物件。

(6)在坡地工作时如发动机熄停,必须把车刹住,并将履带塞好。工作中司机要离开机车时,应将铲斗或叉子落地,发动机熄火。

(7)钢丝绳禁止打结使用。绞盘上钢丝绳如有扭结必须事先整理。磨损、腐蚀超过允许限度应及时更换。

1. 挖掘机

挖掘机又称挖掘机械、挖土机,如图6-2所示,是用铲斗挖掘高于或低于承机面的物料,并装入运输车辆或卸至堆料场的土方机械。它是用铲斗上的斗齿切削土壤或物料并装入斗内,装满后提升铲斗并回转到卸物料地点卸物料,然后再使转台回转,铲斗下降到挖掘面,进行下一次作业。其重要参数包括工作质量、发动机功率、铲斗斗容等。

图6-2 普通常用型挖掘机

挖掘机的种类较多,按作用特征分为多斗和单斗挖掘机,按动力装置分为电驱动式和内燃机驱动式挖掘机,按传动装置分为机械传动式、全液压传动式和混合传动式挖掘机,按行走装置分为履带式和轮胎式挖掘机,按工作装置在水平面可回转范围分为全回转式和非全回转式挖掘机,按挖斗容量分为小型、中型和大型挖掘机。

单斗液压挖掘机的总体结构包括动力装置、传动系统、回转装置、行走装置、工作装置、操纵装置及辅助设备等(图6-3)。常用的全回转式液压挖掘机的动力装置、传动系统的主要部分、回转装置、辅助设备和驾驶室都安装在可回转的平台上,通常称为上部转台。因此又可将单斗液压挖掘机概括成工作装置、上部转台和行走装置三部分。

挖掘机在更换工作装置后还可以进行起重、打桩、夯土、拔桩、浇筑、安装、破碎、拆除、粉碎等多种作业。

挖掘机操作安全要求为:

(1) 操作中进铲不应过深,提斗不应过猛。铲斗满载时,不得变动动臂的倾斜度。

(2) 操作中严禁在铲斗未离开工作面时进行回转,或用铲斗的侧面刮平土壤、用铲斗对工作面进行侧面冲击。

(3) 挖掘悬崖时,注意岩石塌落伤人或砸坏物件。挖沟时,站位应与沟槽保持一定安全距离,防止翻车。

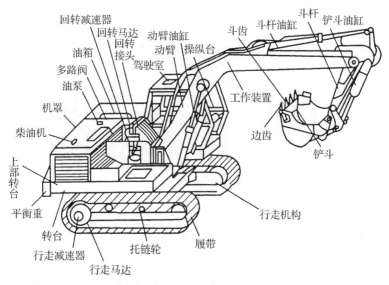

图 6-3 单斗液压挖掘机结构图

（4）向汽车上卸土时，铲斗要低，尽量放进车厢后再卸土，严禁铲斗从汽车驾驶室上越过。工作面下面有人或障碍物时，禁止卸土作业。

（5）行驶移动挖掘机时，应刹住回转台，动臂杆平行于履带，铲头离地面不应超过 1 m。上坡时，履带主动轮应在左后面，下坡时履带主动轮在前面，动臂在后面。

（6）挖掘机停止工作时，铲斗必须落地，不得悬吊在空中。

2. 装载机

装载机如图 6-4 所示，是一种广泛用于公路、铁路、建筑、水电、港口、矿山等建设工程的土石方施工机械。它主要用于铲装土壤、砂石、石灰、煤炭等散状物料，也可对矿石、硬土等做轻度铲挖作业，还可推平土壤、刮平地面和牵引其他机械等。在道路应急抢通中，装载机主要用于路基工程的填挖，沥青混合料和水泥混凝土料场的集料、装料等作业，具有作业速度快、机动性好、操作轻便等优点。换装不同的辅助工作装置还可进行推土、起重和其他物料如木材的装卸作业。其重要参数包括工作质量、发动机功率、铲斗斗容等。

装载机按发动机功率大小分为小型、中型、大型和特大型装载机，按传动方式分为机械传动式、液力机械传动式、液压传动式和电力传动式装载机，按行走方式分为履带式和轮胎式装载机，按装载方式分为前卸式、后卸式、回转式、侧卸式装载机。

图 6-4 装载机

装载机主要由动力装置、传动系统、行驶系统、转向系统、制动系统、工作装置、液压操纵系统和电气设备等组成。图 6-5 为厦工第二代 ZL50 型轮式装载机的结构图,该机型在我国最具代表性,它主要由柴油机系统、传统系统、防滚翻与落物保护装置、驾驶室、空调系统、转向系统、液压系统、车架、工作装置、制动系统、电气仪表系统、覆盖件、操纵系统等 13 个部分组成。

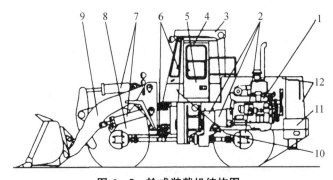

图 6-5 轮式装载机结构图

1—柴油机系统;2—传动系统;3—防滚翻与落物保护装置;4—驾驶室;
5—空调系统;6—转向系统;7—液压系统;8—车架;9—工作装置;
10—制动系统;11—电气仪表系统;12—覆盖件

3. 推土机

推土机如图 6-6 所示,是一种能够进行挖掘、运输和排弃岩土的土方工程机械,前方装有大型的金属推土刀,使用时放下推土刀,可向前铲削并推送泥、沙及石块等,推土刀的位置和角度可以调整。推土机能单独完成挖土、运土和卸土工作,具有操作灵活、转动方便、所需工作面小、行驶速度小等特点;主要适用于季节性较强、工程量集中、施工条件差的施工环境,一般用于经济运距为 50~

100 m 的短距离作业,如路基修筑、基坑开挖、平整场地、清除树等。其重要参数包括发动机功率、铲刀容量、整机质量等。

图 6-6 推土机

推土机按用途分为通用型和专用型推土机(一般包括湿地型和高原型),按发动机功率大小分为超轻型、轻型、中型、大型和特大型推土机,按行走方式分为履带式和轮胎式推土机,按传动方式分为机械传动式、液力机械传动式和全液压传动式推土机,按铲刀操纵方式分为钢索式和液压式推土机,按铲刀安装形式分为固定式和活动式推土机。推土机主要由动力装置、传动系统、行驶系统、工作装置、液压操纵系统和电器设备等组成,如图 6-7 所示。

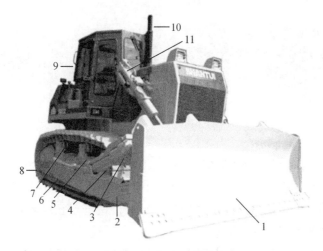

图 6-7 推土机结构图

1—推土铲;2—推杆;3—倾斜油缸;4—引导轮;5—台车架;6—支重轮;7—托轮;
8—履带;9—驾驶室;10—排气管;11—提升油缸

推土机操作安全要求为：

（1）向坡的边缘推土时，推铲不得推出边缘，并应在换好挡后才能提升推铲倒车。

（2）工作场所若有大石头、障碍物或坑穴时，应预先清除或填平。使用推土机清除高于机体的建筑物、树木、电柱等时，应采取安全措施，并选择有利地形。

（3）下陡坡时，应将推铲放下触地，倒车下行。

（4）保养时必须放下推铲。如果要在推铲下面检查时，必须用木块垫牢。推铲悬空时，严禁探身在推铲下面进行检查或作业。

4. 平地机

平地机是利用刮刀平整地面的土方机械，如图6-8所示。刮刀装在机械前后轮轴之间，能升降、倾斜、回转和外伸，配以其他多种可换作业装置，可进行土地平整和整形连续作业。平地机动作灵活，操作方便，平整场地有较高的精度，主要用于路基、路面、沙砾的切削、刮送、整平和土方工程中场地的整形、平地作业，还可用于从两侧取土填筑不高于1 m的路堤、修整路基的横断面，修刮路堤和路堑边坡、开挖边沟和路槽等，也可用于搅拌路面混合料、摊铺材料、养护土路和碎石路、推土、松土、回填、清除杂草和积雪等工作。其重要参数包括发动机功率、铲刀长度、外形尺寸等。

图6-8 平地机

平地机按车轮数目分为四轮、六轮平地机，按车轮转向情况分为前轮转向、后轮转向和全轮转向平地机，按车轮驱动情况分为后轮驱动和全轮驱动平地机，按机架结构形式分为整体和铰接机架式平地机，按铲刀长度和发动机功率大小分为轻型、中型和重型平地机。

平地机主要由动力装置、传动系统、转向系统、行驶系统、制动系统、液压操纵系统和电器设备等组成，如图6-9所示。

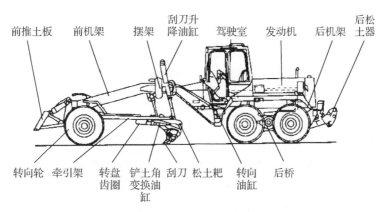

图 6-9 平地机结构图

5. 铲运机

铲运机如图 6-10 所示，是一种利用铲斗铲削土壤，并将碎土装入铲斗进行运送的铲土运输机械，能够完成铲土、松土、装土、运土、推土、卸土、填筑、整平和分层填土、局部碾实的综合作业。铲运机适用于铁路、公路、水利、电力等工程平整场地工作，具有操作简单，不受地形限制，能独立工作，行驶速度快，生产效率高等优点。其重要参数包括铲斗容量、发动机功率等。

图 6-10 铲运机

铲运机是一种循环作业式的铲土运输机械，按行走方式可分为拖式和自行式铲运机，按操作系统的不同可分为液压式和索式铲运机，按铲斗容积可分为小型、中型、大型和特大型铲运机，按传动方式可分为机械传动式、液压传动式、电动传动式和静压传动式铲运机。在施工作业中卸土类别可分为强制式、半强制式、自行式卸土三种。

铲运机包括车轮、牵引梁、车架、液压装置、带铲土机构的铲斗、支架机构和车架升降调整机构,其中带铲土机构的铲斗由斗体、滑动挡板、转动挡板、铲刃和破土刀组成;在斗体的两侧壁上各有1个支杆轴和斗体转动支承轴孔,在斗体的两侧壁的前端内侧有滑道,铲刃焊固在斗体底的前端,破土刀焊固在铲刃上;滑动挡板和转动挡板设置在斗体的开口处,滑动挡板和转动挡板通过2个合页联结,2个合页的两端出轴,分别插入斗体的两侧壁的前端内侧的滑道内。支架机构由挡板支杆、2个侧支杆和前支杆组成,前支杆的前端由固定在车架前端的前支杆支承轴予以支承,前支杆的后端轴孔套入挡板支杆,且位于挡板支杆的中部,挡板支杆固定在滑动挡板的上端,两端留有出轴;2个侧支杆的前端有轴孔,其后端有滑槽,2个侧支杆的前端轴孔分别套装在挡板支杆的两端出轴上,2个侧支杆的后端滑槽分别套装在斗体上的2个支杆轴上;2个斗体支轴分别穿过斗体两侧壁上的2个斗体转动支承轴孔和车架两侧壁上的轴孔,液压装置的升降杆与固定在斗体后端的横轴联结。车架升降调整机构由丝杠、丝母盘和转盘组成,转盘固定在丝杠的顶端,丝母盘与车架连成一整体结构,丝杠旋进丝母盘,其下端插入牵引梁上的丝杠端孔内。

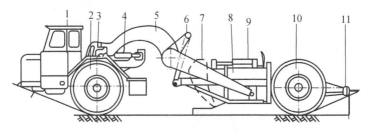

图 6-11 铲运机结构图

1—驾驶室;2—前轮;3—中央枢架;4—转向液压缸;5—辕架;6—提斗液压缸;
7—斗门;8—铲斗;9—斗门液压缸;10—后轮;11—尾架

铲运机操作安全要求为:

(1) 铲斗未固定在运输状态时禁止行走运输。拖拉机和铲斗间必须加装保险钢丝绳。

(2) 铲运机在斜坡时禁止向下后退进行卸土。

(3) 铲运机在行驶和作业时,铲斗或机架上禁止载人。机板式铲斗在推板移前以后,严禁在铲斗后部作业。

(4) 多机作业时,两机前后距离应保持不小于 20 m。

6. 自卸汽车

自卸汽车如图 6-12 所示,是指利用本车发动机动力驱动液压或机械举升机构,将其车厢倾斜一定角度自行卸载货物,并依靠车厢自重使其复位的专用汽车,又称翻斗车。其重要参数为发动机功率和额定载质量等。

图 6-12 自卸汽车

自卸汽车由汽车底盘、液压举升机构、货厢和取力装置等部件组成,在公路工程中与挖掘机、装载机、带式输送机等工程机械联合作业,构成装、运、卸生产线,进行土方、砂石、散料的装卸运输工作。自卸汽车按其用途可分为两大类:一类属于非公路运输用的重型和超重型自卸汽车,主要承担大型矿山、水利工地等运输任务,通常与挖掘机配套使用。这类汽车也称矿用自卸汽车。它的长度、宽度、高度等外廓尺寸以及轴荷等不受公路法规的限制,但只能在矿山、工地上使用。另一类属于公路运输中用的轻、中、重型普通自卸汽车。它主要承担砂石、泥土、煤炭等松散货物运输。某些自卸汽车是针对专门用途设计的,故又称专用自卸汽车,如摆臂式自装卸汽车、自装卸垃圾汽车等。

7. 其他

其他土石方机械类装备还包括挖掘装载机、凿岩机、凿岩台车、破碎机、拆除机等。

(1) 挖掘装载机如图 6-13 所示,俗称"两头忙",是由动力总成、装载端、挖掘端组成的单一装置,动力总成是其核心结构。挖掘装载机主要用于城市和农村的公路建设及养护、电缆铺设、电力和机场工程、市政

图 6-13 挖掘装载机

建设、农村住宅建设、开山取石等各种建筑施工工程。其重要参数为发动机功率、铲斗斗容、挖斗斗容等。

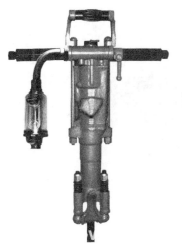

（2）凿岩机如图6-14所示，是石质隧道和石料开采等石方工程钻凿炮眼的主要工具，也可改作破坏器，用来破碎混凝土之类的坚硬层。公路机械化施工中，气动凿岩机和空气压缩机为必备的设备，是石方工程施工的关键设备，主要用于硬岩上钻凿炮孔。凿岩机主要有气动凿岩机、电动凿岩机、内燃凿岩机、液压凿岩机等四种类型。气动凿岩机以压缩空气作为动力，推动机体内的活塞作往复运动，撞击钎尾做功，经由钎杆将冲击功传到钻头，使岩石破碎；电动凿岩机由电动机通过曲柄连杆机构带动锤头冲击钢钎，凿击岩石；内燃凿岩机利用内燃机原理，通过柴油的燃爆力驱使活塞冲击钢钎，凿击岩石；液压凿岩机依靠液压通过惰性气体和冲击体冲击钢钎，凿击岩石。其重要参数为钻孔直径、钻孔速度等。

图6-14 凿岩机

（3）凿岩台车也称钻孔台车，如图6-15所示，是隧道及地下工程采用钻爆法施工的一种凿岩设备。它能移动并支持多台凿岩机同时进行钻眼作业。其重要参数为钻孔深度、发动机功率、覆盖面积等。

图6-15 凿岩台车

(4)破碎机如图 6-16 所示,广泛运用于矿山、冶炼、建材、公路、铁路、水利和化学工业等众多部门,用于破碎石块或矿块等。破碎机按机构特征有颚式、锥式、锤式、反击式、辊式等。其重要参数为生产能力、功率、进出料粒径等。

图 6-16 破碎机

(5)拆除机如图 6-17 所示,用于不同建筑物(包括高层建筑物、一般高度建筑物、基础建筑等)的拆除、破碎作业。其重要参数为最大作业高度、最大作业半径、工作质量等。

图 6-17 拆除机

(6)加长臂挖掘机如图 6-18 所示。日常使用挖掘机的过程中,由于挖掘机自身的缺陷限制了它的工作范围,而往往有很多施工现场需要挖掘机扩大施工范围,但现有的大小臂满足不了现场的要求,长臂挖掘机(加长臂挖掘机)也就

图 6-18 加长臂挖掘机

应需而生。和我们常看到的一般挖掘机不同,长臂挖掘机在车体支架及工作臂之间,加装一个加长臂,加长臂由原油缸支撑连接,并在加长臂上加装了一个工作臂油缸及挖掘斗油缸,在驾驶室内外,相应地加装了一套油缸的操纵系统,配合操纵工作臂油缸及挖掘斗油缸的伸缩作业,可使挖掘斗的活动范围扩大一倍以上,特别适合在抢险救灾等特殊场合作业,这是挖掘机械的一大突破性改造,具有极大的实用价值。

二、起重机械类

根据《特种设备安全监察条例》(国务院令2014年第114号)的规定,质检总局修订了《特种设备目录》,其中规定起重机械,是指用于垂直升降或者垂直升降并水平移动重物的机电设备,其范围规定为额定起重质量大于或者等于0.5 t 的升降机;额定起重质量大于或者等于3 t(或额定起重力矩大于或者等于40 t·m 的塔式起重机,或生产率大于或者等于300 t/h 的装卸桥),且提升高度大于或者等于2 m 的起重机;层数大于或者等于2层的机械式停车设备。起重机械分为:桥式起重机、门式起重机、塔式起重机、流动式起重机、门座式起重机、升降机、缆索式起重机、桅杆式起重机、机械式停车设备,本节仅介绍道路抢通中常用的几种起重机械。

起重机械通过起重吊钩或其他取物装置起升或起升加移动重物。起重机械的工作过程一般包括起升、运行、下降及返回原位等步骤。起升机构通过取物装置从取物地点把重物提起,经运行、回转或变幅机构把重物移位,在指定地点下放重物后返回到原位。

起重机械一般包括工作机构、驱动装置、取物装置、金属结构和控制操纵系统。其中,工作机构包括起升机构、运行机构、变幅机构和旋转机构,被称为起重机的四大机构。

(1) 起升机构,是用来实现物料的垂直升降的机构,是任何起重机不可缺少的部分,因而是起重机最主要、最基本的机构。

(2) 运行机构,是通过起重机或起重小车运行来实现水平搬运物料的机构,有无轨运行和有轨运行之分,按其驱动方式分为自行式和牵引式两种。

(3)变幅机构,是臂架起重机特有的工作机构。变幅机构通过改变臂架的长度和仰角来改变作业幅度。

(4)旋转机构,是使臂架绕着起重机的垂直轴线作回转运动,在环形空间运移物料。起重机通过某一机构的单独运动或多机构的组合运动,来达到搬运物料的目的。

驱动装置是用来驱动工作机构的动力设备。常见的驱动装置有电力驱动、内燃机驱动和人力驱动等。电能是清洁、经济的能源,电力驱动是现代起重机的主要驱动形式,几乎所有的在有限范围内运行的有轨起重机、升降机、电梯等都采用电力驱动。对于可以远距离移动的流动式起重机(如轮胎起重机和履带式起重机)多采用内燃机驱动。人力驱动适用于一些轻小起重设备,也用作某些设备的辅助、备用驱动和意外(或事故状态)的临时动力。

取物装置是通过吊、抓、吸、夹、托或其他方式,将物料与起重机联系起来进行物料吊运的装置。根据被吊物料的种类、形态、体积大小,采用不同种类的取物装置。例如,成件的物品使用吊钩、吊环;散料(如粮食、矿石等)使用抓斗、料斗;液体物料使用盛筒、料罐等。也有针对特殊物料的特种吊具,如吊运长形物料的起重架空单轨系统横梁,吊运导磁性物料的起重电磁吸盘,专门为冶金等部门使用的旋转吊钩,还有螺旋卸料和斗轮卸料等取物装置,以及集装箱专用吊具等。合适的取物装置可以减轻作业人员的劳动强度,大大提高工作效率。防止吊物坠落,保证作业人员的安全和吊物不受损伤是对取物装置安全的基本要求。

金属结构是以金属材料轧制的型钢(如角钢、槽钢、工字钢、钢管等)和钢板作为基本构件,通过焊接、铆接、螺栓连接等方法,按一定的组成规则连接,承受起重机的自重和载荷的钢结构。金属结构的质量约占整机质量的40%～70%左右,重型起重机可达90%;其成本约占整机成本的30%以上。金属结构按其构造可分为实腹式(由钢板制成,也称箱型结构)和格构式(一般用型钢制成,常见的有桁架和格构柱)两类。起重机金属结构的基本受力构件有柱(轴心受力构件)、梁(受弯构件)和臂架(压弯构件),各种构件的不同组合形成功能各异的起重机。受力复杂、自重大、耗材多和整体可移动性是起重机金属结构的工作特点。

控制操纵系统通过电气、液压系统控制操纵起重机各机构及整机的运动,进行各种起重作业。控制操纵系统包括各种操纵器、显示器及相关元件和线路,是人机对话的接口。该系统的状态直接关系到起重作业的质量、效率和安全。起重机与其他一般机器的显著区别是庞大、可移动的金属结构和多机构组合工作。间歇式的循环作业、起重载荷的不均匀性、各机构运动循环的不一致性、机构负载的不等时性、多人参与的配合作业等特点,又增加了起重机的作业复杂性,导致起重机安全隐患多、危险范围大、事故易发点多、事故后果严重,因而起重机的安全格外重要。

1. 汽车起重机

汽车起重机如图 6-19 所示,主要用于交通运输业、建筑业、工业、矿业等各种工程建设领域,如大型建筑构件与设备的安装、大量工程材料的垂直运输与装卸等,此外也广泛用于公路应急救援,按起重质量可分为轻型、中型、重型、超重型起重机。其重要参数包括最大额定总起重质量、最长主臂等。

图 6-19　汽车起重机

2. 轮胎起重机

轮胎起重机如图 6-20 所示,通常用于装卸重物和安装作业,起重质量较小

图 6-20　轮胎起重机

时,可不打支腿作业,甚至可带载行走,具有机动性好、转移方便的特点,适用于流动性作业,应用广泛,与汽车起重机相比具有轮距较宽、稳定性好、车身短、转弯半径小、可在360°范围内工作的优点。其重要参数包括额定起重质量、整机自重等。

3. 履带式起重机

履带式起重机如图6-21所示,是一种利用履带行走的动臂旋转起重机。履带接地面积大,通过性好,适应性强,可带载行走,适用于建筑工地的吊装作业。可进行挖土、夯土、打桩等多种作业。其重要参数包括最大起重质量、最大起重力矩、工作半径、起吊高度等。

4. 随车起重机

随车起重机如图6-22所示,是指安装在汽车底盘上,在一定范围内垂直提升和水平搬运重物的多动作起重机械,又称随车吊,属于物料搬运机械。随车起重机可以装在各种车辆上实现车辆的自装自卸,配上不同的取物装置能吊运不同形

图6-21 履带式起重机

状的物品,因而有着广泛的用途。其重要参数包括最大起升质量、最大起升力矩、转动角度等。

图6-22 随车起重机

5. 全地面起重机

全地面起重机如图6-23所示,是一种兼有汽车起重机和越野起重机特点的高性能产品。它既能像汽车起重机一样快速转移、长距离行驶,又能满足在狭小和崎岖不平或泥泞场地上作业的要求,具有行驶速度快、多桥驱动、全轮转向、三种转向方式、离地间隙大、爬坡能力高、可不用支腿吊重等功能,但价格较高,对使用和维护水平要求较高。其重要参数包括额定起重质量、整机自重等。

图6-23 全地面起重机

6. 塔式起重机

塔式起重机如图6-24所示,是指动臂装在高耸塔身上部的旋转起重机。它作业空间大,主要用于房屋建筑施工中物料的垂直和水平输送及建筑构件的安装。其重要参数包括额定力矩、最大起重质量、最大幅度等。

图6-24 塔式起重机

7. 龙门起重机

龙门起重机如图6-25所示,是水平桥架设置在两条支腿上构成门架形状的一种桥架型起重机。这种起重机在地面轨道上运行,主要用于露天储料场、船坞、电站、港口和铁路货站等地进行搬运和安装作业,一般可分为普通龙门起重机、水电站龙门起重机、集装箱龙门起重机、造船龙门起重机。其重要参数包括起重质量、起升高度、跨度等。

图6-25 龙门起重机

8. 施工升降机

施工升降机如图6-26所示,是建筑施工中经常使用的载人载货施工机械,也称建筑用施工电梯,由轿厢、驱动机构、标准节、附墙、底盘、围栏、电气系统等几部分组成。其特点为驱动系统位于笼顶上方,可以降低笼内噪声,增加笼内净空,同时也使传动更加平稳、机构振动更小;一机多用,在传统施工升降机基础上加装钢筋运送装置和混凝土运送装置,可运送钢筋、混凝土及施工人员,大大提高施工效率。其重要参数包括额定载质量、额定乘员、提升速度等。

图6-26 施工升降机

9. 高空作业车

高空作业车如图6-27所示,是指运送工作人员和使用器材到现场并进行空中作业的专用车辆。按其升降机构的形式,一般可分为伸缩臂式(直臂式)、折叠臂式(曲臂式)、垂直升降式和混合式等四种基本形式。它的基本结构包括液压底盘、动力传动装置、工作装置、安全装置及液压系统等。其重要参数包括工作斗额定载荷、最大作业高度、乘员人数等。

图 6-27 高空作业车

三、桩基和桥梁装备类

桩基和桥梁装备类是指用于桩基修复、桥梁抢修抢建以及可快速架设临时桥梁等的专用装备。

1. 旋挖钻机

旋挖钻机如图 6-28 所示,是一种建筑基础工程中成孔作业的施工机械,主要用于以下工程:各种高速公路、铁路等交通设施桥梁的桥桩,大型建筑、港口码头的承重结构桩,高架桥桥桩;主要适用于砂土、黏性土、粉质土等土层施工,在灌注桩、连续墙、基础加固等多种地基基础施工中得到广泛应用。旋挖钻机一般采用液压履带式伸缩底盘、自行起落可折叠钻桅、伸缩式钻杆,带有垂直度自动检测调整、孔深数码显示等,整机操纵一般采用液压先导控制、负荷传感,具有操作轻便、舒适等特点。主、副两个卷扬可适用于工地多种情况的需要。该类钻机配合不同钻具,适用于干式(短螺旋)或湿式(回转斗)及岩层(岩心钻)的成孔作业,还可配挂长螺旋

图 6-28 旋挖钻机

钻、地下连续墙抓斗、振动桩锤等,实现多种功能。其重要参数包括扭矩、发动机功率、钻孔直径、钻孔深度、钻机整机质量等。

2. 打桩锤

打桩锤如图 6-29 所示,是利用冲击力将桩打入地层的桩工机械,是用于完成预制桩的打入、沉入、压入、拔出作业的施工机械。其按桩锤运动的动力来源可分为落锤、汽锤、柴油锤、液压锤、振动锤、静力锤等。其重要参数包括冲击部分质量、冲击动能、冲击频率等。

图 6-29 打桩锤

图 6-30 压桩机

3. 压桩机

压桩机如图 6-30 所示,是利用静压力将桩压入地层的桩工机械,用于软土层压桩,如地下铁道、海港、桥梁、水库电站、海上采油平台和国防工程等的桩工施工,分机械式和液压式两种。压桩机作业时具有不损坏桩头、桩身不受弯、无噪声、无振动冲击、对周围环境和建筑物影响小、不破坏土地结构等优点,同时在压桩过程中可从压力表直接读取桩的承载能力,不需另做试验。压桩机工作平稳,能压能拔,但设备笨重,不能压设斜桩,使用有局限性。其重要参数包括工作质量、最大扭矩、最大推/拉力、发动机功率等。

4. 潜孔钻机

潜孔钻机如图 6-31 所示,主要用于露天矿山开采,建筑基础开挖,水利、电站、建材、交通及国防建设等多种工程中的凿岩钻孔;具有钻孔深、钻孔直径大、钻孔效率高、适应范围广等特点,是当前通用的大型凿岩钻孔设备;可在中硬或中硬以上(普氏 $f\geqslant 8$)的岩石中钻孔,与凿岩机一样都有冲击、转动、排渣和推进的凿岩成孔过程。钻具由钻杆、球齿钻头及冲击器组成。钻孔时,用两根钻杆接杆钻进。回转供风机构由回转电动机、回转减速器及供风回转器组成。回转减速器为三级圆柱齿轮封闭式的异性构件,其用螺旋注油器自动润滑。供风回转器由连接体、密封件、中空主轴及钻杆接头等部分组成,其上设有供接卸钻杆使用的风动卡抓。提升调压机构是由提升电动机借助提升减速器、提升链条而使回转机构及钻具实

图 6-31　潜孔钻机

现升降动作的。在封闭链条系统中,装有调压缸及动滑轮组。正常工作时,由调压缸的活塞杆推动动滑轮组使钻具实现减压钻进。其重要参数包括钻孔直径、钻孔深度等。潜孔钻机的特点包括以下几点:

(1) 潜孔钻机采用电机经高性能减速器作回转动力;用气缸作推进动力,省去了液压系统,因而机械效率高、成本低、性能稳定。

(2) 具有防卡保护,当钻具被卡时电机不易烧毁、减速器不易损坏。

(3) 轻便易于移机,潜孔钻机整机质量小于 500 kg,且可分解成三块,移机、上架方便。

(4) 采用滚动拖板,轨道不易磨损。

(5) 潜孔钻机采用半自动拆卸钻杆,工作效率高。

5. 锚杆钻机

锚杆钻机又称锚固钻机,如图 6-32 所示,是具有向顶板或巷道两帮钻孔并安装锚杆功能的钻机,在改善支护效果、降低支护成本、加快成巷速度、减少辅助运输量、减轻劳动强度、提高巷道断面利用率等方面有着十分突出的优越性。锚杆钻机是锚杆支护的关键设备,它既影响锚杆支护的质量——锚杆孔的方位、深度、孔径的准确性以及锚杆安装质量,又关系到操作者的人身安全、

劳动强度与作业条件等。锚杆钻机按结构分为单体式、钻车式、机载式锚杆钻机；按动力分为电动式、气动式、液压式锚杆钻机；按破岩方式分为回转式、冲击式、冲击回转式、回转冲击式锚杆钻机；按操作方式分为手持式帮锚杆钻机、支腿式顶锚杆钻机。其重要参数包括发动机功率、最大扭矩、钻孔直径等。

6. 山地高原伴随桥

山地高原伴随桥如图 6-33 所示，其采用低合金、高强度钢作为桥体材料，桥体结构刚性大、强度高、疲劳寿命长，桥体表面耐磨，能承受裸露履带的

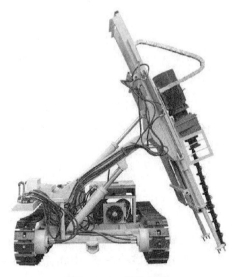

图 6-32　锚杆钻机

直接碾压；采用平推式架设技术，使作业隐蔽性极大增强，整车重心降低，操作更加安全。全套器材由桥车、桥体、架设机构、液压系统、控制及照明系统等组成，主要装备山地高原部队和应急机动作战部队，亦可装备平原和沿海地区的部队，可实现快速架设桥梁，保障轮式车辆及轻型履带车辆快速克服河谷、弹坑等天然或人工障碍；也可用于抢修、加强已有固有桥梁。其重要参数包括设计载荷、最大跨径、器材质量等。

图 6-33　山地高原伴随桥

7.装配式公路钢桥

装配式公路钢桥又称贝雷钢桥,如图6-34所示,具有结构简单、构件轻巧、运输方便、组合灵活、架设快速、拆装方便、构件可重复利用的特点,同时具备承载能力大、结构刚性强、疲劳寿命长等优点,并能根据工程设计需要组合成不同跨径、类型和用途的桥梁,在国内外的军事运输、抢险救灾、国防建设、水利工程、道路交通等领域发挥着重要作用,并得到了广泛的应用。装配式公路钢桥由桁架式主梁、桥面系、连接系、构础等4部分组成,并配有专用的架设工具。主梁由每节3米长的桁架用销子连接而成,位于车行道的两侧,主梁间用横梁相连,每节桁架设置两根横梁;横梁上设置4组纵梁,中间两组为无扣纵梁,外侧两组为有扣纵梁;纵梁上铺设木质桥板,桥板两侧用缘材固定,桥梁两端设有端柱。横梁上可直接铺U形桥板。主梁通过端柱支承于桥座(支座)和座板上,桥梁与进出路间用桥头搭板连接,中间为无扣搭板,两侧为有扣搭板,搭板上铺设桥板、固定缘材。全桥设有许多连接系构件如斜撑、抗风拉杆、支撑架、联板等,使桥梁形成稳定的空间结构。其重要参数包括载重质量、跨径、桁架组合等。

图6-34 装配式公路钢桥

8.机械化桥

机械化桥如图6-35所示,通常由改装的专用基础车载运、架设和撤收,并带有固定桥脚的成套制式桥梁器材。一套机械化桥器材通常由数辆桥车组成,桥车包括桥梁构件、基础车、专用工具及辅助设备。桥梁构件包括上部结构(即桥节)、桥脚、跳板、系留桩和系材。上部结构通常用薄钢板焊接而成,也有采用铝合金材料制成的。桥面采用整体式或车辙式结构。整体式桥面一般通过展开缘材加宽车行部构成;车辙式桥面的两块车辙板的间距可以调整。桥脚通常为架柱式,高度可调整。有的机械化桥可利用基础车作桥脚,以增大单车架设长度。一般机械化桥除了架设低水桥以外,还可以架设水面下桥。根据载荷可分为重型机械化桥和轻型机械化桥。其重要参数包括外形尺寸、设计载荷、架设长度、通过最大吨位和器材质量等。

图 6-35 机械化桥

9. 架桥机

架桥机如图 6-36 所示,是将预制好的梁片放置到预制好的桥墩上去的设备。架桥机属于起重机范畴,因为其主要功能是将梁片提起,然后运送到指定位

图 6-36 架桥机

置后放下。架桥机与一般意义上的起重机有很大的不同,其要求的条件苛刻,并且要在梁片上走行(也叫纵移)。架桥机分为架设公路桥、常规铁路桥、客专铁路桥等几种。其重要参数包括最大起升质量、使用桥梁跨径、适应斜桥角度等。

10. 应急快速桥

应急快速桥包括应急模块桥(图6-37)和应急动力舟桥(6-38)。应急模块桥用于保障重型装备、车辆克服深度5.5 m以内、流速不大于2 m/s的中小河川、干沟和沼泽等障碍,是一种可多跨连续架设的模块机械化桥。一套器材由5辆桥车组成,每辆桥车均可成为独立的架设单元。应急模块桥主要由桥跨、桥脚、底盘车液压气动系统、电控系统、辅助设备及专用工具组成。其重要参数包括最大通载吨位、桥梁质量与架设桥梁长度等。而应急动力舟桥是一种每个浮

图6-37 应急模块桥

图6-38 应急动力舟桥

体单元自带动力、架设快速、机动灵活、集浮桥和渡运于一体的新型舟桥,用于在紧急或非正常状态时,快速架设通道,保障70 t级重型装备和车辆迅速克服江河、湖泊等障碍。舟桥是连接舟或浮体而成的浮桥,主要供军事上克服江河障碍用,通常由桥脚舟、桥面结构和栈桥等组成。按架设浮桥的器材分为制式舟桥器材和民舟器材,按其载重质量分为轻型、重型、特种舟桥,按桥脚舟的配置形式分为桥脚舟分置式和带式舟桥,按其是否具有水陆自行能力分为非自行、自行舟桥。自行舟桥将舟体和桥面结构合为一体,是具有水陆行驶能力的一种专用的两栖车辆,便于迅速连接和拆解浮桥。完整的应急动力舟桥包括河中全形舟、岸边舟与舟车,河中全形舟是构成舟桥的基本器材,架设到水面上便形成桥面。每个全形舟上均装有锚、锚机、跳板及跳板吊杆各2件,并装有提升器2个和岸边跳板、踏板各4块。各舟体均由高强度合金钢制造,价格较低,且便于现场维修。桥面车行道焊有防滑钢条,以保证行车安全。岸边舟是把岸边与河中全形舟连接起来的尖舟。岸边舟的端部向岸边倾斜,舟边两侧在与河中全形舟的舟边连接处各设一个液压提升器,操纵提升器可以调整岸边舟与岸边的角度,其范围为0°~18°,以便在架桥时适应岸边各种不同的坡度情况。舟车是运载河中全形舟和岸边舟的车辆,由越野车改装而成,车上带有平台、吊架、液压系统、绞盘系统及控制系统等。其重要参数包括承载能力、最大航速、架设时间等。

四、隧道装备类

隧道装备类是指多用于隧道抢通抢修的专用装备,其中部分装备归属于土石方机械类,如凿岩机等,在此不再重复介绍。

1. 盾构机

盾构机如图6-39所示,是一种隧道掘进的专用工程机械,其基本工作原理

图6-39 盾构机

就是一个圆柱体的钢组件沿隧洞轴线边向前推进边对土壤进行挖掘。该圆柱体组件的壳体即护盾,它对挖掘出的还未衬砌的隧洞段起临时支撑的作用,承受周围土层的压力,有时还承受地下水压以及将地下水挡在外面。挖掘、排土、衬砌等作业都要在护盾的掩护下进行。现代盾构掘进机集光、机、电、液、传感、信息技术于一体,具有开挖切削土体、输送土渣、拼装隧道衬砌、测量导向纠偏等功能,涉及地质、土木、机械、力学、液压、电气、控制、测量等多门学科技术,而且要按照不同的地质进行"量体裁衣"式的设计制造,可靠性要求极高。盾构掘进机已广泛用于地铁、铁路、公路、市政、水电等隧道工程。用盾构机进行隧洞施工具有自动化程度高、节省人力、施工速度快、一次成洞、不受气候影响、开挖时可控制地面沉降、减少对地面建筑物的影响和在水下开挖时不影响水面交通等特点,在隧洞洞线较长、埋深较大的情况下,用盾构机施工更为经济合理。根据工作原理一般分为手掘式盾构、挤压式盾构、半机械式盾构(局部气压、全局气压)、机械式盾构(开胸式切削盾构、气压式盾构、泥水加压盾构、土压平衡盾构、混合型盾构、异型盾构)。其重要参数包括隧道掘进直径、日掘进尺度等。

2. 掘进机

掘进机如图6-40所示,是用于开凿平直地下巷道的机器,可分为开敞式掘进机和护盾式掘进机。掘进机主要由行走机构、工作机构、装运机构和转载机构组成。随着行走机构向前推进,工作机构中的切割头不断破碎岩石,并将碎岩运走。其具有安全、高效和成巷质量好等优点,但造价大,构造复杂,损耗也较大。其重要参数包括切割电机功率、截割硬度、定位截割范围等。

图6-40 掘进机

3. 混凝土喷射机

混凝土喷射机也叫喷浆机,如图6-41所示,是利用压缩空气将混凝土送进料腔,沿输料管道连续输送,并喷射到施工面上去的机械,主要用于对隧道洞口仰坡及洞内塌腔岩面进行封闭加固,增强围岩自稳能力。混凝土喷射机是喷射混凝土施工中的核心设备,与其配套使用的机械设备有机械手、空压机、供水系统、配料及搅拌上料装置、速凝剂添加装置等。这些设备通过不同的配备组合，可实现多种工艺流程，也可将这些设备组装于一体构成集储料、搅拌、喷射于一体的三联机，从而提高整个混凝土喷射施工过程的机械化程度。

图 6-41 混凝土喷射机

混凝土喷射机按混凝土拌和料的加水方式可分为干式、湿式和介于两者之间的半湿式三种。干式是指将一定比例的水泥及骨料，搅拌均匀后，经压缩空气吹送到喷嘴，与来自压力水箱的压力水混合后喷出，这种方式的施工方法简单、速度快，但粉尘太大，喷出料回弹量损失较大，且要用高标号水泥。湿式是指进入喷射机的是已加水的混凝土拌和料，因而喷射时粉尘含量低，回弹量少，是理想的喷射方式。但是湿料易于在料罐、管路中凝结，造成堵塞和清洗的麻烦，因而未能推广使用。半湿式也称潮式，即混凝土拌和料为含水率 5%～8%的潮料（按体积计），这种料喷射时粉尘减少，由于比湿料黏接性小，不黏罐，是干式和湿式的改良方式。按喷射机的结构形式可分为缸罐式、螺旋式和转子式三种。缸罐式喷射机坚固耐用，但机体过重，上、下钟形阀的启闭需手工操作，劳动强度大，且易造成堵管，故已逐步淘汰。螺旋式喷射机结构简单、体积小、质量小、机动性能好，但输送距离超过 30 m 时容易返风，生产率低且不稳定，只适用于小型巷道的喷射支护。转子式喷射机具有生产能力大、输送距离远、出料连续稳定、上料高度低、操作方便、适合机械化配套作业等优点，并可用于干喷、半湿喷和湿喷等多种喷射方式，是广泛应用的机型。其重要参数包括喷射能力、最大输送距离、最佳输送距离等。

4. 注浆机

注浆机如图 6-42 所示，是适用于建筑、地下、水利、环保、市政、地铁、隧道、涵洞等工程的止渗堵漏施工和裂缝补强的专业设备。其重要参数包括传动速度、吸浆量、最大注浆压力等。

5. 真空泵

真空泵如图 6-43 所示，是指利用机械、物理、化学或物理化学的方法对被抽容器进行抽气而获得真空的器件或设备。通俗地讲，真空泵是用各种方法在某一封闭空间中改善、产生和维持真空的装置。按真空泵的工作原理，真空泵基本上可以分为两种类型，即气体捕集泵和气体传输泵。其广泛用于塑料机械、砖瓦机械、低温设备、真空设备、石油、矿山、地基处理等行业。

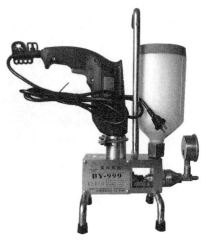

图 6-42 注浆机

真空泵泵体的布置结构决定了泵的总体结构。立式结构的进、排气口水平设置，装配和连接管路都比较方便，但泵的重心较高，在高速运转时稳定性差，故这种型式多用于小泵。卧式泵的进气口在上，排气口在下。有时为了真空系统管道安装连接方便，可将排气口从水平方向接出，即进、排气方向是相互垂直的。此时，排气口可以从左或右两个方向开口，除接排气管道一端外，另一端被堵死或接旁通阀。这种泵结构重心低，高速运转时稳定性好。一般大、中型泵多采用此种结构，泵的两个转子轴与水平面垂直安装。这种结构装配间隙容易控制，转子装配方便，泵占地面积小，但泵重心较高且齿轮拆装不便，润滑机构也相对复杂。其重要参数包括口

图 6-43 真空泵

径范围、流量范围、压力范围等。

6. 空压机

空压机是空气压缩机的简称，如图 6-44 所示，是一种以电动机或内燃机为

动力,通过压缩机将自然空气压缩成压缩空气,借以增大气体压力的机械。它将原动机(通常是电动机)的机械能转换成气体压力能,是压缩空气的气压发生装置。空压机与水泵构造类似。大多数空气压缩机是往复活塞式、旋转叶片或旋转螺杆。空压机将压缩空气供给各类气动机具使用,是一切气动机具的动力源。空压机主要用于带动气动凿岩机穿孔,气镐、气锹挖掘硬冻土壤,气动装岩机除渣,气动圆锯、链锯进行木材加工和混凝土振动器进行混凝土捣固作业,也可直接利用压缩空气进行混凝土输送、浇筑和喷射,深管井汲水,疏通管道,喷砂除锈和充气等作业。

图 6-44　空压机

空压机按工作原理可分为容积型、动力型(速度型或透平型)、热力型压缩机,按润滑方式可分为无油空压机和机油润滑空压机,按性能可分为低噪音、可变频、防爆空压机,按运动方式可分为移动式和固定式空压机。移动式空压机包括拖式、车载式和半移动式,具有便于转移场地,机动性好等特点,适用于工程量小的工程作业。固定式空压机固定于基座上,多为大、中型空压机,适用于大规模的国防施工。移动式空压机多以内燃机为动力,固定式空压机多以电动机为动力。按输入动力可分为内燃机式和电动机式空压机。按压缩机的结构形式可分为螺杆式、滑片式和活塞式空压机,按压缩等级可分为一级式、二级式和三级式空压机,按排气压力可分为低压、中压、高压和超高压空压机。螺杆式空压机多采用一级式,滑片式空压机多采用二级式,高压空压机多采用三级式。按排气量可分为微型、小型、中型和大型空压机。其重要参数是工作压力。

7. 通风机

通风机如图 6-45 所示,是依靠输入的机械能,增大气体压力并排送气体的机械,它是一种从动的流体机械,排气压强低于 1.5×10^4Pa。现代通风机广泛用于工厂、矿井、隧道、冷却塔、车辆、船舶和建筑物的通风、排尘和冷却,锅炉和工业炉窑的通风和引风,空气调节设备和家用电器设备的冷却和通风,风洞风源和气垫船的充气和推进等。

图 6-45 通风机

隧道施工用的对旋式轴流通风机具有结构紧凑、噪声小、流量大、效率高、运转平稳、维护简便等特点。在隧道掘进施工中,由于其流量大、风压高可以减少通风机的使用数量或增加通风距离,降低能耗、节约能源。其主要用于公路、铁路、电力、隧道等工业领域掘进巷道的施工用通风。

通风机由集流器、前后机壳、电动机、两级叶轮、后消声器、风筒接头等部分组成。工作时,气流由风道进入风机进气箱,经过收敛和预旋后,叶轮对气流做功,后导叶又将气流的螺旋运动转化为轴向运动,并在扩压器内将气体的大部分动能转化成系统所需的静压能,从而完成风机的工作。其重要参数包括额定转速、风量等。

8. 混凝土衬砌台车

混凝土衬砌台车是隧道施工过程中二次衬砌必须使用的专用设备,图 6-46 所示混凝土衬砌台车用于对隧道内壁的混凝土衬砌施工,属于非标产品,主要有简易衬砌台车、全液压自动行走衬砌台车和网架式衬砌台车。全液压自动行走衬砌台车又可分为边顶拱式、全圆针梁式、底模针梁式、全圆穿行式等。衬砌台车主要分为台车部分和模板部分。台车的作用是支、拆模板,拆下后的钢模板在台车的承托下自动行走至前方支模部位,再通过液压传动系统将钢模板支撑入位。其重要参数包括规格、最大衬砌长度等。

图 6-46 混凝土衬砌台车

五、路面机械类

路面机械是用于修建公路、城市道路的路面和飞机场道面等的一种机械。根据路面机械的结构、性能、用途可以有多种分类方法。根据路面结构层和机械用途,将路面机械分成土路面施工机械、碎石路面施工机械、沥青混凝土路面施工机械和水泥混凝土路面铺筑机械等 4 类。土路面施工机械主要是稳定土搅拌机械,碎石路面施工机械主要是碎石摊铺机,沥青混凝土路面施工机械有沥青储存、熔化和加热设备、沥青喷洒机、沥青混凝土搅拌设备、沥青混凝土摊铺机和石屑撒布机等。

1. 压路机

压路机又称压土机,是一种修路的设备,如图 6-47 所示。压路机在工程机械中属于道路设备的范畴,它利用机械自重、振动的方法,对被压实材料重复加载,排除其内部的空气和水分,使材料颗粒处于较紧的状态,达到一定的密实度和平整度,广泛用于高等级公路、铁路、机场跑道、大坝、体育场等大型工程项目的填方压实作业,可以碾压沙性、半黏性及黏性土壤、路基稳定土及沥青混凝土路面层。压路机以机械本身的重力作用,适用于各种压实作业,使被碾压层产生永久变形而密实。

图 6-47 压路机

根据工作质量的不同,压路机可分为轻型、中型、重型和超重型压路机;根据驱动轮数量的不同,压路机可分为单轮驱动式、双轮驱动式和全轮驱动式压路机;根据压实轮结构形式,压路机可分为光轮式、羊角碾式和轮胎式压路机;根据压实轮组合形式,压路机可分为轮胎-光轮组合式、振动-振荡组合式压路机;根据压实轮作用形式,压路机可分为振动式、振荡式和垂直振动式压路机;根据压实原理不同,压路机可分为静力式、振动式和振荡式压路机。

压路机主要由动力装置、传动系统、行驶系统、转向系统、制动系统、液压操纵系统和电器设备等组成。其主要参数包括工作质量、线压力、额定功率、振动频率等。

2. 沥青摊铺机

沥青摊铺机如图 6-48 所示,是将沥青混合料均匀摊铺在道路基层上,并进行初步振实和整平的机械,分履带式和轮胎式两种。沥青摊铺机由牵引、摊铺和振实、熨平两部分组成,前者包括机架、动力装置、行走装置、料斗、料门、刮板输送器、螺旋摊铺器和驾驶室等;后者包括牵引臂、振实机构和熨平装置(由熨平板、厚度调节器、拱度调节器和加热装置等组成)。振实机构采用熨平板和装置在熨平板前的振捣器,或采用振动熨平板,或振捣器和振动熨平板两者同时采用,以提高振实效果。振实、熨平部分通过左右牵引臂铰接在机架两侧,能上下浮动地压在铺层上前进。

图 6-48 沥青摊铺机

作业时,摊铺机的前推辊顶推着载料自卸汽车后轮前进,并接收沥青混合料。卸于料斗内的沥青混合料,由斗底左右两个独立驱动的刮板输送器送至螺旋摊铺室,送料量由后斗壁左右两闸门分别控制。螺旋摊铺器有左右两螺旋,同时将料向左右两侧均匀摊铺,但亦能左右各自独立驱动。随着摊铺机的向前移动,振实、熨平部分按一定的宽度、厚度和拱度对铺层进行初步振实和整平。熨平板内装有加热装置,以便在寒冷季节或在作业开始前对板底进行加热,防止沥青混合料黏附在板底。由于熨平板有浮动特性,故能通过厚度调节器来改变熨平板底面相对于地面的仰角,以调节铺层厚度。在作业过程中,浮动熨平板还能减少路基或路面基层高低不平对铺筑平整度的影响。有些摊铺机的熨平板连同振捣器制成伸缩式,螺旋摊铺器可接长或缩短,以铺筑不同宽度的路面。熨平板的调节有手动或半自动的。自 20 世纪 60 年代以来,采用了自动调平装置,它是以预置张紧钢丝绳、平整的路缘石或已铺筑好的路面作为基准,利用传感器随时检测因路基或路面基层高低不平而造成熨平板相对于基准所发生的位置偏差,并不断调整左右牵引臂的牵引点位置,以改变熨平板底面的仰角,达到高精度整平的目的,一般能满足高速公路的要求。影响路面铺筑质量的因素还有沥青混合料的性质、进料数量和摊铺工作速度等,因此近年来出现了能够自动控制铺筑层的平整度、供料速度和摊铺工作速度的全液压、全自动的沥青混凝土摊铺机。

沥青摊铺机按摊铺宽度可分为小型、中型、大型、超大型四种,按行走方式可分为自行式和拖式两种,自行式分为履带式、轮胎式和复合式三种。其重要参数包括料斗容量、摊铺宽度、最大摊铺厚度和工作速度等。

3. 沥青拌和站

沥青拌和站如图6-49所示,是生产沥青混凝土的装备。沥青拌和站的主要功能是在规定的温度下将干燥加热的不同粒径集料、填料和沥青按设计配合比例混合搅拌成均匀的混合料,广泛应用于高等级公路、城市道路、机场、码头、停车场等工程施工。它是沥青路面施工的第一关键设备,其性能直接影响沥青路面的质量。按生产工艺分为间歇式和连续式,按运输方式分为固定式、可搬迁式和移动式。其重要参数包括生产率、设计容量、工作周期、装机功率、排放标准等。

图6-49 沥青拌和站

4. 灌缝机

灌缝机如图6-50所示,属于路面机械,主要用于沥青路面、水泥路面、场地表面的裂缝处理,一般与开槽机、吹风机(或热喷枪)配套使用。其重要参数包括开槽宽度、开槽深度、加热釜容积、融化能力等。

5. 混凝土搅拌机

混凝土搅拌机如图6-51所示,是把水泥、砂石骨料和水混合并拌制成混凝土混合料的机械,主要由拌筒、加料和卸料机构、供水系统、原动机、传动机构、机架和支承装置等组成。混凝土搅拌机按工作性质分为间歇式(分批式)和连续式,按搅拌原理分为自落式和强制式,按安装方式分为固定式和移动式,按出料方式分为倾翻式和非倾翻式,按拌筒结构形式分为梨式、鼓筒式、双锥式、圆盘立

图 6-50 灌缝机

图 6-51 混凝土搅拌机

轴式和圆槽卧轴式等。影响混凝土搅拌机搅拌质量的主要因素有搅拌机的结构形式、搅拌机的加料容量与拌筒几何容积的比率、混合料的加料程序和加料位置、搅拌叶片的配置和排列的几何角度、搅拌速度和叶片衬板的磨损状况等。其重要参数包括进料容量、出料容量、生产率等。

6. 混凝土搅拌站

混凝土搅拌站如图 6-52 所示,是生产混凝土的主要设备,是用来集中搅拌混凝土的综合机械装备,也称为混凝土工厂。它具有机械化自动程度高、生产率

图6-52 混凝土搅拌站

高、搅拌混凝土均质、粉尘浓度和噪声低、物料计量准确度高的特点,常用于混凝土工程量大、施工周期长、施工地点集中的大中型工程。其按作业形式可分为周期式和连续式,按搅拌机平面布置形式可分为巢式和直线式,按工艺布置形式可分为单阶式和双阶式。混凝土搅拌站主要由搅拌主机、物料称量系统、物料输送系统、物料储存系统和控制系统等5大系统和其他附属设施构成,其工作的主要原理是以水泥为胶结材料,将砂石、石灰、煤渣等原料进行混合搅拌,最后制成混凝土,作为墙体材料投入建设生产。其重要参数包括生产率、料仓容量、集料粒径等。

7. 混凝土搅拌运输车

混凝土搅拌运输车如图6-53所示,是用来运送建筑用混凝土的专用卡车,由于它的外形,也常被称为田螺车。卡车上装有圆筒形搅拌筒用以运载混合后的混凝土,在运输过程中会始终保持搅拌筒转动,以保证所运载的混凝土不会凝固。运送完混凝土后,通常都会用水冲洗搅拌筒内部,以防止硬化的混凝土占用空间。混凝土搅拌运输车由汽车底盘和混凝土搅拌运输专用装置组成。其中专用装置主要包括取力器、搅拌筒前后支架、减速机、液压系统、搅拌筒、操纵系统、清洗系统等。它的工作原理是通过取力装置将汽车底盘的动力取出,并驱动液压系统的变量泵,把机械能转化为液压能传给定量马达,马达再驱动减速机,由减速机驱动搅拌装置,对混凝土进行搅拌,使它在一定的时间内(最长不超过90 min)不产生凝固现象,从而使搅拌运输车到达工地后还能满足使用要求。其重要参数包括罐体搅拌容量、额定载重质量、发动机功率、外形尺寸等。

图 6-53 混凝土搅拌运输车

8. 混凝土泵车

混凝土泵车是利用压力将混凝土沿管道连续输送的机械,由泵体和输送管组成,如图 6-54 所示。混凝土泵车按结构形式分为活塞式、挤压式、水压隔膜式。泵体装在汽车底盘上,再装备可伸缩或曲折的布料杆,就组成泵车。

图 6-54 混凝土泵车

混凝土泵车是在载重汽车底盘上进行改造而成的,它在底盘上安装有运动和动力传动装置、泵送和搅拌装置、布料装置以及其他一些辅助装置。混凝土泵车的工作原理是首先通过动力分动箱将发动机的动力传送给液压泵组或者后桥,液压泵推动活塞带动混凝土泵工作,然后利用泵车上的布料杆和输送管,将混凝土输送到一定的高度和距离。其重要参数包括臂架高度、臂架长度、臂架深度与理论输送量等。

9. 稳定土拌和机

稳定土拌和机如图6-55所示,是一种在行驶过程中,以其工作装置对土壤就地松碎,并与稳定剂(石灰、水泥、沥青、乳化沥青或其他化学剂)均匀拌和,以提高土壤稳定性的机械设备,主要用于公路、城乡道、机场码头等的现场拌和作业。使用这种方法获得稳定混合料的施工工艺习惯上称为路拌法,而稳定土拌和机又称为稳定土路拌机。稳定土拌和机是由各种机构和装置组成的。这些机构与装置的构造和安装位置可以有不同的形式,但均由主机、工作装置和稳定剂喷洒控制系统三大部分组成。其重要参数包括拌和宽度、拌和深度、工作行进速度等。

图6-55 稳定土拌和机

10. 稳定土拌和站

稳定土拌和站如图6-56所示,是生产稳定土的机器设备集合,其对各种混合料进行搅拌制成稳定土。它包括水泥罐体、计量输送设备、搅拌设备,用于高等级公路、城市道路、广场、机场稳定层基料的拌和施工。其重要参数包括生产能力、生产功率等。

11. 路面冷再生机

路面冷再生机如图6-57所示,是为适应城乡道路建设而设计制造的环保、高效的道路施工设备,主要适用于乡村公路旧沥青路面的就地冷再生作业和各种等级公路的稳定土拌和,一机两用,是传统后置式稳定土拌和机的更新换代产

图 6-56 稳定土拌和站

图 6-57 路面冷再生机

品。路面冷再生机作业时在对旧沥青路面进行铣刨、破碎的同时,添加稳定剂(水泥、石灰、水等),就地拌和并通过整形、压实而形成新的道路基层。其重要参数包括工作宽度、再生深度、工作质量等。

12. 机械化路面

机械化路面如图 6-58 所示,是一种可快速铺设、撤设并反复使用的制式路面器材,主要用于在沙滩、泥泞、雪地、沼泽、岸滩等低载能力的地段铺设临时路面,保障轮式或履带式装备顺利通过,保障车辆快速机动。其重要参数包括路面宽度、路面载重质量等。

图 6-58 机械化路面

13. 软地面铺路车

软地面铺路车如图 6-59 所示,主要用于在海岸滩涂地域铺设可撤收路面,快速铺设近岸卸载水域到海岸硬质路面之间的连岸通道,以保障车辆克服滩涂障碍;也可用于在泥泞、雪地、沙滩等低承载能力的地段快速铺设临时应急通道,为车辆、装备迅速通过提供应急保障。其重要参数包括涉水深度、路面器材长度、路面器材宽度等。

图 6-59 软地面铺路车

六、小型机械装备类

小型机械装备类是指在道路应急抢通中所使用的体积较小,一般可随车携带的小型应急抢通机械设备,如钳、镐、剪等。

1. 液压钳

液压钳如图 6-60 所示，具有剪、扩张、破拆等功能，主要用于各种抢险救援工作。液压钳分为分离式/整体式电缆液压钳、机械电缆接线钳、钢芯电缆液压钳、手动液压钳、电动液压钳等 5 大类。其重要参数包括压接范围和质量等。

图 6-60　液压钳

2. 手持镐

手持镐如图 6-61 所示，主要用于破碎混凝土、岩石和采石，完成各种破碎工作，其重要参数包括镐钎尺寸、质量、流量等。

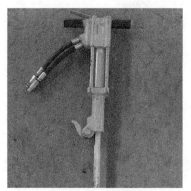

图 6-61　手持镐

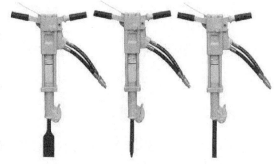

图 6-62　液压破碎镐

3. 液压破碎镐

液压破碎镐如图 6-62 所示，具有工效高、噪音小、可靠性强、体积小、质量轻的优点，主要用于沥青、水泥路面、钢筋混凝土的破碎作业，以及直径 1 m 以下大体积石料的破碎解体。液压破碎镐广泛应用于公路、市政、燃气、电力电信、铁道、消防建筑等领域。其重要参数包括输出流量、外形尺寸、质量等。

4. 切割机

切割机如图 6-63 所示，是切割钢板、混凝土，切断钢筋等的专用工具，适用于各种抢险救援工作，可分为激光切割机、等离子切割机、火焰切割机、水切割等。激光切割机效率最高,切割精度最高,但切割厚度一般较小;等离子切割机切割速度很快,切割面有一定的斜度;火焰切割机主要是切割厚度较大的碳钢材质。其重要参数包括最大切割厚度、最佳切割厚度等。

5. 冲击扳手

冲击扳手如图 6-64 所示,主要用于在金属模具上拧紧或拆卸夹具,高扭矩精度的冲击扳手用于发动机和轮胎维修,常用的有电动冲击扳手和气动冲击扳手,其重要参数为最大扭矩等。

图 6-63 切割机

图 6-64 冲击扳手

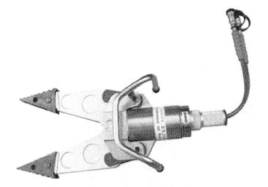

图 6-65 扩张器

6. 扩张器

扩张器如图 6-65 所示,其采用高强度轻质合金制造,质量轻、扩张力大,具有扩张、撕裂和牵拉功能,可进行高负荷救援操作。扩张器的应用范围为:交通事故救援、地震等灾害救援、意外事故救援;移动和举升障碍物,撬开缝隙并扩充为通道;使金属结构变形,撕裂车体表面钢板;配合牵拉链清除道路上的障碍物。其重要参数包括扩张力、扩张距离等。

7. 千斤顶

千斤顶如图 6-66 所示,是一种用刚性顶举件作为工作装置,通过顶部托座或底部

图 6-66 千斤顶

托爪在行程内顶升重物的轻小起重设备。千斤顶按结构特征可分为机械式和液压式两种，机械式又可分为齿条式与螺旋式两种，一般只用于机械维修工作，在修桥过程中不适用。液压式千斤顶结构紧凑、工作平稳、有自锁作用，故使用广泛，其缺点是起升高度有限、起升速度慢。其重要参数包括额定工作吨位、额定工作行程、额定工作压力等。

8. 液压动力站

液压动力站如图 6-67 所示，可用来运输工具、设备和碎石。此外，可在任何工况下驱动液压工具，操作简单，应用广泛。辅助液压工具驱动回路为长时间使用设计，而且具备高效冷却能力。其重要参数为输出流量等。

图 6-67 液压动力站

图 6-68 抽水机

9. 抽水机

抽水机又称水泵，如图 6-68 所示，是利用大气压的作用，将水从低处提升至高处的水力机械，由水泵、动力机械与传动装置组成。它广泛用于农田灌溉、排水以及工矿企业与城镇的供水、排水。为适应不同需要，抽水机有多种类型，常见的有活塞式、离心式和轴流式。其重要参数包括进出口直径、规定点流量、转速等。

10. 潜水泵

潜水泵如图 6-69 所示，是深井提水的重要设备。潜水泵使用时，整个机组潜入水中工作，把地下水提取到地表，是生活用水、矿山抢险、工业冷却、农田灌溉、海水提升、轮船调载的理想提水设

图 6-69 潜水泵

备,还可用于喷泉景观。它主要用于农田灌溉及高山区人畜用水,亦可供中央空调冷却、热泵机组、冷泵机组、城市、工厂、铁路、矿山、工地排水使用。潜水泵一般流量可以达到5~650 m³/h,扬程可达到10~550 m。其重要参数包括扬程、流量、功率等。

11. 污水泵

污水泵如图6-70所示,属于离心杂质泵的一种,主要用于输送城市污水、粪便或液体中含有纤维、纸屑等固体颗粒的介质,通常被输送介质的温度不大于80℃。由于被输送的介质中含有易缠绕或聚束的纤维物,故该种泵流道易于堵塞,泵一旦被堵塞会使泵不能正常工作,甚至烧毁电机,从而造成排污不畅,给城市生活和环保带来严重的影响。因此,抗堵性和可靠性是评价污水泵优劣的重要因素。其重要参数包括扬程、泵送能力等。

图6-70 污水泵

12. 发电机

发电机如图6-71所示,是指将其他形式的能源转换成电能的机械设备。

图6-71 发电机

它由水轮机、汽轮机、柴油机或其他动力机械驱动,将水流、气流、燃料燃烧或原子核裂变产生的能量转化为机械能传给发电机,再由发电机转换为电能。发电机在工农业生产、国防、科技及日常生活中有广泛的用途。发电机有很多类型,但其工作原理都是基于电磁感应定律和电磁力定律。因此,其构造的一般原则是:用适当的导磁和导电材料构成互相进行电磁感应的磁路和电路,以产生电磁功率,达到能量转换的目的。其重要参数包括油箱容量、输出功率等。

13. 发电机组

发电机组如图6-72所示,是将其他形式的能源转换成电能的成套机械设备,由动力系统、控制系统、消音系统、减震系统、排气系统组成。它由水轮机、汽轮机、柴油机或其他动力机械驱动,将水流、气流、燃料燃烧或原子核裂变产生的能量转化为机械能传给发电机,再由发电机转换为电能,最后输出到用电设备上使用。发电机组可作为备用电源,既能起到应急电源的作用,又能通过低压系统的合理优化,将一些平时比较重要的负荷在停电时使用,因此在工程中得到了广泛的应用。其重要参数为最大输出功率等。

图 6-72　发电机组

14. 破碎器

破碎器又称为破碎锤、液压破碎锤等,如图 6-73 所示,是挖掘机的一个重要属具。破碎器主要用于对土石方、路面、建(构)筑物的拆除、破碎。其重要参数包括总质量、钎杆质量、打击数等。

图 6-73　破碎器

图 6-74　液压破碎剪

15. 液压破碎剪

液压破碎剪如图 6-74 所示,是挖掘机的一个重要属具,主要用于各种建筑物的拆除、破碎。其重要参数包括所适用的挖掘机、开启度、长宽尺寸、输出动力等。

16. 粉碎铲斗

粉碎铲斗如图6-75所示,是挖掘机的一个重要属具,能够掘起原材料就地粉碎,适用于拆除作业、建筑作业、挖掘产品处理、土木工程、道路作业、采矿、疏浚、岩石作业等。其重要参数包括建议挖掘机质量、体积等。

图6-75 粉碎铲斗

七、保障车辆类

保障车辆是指在道路应急抢通工作过程中,能够实现某项功能,为应急抢通工作顺利进行提供工作保障的车辆类装备,包括淋浴车、通信车、牵引车、洒水车、油罐车、运兵车、平板运输车、炊事车、宿营车、救护车、小型客货车、除雪车等。

1. 淋浴车

淋浴车如图6-76所示,是供遭受严重放射性沾染和经消毒后的人员进行全部洗消和卫生处理的一种军用技术车辆。车厢分设脱衣间、淋浴间、穿衣间及动力间。淋浴车的主要设备包括热水锅炉、水泵、发电机组、淋浴设备、暖风机及其他附属设备。其重要参数包括外形尺寸、水箱储水量(按可供沐浴人数确定)。

图6-76 淋浴车

2. 通信车

通信车如图 6-77 所示,是装有通信设备,用于保障通信联络的专用车辆,与固定指挥中心构成了应急机动指挥通信系统。应急机动指挥通信系统是一个快速反应的通信系统与信息系统有机集成的平台,能综合各种应急服务资源,统一指挥,联合行动,为公民提供快速、及时的应急救助服务,为社会公共安全提供强有力的保障。其重要参数包括外形尺寸和通信能力。

图 6-77 通信车

3. 牵引车

牵引车就是车头和车厢之间是用工具牵引的一般的大型货车或半挂车,也就是该车车头可以脱离原来的车厢而牵引其他的车厢,而车厢也可以脱离原车头被其他的车头所牵引。前面有驱动能力的车头叫牵引车,如图 6-78 所示,后

图 6-78 牵引车

面没有牵引驱动能力的车叫挂车,挂车是被牵引车拖着走的。牵引车和挂车的连接方式有两种:第一种是挂车的前面一半搭在牵引车后段上面的牵引鞍座上,牵引车后桥承受挂车的一部分质量,这就是半挂;第二种是挂车的前端连在牵引车的后端,牵引车只提供向前的拉力,拖着挂车走,但不承受挂车厢下的质量,这就是全挂。其重要参数包括总质量和外形尺寸。

4. 洒水车

洒水车又称为喷洒车、多功能洒水车、园林绿化洒水车、水罐车、运水车,如图 6-79 所示,适用于各种路面冲洗,树木、绿化带、草坪绿化,道路、厂矿企业施工建设,高空建筑冲洗。洒水车具有洒水、压尘、高位喷洒、低位喷洒、农药喷洒、护栏冲洗等功能,还具有运水、排水、应急消防等功能。其重要参数包括罐体有效容积、外形尺寸、额定载重质量等。

图 6-79 洒水车

5. 油罐车

油罐车又称流动加油车、电脑税控加油车、引油槽车、装油车、运油车、拉油车、石油运输车、食用油运输车,如图 6-80 所示,主要用作石油的衍生品(汽油、柴油、原油、润滑油及煤焦油等油品)的运输和储藏。

图 6-80 油罐车

油罐车根据不同的用途和使用环境有多种加油或运油功能,且具有吸油、泵油,多种油分装、分放等功能。油罐车由专用汽车底盘及上装部分组成。上装部分由罐体、取力器、传动轴、齿轮油泵、管网系统等部件组成。管网系统由油泵、三通四位球阀、双向球阀、滤网、管道组成。其重要参数包括罐体有效容积、外形尺寸、额定载重质量等。

6. 运兵车

运兵车如图 6-81 所示,主要用于临时输送处置突发事件的人员。其重要参数为额定载客数、外形尺寸、车厢内部尺寸等。

图 6-81 运兵车

7. 平板运输车

平板运输车又称工程机械运输车、平板车、低平板运输车,如图 6-82 所示,

图 6-82 平板运输车

主要用于运输一些像挖掘机、装载机、收割机一样的不可拆卸物体,以及无法行动的事故车辆等。其重要参数为总质量与外形尺寸。

八、除雪机械类

1. 除雪车

除雪车如图 6-83 所示,主要用于清除道路上的冰雪,通常使用自动倾卸卡车作为基础,外加装专门除雪设备,如前置除雪铲、侧置除雪铲、除冰铲、融雪剂撒布机、前置滚刷等。而不少政府机构也会使用较小型的车辆来清除人行道、小路与自行车道上的积雪。温带或是极地区域负责道路维护的管理机构和承包商往往拥有

图 6-83 除雪车

若干除雪车,这样可以在冬季期间使用它们来确保道路上冰雪的清除以及行车的安全。其重要参数为外形尺寸、总质量、前伸长度、后伸长度。

2. ZCXS-3A 型全液压路面随形破冰除雪机

ZCXS-3A 型全液压路面随形破冰除雪机如图 6-84 所示,是一种与装载机挂装,集破碎、收集、侧排三种功能于一体的清冰雪设备。其特点如下:

图 6-84 ZCXS-3A 型全液压路面随形破冰除雪机

(1) 破冰系统分为 8 组破冰轮,每组破冰轮独立浮动,被动切削,可随路面凹凸仿形,具有不伤害路面和破碎冰雪覆盖率高的优点;

(2) 收集铲分为 6 组,也可独立浮动、仿形,收集洁净度高;

(3) 破冰刀齿采用高强度合金材料,经特殊热处理,可实现耐磨、耐低温、防脆裂、抗冲击的目的;

(4) 经过多次优化设计和改进使设备有很高的工作可靠性和很长的使用寿命;

(5) 作业速度快、效率高,每小时可作业面积 6 万 m^2 以上。

其重要参数为设备作业宽度、作业效率、破碎能力。

3. 抛雪机(车载抛雪机)

抛雪机(图 6-85)是一种抛雪设备,由装载机加装抛筒等设备改装而成,将雪转入装载机的绞龙,抛雪机通过抛筒可将雪抛到较远的地方,其广泛用于中雪积雪后的道路清扫。滑移装载机和装载机均可改装。高流量配置的滑移装载机可改装为高流量抛雪机。

图 6-85 抛雪机

一般抛雪机采用车载式进行作业,车载抛雪机(图6-86)集推雪、扬雪功能于一体,具有压实雪块破碎功能,使用范围广,除雪能力强。

图6-86　车载抛雪机

九、新型救援机械类

新型救援机械是指近年来面对道路抢通实战需求,将传统机械装备制造技术与信息化技术相结合,由各厂家自主研发的功能更为强大的新型救援机械装备。

1. 全地形履带式抢险救援工程车

詹阳动力全地形履带式抢险救援工程车如图6-87所示,可在野外进行车

图6-87　詹阳动力全地形履带式抢险救援工程车

辆救援、物资吊装、野外维修等作业。特别适合在山地、雪地、草场、沙漠、河流、河滩、沼泽等各类复杂地形环境下执行抢修和保障任务。车上主要配置了随车吊、发电机组、气动力源、绞盘、伸缩桅杆照明灯等设备。其重要参数包括满载重质量、最高行驶速度、起吊能力、续航能力等。

2. 八达重工 BDYJ42LL 型双臂轮履复合式救援机器人

八达重工 BDYJ42LL 型双臂轮履复合式救援机器人如图 6-88 所示,由江苏八达重工机械有限公司研发,模仿了人体双臂的协作原理,具备双臂分别操作功能,能够在坍塌废墟中进行剪切、破碎、切割、扩张等 10 项抢险任务作业,实现了车轮、履带复合切换行驶以及油、电双动力驱动双臂,可在一定范围内实现遥控操作,还可拓展生命探测功能、图像传输功能等,适用于抢险救援中的道路清障等作业,是当今世界最大的智能化多功能重型机器人。

图 6-88 八达重工 BDYJ42LL 型双臂轮履复合式救援机器人

该救援机器人共设计了 26 个控制自由度(图 6-89),在救援作业过程中,具有精细化作业程度高以及地面适应能力强等特点,设计中攻克了包括复杂工作臂协调操控、轮履复合式行走驱动,以及两轮驱动与转向、四转驱动与转向、四转蟹形驱动与转向等控制模式的技术难题。

其驱动控制形式采用基于电液比例负载敏感阀后补偿技术的双泵双回路交叉功率控制系统,包括采用四组负载敏感阀后补偿多路阀来控制多达 31 个液压执行器的模式。其中轮履复合式行走驱动回路采用了数字化控制、带高度调节与负载保持的数字式液压悬架、复杂液压管路数字化设计、双臂协调的数字化操控界面以及基于主从控制的上车回转、机械臂遥操作方法等若干关键技术,解决了狭小空间下复杂液压系统设计、轮履复合式行走驱动以及双臂多自由度系统协调操控等核心难题,实现了双臂共 14 个自由度工作机构的精细平稳操控和轮履复合式行走机构的高效可靠传动。

图 6-89 救援机器人 26 个控制自由度示意图

3. 智能挖掘机（无人驾驶挖掘机）

智能挖掘机（图 6-90）配有无线遥控装置、视频监控装置，设有单独遥控操作驾驶室，可坐在遥控操作驾驶室操作，也可用操作台操作，适用于地震、洪涝、泥石流等重大自然灾害的抢险救援，以及高温、冷冻、高海拔、强腐蚀性等危害人体健康的场所作业。其重要参数包括最大遥控距离、最大挖掘半径、爬坡能力等。

图 6-90 智能挖掘机

在智能产品中除了挖掘机以外，用于高危场合的智能推土机（图 6-91）、智能装载机等也均已面世。其主要工作原理以及技术优势与智能挖掘机相仿，故不再一一列出，且都是在现有的土石方机械产品上改装而成的，主要生产厂家包括徐州工程机械集团有限公司、广西柳工机械股份有限公司、三一集团有限公司、厦门厦工机械股份有限公司等。

4. 滑移装载机

滑移装载机亦称滑移式装载机、多功能工程车、多功能工程机,如图 6-92 所示,其所采用的专用轮式底盘设备利用两侧车轮线速度差实现车辆的转向。它主要用于作业场地狭小、地面起伏不平、作业内容变换频繁的场合,适用于基础设施建设、工业应用、码头装卸、市区街道、住宅、谷仓、畜舍、机场跑道等场地环境复杂的应急救援展开,同时还可作为大型救援机械的辅助设备。

图 6-91　智能推土机

图 6-92　滑移装载机

滑移装载机的配套属具有装载斗、货叉、除雪机等,能够通过更换属具,完成快速清理灌木丛、除雪、装载等作业,适用于灾害中的抢险救援和开辟临时指挥所场地等,可以在 8 min 清除 10～12 cm 树径的树林面积 25 m²。国内主要生产厂家包括中国龙工控股有限公司、广西柳工机械股份有限公司等。

5. 远程控制子母式排水抢险车

远程控制子母式排水抢险车(图 6-93)适用于无固定泵站及无电源地区排水,城市道路、公路隧道排水,抽排清理污染水面,消防应急防洪抢险,淹没地区排水,江河湖泊、水库、海洋水环境治理,农业抗旱供水、临时调水,尤其适用于城市内涝排水作业。

图 6-93 远程控制子母式排水抢险车

远程控制子母式大流量排水抢险车采用全液压驱动(无用电安全隐患),由子母车组成,母车既为子车承载车辆,又为其提供动力,子车负责前往现场排水作业。子车是一台完整的排水泵站,主要由橡胶履带底盘、液压驱动水泵、泵站液压系统及液压管路、控制系统等组成,通过外接油管接口与动力集装箱对接组成一个移动泵站系统。子车通过电缆(DC24V,用于给控制系统供电,电流小于 10 A)与动力集装箱连接,利用无线遥控器将子车开至排水点,连接排水软管,进行排水,除接线、接水管外整个过程均由机械装置完成,无须其他人工操作。子车按照 IP66 防护等级设计,可保证使用的安全性,是一款可远距离遥控操作,适用于地下车库、地铁站、狭小道路、涵洞隧道、水库排险等低矮环境的应急排水装备。

根据配备的吸水泵的不同,其流量可分内 1 000 m³/h、1 500 m³/h、3 000 m³/h(分别配备"龙吸水"1 000、"龙吸水"1 500、"龙吸水"3 000 水泵),相对应的扬程分别为 22 m、17 m、15 m。主要生产厂家为福建侨龙应急装备有限公司。

6. 垂直供排水抢险车

垂直供排水抢险车(图 6-94)采用全液压驱动,流量较大,可垂直作业,其专用装置主要有液压水泵、作业平台、控制系统。侧、后防护装置均采用整体连接的裙边结构,侧防护装置下边缘离地高度为 430 mm,后防护装置下边缘离地高度为 500 mm。垂直供排水抢险车适用于河道治理、立交桥、隧道、水坝、城市倒灌排水,其流量为 3 000 m³/h,扬程为 15 m。

图 6-94　垂直供排水抢险车

其主要构成为二类底盘(6×4)、高压油泵、轴流泵、平移装置、转盘、举升装置、滑动装置、伸缩管、支撑架、液压支腿、口径为 300 mm 的聚氨酯水带 120 m 及相应快速接头、液压绞盘收放系统、全液压控制系统(电子模块按键操作)。

7. 轮式高速多功能装载机

轮式高速多功能装载机(图 6-95)具有很强的综合工程保障能力,通过快速转换接头,可迅速配装多种液压辅助工具,实现挖掘、装载、推土、钻孔、破碎、起吊等作业,还可牵引 8 t 平板车,充当运输车辆等,适用于抢险救灾、土石方挖掘作业。主要生产厂家为贵州詹阳动力重工有限公司。

其重要参数为最大爬坡能力、最大涉水深度、最大挖掘高度、最大卸载高度、最大挖掘深度、最大挖掘半径。

图 6-95　轮式高速多功能装载机

8. 应急抢险作业车

应急抢险作业车是一种新型救灾抢险作业装备。它采用 EQ2102N 型越野二类底盘,抢险设备、工具按照功能不同,分别集中存放在车厢内部货架上,车厢尾部安装液压尾板,便于车内较重设备装卸作业。

其内部配备的救援器材主要有:

液压破碎镐:压强范围为 10.4～14 MPa;冲击频率为 1 300～1 800/min;最大强度为 1.7 MPa。

渣浆泵:型号为 TPO3;泵送输出流量为 1 688 L/min。

液压圆盘切割锯:14 英寸直径的砂轮锯片或金刚石锯片。

手持镐:型号为 CH15;镐钎尺寸为 580 六方椭圆领钢镐钎。

液压扩张器:型号为 KZQ120/42-A;最大扩张距离≥600 mm;额定扩张力为 42 kN。

液压多功能钳:剪刀端部开口距离≥360 mm;最大间断能力为(Q235 材料)15 mm(钢板)、ϕ28 mm(圆钢);额定扩张力≥35 kN。

液压救援顶杆:最大撑顶力≥120 kN;作业覆盖范围为 475～745 mm。

氧气乙炔焊割机:钢板焊接厚度为 0.2～1.2 mm;钢板切割厚度≤2 mm。

发电机:额定电压为 230 V;额定频率为 50 Hz;额定电流为 21.7 A;额定输出功率为 5.0 kW;最大输出功率为 5.5 kW。

生命探测仪:推索最大长度为 30 m;信号发生器频率为 512 Hz。

9. 轻型高机动抢险破障车

轻型高机动抢险破障车(图 6-96)采用机动性较高、越野性较强的猛士非承载式单排 6×4 二类底盘,集推土、夯实、吊装、剪切、挖掘破拆功能于一体,可

图 6-96　轻型高机动抢险破障车

快速更换工作装置,在道路损毁或非道路行进时,可快速开辟通道,实现救援车队紧急通行。其重要参数为最大挖掘半径、铲刀容量、剪切力。

10. 蟒式全地形双节履带车

蟒式全地形双节履带车由哈尔滨第一机械集团有限公司研发,其最大的特点是在风、沙、雨、雪等极其恶劣的气候条件下,在没有任何道路的情况下,自由穿行于水上、雪地、沙漠、沼泽、丘陵、森林、海岸和湖泊等地带,完成抢险、运输、消防、医疗救护、工程作业、通信指挥等任务。

蟒式全地形双节履带车的双节车都具有驱动能力,使其在恶劣路面具有极强的机动性与通过性;该车有较宽的四条履带,使其有较小的接地比压;针对沼泽泥地、雪地、沙漠、河流等地理环境设计的特殊结构的履带板,使其能够自由穿梭行走于上述区域;该车独特的铰接机构可使双节车实现俯仰、蛇形扭动等动作,提高其跨壕沟、越障等越野能力,使其灵活地通过车和船都无法通过的泥泞区域,可自由从水中爬到岸上。

第四节 装备维护及保养

装备维护及保养是指为使道路应急抢通装备在规定的使用期限内保持完好的状态,能够随时用于任务而采取的技术保障措施。装备的维护保养是装备在使用过程中自身运动的客观要求,这是由于装备的运动、磨损、内部应力等引起的物理、化学变化,必然会使装备的技术状况发生不断变化,不可避免地出现摩擦、零件松动等现象。做好装备的维护保养工作,及时地检查改善设备的使用情况,及时地处理装备运转中由于技术的变化而引起的大量常见问题,能防患于未然,消除不应有的摩擦和损坏延长装备的使用寿命。装备自然寿命的长短,在很大程度上取决于维护保养工作的好坏。

装备的维护保养是通过擦拭、清扫、润滑、调整等一般方法对装备进行护理,保持装备清洁、整齐、润滑良好、安全运行,包括及时紧固松动的紧固件,调整活动部分的间隙等,以维持和保护装备的性能和技术状况。简而言之,即"清洁、润滑、紧固、调整、防腐"十字作业法。装备维护保养的要求主要有四项:

(1) 清洁:装备内外整洁,各滑动面、丝杠、齿条、齿轮箱、油孔等处无油污,各部位不漏油、不漏气,设备周围的切屑、杂物、脏物要清扫干净。

(2) 整齐:工具、附件、工件(产品)要放置整齐,管道、线路要有条理。

(3) 润滑良好:按时加油或换油,不断油,无干摩现象,油压正常,油标明亮,油路畅通,油质符合要求,油枪、油杯、油毡清洁。

(4) 安全：遵守安全操作规程，不超负荷使用装备，装备的安全防护装置齐全可靠，及时消除不安全因素。

装备的维护保养内容一般包括日常维护、定期维护、定期检查和精度检查，设备润滑和冷却系统维护也是装备维护保养的一个重要内容。装备的日常维护保养是装备维护的基础工作，必须做到制度化和规范化。装备定期检查是一种有计划的预防性检查，检查的方式除人的感官以外，还要有一定的检查工具和仪器，按定期检查卡执行，因此定期检查又称为定期点检。对机械设备还应进行精度检查，以确定设备实际精度的优劣程度。设备维护应按维护规程进行。设备维护规程是对设备日常维护方面的要求和规定，坚持执行设备维护规程，可以延长设备使用寿命，保证安全、舒适的工作环境。

装备的维护保养工作根据装备的复杂程度和使用、封存、保管、季节更换等具体情况，分为定期维护保养和不定期维护保养。根据工作量大小和难易程度，分为日常保养、一级保养和二级保养，亦称为"三级保养制"。

(1) 日常保养

日常保养是每天必须进行的设备保养工作，其内容包括：清扫、加油、调整、更换个别零件、检查润滑、检查安全以及损伤等。日常保养配合日常点检进行，是一种不单独占据工时的设备保养方式。

(2) 一级保养

一级保养是一种以定期检查为主，辅以维护性检修的间接预防性维修形式。其主要工作内容是：检查、清扫、调整各设备的零部件；检查污水泵的叶轮、密封性，检查离心泵的叶轮、密封、注油；检查配电柜线路、除尘、紧固；发现故障隐患和异常，要予以排除，并排除泄漏现象等。设备经一级保养后要求达到：外观清洁、明亮；无尘土；操作灵活，运转正常；安全防护、指示仪表齐全、可靠。保养人员应将保养的主要内容、保养过程中发现和排除的隐患、试运转结果、运行性能，以及存在的问题做好记录。一级保养以操作工为主，专业维修人员配合并指导。

(3) 二级保养

二级保养是一种以维持设备的技术状况为主的检修形式，主要针对设备易损零部件的磨损与损坏进行修复或更换。二级保养除要完成一级保养的全部工作外，还要清洗润滑部位，结合换油周期检查润滑油质，进行清洗换油，检查设备的动态技术状况与主要精度（噪音、震动、温升、表面粗糙度等），更换或修复零部件，清洗或更换电机轴承，测量绝缘电阻等。经二级保养后要求精度和性能达到工艺要求，无漏油、漏气、漏电现象，声响、震动、压力、温升等符合标准。二级保养前后应对设备进行动、静技术状况测定，并认真做好保养记录。二级保养以专业维修人员为主，操作工为辅。

第七章　道路应急抢通处置技术

根据陆面道路、桥梁、隧道等不同道路应急抢通场景的主要受损模式和破坏类型,本章对其应急抢通处置的基本操作技术进行介绍。

第一节　陆面道路抢通抢建处置技术

一、路基抢通

1. 路基沉陷处置

路基沉陷根据其对路基及边坡稳定性影响的严重程度,可采取以下几种处理方案:

（1）机械回填

机械回填适用于沉陷对路基整体稳定性影响相对较轻的路段。采用路基土石方机械对沉陷路段进行回填、整平、压实。有条件的可以装运透水性好的砂石料或级配碎石料进行回填,标准是路面不出现陡坎。取料不易或时间紧迫时,用挖掘机先将沉陷交接处的陡坎进行挖除,或在陡坎附近形成斜面过渡。

机械回填要求在处理路段安装限速警示标识牌,并采取交通管制措施,未来得及处理而通行的路段,可以用石块顺着裂缝间隙防护和标识。在雨季时,必须对裂缝进填塞处理,并利用路拱坡度排引地表水。

（2）路基拓宽

路基拓宽适用于半填半挖路基纵向沉陷开裂,沉陷部分稳定性不足的路段。采用路基土石方机械挖除部分上边坡,对路基进行拓宽。安装限速警示标识牌,并采取交通管制措施。

路基回填注意事项:当回填后路基承载力不能满足要求时,可使用两层木板（或钢板）夹树干（或粗壮树枝）形成简易路面进行减压处理,针对在车辆行驶过程中出现的路基较大沉降情况,可采用加铺树干等处理措施。

（3）注浆加固

注浆加固适用于裂缝已贯通形成圈椅状，错台高度大、边坡稳定性不足的路段，通常采用路基土石方机械挖除路基错台，并进行整平、压实。临时通车后，再对严重开裂范围进行注浆加固处理。

2. 路基坍塌处置

路基坍塌根据坍塌程度及规模、现场条件可采取以下处治措施。通车后应监测路基稳定性，随时采取放缓边坡或坡面稳定加固措施。

（1）填筑法

① 全部填土

全部填土适用于坍塌体工程量不大、取土方便，现场人力、机械充足的情况。按原状修复，填土分层摊铺整平压实，紧急情况下可缩小路基宽度、加陡边坡。

② 拦边填土

拦边填土适用于坍塌体工程量大或取土困难的情况。使用各种就便材料或备置材料拦边构筑路基边坡，同时在其内填土，缩小路基宽度、加大边坡的坡率，以减少回填土石方数量，争取抢通时间。

（2）降坡填土法

若坍塌路段较长，且取土修复困难，可先将未坍塌路段的路基逐渐降低至坍塌部分，以凹形竖曲线的形式衔接，再对新的路基进行整平压实完成修复。在爬坡段采取撒铺碎石、加铺捆扎圆木等措施，以提高地面承载力和抗滑能力，改善通行条件。

（3）挖填结合法

挖填结合法适用于时间紧，滑坡崩塌地段和傍山地段内侧堑坡及其防护加固工程严重破坏，滑移侵入限界，有相应的拨道位置等情况，即向路基内侧（或靠山侧）拓宽路基，达到单车通行宽度，可采取的拓宽路基方法如下：

① 填平靠山侧边沟作为部分路基宽度，为不影响边沟正常排水功能，填筑前可在边沟底铺设排水管道。

② 清理靠山侧坍塌土石。若仍不能满足单车通行宽度，则对内侧边坡进行开挖。土质边坡使用机械开挖，石质边坡采用爆破法快速开挖，时间较为充足时可采用无声破碎剂 SCA（又称膨胀剂、静态爆破剂、破石剂），这种方法具有安全、环保的优点，且破碎效果稳定，一般可使被破碎物在 $0.5 \sim 24$ h 以内发生破碎（反应时间可控）。开挖的土石方使用机械配合人工清理至下边坡。

改移路线后，路面上应设置警示标志，防止车辆越界行驶。

（4）半边桥法

半边桥法适用于路基填方一侧坍塌，且坍塌面积大（路面宽度一半以上坍塌),不能满足单车通行的情况,常见于半填半挖路基,此时因坍塌部分位于陡峭横坡上不易填筑,可采用半边桥法。其方法是:沿坍塌路段长度方向密排工字钢,其上再铺设钢板构成临时路面。

(5)"321"轻型钢桥法

"321"轻型钢桥法适用于坍塌路段较短(30 m 以内)的情况,可架设"321"轻型钢桥跨越通过。

3. 道路掩埋阻塞抢通

道路被掩埋后,可采用以下几种抢通措施:

(1)机械清除

当阻塞物方量不大,且清挖后不会导致滑塌物进一步下滑时,可采用工程机械全部清除土石方。清挖常用机械为挖掘机、装载机、推土机、铲运机、挖掘装载机,清挖的阻塞物应就近弃堆,当掩埋阻塞路基下方有民居、河道或农田等不适宜就近弃土的情况时,可采用挖掘机、装载机配合自卸车进行远运弃土。

(2)爆破清除

当半填半挖路基上边坡为稳固的石质边坡,且下边坡允许爆破飞石时,可采取抛掷爆破将阻塞物抛掷到路基下边坡一侧,配合机械清理,达到通车目的。

(3)爬坡通行

当阻塞物方量巨大且滑坍体清挖后会引起上边坡进一步垮塌时,应对上边坡进行加固处理,然后采取机械清挖整平、路基处置等措施,使机械、车辆从阻塞物上通过,具体方法如下:

① 部分挖填

按照阻塞物的材质,分为以下几种情况:

a. 土方或不含大直径石块的石方掩埋阻塞

当阻塞物坡度小于 60°,长度为几百米至几千米时,采用"先打通重机路,后多点分段作业"的方法,用挖掘机挖出一条重机可通过的便道,1 台挖掘机和 1 台装载机或 2 台装载机为 1 组,多个工作面同时作业,这样可极大地发挥出每台设备的功力,缩短处理时间。

当阻塞物坡度大于 60°,采用同样的方法,不过机械均应采用挖掘机。由于坡度较陡,堆积的厚度也较大,采用挖掘机爬到离原路面 5 m 位置开挖,挖掘机工作臂尽量伸长,从远端向近端挖,每台挖掘机间隔距离不小于 10 m,当挖掘机清出重机路后,装载机可进行协助作业,向前推进。

重机路便道纵向坡度可达 30°~40°,而后可进一步削顶形成缓坡以供其他轮式车辆通行,纵向坡度可达 15°~20°。待大规模抢险救灾物资设施通过或者生命抢救的黄金时间过后,再考虑用普通挖运设备清理阻塞物,恢复道路原有设计断面。

b. 巨石阻塞

当阻塞物方量巨大且含有较多大块岩石时,宜采用机械清理,同时沿崩塌体边缘进行回填,形成半挖半填便道。对必须移走的大石块,采用两台以上挖掘机协力作业进行移除,不能移除的巨石应进行破碎处理。

c. 雪崩掩埋阻塞

积雪是形成雪崩的物质基础。雪崩一般发生在高寒山区,具有突发性、区域性的特征。雪崩一般发生在山坡坡度在 30°以上、山坡积雪超过 30 cm 的岩石坡面,可能导致道路断通、森林摧毁、河道堵截、人员伤亡等灾害。

道路抢通前,对抢险路段进行调查,如雪崩有可能再次发生,应对其进行处理。一般采取人工引发雪崩的方法,采用炮击悬挂雪檐和积雪盆中较厚的雪层,人为引起小型雪崩,以避免大雪崩的发生,提前消除道路抢通作业中的危险因素。

危险因素消除后,应首先使用装载机、推土机、挖掘机及自卸车等机械、车辆进行堆积雪的清理,先清理出可供单车通行的车道,随后再进行拓宽。待雪崩堆积区清理结束后采用推土机、平地机或除雪车等进一步清理。清理结束后可在路面上撒布融雪剂及防滑煤渣等,保证通行车辆安全。

② 机械整平

当阻塞物方量巨大且较平缓时,应采用机械整平,整平机械应采用推土机、装载机、挖掘机、平地机,整平后采用现场机械对其进行碾压。

③ 路基表面处置

当路基进行挖填及整平后,如无法满足车辆通行要求,还应进行路基表面处置,以满足车辆通行要求。其处置措施如下:

a. 土方路基可采用泥结碎石、石灰稳定土、水泥稳定土等措施。

b. 石方路基可采用泥结碎石路面、混凝土表面处置、灌浆处理等措施。

c. 大型泥石流除采取以上措施外,还可采用抛石处理、换填石渣、泥石流体表面快速固化等措施。大型泥石流抢通时应保证泥石流体区域内排水通畅,可挖设排水沟,埋设圆管、波纹管等。

d. 如整平后路基石块较大且嵌缝料较少时,应采用碎石或土壤进行填隙,并进行整平、碾压。

e. 就近取材,采用秸秆、树枝、煤渣、建筑垃圾等铺设在沉陷或泥泞路段,保证车辆顺利通行。

f. 采用木板、铁皮、钢板、路基箱、机械化路面等铺筑临时路面,达到车辆通行的目的。

(4) 改线

当路基发生大面积滑坡、泥石流、崩塌,或者桥梁、隧道坍塌,且难以在短时间内抢通时,可改线绕行。

① 选线原则

道路选线应视灾害分布范围、作战任务、地形地质等因素综合而定。在路线各个控制点附近的较大区域内,结合当地情况确定路线的方向和基本位置。

为降低工程投入,选线时还应力求做到:充分利用原有道路,尽量减少桥涵数,避免高填深挖,就地取材筑路,尽量少占用耕地,避开重要建筑物。

② 战时选线

a. 选线应符合作战意图。路线应力求短捷,便于机动,兼顾考虑平时和战时。

b. 力避敌人破坏。路线应力求隐蔽,易于伪装。

c. 便于疏散和利于防护。路线应尽量避开居民地、城镇及隘口、水库堤坝等。

d. 合理布置路线,控制好建设规模。

③ 山地选线

山地道路,按照路线所处位置的地形特征,通常分为沿河(溪)线、越岭线、山坡(腰)线、山脊线四种线形。

a. 沿河线。沿河线是沿河谷岸边布设的路线。其特点是:纵坡较缓,路线隐蔽,易于伪装,沿线有丰富的砂、石和水源可供利用,但路线弯曲,桥涵多,易受洪水威胁。沿河线选线要综合考虑河岸选择、桥位选择以及线位高度三个要点。

b. 越岭线。越岭线是翻越山岭的路线。其特点是:路线克服的高差大,纵坡陡,往往需要"之"字形展线,路线迂回曲折。选择越岭线应重点控制纵坡,着重解决垭口的选择和垭口两侧路线的布设。

c. 山坡线。沿山坡布设的路线称为山坡线。其特点是:线位高,受洪水威胁少,一般纵坡较大,路基边坡较陡,易产生坍塌,防护工程多。山坡线往往是越岭线的一段,或是沿河线为绕避障碍升高线位的一段。在选择山坡线时,应与选择越岭线或沿河线综合考虑。

d. 山脊线。沿山脊布设的路线称为山脊线。其特点是:路基边坡不陡,排水良好,工程量较小,水文和地质条件较好,桥涵构造物少,线形多起伏、曲折,路线暴露,不易隐蔽和伪装,空袭目标明显。选择山脊线,重点是选择好垭口和侧坡。

④ 道路线形要求

应急道路选线时应主要考虑道路纵坡、坡长、曲线半径等因素，以确保车辆行驶安全，并为应急道路在以后的改建过程中打下技术基础。

4. 涉水路段抢通

涉水路段的抢通应"以疏为主，疏堵结合"。当涉水路段较长时，在制式桥梁数量足够的前提下，优先采用桥梁进行跨越以达到快速通车的目的。涉水路段的抢通按水流流速、流水面高程的不同，可采取的抢通措施包括防护加固法、疏导法、透水路堤法、桥梁法。

（1）防护加固法。涉水路段抢通时，抛石、石笼防护可设置于进水侧桥台锥坡位置，防止泥石流、水流等冲刷破坏路基。通常可直接抛石进行防护，缺少大石块时，也可把混凝土预制块作为抛投材料，采用卡车和推土机由陆上直接抛填。当水流较急、水深较大时可直接现场焊制钢筋笼填装石块，机械配合进行抛填。

（2）疏导法。当采用桥梁或管涵跨越时，可在泥石流或水流上游适当位置设置若干简易导流坝，控制流动方向，迫使其从桥孔下通过。简易导流坝可采用木排桩或钢筋石笼导流坝等形式。同时，在进水侧桥台锥坡位置采取冲刷防护（草袋、石笼等）；当制式桥梁数量不足必须采用多孔进行跨越时，应采取防撞措施对临时墩或基础进行保护（石笼、捆绑圆木等）。具体步骤为：

① 在坍塌缺口处设置简易导流坝，防止水流继续冲刷路基导致坍塌情况进一步恶化；

② 在路基坍塌缺口处埋设圆管，利用袋装（砂砾）土进行回填压实；

③ 在回填土顶层铺满钢板（材料不足条件下也可选择束柴路面）以提高通行能力。

简易导流坝应选择木笼围堰（或草木围堰）导流坝或者钢筋石笼导流坝。当水流流速较缓，对河岸或临时路基的冲刷作用较弱时，可不设置简易导流坝。

圆管在安装前先利用袋装（砂砾）土对基础进行回填整平，整平可采用相对高差法进行测量。

（3）透水路堤法

直接采用条石、块石等大体积材料填筑透水路堤（包括新建透水路堤及在原路基上加铺透水路堤层），并在透水路堤两侧安装醒目标志。

（4）桥梁法

桥梁法即架设桥梁通过。具体架设条件、方法及要求参考桥梁抢修相关内容。

5.巨石、危石破碎及松散堆积体爆破处理

道路抢通过程中,往往会遇到巨石及其松散堆积体阻塞道路,边坡危石造成安全威胁等情况。下面专门对这种情况下的爆破处理进行介绍。

(1) 巨石处理

巨石阻断道路的情况可采用天然巨石爆破法、大块岩石爆破法、松动爆破法、非炸药安全破碎器法、静态破碎法、机械破碎法、单兵火炮打击法等进行处理。

① 天然巨石爆破法

天然巨石爆破法适用于爆破未经破碎的天然巨石。

② 大块岩石爆破法

大块岩石爆破是指对爆破产生的过大石块进行再次破碎的爆破,所以又称为"二次破碎"。当巨石体积较大,一次爆破未完全破碎时,可以采用大块岩石爆破法进行破碎。

③ 松动爆破法

松动爆破是指只对大块孤石进行松动爆破,并采取一定措施尽量减少对周边被保护物破坏的控制爆破。岩石劈裂机仅对 10 m^3 以下较小孤石具有较好效果,对特大孤石无法处理。因此,对大块孤石需采用控制松动爆破方式。

控制松动爆破方式要求严格控制一次起爆药量、爆孔角度及方向,一般采用分段装药及不耦合装药等措施控制飞石距离,并通过减振孔、柔性垫层等减振措施降低爆破振动对被保护构造物的危害。其中钻孔机械及炸药在抢险中较为常见,主要通过技术控制可达到期望效果。其设计原则如下:

a. 分次爆破。观察孤石与周边受保护体的接触情况,之间是否有碎土、松动体还是直接接触,在设计一次性装药量时予以考虑,同时为减少振动对受保护体的损伤,必须多次爆破,以降低爆破振动。

b. 减振措施。首先可在孤石与受保护物接触部位以上与爆源中心之间采用手风钻打水平减振孔,减振孔可设置多排,梅花形布置,根据经验,这种减振措施可降低振动率50%左右。其次是尽量减少孤石与受保护物的接触面积,将其底部的小石块、石渣等掏除。最后在孔底预装空矿泉水瓶和采取间隔装药,延长爆破地震波的传播时间,降低质点爆破振动速度。

c. 控制飞石。首先是控制飞石方向,将飞石方向集中在受保护物的侧面,即爆破每一排孔的最小抵抗线方向应朝外侧安全空间。其次是加强堵塞,收集附近的黏土装填堵塞。

d. 严格爆破参数主要有：孔径、炸药单耗、装药直径、钻孔倾角、钻孔深度、钻孔间距、单孔装药量、堵塞长度、爆破网络等。

④ 非炸药安全破碎器法

非炸药安全破碎器是一种安全而独特的不依靠传统炸药或雷管的大块固体分离破碎工具，能够快速安全地对岩石、钢筋混凝土等进行分离破碎，具有外形小巧、性价比高、便于携带、操作简单、快速高效、使用安全、无须审批、不污染环境、可用于水下清障作业等诸多优点，能够在应急抢通中发挥独特的作用。

⑤ 静态破碎法

静态破碎又叫无声破碎或无振破碎，属于化学物理破碎法范畴。这种破碎法是在被破碎体（岩石或混凝土）上钻孔，将经过水处理的非爆炸性破碎剂填入孔中静置，随着水化反应的进行，膨胀与硬化同时发生，产生膨胀压力，对孔壁施压，使被破碎体开裂、破碎。从充填破碎剂到被破碎体开裂所需的时间，取决于破碎剂的性能，被破碎体的性质、温度和约束状况，以及钻孔参数，约需 $0.5\sim24\ h$。由于它所用的药剂化学反应慢、体积变化小，被破碎体破裂过程进行得平静且无声响，因此不产生振动、噪声、飞石和粉尘，又由于化学反应过程中不产生有害气体，因而是一种安全、无污染的破碎方法，应急抢通中适用于边坡不稳定地段、人口聚居地及其他不适宜采用传统爆破工艺的情况。静态破碎相比炸药爆破有低压、慢速、无公害、施工简便、安全可靠等优点。

⑥ 机械破碎法

应急抢通中在机械可到达的地点可采用机械破碎巨石的方法，具体破碎巨石的机械种类为：

a. 大型镐头机

可采用专用的大型镐头机，也可采用挖掘机将铲斗更换为液压锤进行破碎作业。

b. 液压劈裂机

液压劈裂机是根据岩石脆硬性特点，利用楔块原理设计的，在最狭窄的孔中向外能够释放出极大的分裂力的一种岩石开凿机具。其具体操作过程如下：在被分裂的物体上钻一个有特定直径和深度的孔，将液压劈裂机的楔块组（一个中间楔块和两个反向楔块）插入孔中，中间楔块通过液压压力的作用在两个反向楔块之间向前运动，由内向外释放出极大的能量，将被分裂的物体在几秒钟之内按预定方向裂开。

液压劈裂机利用液压油不可压缩及可流动性的物理特性，加以静态推力，实现静态可控性的工作。因此无须采取复杂的安全措施，不会像爆破和其他冲击性拆除、凿岩设备那样,产生安全隐患。液压劈裂机采用的人性化设计,具有体积小、质量轻、结构紧凑等优点,确保了其使用方法简单易学,仅需单人操作,在狭窄场地也可十分方便地进行拆除分裂,同时还可以在水下作业。

⑦ 单兵火炮打击法

巨石破碎可采用军队现有的可对岩石进行破碎的轻型武器,如采用便携式单兵火箭筒发射炮弹破碎岩石。在巨石所处位置机械难以到达、人工钻孔困难的情况下可采用此方法处理巨石。

(2) 危石处理

山区道路的应急抢通中往往伴随着各种安全隐患,地震诱发山体崩塌、滑坡最为常见,其次还伴随着山体崩塌不完全留有危岩体、边坡残留有悬石、崩塌区形成不同程度的裂缝等安全隐患。

这些安全隐患如不及时排除,势必对道路抢通人员和装备以及交通应急运输车辆造成严重威胁。对危岩体的处理有多种技术措施,如打抗滑桩、喷锚支护、砌体支撑、钢丝网固定、爆破处理等。由于受地质条件、地形地貌特征、道路抢通时间、应急交通运输等因素的制约,在道路抢通初期一般选择具有施工灵活、受自然条件约束较少、处理彻底等优点的爆破法对危岩体进行处理。其需要注意的问题及技术方案如下:

① 危岩爆破法需要考虑的问题

危岩爆破的目的是从根本上清除危险源,使边坡安全、稳定,在选择爆破法时要考虑以下几个因素:

a. 爆破成本

因为发生地质灾害的区域,一般交通都不方便,大型钻孔和清渣设备用不上,只能使用小型设备,因此爆破成本与一般爆破相比较高。

b. 抢通时间

生命救援的黄金时间是 72 h,道路抢通一般应在该时间段内完成,道路抢通时间越长,对灾区抢险救援工作的影响就越大,人员伤亡、财产损失就越大,因此危岩爆破处理的时间越短越好。

c. 作业安全

危岩爆破处理,安全是重中之重,要防止爆破产生的飞石、滚石安全问题,特别是要防止在施工过程中产生二次崩塌造成人员伤亡事故。因此,所采用的爆破施工技术方案必须经过科学论证。

d. 爆碴清理

由于多次爆破相对于一次爆破需要清理更多的爆碴,直接影响抢险进度,所以应尽量避免使用多次爆破。

e. 爆破形成新的不稳定体

爆破可能破坏母岩的稳定性，从而形成新的危岩体，因此必须对爆破的规模及处理的区域进行有效控制。

② 危岩爆破技术措施

对于应急抢通中的危石爆破处理，一般可采用裸露爆破、浅孔爆破、深孔爆破三种爆破技术方案。具体技术方案的拟制应根据处理区域的地形地貌、周围环境、危岩体的形成原因和现状、交通条件、所能采用的机械设备等因素而定。

a. 裸露爆破

当危岩体主要为悬石或体积不大且有多条裂缝的孤石时，不能进行钻孔爆破，因为凿岩机钻孔时产生的机械振动或施工人员的重力荷载都极有可能造成危岩体垮塌，这时可采用裸露爆破技术处理。裸露爆破技术操作简单、时间短、成本低，是目前处理边坡悬石和孤石的主要技术措施，包括药包直接接触危岩体爆破、危岩体支撑部分爆破、借助爆破振动效应三种具体爆破方法。

药包直接接触危岩体爆破是指施爆人员在确保安全的前提下，可以借助安全绳、竹竿、木棍等工具把已加工好的药包直接放在危岩体的表面（药包表面要有封泥）或把药包送到裂缝内（裂缝宽度应大于 15 cm），使炸药能量直接作用于危岩体致其破碎并垮塌。

危岩体支撑部分爆破是指在很多情况下，危岩体未垮塌或垮塌不完全，其主要原因就是底部有支撑岩体，这时把裸露药包放置在支撑体表面，通过破坏支撑体从而使危岩体失稳垮塌。

借助爆破振动效应是指当危岩体不大而通过种种努力又不能在其上面直接放置裸露药包时，可以在离危岩体最近处的硬质岩体上放置裸露药包，通过裸露药包爆破时产生的振动效应作用于危岩体使其垮塌。

b. 浅孔爆破

地质灾害造成边坡岩体拉伸、错位，从而在垮塌面形成多条横向或纵向裂缝进而形成危岩体，在雨水侵蚀、工程活动或余震等因素影响下，有可能造成新的危害。这种情况下，通常采用浅孔爆破技术自上而下把边坡修成台阶状或缓坡状。

钻孔时，应按照技术设计的坡顶线在稳定的母岩上施作。钻孔机械可采用手动凿岩机或小功率的风动凿岩机。采用浅孔爆破处理地质灾害一般不能一次爆破到位，需经过多个钻孔、爆破、清渣、修边循环作业，应精心组织，各工序紧密衔接。

c. 深孔爆破

当危岩体工程量巨大,垂直高度在 7~15 m、水平宽度在 3~10 m(过高或过宽会影响抛掷效果),且临空面较好,没有裂缝或裂缝发展缓慢时,只需将危岩体卸载就可以确保边坡稳定。如经过观察,危岩体在短期内不会崩塌且简易潜孔钻机可运送到工作面,这时可采用深孔爆破技术一次性处理危岩体,其优点是一次爆破至设计台阶面,可以减少作业循环次数,有利于抢险组织和安全管理。

(3) 松散堆积体爆破

当道路因自然灾害、战争等突发事件被掩埋时,一般情况下掩埋体组成物质比较松散破碎,实施爆破清障具有成孔难、不易形成爆轰作用等特点,同时考虑到堆积体周围地质地貌受地震作用已遭破坏,为了减小爆破冲击波的影响,减少对周边山体及边坡的扰动,需采用微振爆破方案。

① 松散介质的分类

由未经胶结的漂石、块石、卵石、碎石、砂和泥土等组成的堆积体,称为松散介质,如表 7-1 所示。

表 7-1 碎石土分类

土的名称	颗粒形状	颗粒级配
漂石	以圆形及亚圆形为主	粒径大于 200 mm 的颗粒,质量超过总质量的 50%
块石	以棱角形为主	
卵石	以圆形及亚圆形为主	粒径大于 20 mm 的颗粒,质量超过总质量的 50%
碎石	以棱角形为主	

② 松散介质中的成孔工艺

在这种松散破碎堆积体中成孔是爆破的基础,传统的凿岩机成孔工艺和方法有局限性。根据堆积体组成的不同,应采用以下几种成孔工艺和方法。

a. 振动成孔

振动成孔工艺适用于由松散小粒径且颗粒级配良好的卵石、碎石和砂、土组成的松散堆积体。该工艺原理是利用振动机械的强迫振动,激发松散颗粒发生共振,从而使其发生局部破坏,并利用振动装置产生的垂直定向振动及其自重对护壁套管加压使套管沉下去,达到成孔的目的。

b. 冲击成孔

对于卵砾石含量较高、粒径较大的松散堆积体,宜采用冲击成孔的工艺和技术。该工艺利用潜孔锤在套管上部的冲击和钻机自身对套管的静压,将护壁套管套入孔内,从而达到成孔的目的。根据具体的地质情况和孔径大小,可选取适当型号的钻机和潜孔锤。

c. 凿岩成孔

对于堆积体中存在的粒径很大的块石,可以采用凿岩成孔工艺。

③ 微振爆破控制技术

为减小爆破对周围环境的振动影响,避免因扰动而带来次生灾害,控制爆破振动速度,可采取以下方法。

a. 最大分段用药量

最大分段装药量按萨道夫斯基经验公式进行计算:

$$Q = R^3 \left(\frac{V}{K}\right)^{\frac{3}{a}}$$

式中,Q 表示最大一段装药量,R 表示爆心距,V 表示爆破安全振动速度值(微振爆破一般取 $V<3$ cm/s),K、a 表示与岩石性质、地质条件、爆破规模等综合因素有关的系数。

一般情况下,介质系数和振动衰减系数 K、a 的值应由现场爆破试验确定。如果没有相关的 K、a 的试验值,其取值按《爆破安全规程》(GB6722-2011)中的建议值选取。

b. 降低爆破振动措施

采用分部、分台阶开挖和多次装药的爆破技术,限制一次爆破的炸药用量,从而降低爆破振动速度。

采用能最大程度减振的掏槽眼布置形式,使掏槽区尽量靠近爆破区底部,以增大掏槽爆破时爆源至地表的距离,减轻掏槽爆破对周围环境的振动影响。

采用非电毫秒或数码雷管起爆,严格控制单段起爆的最大药量,避免产生振动叠加现象。必要时炮孔内采用间隔装药,中间用砂土或炮泥隔开,实行毫秒延时爆破。

在炮孔底设置一定高度的柔性垫层,如锯末、泡沫塑料、空气间隔等材料,利用其可压缩性及对空气冲击波的阻滞作用,以减小爆炸对孔底以下岩石的冲击破坏作用。

④ 松散堆积体爆破注意事项

a. 在交通完全中断、时间非常紧迫的情况下,无论是块石堆积体还是土质堆积体,都可以采用爆破的方法清除其堆积物,以达到快速抢通的目的。

b. 在块石堆积体中进行裸露接触药包设置时,能掏坑要尽量掏坑,即使是一个很小的坑,其效果都将大大改善。

c. 在块石堆积体中进行裸露接触爆破时,应当对药包进行覆盖,其爆破效果会更好。

d. 为了保证爆破效果和爆破网路本身的安全,同一网路不能分段。但若药量太大,则必须分多次起爆。

6. 沙害、冰雪灾害中的道路抢通

沙害及冰雪灾害的发生具有地域性、持续性、范围性等特点,灾害发生后导致交通完全中断或承运能力大大下降,危害人民群众生命财产安全。

(1) 沙害中的道路抢通

沙漠地区风沙对公路的危害有两种,即路基风蚀和沙埋。风沙侵蚀路基较为缓慢,在应急抢通中不予考虑。

沙埋即风沙掩埋道路。按积沙形式,可分为片状积沙、舌状积沙、堆状积沙三种类型。片状积沙的特点是积沙面积大、范围广,积沙成片相连;舌状积沙的掩埋地段不长,为数米至十几米;堆状积沙的成因是上风侧的阻沙栅栏被毁坏或被掩埋,其外的新月形沙丘或新月形沙丘链以沙丘移动的方式逐渐侵占公路。

沙埋路段的应急抢通分为机械清沙、铺设机械化路面、工程防沙三种方法。

① 机械清沙

机械清沙适用于积沙量大的堆状积沙,可采用的机械及清沙方法如下:

a. 沙漠公路清沙车清沙

沙漠公路清沙车的主要性能如下:连续工作时清除积沙能力超过 100 t/h;在沙漠公路上非作业时平均行驶速度达 50 km/h 以上;推沙铲下部装有两组刀片,其特殊结构可使清沙车在炎热的天气里进行作业,保证对路面无任何伤害;清沙车设有一套风力清沙装置,该装置能将路面残沙吹净,也可用来清扫路面。

b. 推土机清沙

将路面积沙推至公路下风侧 50～60 m 外摊平,同时修筑公路两侧 30～60 m 范围平整带。优点是清沙质量高,效果好,保持时间长,速度快,能及时保证公路畅通;缺点是履带式推土机会对路面造成破坏,不适宜上路行驶和作业,而且行进速度慢,不适宜远距离调动。

c. 装载机清沙

将路上积沙运至路基两侧 10～20 m 外摊平,优点是灵活、方便、效率高,能及时保障公路畅通,占用辅助工作时间短;缺点是清运范围较小,不适宜下路作业,特别是沙丘前移埋压公路时清沙效果较差,易造成"二次积沙"。

d. 平地机清沙

当埋沙厚度较薄时,宜采用平地机进行沿线清理;当沙埋厚度较厚时,可采用多台平地机梯队式作业,直至清理出原路面为止。选用平地机时,优先选用沙漠型平地机。如徐工集团生产的GR180H高原沙漠型平地机,采用高原沙漠型柴油机、优化冷却系统,具有低温启动能力,具备风沙防护技术,特别适合各种地域内沙埋地段抢通作业。

② 铺设机械化路面

采用机械化路面作为应急救援车辆的临时道路。铺筑机械化路面时,做好防护带设置,保证应急路面不被流沙掩埋,当使用轻质可卷式路面后,应做好其固定措施,防止大风导致路面移动。此方法适用于埋沙层较厚,机械清理较为困难,且起伏不大的沙害路段。

③ 工程防沙

应急抢通中为保证机械清沙成果,应在机械清沙后进一步防沙。

a. 化学固化剂固沙

可以用于公路沙害防治的新材料有土壤凝结剂、土工编织袋等。土壤凝结剂的使用方法有两种:一种是用凝结剂全面封固沙面;另一种是先将沙子堆成沙埂,再喷洒化学固化剂形成沙障。

固化剂固沙的方法是用刮耙把沙子筑成方格再喷洒固化剂,筑成沙子方格沙障。该方法不需要用大型机械,作业方便,在人力、物力等条件受限,调用修筑沙障材料困难的情况下,固化剂固沙法是一个比较理想的应急方法。

b. 袋装沙障防止公路被再次沙埋

沙袋沙障在公路沙害防治中有比较理想的效果,这种沙障的特点是见效快,原材料丰富,设置技术简单。本方法在应急抢通中机械、人工充足的情况下非常适用。

c. 土工方格沙障

土工方格沙障抗环境不利因素的作用强,可重复使用,而且安装方便、见效速度快,适合在逼近公路的沙丘上使用,并与其他应急抢通手段结合使用。

d. 土工尼龙网覆盖

土工尼龙网覆盖设置于防护体系中部或公路边坡,铺设方便、见效速度快,适合快速短期防止公路沙害。铺设土工尼龙网过程中应做好相应的固定措施,防止大风将其吹走。

(2) 冰雪灾害中的道路抢通

冰、雪导致道路断通的情况一般由冻雨或雪灾引起。应急抢通中一般采用机械清理、化学法清理或人工清理。

① 机械清理

机械清理冰雪是通过机械装置对道路积冰和压实雪直接作用,去除冰雪危害的一种方法。清除方式有很多种，可采用推土机、平地机、小型除雪车、装载机、推雪机、装雪机、融雪车、冰层处理车、雪帽处理车、扫雪车、压雪车、手扶式除雪车，适用于积雪路段长、人工除雪不能满足要求的情况。

不同情况下冰雪覆盖道路处理方法及采用的机械如下：

a. 除浮雪设备（快速除雪设备）

通常采用在卡车底盘上安装除雪铲，主要用于清除未经压实的浮雪，作业速度一般在 60~90 km/h，适用于大面积除雪作业，清理效率高，但不适宜清理厚重积雪。除一般浮雪也可采用推土机、除雪车、平地机、装载机等机械。

b. 除压实雪设备

应急抢通中采用平地机、除雪犁等清除已经被压实的道路积雪。平地机除雪适用于道路平缓的地区，主要用于压实雪的破碎及清理。履带式除雪犁可应用于地形起伏较大的路段。

c. 除厚雪设备

通常是在装载机上加装推雪铲和轮式推土机，主要用于清除较厚的积雪。常见的除厚雪设备还有抛雪器、雪犁等。

d. 吹雪设备

吹雪设备是利用高压气流将积雪吹向一侧的设备，常用的有吹雪机（又称抛掷式除雪机）、除雪车等机械。

e. 扫雪设备

扫雪设备利用滚刷或刮板刷将积雪清除，主要用于较薄积雪的清理。

② 化学法清理

化学法去除道路冰雪主要是用化学药剂来降低冰雪的熔点，并配合防滑物的撒布，以达到车辆安全通行的目的。其不仅使用方便，而且能防冻，但化学法易对路面造成侵蚀，所以在机械法可以使用的情况下，应避免使用化学法。

应急抢通中通常将散播器安装在卡车上作为撒布设备。散播器是一种散播盐水、固体盐和混合料的融雪装置。紧急情况下，也可采用洒水车洒布盐溶液消除路面积雪。

融雪材料的选择应优先考虑环境友好型融雪材料，以减少对道路、桥梁、植物及环境的破坏。环境友好型融雪材料应根据不同道路结构、不同气温条件选择相应型号，确保融雪材料能在应急抢通中发挥最大的作用。

在冰冻灾害严重且仍然持续降雪的情况下，应在道路上撒适量的防滑材料。防滑用的材料可根据所处区域就近取材，山砂、河砂、炉渣、矿渣、细小砾石或细小碎石均可作为防滑材料。防滑材料要运至已清除完成的路段进行撒布。

③ 人工清理

人工清理冰雪工作效率慢,一般在机械不足或不易清理的情况下采用,可采取以下方法:

a. 当积雪厚度小、路段短并且人力充足时,可采取人工清除积雪的方法进行应急抢通,配合扫帚、木刮板等简易除雪工具清扫积雪。

b. 当形成压实雪或路面有结冰时,人工清除时可采用镐铲、破冰锥等器械。

c. 采用人工撒布融雪剂消除路面冰雪。

④ 冰雪灾害中的应急抢通注意事项

a. 应急抢通过程中如遇连续降雪天气,应保证路面积雪清理完成后持续保持路面通行状况。当道路上的积雪厚度超过 5 cm 时,应立即进行扫除工作。

b. 积雪厚度在 20 cm 以下时,可用镐铲或刮板等简易除雪工具扫除。厚度在 20 cm 以上时,用扫雪机、平地机、推土机等机械予以清除。在机械缺乏时,可采用畜力拖带木质刮板代替,再辅以人工进行清除残雪。

c. 路上积雪清除后,宜将路基两侧积雪加以整理,使其表面堆成 1∶6~1∶8 的坡度。

d. 高速公路冰雪灾害的应急抢通应在桥梁、连续上下坡、急弯处重点防范,加强监测,增强安全措施。在冰雪灾害中,要力保车辆通行,尽可能减少封道或者不封道。在缺乏除冰设备的情况下,可用人力在桥面上根据需要间隔地选择多个破冰点,增加摩擦系数。也可用人工破冰铲出与车辆两轮同等宽度的辙道,引导车辆前行,能有效消除车辆因桥面结冰打滑而导致的交通堵塞。

e. 山区险峻路段积雪应及时清除,并在路基边缘设置简易视线诱导标志,以保证行车安全;高寒地区也可用积雪做成雪墙护栏,并设安全警示标志。路堑段积雪量过大时宜推至或运至路堑段以外,防止后续保通难以持续进行。

7. 路基抢修加固与防护

应急抢通中路基抢修加固与防护措施分为:挡土墙加固、新建挡土墙、路基加固、崩塌及危岩边坡防护、涉水路基防护等。

(1) 挡土墙加固

挡土墙的作用是支撑天然边坡或人工填土边坡,以保持土体稳定。公路中主要用于支撑路堤、路堑、隧道洞口、桥梁两端及河岸壁等,按设置位置可分为路堤墙、路堑墙、山坡墙、路肩墙四类。

挡土墙的主要破坏形式有开裂、外倾、侧移、墙面鼓胀、缺口、基础脱空、垮塌等。挡土墙遭到严重破坏后,往往造成路堤坍塌或路堑堵塞。针对其破坏形式,挡土墙的抢修主要分为三个方面:对墙体进行加固处理,防止挡墙变形继续发展导致垮塌;对挡墙缺口处进行修补,避免土体通过缺口流动;对基础严重脱空的路段采用片块石嵌补、混凝土支撑墩的措施处理。

(2) 新建挡土墙

如路基原有挡墙垮塌不易修复,或填筑受地形限制(如陡斜坡)不能放坡,或为节省填土时间,可以考虑新建挡土墙,在应急抢通中,简易桩板墙与重力式挡土墙应用较多。

(3) 路基加固

在路基抢通中可采取土工格室、注浆法等加固措施。

需填筑坍塌路基时,特别是高填、陡斜坡路基,为增加路基稳定性,减轻路基变形和沉降,填土时可采取土工格室加固。土工格室是由高强度的 HDPE 或 PP 共聚料宽带,经过强力焊接或铆接而形成的一片网状格室结构。

为提高持续通行能力,在时间和作业环境允许的条件下,可对一些交通控制段的受损路基进行注浆法加固。注浆法按作用原理可分为静压注浆法、喷射注浆法。静压注浆是利用液压、气压或电化学原理,通过注浆管将浆液均匀地注入地层中,浆液以充填、渗透和挤密等方式占据土粒间或岩石裂缝中的空间,经人工控制一定时间后,浆液将原来松散的土粒或裂隙胶结成一个整体,形成一个结构新、强度大、防水性能高和化学稳定性良好的"结合体"。喷射注浆是把带有喷嘴的注浆管插至土层的预定位置后,以高压设备使浆液成为 20 MPa 以上的高压射流,从喷嘴中喷射出冲击破坏土体,并与土体混合构成新的固结体。注浆的目的是防渗、堵漏、加固和纠正偏斜。

(4) 崩塌及危岩边坡防护

崩塌及危岩边坡防护是为防止崩塌、危岩边坡安全威胁采取的措施,主要措施有清除、加固、拦截、遮挡。具体工程防治措施主要有 SNS 柔性防护网(主动和被动)、简易边坡防护、喷射混凝土。

SNS 意为柔性安全防护网系统,是一种新型的边坡防护形式,以覆盖(主动防护)和拦截(被动防护)两种形式来防治各类斜坡坡面地质灾害和雪崩、岸坡冲刷、爆破飞石、坠物等危害。主动防护网是将以钢丝绳网为主的各类柔性网覆盖或包裹在所需防护的斜坡或岩石上,以限制坡面岩土体的风化剥落或破坏以及危岩崩塌(加固作用),或者将落石控制在一定范围内(围护作用);被动防护网由钢丝绳网或环形网、固定系统(锚杆、拦锚绳、基座和支撑绳)、减压环和钢柱四个主要部分构成,一般设立于道路旁边或坡脚位置。

简易边坡防护即是用各种就便材料构造的边坡防护,缺点是防护能力较低,适合小块落石防护。简易边坡防护主要包括主动防护和被动防护两种形式。主动防护使用各种化纤或金属编织网作为防护网,直接用锚杆固定于边坡上作为主动防护;被动防护也由立柱和防护面构成,但设置在边坡坡脚附近,主要用于拦阻从边坡上下滑的石块或土体。

喷射混凝土是指采用专用机械,将配制好的混凝土喷射于坡面之上,作业方法参照常规作业进行。作业前进行试喷,选择合适的压力自下而上进行喷射。

(5) 涉水路基防护

根据防护型式的水流结构和机理可将冲刷防护分为直接防护和间接防护两类。在应急抢通中,比较常见的防护措施及适用条件见表7-2。

表7-2 涉水、沿河路基防护措施

防护类型	防护措施	适用条件
直接防护	水泥砂袋	适用于水流速较低的边坡或坡脚,缺少石料的地区或作为洪水来临前应急、抢险措施
	抛石	多用于抢修工程,适用于经常浸水且水深较大的路基边坡或坡脚以及挡土墙、护坡的基础防护
	石笼	适用于沿河路堤坡脚,当受水流冲刷和风浪侵袭,且防护工程基础不易处理或沿河挡土墙、护坡基础局部冲刷深度过大时,可采用石笼防护
	钢丝石笼	多用于抢修或临时工程,不得用于急流滚石河段,必要时对钢丝笼灌注小石子或水泥混凝土
	钢筋混凝土框架石笼	适用于急流滚石河段
间接防护	护坝	当沿河路基挡土墙、护坡的局部冲刷深度过大,宜采用护坝防护基础
	丁坝	适用于宽浅变迁河段,用以挑流或减低流速,减轻水流对河岸或路基的冲刷
	顺坝	适用于河床断面较窄、基础地质条件较差的河岸或沿河路基防护
	改移河道	沿河路基受水流冲刷严重,或防护工程艰巨,以及路线在短距离内多次跨越弯曲河道时可以采用;主河槽改道频繁的变迁性河流或支流较多的河段不宜采用

8.堰塞湖处置

(1) 处置目的

堰塞湖处置的目的是维护、帮助或加速其实现自身的安全稳定状态,能安全度汛,不致造成山洪等新的次生灾害,或者为实现基础设施恢复等其他工程目标而降低库水位。

① 维护堰塞体稳定

对于那些堰体稳定,已形成天然泄水槽,可安全度汛的堰塞湖,清除泄水槽的阻塞物,加强量测监控,关注坝体健康状态即可。

② 帮助堰塞湖泄流

对于坝体稳定,已形成天然泄水槽,采取一定的工程措施,如适当拓宽、加深泄水等,便可安全度汛的堰塞湖,可进行适当的帮助,以达到安全状态。

③ 加速堰塞湖泄流

对于那些坝体长期稳定安全性差,未溢流或虽已溢流但仍不足以安全度汛的堰塞湖,必须及时、主动采取科学、安全的工程措施除险。

④ 降低库水位

对于坝体结构稳定安全,已能安全度汛的堰塞湖,采取工程措施降低库水位,目的在于保护库区重要文物以及宝贵资源,恢复水库内大型工矿企业和基础设施等。

(2) 治理措施

堰塞湖的治理措施包括:疏通引流、顺沟开槽、深挖控高、护坡填脚,具体治理方案有爆破控制泄流、安全排水渠泄流、固堤防坝等。

爆破控制泄流是在最紧急情况下(下游城市将面临灭顶之灾)和人员已经被成功转移的前提下才实施的。爆破控制泄流一般是采用人工在堤坝上装埋炸药完成的,是及时解决堰塞湖危机的方案。

安全排水渠泄流的原理是疏导水流,控制堰塞湖水位,适用于处置分散、水位较低、流量较小的中小型堰塞湖,宜在灾害晚期、重建工程开始的情况下采用。如果堰塞体相对比较坚固,在雨季来临之前水量未迅速增大、下游人员转移相对困难及重建难度较大的情况下,为减小洪水对城镇的破坏,可以使用安全排水渠泄流。

固堤防坝是在地质状况、下游人员疏散情况及下游物资价值不明的条件下所采取的措施,该措施使坝体的稳定性加强,为下一步采取治理措施争取时间。

对于少数稳定性相对较好的堰塞湖,可以进行综合治理。通过灌浆和坝体夯实等措施,同时采取坝坡防护或其他手段,使坝体的稳定性进一步加固,可以作为水利水电资源或旅游观光景点等。

在发生山体滑坡表成堰塞湖的初期,如果堰塞湖对上下游的人民生命财产构成威胁时,就要进行紧急处理。处理措施主要有:

① 开挖溢洪道

在堰塞湖岸开挖溢洪道(或明渠)是处理堰塞湖的常用方法。溢洪道通常都是将湖水排泄到堰塞体下游的原河道,也可考虑排泄到相邻河道或相邻河道的水库中(要具有这种地形条件,同时在所泄湖水对相邻河道或相邻河道的水库不带来危害的情况下才予考虑)。

汶川大地震中形成的唐家山堰塞湖,就采用了开挖明渠的措施泄流,并取得了成功。在采用溢洪道(明渠)排泄堰塞湖水时,在选线时要注意选在垭口处,以节省开挖量,同时还要注意土质问题,如果是土料,开挖较容易,但防冲刷措施就较困难。如果是岩石,开挖较难,但能防冲刷。

② 在堰塞体上开挖泄水槽

为控制堰塞湖水以解除堰塞湖对下游的威胁,也可在堰塞体上开挖泄水槽,待以后水位上升后排泄湖水。

③ 用虹吸管袋排泄湖水

近二三十年来,土工合成材料已在水利工程中发挥了革命性的作用,在不少方面取代了传统的方法,改变了传统的观念,如在防汛抢险中早已不用草袋而用土工编织袋,用无纺土工布可有效处理堤坝管涌,三峡围堰工程中采用复合土工膜防渗等。在处理堰塞湖险情时,如果也采用这种先进科技土工材料,会节省大量人力、物力,处理会更有效、更快。较为常用的是用加筋型土工膜虹吸管袋的排泄方法。

二、路面抢修

路面断通一般与路基断通同时出现,形成断通的主要因素与路基断通基本一致。根据路面抢通过程采用的方法不同,路面抢修可以分为简易路面和机械化路面。

1. 简易路面

在路面抢修时,由于使用要求急,筑路时间紧,故一般采用土路面。为增强路面强度和稳定性,提高其通行能力,可就地取材进行土路改善。最简单的改善方法就是在路基上撒碎石、碎砖瓦、炉碴等就便材料,以提高承载力。另外,在克服松软、泥泞及水稻田等不良地段时,也可按照就地取材、制作简便的原则,铺设各种简易路面,如束柴路面、圆木路面、木板车辙道路面等。在不得已需改道绕行时,可以采用泥结碎石等路面形式。简易路面包括以下形式:

(1) 土路改善。土路改善是指为了提高土路的通行能力,当情况允许时应就地取材对土路进行改善。土路改善所使用的材料有黏土、砂、砾石、炉碴、碎砖瓦、姜石和贝壳等。

(2) 束柴路面。束柴路面常用树枝、细竹竿、高粱秆等就便材料、铁丝(或绳索)铺设。将就便材料捆扎成束柴,直径约为 30 cm,长度根据需要而定,每隔 1 m 用绞棒绞紧并用铁丝或绳索扎牢。

(3) 圆木路面。圆木路面的材料包括圆木、铁丝(或铁钉)、木板等。

(4) 木板车辙道路面。木板车辙道路面由木板、木桩、圆木(或半圆木)组成。木板尺寸长 3~4 m,断面为 20 cm×6 cm,拼接成车辙道板构件。

(5) 泥结碎石路面。泥结碎石路面在道路抢通时主要作为临时便道。泥结碎石路面是以碎石为骨料,泥土作为填充料和黏结料并经碾压,依靠碎石的嵌锁和黏土的黏结作用形成的路面。

(6) 手摆片石路面。手摆片石路面在道路抢通时也主要作为临时便道。手摆片石路面是把上大下小接近截锥体的石块,用手工铺砌再用碎石嵌缝,经碾压密实而成的。

(7) 简易钢板路面。简易钢板路面一般包括钢骨架路面与路面硬化钢板。钢骨架路面通常适用于一侧山高大陡峭,道路开挖或爆破拓宽困难,而另一侧为石质路基,路基稳定性较好时,可在悬崖路基边缘处进行简易钢板路面架设,使用的主要材料为常见的槽钢和钢板,其中槽钢作为骨架嵌入岩石地基,然后在骨格内填充碎石和石屑,待稳定后在其上铺钢板,以加强整体稳定性;路面硬化钢板通常适用于软基和泥泞路段,当天气及现场施工条件难以短时间对路基进行处置,而又要求保证一定的承载能力和通行能力时,可直接将钢板铺筑在路基顶部,硬化形成钢板路面。钢板路基箱主要由骨架体组成,骨架体由纵向主筋(如槽钢)骨架和横向骨架构成,骨架体的表面封有一层花纹防滑钢板,反面则封有平板钢板,整体形成一个箱体。它主要用来铺设在松软、泥泞地面上作为临时路面,以提高承载力。

(8) 复合加强路面。复合加强路面铺设是使用帆布钢网、柔性钢丝绳网、竹架板等多种材料,多层叠加铺设成复合加强型路面,通常适用于路基特别松软,特别是泥石流浆掩埋道路时。

2. 机械化路面

机械化路面是一种可快速铺设、撤收并反复使用的制式路面器材,主要用于在沙滩、泥泞、雪地、沼泽、岸滩等低承载能力的地段铺设临时路面,保障轮式或履带式装备顺利通过。

第二节 桥梁抢修抢建处置技术

从抢修抢建的角度,将桥梁遭受的破坏分为两类:第一类为虽遭受破坏但尚未发生"落梁",此类称作"破损桥梁";第二类为已发生"落梁"破坏的桥梁,此类称作"垮塌桥梁"。

一、破损桥梁抢修

本节只研究"破损桥梁"的应急修复,不考虑永久性修复。

1. 破损桥梁快速抢通

针对有不同程度损伤且可使用的桥梁,抢通技术措施可归纳为如下几类:

(1) 降低标准、半幅限行

对于个别或部分部件不能满足设计建造的技术指标,结构的安全性和使用性能受到影响,在降低通行标准后可直接满足应急通行要求或经应急修复加固后其结构安全性和使用性能很难恢复原有技术标准的桥梁,可降低通行标准后通行。

当上部梁体发生严重移位,难以保证全幅通行安全时,可采取隔离措施单车道半幅通行。极重灾区许多受损桥梁初期大多采用这种方式处理。

(2) 便道绕避

桥梁完全垮塌,或严重损毁,短时间内无法加固,当有条件能在桥侧另辟便道时,一般便道绕避。该通道一般还要满足后期的保通和灾后恢复重建阶段的通行要求。

(3) 桥上架桥

当上部梁体发生严重纵向移位,但未落梁,而桥墩基本完好,偏移小,有足够承载能力时,一般可用公路战备钢桥跨越严重移位的桥跨,在梁底附着桥墩设临时支撑,防止通行车辆振动,导致落梁发生。

(4) 防落装置设置

可于灾后增设临时支承座或增设临时防落挡板等防落装置,作为紧急维修,以避免落梁情况发生。

(5) 设置槽渡

跨越水库的桥梁被震毁,或崩塌山体堵塞河道形成堰塞湖进而淹没公路,一般临时设置槽渡,供抢险人员和车辆通行。

2. 破损桥梁抢修与加固

本阶段应利用仪器设备对桥梁进行全面检测评估,提出的加固方案尽可能兼顾后期的恢复重建。

(1) 常见加固措施

常见桥梁应急加固措施如表 7-3 所示,适用于时间和条件允许的情况。

(2) 整桥改变结构体系修复加固技术措施

改变结构体系加固旧桥通常是指增设附加构件和进行技术改造,使桥梁的受力体系和受力状况发生改变,从而减小承重构件的应力,改善桥梁性能,达到提高承载能力的目的。

表 7-3 桥梁应急加固措施

序号	加固技术	适用范围或单元	损坏形式
1	表面修补法	用于主梁、桥面板、横隔梁、帽梁、桥墩柱、基础构造、支承、防落装置、桥台等小断面的修复	裂缝、混凝土剥落、钢筋外露
2	压力灌浆法	用于主梁、桥面板、横隔梁、帽梁、桥墩柱、基础构造、支承、防落装置、桥台、伸缩缝等裂缝的修复	裂缝、破裂、混凝土剥落、钢筋外露
3	重新浇筑法	将主梁、桥面板、横隔梁、帽梁、基础构造、桥台等构件重新浇筑混凝土或针对混凝土构件局部剥落而修复	裂缝、破裂、变形、压碎
4	防落装置设置法	用于主梁位移有落桥的可能或帽梁支承处破损产生高低差时	倾斜、位移、沉陷、隆起
5	钢板表面粘贴修补法	用于主梁、桥面板、横隔梁、帽梁、桥墩柱、桥台,修补裂缝、增加结构物强度与刚度	裂缝、破裂、混凝土剥落、钢筋外露
6	千斤顶及临时支撑法	用于主梁、桥面板、横隔梁、帽梁、桥墩柱、基础构造、支承、防落装置、桥台等单元结构损伤变形时	裂缝、变形、压碎、倾斜、位移、混凝土剥落
7	铺设临时覆盖板法	用于桥面板发生高低差、伸缩缝开口时	裂缝、破裂、变形、沉陷隆起
8	置换伸缩缝法	用于伸缩缝有错位或变形时	破裂、变形、沉陷隆起
9	置换/修补支承法	用于支承有裂纹或变形时	裂缝、破裂、变形、压碎、位移、脱落

常使用的方法包括:① 简支转连续法;② 将多跨简支梁改造为桥面连续简支梁法;③ 增加辅助墩法;④ 八字支撑法;⑤ 将梁式桥转换为梁拱组合体系法;⑥ 改桥为涵洞加固法;⑦ 钢索斜拉加固法等。其中③～⑦加固方案形式各异,有不同的要求,但加固实质相同,即均是为所加固的桥梁加入新的支撑点,缩短梁的计算跨径。

将半多跨简支梁改造为桥面连续简支梁法适用于桥面铺装破损较严重,且伸缩缝处不平整的简支梁桥。桥面连续可以提高行车的舒适性,减少桥面不平整时车辆荷载对桥梁的冲击影响,也可以使荷载横向分布趋于合理。

增加辅助墩法适用于梁(板)挠度过大、承载能力明显不足的钢筋混凝土梁桥或要求通行重载而要加固的桥,此加固方案可同时减轻下部结构及基础的受力,但要求不受桥下净空及排洪影响。增设支点后,改变了结构体系,减小了梁的跨径及荷载作用下跨中的弯矩,从而能较大幅度地提高承载能力,并能减小和限制梁板的挠曲变形。

八字支撑法为在简支梁桥孔增设八字支撑,为原桥上部结构提供两个弹性支撑,从而使原来的一跨简支梁变为三跨连续梁。结构体系的这一改变使结构受力状况得到改善,减小梁的跨径及荷载作用下跨中的弯矩,从而可以提高承载能力。此方法适用于梁(板)挠度过大、承载能力明显不足的钢筋混凝土梁桥或要求通行重载而要加固的桥。因增加的斜支撑可直接支撑在原墩台基础上或抗推能力强的墩身或台身上,是对增加辅助墩法的一种补充,弥补了对于桥下净空大,或有常年流水不易增加辅助墩的缺点,但此方法不能起到对墩台基础的卸载作用,反而对墩台基础要求有足够承载力及抗推刚度。

钢索斜拉加固法是依靠原桥墩在桥墩两侧修筑矮塔,支柱(支柱用钢筋混凝土钢管或预制混凝土柱)顶面布置刚性或柔性拉索,拉吊起桥底已布置的钢梁或加强后的梁横隔板,为原桥上部结构提供一个或几个弹性支撑,使原简支梁变为连续梁。结构体系的这一改变使结构受力状况得到改善,从而提高结构承载能力。此方法适用于梁挠度过大、承载能力不足的情况,特别适用于简支跨多、墩低的梁桥,在墩侧重新修筑基础建造矮塔,或利用桥墩伸出的墩帽在墩帽上修筑矮塔。

二、垮塌桥梁抢建

当战争、地质灾害等原因造成桥梁破坏,无其他桥渡可迂回通车,且应急抢建便桥、架设浮桥或开设轮渡的条件及时间均不允许时,应贯彻先通后善的原则,先以较低标准、临时结构抢通桥梁。

1. 桥梁基础的抢建

桥梁基础抢修工作量大,消耗材料多,特别是水中基础,受水深流急、地质不良的影响,增加抢修的难度和时间,故基础抢修通常是桥梁抢修的关键。

基础抢修有原桥基础的加固、抢修和新基础的抢建两类,桥梁损毁后经常的、大量的抢修工作是新基础的抢建,通常采用临时性基础,常用的有卧木基础、片石基础、草袋基础、笼石基础、钢板桩填石基础及木桩基础等,具有结构简单、施工方便、便于就地取材等优点,适合基础的快速抢修。对深水基础,实践中还采用过钢管桩基础、水下混凝土基础、钢板桩管柱基础等。

(1) 卧木基础

卧木基础是一种最简单的基础。在整平夯实的地基上,将枕木、半截枕木或两面砍平的圆木摆平,并用扒锯钉钉牢,即可作为排架墩台的基础。卧木基础通常用于地基较好(紧密的土、砂、卵石等地基)、无水、跨度较小、高度不大的桥梁基础,如便桥的桥台或浅水部分的桥墩基础。缺点是易受水流冲刷,渡洪能力低,故一般不用于渡洪便桥。

卧木基础施工简单,通常先将地基整平,再夯一层厚 10~20 cm 的碎石或卵石,就可以在上面铺卧木。作业时要注意标高正确(因排架高度已经固定),卧木要顶平底实,扒锯钉要钉成八字形,这样卧木不易松动。

(2) 片石基础

片石基础是用片石或大卵石堆砌而成的基础,分投石、干砌、浆砌三种。反轰炸抢修中,为了争取时间都用投石,或等通车后的维修时期,再用干砌或浆砌把基础四周围护起来。片石基础沉陷量较小,可用于浅水中,但坡脚太远,需用的片石多、阻水的面积大,所以基础高度受到限制,一般不超过 2 m。

(3) 草袋(编织袋)基础

草袋基础是用草袋装土码砌而成的临时性基础,高度一般不应超过 2 m。有条件时,尽量以编织袋替代草袋,其厚度和高度可以适当提高,又分为全部使用编织袋和四周编织袋拦边两种。后者可以节省编织袋用量,但边坡较缓,增大阻水面积,同时因中间填土,沉陷量大,不宜用于有水基础。

(4) 笼石基础

笼石基础是用钢丝网或钢筋做成笼,内填片石或卵石的一种临时性基础。在无水、浅水地段或者石料缺乏的地区,也可在钢笼内填沙土袋来代替石料。一般用于较矮的中小桥,既作为基础,又作为墩台身。

(5) 钢板桩填石基础

在某些地质条件比较差的地区建设桥梁,由于地基承载力比较小,不适宜使用扩大基础,需要采用桩基础。但是在应急抢险中,没有时间进行桩基础施工时,可以采用钢板桩基础和扩大基础的组合形式。钢板桩分块插打,锁口处可稍微转动,有利于通过河床中的障碍,并保护地基不被冲刷。抢险抢通中可根据不同的地质条件,采用钢板桩加灰土扩大基础、钢板桩加混凝土扩大基础及钢板桩填石基础。

(6) 木桩基础

桩基础是把桩打入地下,用以支承上部荷载的一种基础。桩基础多用于便桥、栈桥及正桥的深水基础。木桩基础是用单根或组合木桩,按设计要求打入河床,再用半圆木将木桩连成整体。木桩基础承载力高、阻水面积小、耐冲刷,故适宜作为地质松软、需要渡洪的便桥基础。但木桩长度受到限制,水深超过 5 m 时,就不宜使用。

(7) 钢管桩基础

钢管桩基础是深水基础的一种形式。在抢修正桥时,遇到水很深(超过10 m),覆盖层很厚的河流,有时就要用钢管桩作基础。这种基础消耗的钢料多,施工期长,遭到破坏后不易抢修,所以只用于洪期正桥抢修或前进抢修。钢管桩有圆形钢管桩和用各种型钢组成不同断面形状的型钢组合桩两种。

(8) 水下混凝土基础

水下混凝土基础是一种清基和灌注混凝土都在水下进行的基础。它适宜用于中等水深、流速较缓、不易冲刷的河流。当河床地质较好,可采用扩大基础;当河床地质不好时,应采用灌注桩基础。

(9) 钢板桩管柱基础

利用钢板桩作为外壁,水下混凝土作为填心的管柱叫做钢板桩管柱,用这种管柱作基础即钢板桩管柱基础。钢板桩管柱直径大(可以做到3~4 m)、稳定性好,所以在水很深而覆盖层又薄的河段上,为了保证基础的稳定性,有时要用这种基础。

2. 桥墩、桥台的抢建

桥梁的基础完成之后,应在基础上部快速抢建桥墩、桥台。在交通应急工程中,通常可将公路钢桥纵横向叠放拼装,用作临时墩台,也可采用相应设备专门搭设墩台,如木排架墩台、木笼桥台、钢笼桥台、八三式铁路轻型军用墩和装配式公路钢桥桥墩等。

(1) 木排架墩台

木排架系是用圆木、方木、半圆木等结合铁件组成的临时结构,制作简便,组装容易,沉落量小。

(2) 木笼桥台

木笼桥台是将圆木纵横分层码放,并用铁丝、扒锯钉使上下层木料铰接在一起,并在码放木料的空隙中填筑卵砾石以提高稳定性。

(3) 钢笼桥台

钢笼桥台采用型钢加工焊接成倒梯形笼体结构,吊装就位后在笼内抛填大块片石、卵石。

(4) 八三式铁路轻型军用墩

八三式铁路轻型军用墩是一种按平战结合原则研制的拆装式成套制式器材,既可用于中小跨度、中低高度便桥桥墩、临时支墩和脚手架等,又可组成简易起重设备以及用于公路桥梁抢修。

(5) 装配式公路钢桥桥墩

装配式公路钢桥桥墩是一种专门针对应急交通"有梁无墩"而研制的成套制

式装备器材,有杆件七种、紧固件两种、支座过渡墩一种,拆装方便、互换性强。该桥墩能适应"321"和"ZB200"型装配式公路钢桥,可架设 5~30 m 桥墩,墩身高度以 1 m 模数变化,通过调整垫梁层数可实现按 0.25 m 模数调整墩高,如图 7-1 所示。

图 7-1 装配式公路钢桥桥墩

3. 梁的搭设

公路应急交通抢建过程中,常用梁主要有木梁、工字钢梁、321 装配式公路钢桥(梁)、ZB200 型装配式公路钢桥(梁)等。

(1) 木梁

木梁是应用于岸边或浅水域的短跨梁,一般采用松木、杉木等材质较硬的方木或圆木制成。

(2) 工字钢梁

工字钢梁广泛应用于各种临时应急桥梁的搭设,其既可用来加固桥面系,也可直接当作桥跨使用。

(3) 321 装配式公路钢桥

321 装配式公路钢桥(图 7-2)由桁架式主梁、桥面系、连接系、基础四部分组成,车行道宽度为 3.7 m,可采取单排单层、双排单层、三排单层、双排双层、三排双层的形式架设跨径为 9~63 m 的桥梁,其结构简单、适应性强、互换性好、拆装方便、架设速度较快、承载质量大。

图7-2 321装配式公路钢桥

(4) ZB200型装配式公路钢桥

ZB200型装配式公路钢桥的结构形式与321装配式公路钢桥相似,构件尺寸和质量有所增加,但钢材使用量减少,强度、刚度得到大幅提高。单车道时桥面净宽为4.2 m,可架设跨径为9~48 m的简支梁桥;双车道时桥面净宽为7.56 m,可架设跨径为9~69 m的简支梁桥,其外形如图7-3所示。

图7-3 ZB200型装配式公路钢桥

4.制式装备架设便桥

制式桥梁具有机动能力强、结构形式简单、作业简便、架设时间短、修复容易、可重复利用等特点,详见表7-4。

表 7-4　车载制式桥梁对比表

序号	名称	图示	适用范围
1	机械模块化桥		全套器材由5辆桥车组成,单跨桥长15 m,适用于跨越宽75 m、深5.5 m以内的江河、沟谷等障碍
2	应急轻型机械化桥		适用于跨越20.5 m以内的江河、沟谷等障碍
3	大跨度应急桥		跨度大、荷载大

第三节　隧道抢通抢修处置技术

隧道作为交通运输的重要设施,无论是在平时运营还是在现代化立体战争中,都经常是恐怖袭击和打击破坏的重点。这种因突发情况导致的隧道破坏,会大大降低其使用功能,严重威胁道路安全运营,给国防安全和国民经济带来巨大挑战和损失。区别于普通隧道灾害,突发情况导致的隧道破坏形式大致可以分为洞口段破坏和洞身段破坏两种。

受隧道功能及抢修条件限制,抢通抢修任务相对艰巨,因此要根据现场条件,合理选择组合技法。

一、运营隧道洞口抢通

在自然灾害、战争等突发性事件影响下,隧道洞口遭到破坏的情况较为常见,因此对隧道洞口段抢通是保障隧道应急通行的首要任务。

1. 隧道洞口抢通应遵循的原则

清土前,应准确判断岩体的稳定程度、已坍塌或可能坍塌的范围,清理顶部的松动石头、土块,对不稳定的土石必须先支撑后清除,确保作业安全;尽量缩小坍方范围,减少扰动,避免诱发新的更大的坍塌;洞口段的路面宽度一般不应小于原有宽度,紧急情况下可适当缩小;洞口段边仰坡必要时可采取适当边坡防护措施加固坡面,如喷射混凝土、插打锚杆、挂设钢筋网、挡土墙支挡等;洞口两侧不得抛甩、堆放弃土。

2. 隧道洞门及边仰坡加固技术措施

隧道洞门或翼墙倒塌,为防止土石继续坍落,减少刷坡土石方量,常用草袋装土码砌洞门或翼墙临时挡土。护坡草袋一般可码单层,应随砌随夯实填土或用草袋补充,然后依坡叠砌;最下一层草袋基础须外高里低,即做成倒坡,以防止滑动;最上一层草袋口应朝下靠坡斜放,用土封闭接缝,以免雨水灌入草袋墙的内侧,影响稳定。隧道洞口边仰坡加固技术措施见表7-5。

表7-5 隧道洞口边(仰)坡加固技术措施

序号	技术措施	适用条件	技术要求
1	砂浆抹面或浆砌护坡	土质坡面,边坡稳定、平整	砂浆抹面用M5水泥砂浆,厚度不小于3 cm;浆砌护坡符合有关技术规范要求
2	灌浆勾缝	砌体裂缝较宽、边坡稳定	M5水泥砂浆灌缝,灌浆饱满,勾缝密实
3	喷射水泥砂浆支护	土质坡面或易风化的石质坡面,边坡稳定、平整	喷M5水泥砂浆,厚度不小于3 cm
4	喷射混凝土支护	坡面岩体较破碎,边坡稳定性较差	喷C20混凝土,厚度不小于5 cm
5	锚杆喷射混凝土支护	坡面岩体破碎,节理发育,边坡稳定性差	喷C20混凝土,厚度不小于8 cm,锚杆直径为22 mm,长2~3 m,间距为100~150 cm
6	锚杆钢筋网喷射混凝土支护	坡面岩体很破碎,边坡稳定性差	在喷锚支护的基础上加钢筋网,钢筋直径为6~8 mm,网格为20 cm×20 cm

(续表)

序号	技术措施	适用条件	技术要求
7	混凝土或砌体挡土墙	边(仰)坡较高较陡,稳定性差	符合混凝土或砌体工程施工技术规范要求
8	局部补修	坡面上局部有凸出的岩块或凹陷的坑穴	局部加锚杆固定岩块或局部加浆砌片石嵌补坑穴,以期稳定

二、隧道洞身段坍塌抢修

在坍塌范围顶部、侧壁上的危石及大裂缝,应先行清除或锚固,同时对坍塌范围前后原有的支护进行加固,以防止坍塌扩大。必要时,可在坍塌范围内架设支撑、锚杆并喷射混凝土,保证塌腔稳定,并对坍塌两端尽快做好局部衬砌,以保证坍塌不再扩大。

1. 坍塌处理基本措施

(1) 如坍塌体积较小,且在坍塌范围内已进行了喷锚,或已架设好较为牢固的构件支撑,可由两端或一端先上后下地逐步清除坍渣,随挖随喷射混凝土,随架设临时构件支撑支顶。

(2) 如坍塌体积较大,或地表已下沉,或因坍体堵塞,无法进入坍塌范围进行支护时,则可注浆加固坍体,然后用"穿"的办法在坍体内进行开挖、衬砌。

(3) 处理坍塌的同时,应加强排水,即"治坍先治水"。

2. 坍体回填基本措施

(1) 清除坍渣后,拱背应先用浆砌片石回填 2~3 m 厚,其上再用干砌片石回填,回填高度应尽量填满坍塌范围,坍体内木支撑应尽量拆除。

(2) 在坍体的护拱与拱圈间应全部回填密实,坍体护拱以上回填厚度可根据具体情况而定,但不应小于 2 m。

(3) 如坍塌范围大,在坍塌穴内进行回填操作不便时,可选择适当位置另行开凿专供回填用的坑道。

(4) 如坍塌直达地表,除按规定做好拱部回填外,另用一般土石回填夯实至距地表 1~2 m,再用黏土回填至略高于地表并向四周倾斜,周围做好排水沟。

三、隧道涌水抢修

常见的隧道涌水处理方法有超前钻孔排水和超前围岩预注浆堵水两种。采用超前钻孔排水时,钻孔孔位(孔底)应在水流的上方;钻孔时孔口应有保护装置,以防突水造成人身及机械事故;采取必要的排水措施,保证钻孔排出的水能迅速排出洞外。

采用超前围岩预注浆堵水技术时,注浆段的长度应根据地质条件、涌水量、机具设备能力等因素确定,一般宜在 30～50 m 之间;隧道埋深在 50 m 以内可用地面预注浆;钻孔及注浆顺序应由外圈向内圈进行,同一圈钻孔应间隔施工。注浆方式的选择标准见表 7-6。

表 7-6 注浆方式的选择标准

注浆方式		地质条件	流量条件	水压条件
预注浆	全断面帷幕预注浆	可溶岩与非可溶岩接触带、断层破碎带、溶蚀带等富水地段;地段厚度超过 30 m,且掌子面及周边围岩均表现为软塑流状体;施工中可能发生严重突水、突泥等地段	超前探孔出水总流量不小于 10 m³/h,且 2/3 探孔均出水	水压不小于 2 MPa
	全断面周边预注浆	岩层接触分界带、物探电阻异常带;地段厚度超过 30 m,掌子面围岩及其破碎;施工中可能发生严重突水、突泥等地段	超前探孔出水总流量不小于 10 m³/h,且 2/3 探孔均出水	水压不小于 2 MPa
	局部断面预注浆	富水地段、物探电阻异常带;施工中局部可能发生突水、突泥地段	部分探孔出水,且总流量不小于 10 m³/h,局部单孔出水量不小于 2 m³/h	水压不小于 2 MPa
后注浆	径向注浆	一般富水地段;岩体较完整	开挖后大面积淌水;初支后仍有较大面积淌水,且大于 10 m³/h,局部单孔出水量不小于 2 m³/h	水压不小于 2 MPa
	局部注浆	一般富水地段;岩体完整	开挖后局部有较大流水;初支后仍有较大面积淌水,且大于 10 m³/h,局部单孔出水量不小于 2 m³/h;不能确保结构防排水等级需要	水压不小于 2 MPa
	补注浆		上述注浆措施实施后,仍不能确保结构防排水等级需要	

四、临时支护

在隧道抢通抢修及生命救援的过程中,通常会对隧道进行临时支护以确保行车安全。常用临时支护技术措施见表 7-7。

表 7-7 隧道坍塌抢修常用临时支护技术措施

序号	技术措施	作用	技术要求
1	长孔注浆	加固坍体防止涌水	从坍体表面或工作面向隧道开挖轮廓线周围的一定范围内注浆,注浆孔直径为 75～110 mm,孔底间距为 1～1.5 m,浆液配合比:水泥浆水灰比为 1:1～1.5:1,水泥水玻璃双液浆体积比为 1:1～1:0.6(水玻璃模数 $n=2.2～2.8$,波美度 $Be=30～40$)。注浆压力、注浆量等现场决定
2	小导管周边预注浆	加固洞周岩体,超前支护	立钢架,喷混凝土 10～15 cm 厚,封堵开挖工作面,沿隧道开挖轮廓线,打入直径 32～50 mm 注浆导管,长 2.5～4 m,管壁每隔 10～15 cm 交错钻孔,孔径为 6～8 mm,导管平向间距为 20～50 cm,外插角为 10°～25°,导管纵向搭接长度不小于 1 m,注浆强度为 0.2～0.6 MPa
3	架设钢架	提高初期支护的强度和刚度,作为超前锚杆或小导管的支撑构件	钢架可选用钢轨、型钢、钢筋格栅制造。格栅钢架主筋不宜小于 20 mm,材料选用 20 MnSi 钢筋,钢架的间距不大于 1 m,两榀钢架之间应设置直径为 18～20 mm 的钢拉杆,间距为 1～1.5 m,钢架立柱埋入地板深度不应小于 15 cm,钢架拱脚处加设锁脚锚杆(管)、支撑垫板或注浆加固,钢架必须安设在隧道中线的竖直面上
4	架设木排架	作为支撑构件	木排架可用直径不小于 20 cm 的圆木或截面不小于 20 cm×20 cm 的方木制作,用扒钉连接。木排架间距不宜大于 1 m,排架之间应设横撑和斜撑,木排架必须安设在隧道中线的竖直面上
5	施作长管棚	超前支护拱顶松散坍体	钢管水平方向架设在钢拱架上,钢管中心间距 30～50 cm,采用厚壁钢管,直径为 108～250 mm,长 8～20 m(用 4～6 m 长钢管用丝扣分段连接而成)。钢管内可灌注水泥砂浆、混凝土,或内置钢筋笼并灌注水泥砂浆,纵向两组管棚间应有不小于 1.5 m 的水平搭接长度
6	施作其他棚架	超前支护拱顶松散坍体	钢拱架或木排架上插入钢轨、型钢、钢板或木板、半圆木等

(续表)

序号	技术措施	作用	技术要求
7	打入超前锚杆、钢管或钢轨	超前支护拱顶松散坍体	采用直径32 mm早强砂浆锚杆、直径32 mm钢管或钢轨,其长2.5～4 m,环向间距为30～50 cm,外插角为5°～20°,两排之间纵向水平搭接长度不得小于1 m
8	锚杆加固	增加围岩和衬砌的稳定性	根据坍塌岩块或衬砌破坏情况,设置系统锚杆或局部锚杆
9	增加喷射混凝土厚度	增加支护的强度和刚度	采用早强喷射混凝土,喷混凝土厚度20～30 cm,分层喷足所设计厚度
10	钢筋网喷射混凝土	提高支护强度,抑制围岩坍塌,减少喷层开裂	钢筋直径为6～10 mm,间距为15～30 cm,必要时可设双层钢筋网,钢筋网必须与锚杆、钢架连接牢固,网喷混凝土厚度为15～20 cm
11	增设临时仰拱或卡口梁	与初期支护形成封闭环,控制变形	临时仰拱构造与拱部边墙钢架一致,喷混凝土或灌混凝土均可。卡口梁可用钢筋混凝土、型钢或木料制作

五、隧道火灾及其他突发事件处置措施

1. 火灾后的隧道结构性修复

隧道内发生的火灾大致可分为车辆碰撞引发火灾、危险化学品泄漏引发火灾和燃料油罐车火灾三大类,其中以燃料油罐车火灾对隧道的结构危害最大,破坏最严重,且发生频率呈逐年上升趋势。

调查表明,隧道火灾损坏主要是烧坏支护结构拱部及边墙,拱部较边墙严重,一般损坏衬砌厚度为10～20 cm,为隧道衬砌总厚度的1/3～1/2。衬砌结构的破坏表现为衬砌结构严重变形、开裂和衬砌混凝土爆裂剥落(剥落深度约10～20 cm),衬砌混凝土强度降低,衬砌结构的整体性受到破坏。情况严重时,还会引发爆炸,造成拱顶掉落,边墙倒塌,以及整个隧道坍塌。

火灾后,隧道的受损程度应按照损伤指标来判定。损伤指标主要有:损伤深度、酥松深度、剥落深度、温度指标(包括火灾温度和残余时间)、表面特征、混凝土烧后颜色及烧伤后混凝土表面特征、隧道现场试验指标等。

隧道火灾后加固是通过加强(加大)隧道支护结构和对火灾重大灾害进行彻底整治来提高隧道支护承载能力的措施。加固分为临时性加固和永久性加固。为了维持隧道临时通车而采用的临时加固称为临时性加固,临时性加固措施可参

照本章本节"隧道抢修的临时支护"有关内容。能长期保留加强隧道结构支护承载能力作用的加固称为永久性加固。永久性加固技术措施可概括为四大类：

（1）喷射混凝土加固，包括喷浆、素喷混凝土、钢纤维混凝土、钢筋网喷混凝土等。

（2）锚喷网混凝土加固。喷射混凝土同(1)，锚杆国内普遍采用砂浆锚杆、迈式（自进式）锚杆等，钢筋网国内普遍采用 A3（即 Q235）圆钢，直径为 6～8 mm，间距为 150～300 mm。

（3）钢架（格栅钢架）加固。国内普遍采用凿槽嵌入衬砌方式。

（4）重建（复合）衬砌加固。火灾模拟试验及工程实例调查表明，隧道火灾受损集中在拱部，重建加固以拱部为主，局部采用重建衬砌方法进行处理。

2. 其他突发事件的一般性处置措施

隧道内其他突发事件是指车辆碰撞事故、恐怖袭击、自燃、危化品泄漏、瓦斯泄漏爆炸、生化灾害等突发性事件。对于该类突发性事件，应加大与公安、消防、防化及设计施工等专业消防救援机构的联系，密切配合，共同处置。

（1）事故灾害调查

隧道内发生突发事件后，应迅速采取现场勘察或借助物探、遥感、遥测等先进勘探技术，准确查明情况，为制定抢修方案提供可靠依据。主要内容包括：

① 首先查明原因及特点，如瓦斯泄漏，放射性、生物、化学沾染的范围和程度，洞内火灾情况。

② 洞口段破坏情况。

③ 洞身段破坏情况。

④ 洞内车辆情况。

⑤ 洞内通信、信号、电力、电气化设施破坏情况。

⑥ 洞内通风、排水设施及各种附属建筑物破坏情况。

（2）现场清理

在确定抢通抢修方案的同时，应组织现场清理。清理工作主要包括：

① 危爆物品应由专业人员进行侦察和处理。

② 对抢通抢修作业场地内的放射性、生物、化学沾染，除加强人员防护外，应将遭沾染的泥、砂地面予以铲除，铲除物应集中掩埋。

③迅速扑灭洞内火灾，清理火灾现场。清理施工场地和施工道路时，应首先清除危石或坍塌体。

④ 对未埋入或部分埋入的车辆，应根据不同情况，用体积小、轻便高效的救援设备，采取吊、拖、起复、解体等方法加以清除。清除时，应尽量避免对车辆的

再破坏,以便重复利用;对埋入隧道坍塌体内的车辆,应在抢修拱部衬砌之后,采取上述方法进行清除。

⑤ 对洞口段遭破坏后堵塞的截水沟、排水沟,应视其对抢通抢修施工及安全的影响程度,先急后缓,加以清理或修复。

(3) 抢通抢修原则

在抢通抢修处置过程中应遵守以下原则:

① 应优先采用喷锚构筑法支护。

② 洞身坍塌地段或软弱破碎围岩地段抢修应坚持"管超前、严注浆、短开挖、弱爆破、强支护、早封闭"原则。

③ 抢通抢修施工组织应以"高强度、短突击、多班次、勤轮换"为原则。

④ 尽量利用既有设施、残存结构和现有施工条件,以减少工作量,加快抢通抢修速度。

⑤ 除主作业面加快进度外,应创造多口施工的条件,以增加工作面。

⑥ 应采用机械化施工,尽量配备先进的、利于机动的抢通抢修设备。

⑦ 应采用新技术、新材料及新工艺,喷锚支护、喷锚衬砌和混凝土衬砌等应采用快硬早强材料。

第四节 机场道面快速修复处置技术

快速清理损毁物、填补和修复道面是机场场道抢修的重点。在最短的时间内修复损毁的机场场道,确保飞机滑跑、起飞、着陆时的安全,要求修复后的道面必须有足够的承载强度、良好的平整度和粗糙度。由于抢修时间紧迫,场道修复不能按平时的施工工序施行,可以不清除坑内松散物,甚至还可填大粒径的坚硬物体,通过填塞空隙和简单压实,保证短期内不发生沉陷,确保飞机临时快速起降。

一、损毁道面及坑槽清理

损毁道面及坑槽快速清理,主要采用切割、破拆、装运等机械设备,对遭到损毁的场道展开清理,完成道面破损范围确定、切割道面板、破拆、土石方清理、装运卸等清理作业。

1. 破损道面及坑槽范围确定

清理作业前首先要确定损毁范围。对损毁道面产生隆起的部位,通常采用目测法进行轮廓测量。所需工具为2根支柱、1根测杆以及粉笔、油漆等标记材

料。测量工作一般由3人操作,其中2人为目测员,1人为测杆手,负责保持测杆在每一测点上垂直放置。具体步骤如下:

(1)沿场道方向在坑槽两侧各竖一根支柱,支柱必须放在没有受到扰动的道面上。

(2)测杆从明显隆起部位开始,沿两支柱之间连线向支柱移动,当测杆水平标记与两支柱顶端三点一线水平时,则测杆放置点就是道面隆起的起始点,用粉笔或油漆做标记。

(3)每次测出隆起点后,将支柱沿坑槽的中心旋转一定的角度,以同样的方法重复测量。

(4)用粉笔或油漆将所有隆起点连起来,就可得到坑槽破损隆起范围。在紧急情况下,也可由经验丰富的工程师根据道面的破损隆起情况,现场直接确定隆起范围。

2. 切割破拆作业

(1)切割机作业

切割机作业适用于将损毁的道面切割分解,便于挖掘机、装载机挖装。操作手根据道面损毁程度,以正方形或长方形确定切割范围。切割时,通常与场道方向顺向,不允许出现夹角,切割边线应当大于隆起范围边缘30~50 cm。切割作业首先要切割出边缘线,然后再将破损道面按照80~100 cm的间距依次切割。

(2)液压破碎器作业

液压破碎器主要与挖掘机配合使用,操作手在破碎过程中,首先从损毁道面的中部开始破碎,在破碎边部混凝土道面板时,要严格控制破碎的力度,避免将正常的道面板损坏。

3. 挖铲装运作业

(1)经过切割、破碎的道面板适合用挖掘机、装载机挖装。操作手采取边清理边前行的方式,按照"接近、挖装、运料、卸料、回程"等动作展开作业;机械车辆之间要保持适当距离,便于快速装运,保证作业安全。

(2)远运堆积物时,运输车辆按照"倒车、装料、运输、卸料、掉头"的步骤循环作业。驾驶员在现场安全员的指挥下,将车辆准确倒至便于挖掘机或装载机装料的位置,待运料装完后,按照现场安全员或操作手的指令,驶离作业现场,运送至卸载地后,卸料掉头返回。

4. 清理现场

待破损道面上的堆积体基本清理完后,用小型机具设备对清理过的坑槽基底进行整平碾压处理,为下一步回填作业做好准备工作。

二、坑槽回填处理

坑槽回填处理，主要是使用推土机、装载机、压路机或强力夯实机等机械设备，对坑槽进行分层填筑、整平、碾压。坑槽回填处理适用于道面破损较严重的情况，紧急情况下，中、小型坑槽可采用填砂袋或采用特殊材料回填。

1. 分层填筑作业法

（1）填筑作业。运输车将填筑材料运至现场后，驾驶员在现场安全员的指挥下，将车辆准确倒至指定位置卸料，驶离作业现场。卸料堆间距需经计算，确保整平后的松铺厚度满足相关规范要求。

（2）整平作业。通常采用机械和人工相结合的方式整平。推土机主要是粗平，将料堆推开，修正较大的起伏，细致的整平作业通常用人工配合进行。

（3）碾压作业。填筑整平后，应先对填筑物进行洒水，使填筑物接近最佳含水量。含水量过大，会导致压路机在碾压过程中发生翻浆现象；含水量过小，会导致填筑物无法达到规定的密实度。洒水完成后，一般采用胶轮振动压路机，按照"从低到高、从边到中、速度适当、先轻后重"的战法进行碾压，确保填筑物密实度满足要求。

2. 其他填筑方法

在机场道面抢修中，坑槽填补的质量和完成的时间对整个抢修至关重要。除分层填筑法外，还有以下几种快速填筑方法。

（1）碎石法。即将弹坑周围的飞散土回填，通常使用直径小于 300 mm 的碎石块和砂石料分层回填。在距顶层 600 mm 范围内，铺筑级配碎石，后用振动压路机反复碾压。

（2）砂袋法或湿砂法。即用编制袋装满砂子码放在弹坑中，或用砂子回填，边回填，边洒适量的水，使砂成饱和状态。其优点是不用夯实，操作方便，节省时间。

（3）薄膜法。即在坑槽内铺设 2 至 3 层用凯拉夫尔、涤纶或尼龙制成的纤维薄膜，用以支撑和分散飞机机轮的荷载。坑槽底部用废料回填，随后铺上一层薄膜，紧接着每铺一层 30 cm 厚的级配材料就再铺一层薄膜，在级配材料与薄膜之间应使用快凝无机黏结料黏合。坑槽表面封层用同样的快凝无机黏结料与骨料拌和在一起的混合料铺筑。

（4）膨胀材料法。即把膨胀性聚苯乙烯球状体与快凝水泥经气动搅拌，使之形成有孔隙（含泡沫）的黏结料，用以修复坑槽。具体修复步骤是：坑槽底部用废料回填，接着用泡沫含量较大的黏结料回填，上部则使用泡沫含量较小的黏结料。坑槽表面封层用快凝水泥和级配材料铺筑。其优点是工程造价低，施工简便，材料储存期较长，适于修复各种坑槽。

(5) 泡沫法。即利用有机材料聚氨基甲酸酯，在现场制成泡沫材料，填充坑槽。首先用废料回填坑醒底部，填至距坑槽表面 90～120 cm 处为止，然后在回填料上喷洒聚氨基甲酸酯和发泡剂，使泡沫材料膨胀，占据结合料中所有空隙。这种泡沫材料的膨胀比很容易控制，而且这种泡沫材料能与许多不同种类的结合材料黏结在一起。在距坑槽表面 90～120 cm 的地方，常使用密度较低的泡沫材料，而在距坑槽表面 45～60 cm 的地方，则使用密度较大、强度较高的泡沫材料。泡沫材料的密度，可通过调整原材料和发泡剂的比例来控制。

三、道面基层恢复

1. 拌和运输作业

(1) 拌和作业。用水泥混凝土搅拌机对一定级配的碎石、水泥、水按照规定的配合比进行拌和。正式拌和前，要进行试拌和，以确定实际用水量，实际用水量稍大于最佳含水量1%为最佳。含水量过大，会导致压路机在碾压过程中发生翻浆现象；含水量过小，会导致水稳碎石基层无法压实到规定的密实度。

(2) 运输作业。运输车将拌和好的水稳料运至现场后，驾驶员在现场安全员的指挥下，将车辆准确倒至指定位置卸料，驶离作业现场。

2. 整平碾压作业

(1) 整平作业。通常采用机械和人工相结合的方式整平。推土机主要是粗平，将料堆推开，修正较大的起伏，细致的整平作业通常用人工配合进行。

(2) 碾压作业。一般采用胶轮振动压路机，按照"从低到高、从边到中、速度适当、先轻后重"的战法进行碾压，确保填筑物密实度满足要求。碾压作业结束后，按照规定对道面基层进行养护。

3. 清理现场

待碾压作业结束后，对道面基层的平整度、密实度、水泥用量、强度等指标进行检测。

四、道面快速抢修

道面面层是直接与飞机轮胎接触并暴露在自然界的表层结构。由于道面面层工作和所处环境的特点，要求其具有较高的强度和较好的稳定性、耐久性，以便能承受飞机荷载的重复作用，发动机尾喷口的热气流作用和大气环境干湿、反复冻融、冷热循环的共同作用。

道面快速抢修是使用折叠式玻璃钢道面板、钢筋混凝土预制板、快凝水泥砂浆、碾压混凝土等材料,快速抢修损毁道面的班(组)作业行动。主要按照行动准备、行动实施、行动结束三个步骤进行,使道面在尽可能短的时间内满足飞机起降要求。

1. 铺设拼装式道面板

拼装式道面板是预先制备好的各种道面板材,通常成批成套。常用的有水泥混凝土道面板、钢道面板、铝合金道面板,以及用硬质聚氨基甲酸酯泡沫或铝箔制蜂窝状材料填芯的纤维增强聚酯夹层板等。目前,使用水泥混凝土道面板快速抢修是机场道面抢修中最常用的方法之一,其作业程序如下:

(1) 铺设准备。在坑槽回填时,就可将钢筋混凝土预制板(结构尺寸为 199 cm×199 cm×15 cm)、水泥、砂石料以及相应配套的机械设备提前运至现场。

(2) 放线标记。根据修整好的坑槽大小、形状,规划预制板铺设的起始位置和方向,并在拟铺设预制板的边缘位置每隔 2 m 打下钢钎,在钢钎距原道面板表面 14 cm 处做好标记,按照钢钎标记设置找平线,一般需设置 4 条找平线。

(3) 摊铺找平。从铺设第一块预制板开始,沿着铺设方向向坑槽的其他区域延伸。找平层材料用粒径 5~20 mm 的级配碎石,高程控制在距道面面层 14 cm,使预制板表面高于周围道面 1 cm。碎石运进坑槽后,用耙子、铁锹、刮板进行人工整平。

(4) 组织铺设。当第一块预制板的找平层作业完成后,即可开始铺设预制板。预制板铺设作业需 1 台吊车、6 名铺设作业人员。铺设过程中,要严格控制预制板的板间距和错台在允许误差范围内。

(5) 填塞板缝。砂浆灌缝工作在铺设部分预制板后即可开始。砂与水泥的比为 2∶1,水灰比一般为 0.5~0.6,以砂浆能流动为准。边灌注边用捣棒捣实,直至将缝隙填满并刮平。

2. 铺筑快硬水泥砂浆

(1) 作业程序

快硬水泥砂浆适用于小的坑槽修补,主要是依靠砂浆的流动性,将砂浆灌入大孔隙的碎石中,砂浆凝固后与碎石黏结在一起,形成承载面,满足战时飞机应急起降使用。此方法用材普遍、成本较低、工艺简单、便与组织。其作业程序如下:

① 铺筑准备。铺筑快硬水泥砂浆通常需要发电机、混凝土搅拌机、平板振动夯等设备,以及快硬水泥、砂、水等材料,在适当位置安装调试后,做好拌和准备。

② 隔离整平。在回填后的坑槽上铺设厚 2 cm 左右的砂隔离层,然后将 20~40 cm 的碎石倒入坑中,经过整平夯实后,使之与原道面保持基本平齐。

③ 搅拌砂浆。使用搅拌机拌和水泥砂浆。水泥通常采用快硬硅酸盐水泥、快凝快硬硅酸盐水泥、硫铝酸盐水泥,水泥与砂的比为 1∶1.5,水灰比为 0.45~0.65,拌和时间不小于 40 s。

④ 灌浆整平。用装载机或运输车将拌好的砂浆倒入坑槽,边灌注砂浆边用振动夯振动。当砂浆不再下渗时,将道面整平并清理干净。

(2) 注意事项

另外,还可采用铺筑快硬水泥混凝土,对损毁道面进行快速抢修。此方法使用的材料主要是快凝快硬硅酸盐水泥,其作业程序与铺筑快硬水泥砂浆基本相同。但由于快凝快硬硅酸盐水泥凝结时间短,除按照一般混凝土的施工工序和操作要求进行外,还需注意以下几点:

① 清除破损道面后,应将基层碾压密实,使其平整度和标高满足规范要求,确保抢修的道面达到应有的厚度。

② 在一块道面上只做局部修补时,应注意将局部破损切割成方形。在浇筑新混凝土前,把基础和旧道面的断口处用水湿润,并在断口处涂刷水泥净浆,以利新旧混凝土的黏结。

③ 快凝快硬混凝土作业时间通常为 20~30 min,拌和、运输、摊铺、振捣和整平等工序必须紧密配合。必要时,可掺加缓凝剂,延缓凝结时间,满足作业需求。

④ 使用搅拌机拌和混合料时,应先加碎石,再加入掺有缓凝剂的水,拌和 30 s 左右后,再加入砂和快凝快硬硅酸盐水泥,拌匀后出料。停止搅拌后应立即用水冲洗搅拌机。

⑤ 由于快凝快硬混凝土凝结时间非常短,因此摊铺好一段(约 1 m 左右),就边振捣边做面,依次连续进行。

3. 碾压贫混凝土

贫混凝土是一种小水灰比的混合料,属于硬性混凝土,经摊铺碾压后,可快速提高混凝土强度,使修复道面具备承载能力。此方法取材方便、操作简便、抢修速度快,在快速抢修道面时具有明显的时间优势。其作业程序如下:

(1) 碾压准备

① 材料准备

a. 水泥。通常采用快硬硅酸盐水泥、快硬硫铝酸盐水泥等特种水泥。

b. 外加剂。根据所用的技术性能和预期应达到的混凝土强度指标,通常选用早强减水剂、超早强剂。

c. 集料。粗集料通常选用最大粒径为 20 mm 的碎石,细集料通常选用中、粗砂。

d. 配合比。道面抢修时,碾压混凝土的配合比可按照水泥∶砂∶碎石∶水＝1∶2∶(3～4)∶(0.30～0.35)的比例控制。

② 机械设备准备

主要使用混凝土搅拌机、推土机、装载机、压路机等设备。

(2) 材料拌和

使用搅拌机现场拌和混合料,先加入砂石料,然后再加入水泥,经过干拌后,向料斗中加水。拌和时间通常控制在 40～60 s,确保混合料拌和均匀。有条件时可采用混凝土拌和机或混凝土搅拌运输车现场拌和。

(3) 铺筑碾压

将拌和好的混合料倒入坑槽后,预留适当的松铺厚度,经推土机整平后,用振动压路机进行碾压,先静压 2 遍,后振动碾压,碾压结束时,洒水静压收光 2 遍。

第五节 港口码头抢修抢建处置技术

一、进出港道路快速抢修

1. 堆积物快速清理

因为灾害发生,大量损坏物、倒塌物在道路上形成的不规则堆积体,形成障碍,使道路无法正常通行。抢修时,通常根据堆积物的体积、类型及现场地形特点,采取不同的方法抢通。

(1) 单向突击、快速疏通。适用于道路堆积物体积小、数量少、易清理等情况,主要使用推、挖、装等机械设备,从堆积体一侧,采用推、挖、抛等方法,将堆积物清理至路基下方,为下一步道路抢修创造可靠的作业环境。

(2) 划区分段、对向掘进。适用于道路堆积物体积大、数量多、灾点多和救援力量充足等情况,主要使用推、挖、装、运等机械设备,由堆积体两侧同时对向展开作业,采用推、挖、抛、运等方法,将堆积物清理至路基下方或转运至指定弃土场。

2. 道路快速修复

道路损坏主要是指因灾害影响,导致道路出现局部破损、坑槽或中断。抢修时,应根据道路损坏情况,采用不同的抢修技术。详见第一节"陆面道路抢通抢建处置技术"相关方法。

3. 桥梁快速抢修

桥梁损伤主要是指因灾害影响,导致桥梁出现桥面、墩台局部损伤,使桥梁无法正常通行。抢修时,应根据损伤部位、损伤程度,采取不同方法,快速修复损伤桥梁。

(1) 扩大基础加固。适用于桥梁基础受损,但仍具有一定承载力的桥梁快速抢修,主要使用挖掘机或镐具、电钻、铁锤、振捣器等,对桥梁基础进行开挖、植筋、混凝土浇筑或砌筑等加固作业,以提升桥梁基础承载能力。

(2) 增补桩基加固。适用于桩基倾斜或沉降,承载力严重受损桥梁的快速抢修,主要使用打桩机、植筋及混凝土浇筑配套器材,对桥梁桩基进行布孔、打桩、扩大承台等作业,以提升桥梁桩基承载能力,确保快速恢复桥梁通行。

(3) 桥梁构件外包钢加固。适用于需要大幅度提高构件截面承载力和抗震能力的钢筋混凝土梁板、墩柱等构件的快速加固,尤其适用于不允许增大截面尺寸,而又需要大幅度提高承载力的混凝土结构加固,对桥梁外露结构进行表层处理、钢件安装、密封灌浆、表面防护等作业,以提升桥梁承载能力,确保快速恢复桥梁通行。

二、重力式码头快速修复

地震、台风、爆炸、战争等灾害发生后,会导致重力式码头整体滑动,岸壁下沉、倾斜,填筑土体下陷等,造成码头出现坑槽、局部坍塌、跨塌中断等损坏,使码头丧失功能。重力式码头快速修复,按以下步骤进行。

(1) 基底处理

判定毁伤程度,排除险情后,采取人工与机械相结合的方式对坍塌处松散物进行清理、夯实,并对周边混凝土进行处理。

(2) 填筑

① 抛填大粒径块片石,分层碾压夯实,逐层向上依次减小粒径,并用碎石填缝。回填的块片石,应具有一定体积且大小不均匀,以提高承载力。

② 抛填至预定高度后(通常是距码头顶面约 1 m),在侧面斜坡上由外向内灌注水泥砂浆,以增加斜坡稳固性。若是码头坑槽已修复,则无须进行此步骤。

③ 填筑砂砾类材料,考虑到填筑材料还要碾压夯实,一般应填充至距码头面适当位置。砂砾类材料宜采用颗粒级配良好、质地坚硬的中砂、粗砂、砾砂、卵石和碎石。

④ 填筑完毕后,一般使用挖掘机进行粗略整平。回填时,可视坍塌尺寸大

小,使用挖掘机、自卸车、推土机或装载机等相互配合进行推填。

(3) 碾压

首先使用压路机对砂砾类铺筑层进行1～2遍初压,形成较稳定、较平整的承载层,然后再连续碾压5～8遍,使铺筑层达到规定的压实度。碾压结束后,填筑层应距码头面不小于30 cm,为浇筑混凝土面层做好准备。

碾压过程中,通常通过增加压路机的配重或调节压路机的气压、振频和振幅,来充分发挥压路机的压实功能,提高压实效果。若坑槽较小,压路机无法展开作业时,可使用液压高速夯实机或挖掘机配以振动平板夯进行压实。

(4) 浇筑混凝土

① 砂砾层碾压、夯实完成后,立即浇筑速凝混凝土面层。使用混凝土车浇筑混凝土,自由倾落高度超过2 m时,应使用串筒、斜槽、溜管等下料,防止混凝土发生分层离析。浇筑完成后,应使用振动棒(或平板式振动器)进行振捣,振动棒插入的间距一般为40 cm左右,振捣时间一般为15～30 s,待混凝土面层均匀且没有明显气泡时,采用人工或机械对面层进行整平。

② 若暂时不浇筑混凝土面层时,应加强填充层的碾压作业,以提高压实度,确保面层强度满足临时通行需求。

③ 如果坑槽、坍塌规模较小,且可直接采用混凝土修复时,应先对坑槽进行基底处理,再分层进行浇筑,每层厚度一般为30～50 cm,每浇筑完一层,应及时用振捣器材振捣密实。当坑槽面积较大,浇筑厚度超过50 cm时,可按1∶6～1∶10的坡度分块、分层进行。各分块、上下层之间的浇筑间歇时间,不应超过混凝土的初凝时间。当下层混凝土已初凝,无法连续浇筑时,应使用钢筋、石笋等材料处理施工缝。浇筑作业前,先在施工缝表面涂刷水泥浆,再进行浇筑,使现浇层与初凝层黏结形成整体。

(5) 铺装

当砂砾料面层碾压完毕后或混凝土浇筑完毕后,在面层顶部铺设长宽超过坑槽直径50 cm、厚1 cm的钢板或10 cm的木板,保证码头迅速投入使用。

三、高桩码头结构修复

1. 混凝土裂缝修复

(1) 修复方法

① 砂浆修复法:采用聚合物水泥砂浆对混凝土进行补强修复的一种方法。由于砂浆与混凝土相容性好,修补较为稳妥,且经济可靠。

② 表面封闭法:利用混凝土表层微细独立裂缝式网状裂纹的毛细作用吸收

修补胶液,封闭裂缝通道。为提高封闭的密度和耐水性,环氧树脂结构胶是较好的选择。

③ 压力灌浆法:将化学灌浆材料通过压力灌浆设备注入裂缝深处,以恢复结构整体性、防水性及耐久性。

(2) 破损等级

① A 级破损:混凝土大面积剥落、露筋的构件和顺筋锈蚀裂缝宽度大于 1 mm 的构件、裂缝宽度小于 1 mm 有锈迹裂缝的构件。采用砂浆修复法进行补强修复。

② B 级破损:裂缝宽度为 0.3~1 mm 的无锈迹裂缝或贯穿性裂缝。采用压力灌浆法进行补强修复。

③ C 级破损:裂缝宽度为 0.2~0.3 mm 的裂缝。采用表面封闭法进行补强修复。

(3) 修补措施

① A 级修复

a. 凿除混凝土保护层,凿除深度为锈蚀钢筋周围 20~30 mm 混凝土,凿除范围至钢筋未锈蚀处。

b. 如钢筋锈蚀严重,钢筋截面损失超过原有钢筋截面积 10% 时,需补焊钢筋,补筋强度利用系数可取 0.9。

c. 用高压淡水冲洗钢筋及混凝土表面并喷洒渗透型阻锈剂。

d. 对修补断面涂覆界面黏结材料,刷涂时应尽量不使黏结材料附在钢筋上;刷涂后,2 h 完成混凝土填充修补。

e. 当构件损坏处易于安装模板时宜采用立模浇筑混凝土法进行断面修补,其他采用聚合物砂浆法进行断面修补。

f. 在修补后的混凝土表面涂覆养护剂,并至少养护 7 天。

② B 级修复

a. 清除混凝土裂缝表面松散物和缝内异物。

b. 按 200~500 mm 间距设置灌浆嘴。裂缝的端部、裂缝交叉处及贯穿裂缝的两个侧面均应埋设灌浆嘴。

c. 对裂缝进行封缝处理后进行压气,检查灌浆嘴的连通和密封效果。

d. 按试验配比准确称量配制灌浆液,根据灌浆液的固化时间和灌浆速度随配随用;按竖向缝自下而上、水平缝自一端向另一端的顺序进行压力灌浆,灌浆强度为 0.2~0.8 MPa。

e. 待浆液固化后,拆除灌浆嘴,并对混凝土表面进行修整。

③ C 级修复

a. 沿裂缝走向骑缝凿出深度不小于 30 mm、宽度不小于 20 mm 的 U 形凹槽。

b. 清除槽内松散层、油污、浮灰及其他不牢附着物。

c. 在槽内的混凝土表面刷涂界面黏结材料。

d. 刷涂界面黏结材料后,2 h 完成聚合物砂浆对待修补面进行填充,然后在砂浆表面涂覆养护剂,并至少养护 7 天。

(4) 材料指标

各修复材料指标要求,见表 7-8。

表 7-8 修复材料指标要求

序号	材料	性能指标
1	修补混凝土	比原来高一个等级的混凝土,粗骨料粒径为 20 mm,外掺聚丙烯纤维
2	JVS 聚合物水泥砂浆	28 d 抗压强度≥45 MPa,抗折强度≥6.5 MPa,抗拉强度≥3.5 MPa,干缩值 28 d≤500 $\mu\varepsilon$
3	界面黏结材料	用于 JVS 聚合物水泥砂浆和混凝土表面,抗压强度≥50 MPa,抗拉强度≥5 MPa,与湿混凝土湿表面的正拉黏结强度≥2.5 MPa 且为混凝土内聚破坏
4	封缝材料	K801 胶,抗压强度≥50 MPa,抗拉强度≥10 MPa,与干混凝土湿表面的黏结力不小于原混凝土的抗拉强度
5	灌浆材料	同封缝材料

2. 梁板补强加固

(1) 传统结构加固法

通常是拆除码头原有不符合较大承载要求的陈旧上部结构,利用原有桩基或者适当补桩加固,并新浇筑上部混凝土结构。

采用现浇横梁、预制纵梁和面板,通过现浇面层形成整体。

(2) 增大截面加固法

通过增大原梁的截面面积,即在梁受拉区增厚混凝土并增设钢筋来提高梁的承载力。

(3) 结构粘钢技术

用特制的结构胶黏剂,将钢板粘贴在钢筋混凝土结构的表面,使钢板与混凝土构件共同工作,达到加固及增强原结构强度和刚度的目的。

(4) 碳纤维加固混凝土技术

碳纤维布加固修补结构技术是一种新型的结构加固技术。它是利用树脂类黏结材料将碳纤维布粘贴于混凝土构件的表面,利用碳纤维材料良好的抗拉强度性能达到增强构件承载能力的目的。

CFRP加固技术材料有两种,即碳纤维和基体用树脂。

3. 基桩加固

(1) 补桩

① 原桩不利用

当受损基桩的承载能力几乎完全失去,残余承载力可以忽略不计时,一般应进行补桩加固。

为了避免偏心受力,一般采用缺一补二的原则,在该损坏桩周围对称布置两根桩,共同承担上部结构荷载。有些时候也可以采用缺一补一的方式。补桩后,一般应现浇扩大桩帽或横梁,使得补桩、原横梁或原桩帽等连成一个整体。

② 部分利用原桩

考虑到经济因素,原有桩基础的部分承载力宜尽量利用。即在原桩基础周围补桩并扩大原桩帽或横梁,将桩帽或横梁与原桩、补桩桩顶连接在一起,共同受力。

(2) 接桩

① 对于桩顶附近缺陷的修复加固。凿除桩顶及对应横梁等底部混凝土,采用加大桩帽或局部加大桩帽的方式对其进行加固处理。

② 当缺陷严重时,一般采用钢套筒修补法,在桩明显缺陷的部位用钢套筒进行保护,并在其中放入钢筋后浇筑混凝土,使原桩和钢套筒形成一个整体。

(3) 修桩(混凝土桩)

对于桩基产生裂缝的情况,可以酌情采用外包碳纤维布的方法。桩身补强后,才能恢复桩的承载力和稳定性,同时增强对水流冲刷、侵蚀的抵抗能力。

(4) 钢管桩修复

① 原包覆层脱落或损坏引起钢管桩锈蚀,可采用玻璃钢进行修复。

② 对于阳极块脱落的情况应及时更换,阴极保护应按实际情况进行修复。

③ 对于受腐面积大(坑点多),壁厚损失率达30%以上,且有小面积穿孔的钢管桩可采用碳纤维布进行加固。

④ 钢管桩水下破裂时,可通过浇筑桩芯混凝土进行加固。

⑤ 钢管桩断裂时,应视断裂位置,采取补焊、补桩等方法。

四、港口堆场快速抢修

港口堆场是指用于堆存和保管待运货物的仓库和露天场地,通常与港区道路、生产辅助区、码头相连接。地震、台风、爆炸、战争等灾害发生后,会导致堆放的货物和机械设备移位,发生撞击扭曲变形,或倾覆、倒塌,或叠加挤堆在一块;还会导致堆场凹陷、下沉,铺面损毁等,严重影响港区交通通行和生产作业。

1. 堆场清理

(1) 集中力量优先清理连接道路与码头堆场的堆积物,快速打通港区与码头的道路交通,修复码头设施,以恢复码头的装卸生产功能。

(2) 堆场其他地方的堆积货物,应根据货物种类、损坏程度以及货物的可利用程度、危险程度等,分门别类地进行整理、清理,最终完成堆场的清理工作。

清理方法可参照"港区道路堆积物快速清理"的处置方法。

2. 堆场铺面破损修复

港区堆场铺面通常有联锁块铺面、独立块铺面和水泥混凝土铺面三种类型。通常按以下步骤进行抢修:

(1) 基底处理。采取人工与机械相结合的方式对损坏处进行清理、夯实,并对周边铺面进行处理。

(2) 回填。填筑透水性好、承载力强的砂砾料,并分层碾压夯实,直至预定高度。砂砾料宜采用颗粒级配良好、质地坚硬的中砂、粗砂、砾砂、卵石和碎石等。

(3) 碾压。首先使用压路机对砂砾类铺筑层进行1~2遍初压,形成较稳定、较平整的承载层,然后再连续碾压5~8遍,使铺筑层达到规定的压实度。

碾压过程中,通常通过增加压路机的配重或调节压路机的气压、振频和振幅来充分发挥压路机的压实功能,提高压实效果。若坑槽较小,压路机无法展开作业时,可使用液压高速夯实机或挖掘机配以振动平板夯进行压实。

(4) 铺砌铺面。根据原有铺面类型,选择对应的铺砌铺面;若暂时不铺砌铺面时,应加强对回填料的碾压作业,提高压实度,确保强度满足需求。

五、其他水工建筑物快速抢修

护岸墙、防浪堤、防波堤等其他水工建筑物因凹陷、坍塌需要抢修抢建时,可参照"重力式码头快速修复"的处置方法。

第六节 堤防工程抢建抢修处置技术

堤防工程是防御洪水的主要屏障,当堤防工程出险后,要立即查看出险情况,分析出险原因,按照抢早抢小、因地制宜、就近取材的原则,有针对性地采取有效措施,及时进行抢护,以防止险情扩大,保证工程安全。一般来讲,堤防工程的常见险情主要有漫溢、渗水、管涌、滑坡、漏洞、风浪、裂缝、坍塌、跌窝等九种险情。

一、防漫溢抢险

1. 险情说明

漫溢是洪水漫过堤、坝顶的现象。堤防工程多为土体填筑,抗冲刷能力差,一旦溢流,冲塌速度很快,如果抢护不及时,就会造成决口。当遭遇超标准洪水、台风,根据洪水预报,洪水位(含风浪高)有可能超越堤顶时,为防止漫溢溃决,应迅速进行加高抢护。

2. 原因分析

一般造成堤防工程漫溢的原因有如下几点:

(1) 由于发生降雨集中、强度大、历时长的大暴雨,河道宣泄不及,洪水超过了堤防的设计标准,洪水位高于堤顶。

(2) 设计时,对波浪的计算与实际不符,发生大风大浪时最高水位超过堤顶。

(3) 施工中堤顶未达设计高程,或因地基有软弱层,填土碾压不实,导致产生过大的沉陷量,使堤顶高程低于设计值。

(4) 河道内存在阻水障碍物,如未按规定在河道内修建闸坝、桥涵、渡槽以及盲目围垦、种植片林和高秆作物等,形成阻水障碍,降低了河道的泄洪能力,使水位壅高而超过堤顶。

(5) 河道发生严重淤积,过水断面缩小,抬高了水位。

(6) 主流坐弯、风浪过大,以及风暴潮、地震等壅高水位。

3. 抢护原则

漫溢险情的抢护原则是"预防为主,水涨堤高"。当洪水位有可能超过堤(坝)顶时,为了防止洪水漫溢,应充分利用机械和人力,因地制宜,就地取材,迅速果断地抓紧在堤坝顶部抢筑子堤(埝),力争在洪水到来之前完成。

4. 抢护方法

防漫溢抢护常采用的方法有:运用上游水库的调蓄作用削减洪峰;采用分洪、滞洪和行洪措施,减轻堤防工程压力;对河道内的阻水建筑物或急弯壅水处,采取果断措施进行拆除清障,以保证河道畅通,提高排洪能力。

(1) 纯土子堤(埝)

纯土子堤应修在堤顶靠临水堤肩一边,其临水坡脚一般距堤肩 0.5~1 m,

顶宽1 m,边坡不陡于1∶1,子堤顶应超出推算最高水位0.5～1 m。在抢筑土子堤前,沿子堤轴线先开挖一条深0.2 m、底宽约0.3 m、边坡1∶1的结合槽,再清除子堤底宽范围内原堤顶面的草皮、杂物,并把表层刨松或犁成小沟,以利新老土结合。抢筑土子提时,应在背河堤脚50 m以外取土,以维护堤坝的安全;遇紧急情况时,可用汛前堤防上储备的土料修筑;万不得已时,也可临时借用背河堤肩浸润线以上部分土料修筑。土料宜选用黏性土,不要用沙土、有植物根叶的腐殖土及含有盐碱等易溶于水的土料。填筑时要分层填土夯实,确保质量。

此法能就地取材,修筑快,费用省,汛后可加高培厚成正式堤防工程,适用于堤顶宽阔、取土容易、风浪不大、洪峰历时不长的堤段。

(2) 土袋子堤

土袋子堤适用于堤顶较窄、风浪较大、取土较困难、土袋供应充足的堤段。一般用草袋、麻袋或土编织袋,装土七八成满后,将袋口缝严,不要用绳扎口,以利铺砌。一般用黏性土,土料紧张时也可使用颗粒较粗或掺有砾石的土料,要避免使用稀软、易溶和易于被风浪冲刷吸出的土料。

土袋子堤距临水堤肩0.5～1 m,排砌多排土袋时将临水排袋口朝向背水侧,单排土袋时可将袋口顺纵向依次叠压,要排砌紧密,袋缝上下层错开,上层和下层要交错掩压,逐层向后收坡,使土袋临水面形成1∶0.5、最陡1∶0.3的边坡。不足1 m高的子堤,可在临水侧叠砌一排土袋,或一丁一顺。对较高的子堤,底层可酌情加宽为两排或更宽些。土袋后面修土戗,随砌土袋,随分层铺土夯实,土袋内侧缝隙可在铺砌时分层用沙土填垫密实,外露缝隙用麦秸、稻草塞严,以免土料被风浪抽吸出来。土戗背水坡以不陡于1∶1为宜,子堤顶高程应超过推算的最高水位,并保持一定超高。

(3) 桩柳(木板)子堤

当土质较差、取土困难、缺乏土袋时,可就地取材,修筑桩柳(木板)子堤。它的具体做法是:在距临水堤肩0.5～1 m处先打木桩一排,桩长可根据子堤高而定,木桩梢径为5～10 cm,木桩入土深度为桩长的1/3～1/2,桩距为0.5～1 m。将柳枝、秸料或芦苇等捆成长2～3 m、直径约20 cm的柳把,用铅丝或麻绳绑扎于木桩后(亦可用散柳厢修),自下而上紧靠木桩逐层叠放。在放置第一层柳把时,先在堤顶上挖深约0.1 m的沟槽,将柳把放置于沟内。在柳把后面散放秸料一层,厚约20 cm,然后分层铺土夯实,做成土戗。土戗顶宽1 m,边坡不陡于1∶1,具体做法与纯土子堤相同。

此外,若堤顶较窄,也可前后各打一排木桩,两排桩的排距为1～1.5 m,两排桩的内侧相对绑扎柳把或散柳,然后在两排柳把间填土夯实。两排桩的桩顶可用 18~20 号铅丝对拉或用木杆连接牢固。

(4) 柳石(土)枕子堤

当取土困难、土袋缺乏而柳源又比较丰富时,适用此法。其具体做法是:一般在堤顶临水一边距堤肩 0.5~1m 处,根据子堤高度,确定使用柳石枕的数量。如高度为 0.5 m、1 m、1.5 m 的子堤,分别用 1 个、3 个、6 个枕,按品字形堆放。第一个枕距临水堤肩 0.5~1 m,并在其两端各打木桩 1 根,以固定柳石(土)枕,防止滚动,或在枕下挖深 0.1 m 的沟槽,以免枕滑动和防止顺堤顶渗水。枕后用土做戗,戗下开挖结合槽,并清除草皮及杂物,刨松表层土,以利新旧土的结合,然后在枕后分层铺土夯实,直至戗顶。戗顶宽一般不小于 1 m,边坡不陡于 1∶1,若土质较差,则应适当放缓坡度。

(5) 防洪(浪)墙防漫溢子堤

当修建土质堤防受到场地或土料限制时,为减少用土量或减少占地时,常沿江河岸修筑防洪墙;当有涵闸等水工建筑物时,一般都设置浆砌石或钢筋混凝土防洪(浪)墙。当遭遇超标准洪水时,可利用防洪(浪)墙作为子堤的迎水面,在墙后利用土袋加固加高挡水。土袋应紧靠防洪(浪)墙背后叠砌,宽度、高度及坡度均应满足防洪和稳定的要求,其做法与土袋子堤相同。

(6) 编织袋土子堤

使用编织袋修筑子堤,在运输、储存、费用,尤其是耐久性方面,都优于以往使用的麻袋、草袋。最广泛使用的是以聚丙烯或聚乙烯为原料制成的编织袋。用于修筑子堤的编织袋,一般长 0.9~1 m,宽 0.5~0.6 m,袋内装土质量为 40~60 kg,以利于人工搬运。当遇雨天道路泥泞又缺乏土料时,可采用编织袋装土修筑编织袋土子堤(最好用防滑编织袋),编织袋间用土填实,防止涌水。子堤位置同样在临河一侧,顶宽为 1.5~2 m,边坡可以陡一些。当流速较大或风浪较大时,可用聚丙烯编织布或无纺布制成软体排,在软体下端缝制直径为 30~50 cm 的管状袋。抢护时,将排体展开在临河堤肩,管状袋装满土后,将两侧袋口缝合,滚排成捆,排体上端压在子堤顶部或打桩挂排,用人力一起推滚排体下沉,直至风浪波谷以下,并可随着洪水位升降变幅进行调整。

(7) 土工织物土子堤

土工织物土子堤的抢筑方法,基本与纯土子堤相同,不同的是将堤坡防风浪的土工织物软体排铺设高度向上延伸覆盖至子堤顶部,使堤坡防风浪淘刷和堤顶防漫溢的软体排构成一个整体,以达到更好的效果。

(8) 橡胶子堤

橡胶子堤是以水作坝体填充材料,可快速组成防洪子堤,可防御超 0.8 m

的洪水,抵御0.3 m的风浪。充水式橡胶子堤由充水胶囊和防护垫片构成,主要用于加高堤坝、拦截洪水、做成围堰阻滞洪水漫溢。它的特点是质量轻、耐压强度高、气密性能优良,是一种轻便、灵活、可反复使用的新型防汛抢险材料。

充水胶囊的主体材料是高强力耐老化橡胶,由3个宽0.8 m、长10 m的胶囊组合而成,3个胶囊用6组三连环固定在一起,形成一个稳定的三角形状态。3个胶囊充满水后总容积为15 m^3,总质量达15 t,在此压力下加大对下护坦的正压力,防止子堤向外滑移。充水后高度达1.2 m,可以支撑护坦,同时胶囊和护坦组装成一体后,可以增加稳定性。护坦布(防护垫片)是以特制土工膜为基材,经黏结、铆合而成,其主要功能是防渗、防撞击和防止胶囊滑移。护坦布分为上护坦布和下护坦布。上护坦布长10 m、宽3.85 m,两端分别装有受拉和水密封装置(也称连接装置),可根据长度要求任意连接,主要功能是连接护坦布长度,确保连接处的水密封性,保护水囊不受损伤;下护坦布长10.3 m、宽2.85 m,与堤基接触,水囊放置在下护坦布上,充满水后对下护坦布产生较大压力,增大护坦与地面之间的摩擦力。

5. 注意事项

防漫溢抢险应注意以下事项:

(1) 根据洪水预报估算洪水到来的时间和最高水位,做好抢修子堤的料物、机具、人力、进度、取土地点、施工路线等安排。抢护中,要有周密的计划和统一的指挥,抓紧时间,务必抢在洪水到来之前完成子堤修筑。

(2) 抢筑子堤务必全线同步施工,突击进行,决不能做好一段,再加一段,决不允许留有缺口或部分堤段施工进度过慢的现象存在。

(3) 为了争取时间,子堤开始可修得矮小些,然后随着水位的升高而逐渐加高培厚。

(4) 抢筑子提要保证质量,派专人监理,要经得起洪水期考验,绝不允许子堤溃决,造成更大的溃决灾害。

(5) 临时抢筑的子堤一般质量较差,要派专人严密巡查,加强质量监督,加强防守,发现问题,及时抢护。

(6) 子提切忌靠近背河肩,否则,不仅缩短渗径、抬高浸润线,而且水流漫过原堤顶后,顶部湿滑,对行人、运料及继续加高培厚子堤的施工,都极为不利。

(7) 子堤往往很长,一种材料难以满足。当各堤段使用不同材质时,应注意处理好相邻段的接头处,要有足够的长度衔接。

二、渗水(散浸)抢险

1. 险情说明

汛期高水位历时较长时,在渗压作用下,堤前的水向堤身内渗透,堤身形成上下干湿两部分,干湿部分的分界线,称为浸润线。如果堤防工程土料选择不当,施工质量不好,渗透到堤防工程内部的水分较多,浸润线也相应抬高,在背水坡出逸点以下,土体湿润或发软,有水渗出的现象,称为渗水。渗水也叫散浸或洇水,是堤防工程较常见的险情之一。即使渗水是清水,当出逸点偏高,浸润线抬高过多时,也要及时处理。若发展严重,超出安全渗流限度,即可能成为严重渗水,导致土体发生渗透变形,形成脱坡(或滑坡)、管涌、流土、陷坑甚至漏洞等险情。

2. 原因分析

堤防工程发生渗水的主要原因是:

(1) 水位超过堤防工程设计标准或超警戒水位持续时间较长。

(2) 堤防工程断面不足,浸润线在背水坡出逸点偏高。

(3) 堤身土质多沙,尤其是成层填筑的沙土或粉沙土,透水性强,又无防渗斜墙或其他有效控制渗流的工程设施。

(4) 堤防工程修筑时,土粒多杂质,有干土块或冻土块,碾压不实,施工分段接头处理不密实。

(5) 堤身、堤基有隐患,如蚁穴、树根、鼠洞、暗沟等。

(6) 堤防工程与涵闸等水工建筑物结合部填筑不密实。

(7) 堤基土壤渗水性强,堤背排水反滤设施失效,浸润线抬高,渗水从坡面逸出等。

(8) 堤防工程历年岁修,使堤内有明显的新老结合面缝隙存在。

3. 抢护原则

抢护中以"临水(河)截渗,背水(河)导渗"为原则,减小渗压和出逸流速,抑制土粒被带走,稳定堤身。在临水坡用黏性土壤修筑前戗,也可用篷布、土工膜隔渗,以减少渗水入堤;在背水坡用透水性较强的砂子、石子、土工织物或柴草反滤,通过反滤,将已入渗的水,有控制地只让清水流走,不让土粒流失,从而降低浸润线,保持堤身稳定。切忌在背水坡面用黏性土压渗,这样会阻碍堤身内的渗流逸出,势必抬高浸润线,导致渗水范围扩大和险情加剧。在抢护渗水险情之前,还应首先查明发生渗水的原因和险情的程度,结合险情和水情,进行综合分析后,再决定是否采取措施及时抢护。如堤身因浸水时间较长,在背水坡出现散浸,但坡面仅呈现湿润发软状态,或渗出少量清水,经观察并无发展,同时水情预报水位不再上涨,或上涨不大时,可加强观察,注意险情变化,暂不做处理。若遇背水坡渗水很严重或已开始出现浑水,有发生流土的可能,则证明险情在恶化,应采取临河防渗、背河导渗的方法,及时进行处理,防止险情扩大。

4. 抢护方法

(1) 临河截渗

为增加阻水层,减少向堤身的渗水量,降低浸润线,达到控制渗水险情发展和稳定堤身堤基的目的,可在临河截渗。一般根据临水的深度、流速,对风浪不大、取土较易的堤段,均可采用临河截渗法进行抢护。临河截渗有以下几种方法:

① 黏土前戗截渗

当堤前水不太深,风浪不大,水流较缓,附近有黏性土料,且取土较易时,可采用此法。具体做法为:

a. 根据渗水堤段的水深、渗水范围和渗水严重程度确定修筑尺寸。一般戗顶宽 3~5 m,长度至少超过渗水堤段两端各 5 m,前戗顶可视背水坡渗水最高出逸点的高度而定,高出水面约 1 m,戗底部以能掩盖堤脚为宜。

b. 填筑前应将边坡上的杂草、树木等杂物尽量清除,以免填筑不实,影响戗体截渗效果。

c. 在临水堤肩准备好黏性土料,然后集中力量沿临水坡由上而下,由里到外,向水中缓慢推下,由于土料入水后的崩解、沉积和固结作用,即成截渗戗体。填土时切勿用车装土向水中猛倒,以免沉积不实,失去截渗作用。如临河水流较急或风浪较大,土料易被水冲失,可先在堤前水中抛投土袋作隔堤,然后在土袋与堤之间倾倒黏土,直至达到要求高度。

② 桩柳(土袋)前戗截渗

当临河水较浅有溜时,土料易被冲走,可采用桩柳(土袋)前戗截渗。具体做法如下:

a. 在临河堤脚外用土袋筑一道防冲墙,其厚度及高度以能防止水流冲刷戗土为宜,防冲墙和墙后的填土同时筑高。如临河水较深,因在水下用土袋筑防冲墙有困难,可做桩柳防冲墙,即在临水坡脚前 1~2 m 处,打木桩或钢管桩一排,桩距为 1 m,桩长根据水深和流势决定。桩一般要打入土中 1/3,桩顶高出水面约 1 m。

b. 在已打好的木桩上,用柳枝或芦苇、秸料等梢料编成篱笆,或者用木杆、竹竿将桩连起来,上挂芦席或草帘、苇帘等。编织或上挂高度,以能防止水流冲刷戗土为宜。木桩顶端用8号铅丝或麻绳与堤顶上的木桩拴牢。

c. 在抛土前,应清理边坡并备足土料,然后在桩柳墙与堤坡之间填土筑戗。戗体尺寸和质量要求与上述抛填黏土前戗截渗相同,也可将抛筑前戗顶适当加宽,然后在截渗戗台迎水面抛铺土袋防冲。

③ 土工膜截渗

当缺少黏性土料时,若水深较浅,可采用土工膜加保护层的方法,达到截渗的目的。防渗土工膜种类较多,可根据堤段渗水具体情况选用。具体做法是:

a. 在铺设前,应清理铺设范围内的边坡和坡脚附近地面,以免造成土工膜的损坏。

b. 土工膜的宽度和沿边坡的长度可根据具体尺寸预先黏结或焊接好,以满铺渗水段边坡并深入临水坡脚以外1 m以上为宜。顺边坡宽度不足可以搭接,但搭接长度应大于0.5 m。

c. 铺设前,一般在临水堤肩上将长8～10 m的土工膜卷在滚筒上,在滚铺前,将土工膜的下边折叠粘牢形成卷筒,并插入直径为4～5 cm的钢管加重(如无钢管可填充土料、石子等,并用长条形塑料袋装填),使土工膜能沿边坡紧贴展铺。

d. 土工膜铺好后,应在其上满压一两层内装砂石的土袋,由坡脚最下端压起,逐层错缝向上平铺排压,不留空隙,作为土的保护层,同时起到防风浪的作用。

(2) 反滤沟导渗

当堤防工程背水坡大面积严重渗水时,应主要采用在堤背开挖导渗沟,铺设反滤料、土工织物和加筑透水后戗等方法,引导渗水排出,降低浸润线,使险情趋于稳定,但必须起到避免水流带走土颗粒的作用。

① 砂石导渗沟

堤防工程背水坡导渗沟的形式,常用的有纵横沟、"Y"字形沟和"人"字形沟等。沟的尺寸和间距应根据渗水程度和土壤性质而定。一般沟深0.5～1 m,宽0.5～0.8 m,顺堤坡的竖沟一般每隔6～10 m开挖一条。在施工前,必须备足人力、工具和料物,以免停工待料。

施工时,应在堤脚稍下游处开挖一条排水纵沟,填好反滤料。纵沟应与附近地面原有排水沟渠连通,将渗水排至远离堤脚外的地方;然后在边坡上开挖导渗竖沟,与排水纵沟相连,逐段开挖,逐段填充反滤料,一直挖填到边坡出现渗水的最高点稍上处。开挖时,严禁停工待料,导致险情恶化。导渗竖沟底坡一般与堤坡相同,边坡以能使土体站得住为宜,其沟底要求平整顺直。如开沟后排水仍不显著,可增加竖沟或斜沟,以改善排水效果。导渗沟内要按反滤层要求分层填放粗砂、小石子、卵石、碎石(一般粒径为 0.5~2 cm)或大石子(一般粒径为 4~10 cm),每层厚度要大于 20 cm。砂石料可用天然料或人工料,但务必洁净,否则会影响反滤效果。反滤料铺筑时,要严格按照下细上粗、两侧细中间粗的原则分层铺设,切忌粗料(石子)与导渗沟底、沟壁土壤接触。为防止泥土掉入导渗沟内,阻塞渗水通道,可在导渗沟的砂石料上面铺盖草袋、席片或麦秸,然后压上土袋、块石加以保护。

② 梢料导渗沟(又称芦柴导渗沟)

开沟方法与砂石导渗沟相同。沟内用稻糠、麦秸、稻草等细梢料与柳枝或芦苇、秫秸等粗梢料,按下细上粗、两侧细中间粗的原则铺放,严禁粗梢料与导渗沟底、沟壁土壤接触。

铺料方法有两种:一种先在沟底和两侧铺细梢料,中间铺粗梢料,每层厚大于 20 cm,顶部如能再铺盖厚度大于 20 cm 的细梢料会更好,然后上压块石、草袋或上铺席片、麦秸、稻草,顶部压土加以保护;另一种是先将芦苇、秫秸、柳枝等粗梢料扎成直径为 30~40 cm 的把子,外捆稻草或麦秸等细料,厚度约为 10 cm,以免粗料与堤土直接接触,梢料铺放要粗枝朝上,细枝朝下,自沟下向上铺,在枝梢接头处,应搭接一部分。横(斜)沟下端滤料要与坡脚排水纵沟滤料相接,纵沟应与坡脚外排水沟渠连通。梢料导渗层做好后,上面应用草袋、席片、麦秸等铺盖,然后用块石或土袋压实。

③ 土工织物导渗沟

土工织物导渗沟的开挖方法与砂石导渗沟相同。土工织物是一种能够防止土粒被水流带出的导渗层。如当地缺乏合格的反滤砂石料,可选用符合反滤要求的土工织物,将其紧贴沟底和沟壁铺好,并在沟口边沿露出一定宽度,然后向沟内细心地填满一般透水料,如粗砂、石子、砖渣等,不必再分层。在填料时,要避免有棱角或尖头的料物直接与土工织物接触,以免刺破土工织物。土工织物长宽尺寸不足时,可采用搭接形式,其搭接宽度不小于 20 cm。在透水料铺好后,上面铺盖草袋、席片或麦秸,并压上土袋、块石加以保护。开挖土层厚度不得小于 0.5 m。在坡脚应设置排水纵沟,并与附近排水沟渠连通,将渗水集中排向远处。在紧急情况下,也可将土工织物包梢料捆成枕放在导渗沟内,然后上面铺盖土料保护层。在铺放土工织物过程中应尽量缩短日晒时间,并使保护层厚度不小于 0.5 m。

(3) 反滤层导渗

当堤身透水性较强,背水坡土体过于稀软,或者堤身断面小,经开挖试验,采用导渗沟确有困难,且反滤料又比较丰富时,可采用反滤层导渗法抢护。此法主要是在渗水堤坡上铺反滤层,使渗水排出,以阻止险情的发展。根据使用反滤材料不同,抢护方法有以下几种:

① 砂石反滤层

在抢护前,首先将渗水边坡的软泥、草皮及杂物等清除,清除厚度约20～30 cm;其次按反滤的要求均匀铺设一层厚15～20 cm 的粗砂,上盖一层厚10～15 cm 的细石,再盖一层厚 15～20 cm、粒径为 2 cm 的碎石;最后压上厚约 30 cm 的块石,使渗水从块石缝隙中流出,排入堤脚下导渗沟。反滤料的质量要求、铺填方法及保护措施与砂石导渗沟铺反滤料相同。

② 梢料反滤层(又称柴草反滤层)

按砂石反滤层的做法,将渗水堤坡清理好后,铺设一层稻糠、麦秸、稻草等细梢料,其厚度不小于 10 cm,再铺一层秫秸、芦苇、柳枝等粗梢料,其厚度不小于 30 cm。所铺各层梢料都应粗枝朝上,细枝朝下,从下往上铺,在枝梢接头处,应搭接一部分。梢料反滤层做好后,所铺的芦苇、稻草一定要露在堤脚外面,以便排水;上面再盖一层草袋或稻草,然后压块石或土袋加以保护。

③ 土工织物反滤导渗

当背水堤坡渗水比较严重,堤坡土质较松软时,采用此法。具体做法是:按砂石反滤层的要求,清理好渗水边坡后,先铺设一层符合反滤层要求的土工织物。铺设时应使搭接宽度不小于 30 cm。它的下面是否还要铺一般透水料,可据情况而定,其上面要先铺一般透水料,最后再压块石、碎石或土袋进行保护。当背水堤坡出现一般渗水时,可覆盖土工织物、压重导渗或做导渗沟。在选用土工织物作滤层时,除要考虑土工织物本身的特性外,还要考虑被保护土壤及水流的特性。

(4) 透水后戗(又称透水压渗台)

此法既能排出渗水,防止渗透破坏,又能加大堤身断面,达到稳定堤身的目的。一般适用于堤身断面单薄坡面渗水严重,滩地狭窄,背水堤坡较陡或背河堤脚有潭坑、池塘的堤段。当背水坡发生严重渗水时,应根据险情和使用材料的不同,修筑不同的透水后戗。

① 沙土后戗

在抢护前,先将边坡渗水范围内的软泥、草皮及杂物等清除,开挖深度为 10～20 cm;再在清理好的边坡上,采用比堤身透水性大的沙土填筑,并分层夯实。沙土后戗戗顶一般高出浸润线出逸点 0.5～1 m,顶宽为 2～4 m,戗坡为 1∶3～1∶5,长度超过渗水堤段两端至少 3 m。采用透水性较大的粗砂、中砂修做后戗,断面可小些;相反,采用透水性较小的细砂、粉砂修做后戗,断面可大些。

② 梢土后戗

当附近沙土缺乏时,可采用此法,其外形尺寸以及清基要求与沙土后戗基本相同。地基清好后,在坡脚拟抢筑后戗的地面上铺厚约 30 cm 的梢料。在铺料时,要分三层,上下层均用细梢料,如麦秸和稻草等,其厚度不小于 20 cm;中层用粗梢料,如柳枝、芦苇和秫秸等,其厚度为 20～30 cm;粗料要垂直堤身,头尾搭接,梢部向外,并伸出戗身,以利排水。在铺好的梢料透水层上,采用沙性土(忌用黏土)分层填土夯实,填土厚度为 1～1.5 m,然后在此填土层上仍按地面铺梢料办法(第一层)再铺第二层梢料透水层,如此一层梢一层土,直到设计高度。多层梢料透水层要求梢料铺放平顺,并垂直堤身轴线方向,应做成顺坡,以利排水,免除滞水。

在渗水严重堤段背水坡上,为了加速渗水的排出,也可顺边坡隔一定距离铺设透水带,与梢土后戗同时施工。在边坡上铺放梢料透水带,粗料也要顺堤坡首尾相接,梢部向下,与梢土后戗内的分层梢料透水层接好,以利于坡面渗水排出,防止边坡土料带出和戗土进入梢料透水层,造成堵塞。

5. 注意事项

在渗水险情抢险中,应注意以下事项:

(1) 对渗水险情的抢护,应遵守"临水截渗,背水导渗"的原则。但临水截渗,需在水下摸索进行,施工较难。为了避免贻误时机,应在临水截渗实施的同时,更加注意在背水面做反滤导渗。

(2) 在渗水堤段坡脚附近,如有深潭、池塘,在抢护渗水险情的同时,应在堤背坡脚处抛填块石或土袋固基,以免因堤基变形而引起险情扩大。

(3) 在土工织物、土工膜等合成材料的运输、存放和施工过程中,应尽量避免或缩短其直接受阳光暴晒的时间,完工后,其表面应覆盖一定厚度的保护层。

(4) 采用砂石料导渗,应严格按照反滤质量要求分层铺设,并尽量减少在已铺好的面上践踏,以免造成反滤层的人为破坏。

(5) 导渗沟开挖形式,从导渗效果看,斜沟("Y"形与"人"字形)比竖沟好,因为斜沟导渗面积比竖沟大。可结合实际,因地制宜选定沟的开挖形式,但背水坡面上一般不要开挖纵沟。

(6) 使用梢料导渗,可以就地取材,施工简便,效果显著。梢料容易腐烂,汛后必须拆除,重新采取其他加固措施。

(7) 在抢护渗水险情中,应尽量避免在渗水范围内来往践踏,以免加大加深稀软范围,造成施工困难和险情扩大。

(8)切忌在背河用黏性土做压渗台,因为这样会阻碍堤内渗流逸出,势必抬高浸润线,导致渗水范围扩大和险情恶化。

三、管涌(翻沙鼓水、泡泉)抢险

堤防工程挡水后,由于临水面与背水面的水位差较大而发生渗流,若渗流出逸点的渗透坡降大于允许坡降,则可能发生管涌或流土等渗流破坏,导致堤防工程出现溃决或沉陷等险情。

1. 险情说明

当汛期高水位时,在堤防工程下游坡脚附近或坡脚以外(包括潭坑、池塘或稻田中),可能发生翻沙鼓水现象。从工程地质特征和水力条件来看,有两种情况:一种是在一定的水力梯度的渗流作用下,土体(多半是砂砾土)中的细颗粒被渗流冲刷带至土体孔隙中发生移动,并被水流带出,随着流失的土粒逐渐增多,渗流流速增加,较粗粒径颗粒亦逐渐流失,不断发展,便形成贯穿的通道,称为管涌(又称泡泉);另一种是黏性土或非黏性土、颗粒均匀的沙土,在一定的水力梯度的上升渗流作用下,所产生的渗透动水压力超过覆盖的有效压力时,则渗流通道出口局部土体表面被顶破、隆起或击穿发生"沙沸",土粒随渗水流失,局部形成洞穴、坑洼,这种现象称为流土。

在堤防工程险情中,把这种地基渗流破坏的管涌和流土现象统称为翻沙鼓水。翻沙鼓水一般发生在背水坡脚或较远的坑塘洼地,多呈孔状,出水口冒水冒沙。出水口孔径小的如蚁穴,大的可达几十厘米;少则出现一两个,多则出现冒孔群或称泡泉群,冒沙处形成"沙环",又称"土沸"或"沙沸";有时也表现为土块隆起(牛皮包)、膨胀、浮动和断裂等现象。如翻沙鼓水发生在坑塘,水面将出现翻沙鼓泡,水中带沙色浑。随着大河水位上升,高水位持续增长,挟带沙粒逐渐增多,沙粒不再沿出口停积成环,而是随渗水不断流失,相应孔口扩大。如不抢护,任其发展,就将把堤防工程地基下土层掏空,导致堤防工程骤然坍陷、裂缝、脱坡等,往往造成堤防工程溃决。因此,如有管涌发生,不论距大堤远近,不论是流土还是潜流,均应引起足够重视,严密监视。对堤防工程附近的管涌应组织力量,备足料物,迅速进行抢护。

2. 原因分析

堤防工程背河出现管涌的原因,一般是堤基下有强透水砂层,或地表虽有黏性土覆盖,但由于天然或人为的因素,土层被破坏。在汛期高水位时,渗透坡降变陡,渗流的流速和压力加大。当渗透坡降大于堤基表层弱透水层的允许渗透坡降时,即发生渗透破坏,形成管涌。或者在背水坡脚以外地面,因取土、建闸、开渠、基坑开挖等原因破坏表层覆盖,在较大的水力坡降作用下冲破土层,将下面地层中的粉细砂颗粒带出而发生管涌。

3. 抢护原则

堤防工程发生管涌,其渗流入渗点一般在堤防工程临水面深水下强透水层露头处,汛期水深流急,很难在临水面进行处理。所以,险情抢护一般在背水面,其抢护应以"反滤导渗,控制涌水带沙,留有渗水出路,防止渗透破坏"为原则。对于小的仅冒清水的管涌,可以加强观察,暂不处理;对于流出浑水的管涌,不论大小,均必须迅速抢护,决不可麻痹疏忽,贻误时机,造成溃口灾害。

4. 抢护方法

(1) 反滤围井

在管涌出口处,抢筑反滤围井,制止涌水带沙,防止险情扩大。此法一般适用于背河地面或洼地坑塘出现数目不多和面积较小的管涌,以及数目虽多,但未连成大面积,可以分片处理的管涌群。对位于水下的管涌,当水深较浅时,也可采用此法。根据所用材料的不同,具体有以下几种做法:

① 砂石反滤围井

在抢筑时,先将拟建围井范围内的杂物清除干净,并挖去软泥约 20 cm,周围用土袋排垒成围井。围井高度以能使水不挟带泥沙从井口顺利冒出为宜,并应设排水管,以防溢流冲塌井壁。围井内径一般为管涌口直径的 10 倍左右,多管涌时四周也应留出空地,以 5 倍直径为宜。井壁与堤坡或地面接触处,必须做到严密不漏水。井内如涌水过大,填筑反滤料有困难,可先用块石或砖块装袋填塞,待水势消减后,在井内再做反滤导渗,即按反滤的要求,分层铺粗梢料、小石子和大石子,每层厚度约 20～30 cm。反滤围井完成后,如发现填料下沉,可继续填充滤料,直到稳定为止。如一次铺设未能达到制止涌水带沙的效果,可以拆除上层填料,再按上述层次适当加厚填筑,直到渗水变清为止。

② 梢料反滤围井

在缺少砂石的地方,抢护管涌可采用梢料代替砂石,修筑梢料反滤围井。细梢料可采用麦秸、稻草等,厚 20～30 cm;粗梢料可采用柳枝、秫秸和芦苇等,厚 30～40 cm;其他与砂石反滤围井相同。但在反滤梢料填好后,顶部要用块石或土袋压牢,以免漂浮冲失。

③ 土工织物反滤围井

土工织物反滤围井的抢护方法与砂石反滤围井基本相同。但在清理地面时,应把一切带有尖、棱的石块和杂物清除干净,并加以平整,先铺符合反滤要求的土工织物。铺设时块与块之间要互相搭接好,四周用人踩住土工织物,使其嵌入土内,然后在其上面填筑 40～50 cm 厚的一般砖、石透水料。

(2) 无滤减压围井(又称养水盆)

根据逐步抬高井内水位以减小临背河水头差的原理,在大堤背水坡脚附近险情处抢筑围井,以抬高井内水位,减小水头差,降低渗透压力,减小渗透坡降,制止渗透破坏,稳定管涌险情。此法适用于当地缺乏反滤材料,临背水位差较小,高水位历时短,出现管涌险情范围小,管涌周围地表较坚实完整且未遭破坏,渗透系数较小的情况。具体做法有以下几种:

① 无滤层围井

在管涌周围用土袋垒砌无滤层围井,随着井内水位升高,逐渐加高加固,直至制止涌水带沙,使险情趋于稳定为止,并应设置排水管排水。

② 无滤水桶

对个别或面积较小的管涌,可采用无底铁桶、木桶或无底的大缸,紧套在出水口的上面,四周用土袋围筑加固,做成无滤层水桶,通过桶内水位升高,逐渐减小渗水压差,制止涌水带沙,使险情得到缓解。

③ 背水月堤(又称背水围堰)

当背水堤脚附近出现分布范围较大的管涌群险情时,可在堤背出险范围外抢筑月堤,截蓄涌水,抬高水位。月堤可随水位升高而加高加固,直至险情稳定。

④ 装配式橡塑养水盆

装配式橡塑养水盆适用于直径为 0.05～0.1 m 的漏洞、管涌险情,根据逐步壅高围井内水位以减少水头差的原理,利用自身的静水压力抵抗河水的渗漏,使涌泉渗流稳定。装配式橡塑养水盆采用有机聚酯玻璃钢材料制成,为直径 1.5 m、高 1 m、壁厚 0.005 m 的圆桶,每节重 68 kg,节与节之间用法兰盘螺丝加同连接而成。底节分别做成 1∶2、1∶3 坡度的圆桶。它具有较高的抗拉强度和抗压强度,能满足 6 m 水头压力不发生变形的要求。使用装配式橡塑养水盆的具体方法是:先以背河出逸点为中心,以 0.75 m 为半径,挖去 20 cm 厚的表层土,整平,底节分别做成 1∶2、1∶3 坡度的圆桶,迅速用粉质黏土沿桶内壁填筑 40 cm,防止底部漏水。紧接着用编织袋装土,根据水头差围筑外坡为 1∶1 的土台,从而增强养水盆的稳定性。采用装配式橡塑养水盆的突出特点是速度快,坚固方便,可抢在险情发展的前面,使漏水稳定,达到防止险情扩大的目的。若在底节铺设一层反滤布,则成为反滤围井。

(3) 反滤压(铺)盖

在大堤背水坡脚附近险情处抢筑反滤压盖,以降低涌水流速,制止堤基泥沙流失,稳定险情。此种方法一般适用于管涌较多,面积较大,涌水带沙成片的堤段。对于表层为黏性土、洞口不易迅速扩大的情况,可不用围井。根据所用反滤材料的不同,具体做法有以下几种:

① 砂石反滤压(铺)盖

砂石反滤压(铺)盖需要铺设反滤料面积较大,使用砂石料相对较多,在料源充足的前提下,应优先选用。在抢筑前,先清理铺设范围内的软泥和杂物,对其中涌水带沙较严重的管涌出口,用块石或砖块抛填,以消减水势。同时在已清理好的大片有管涌冒孔群的面积上,盖压一层粗砂,厚约 20 cm,其上再铺小石子和大石子各一层,厚度均约 20 cm,最后压盖块石一层,予以保护。

② 梢料反滤压(铺)盖

梢料反滤压(铺)盖的清基要求、消减水势措施和表层盖压保护均与砂石反滤压盖相同。在铺设时,先铺细梢料,如麦秸、稻草等,再铺粗梢料,如席片、草垫等。这样层梢层席,视情况可只铺一层或连续数层,然后上面压盖块石或沙土袋,以免梢料漂浮。必要时再盖压透水性大的沙土,修成梢料透水平台。梢层末端应露出平台脚外,以利渗水排出,总的厚度以能制止涌水挟带泥沙、浑水变清水、稳定险情为宜。

③ 土工织物反滤压(铺)盖

抢筑土工织物反滤压(铺)盖的要求与砂石反滤压盖基本相同。在平整好地面、清除杂物,并视渗流流速大小采取抛投块石或砖块措施杀减水势后,先铺一层土工织物,再铺一厚 40~50 cm 的一般砖、石透水料,或铺厚 5~10 cm 的砂,最后压盖块石一层。在单个管涌口,可用反滤土工织物袋(或草袋)装粒料(如卵石等)排水导渗。

(4) 透水压渗台

在大堤背水坡脚抢筑透水压渗台,可以平衡渗压,延长渗径,减小水力坡降,并能导渗滤水,防止土粒流失,使险情趋于稳定。此法适用于管涌险情较多、范围较大、反滤料缺乏,但沙土料丰富的堤段。具体做法是:先将抢筑范围内的软泥、杂物清除干净,对较严重的管涌或流土的出水口用砖、砂石填塞,待水势消减后,用透水性大的沙土修筑平台,即为透水压渗台。其长、宽、高等尺寸视具体情况而定,透水压渗台的宽、高,应根据地基土质条件,计算其渗流,分析弱透水层底部垂直向上渗压分布和修筑压渗台的土料物理力学性能,分析其在自然容重或浮容重情况下,平衡自下向上的承压水头的渗压所必需的厚度,以及因修筑压渗台导致渗径的延长、渗压的增大所需要的台宽与台高,以能制止涌沙,使浑水变清为原则。

(5) 水下管涌抢护

在潭坑、池塘、水沟、洼地等水下出现管涌时,可结合具体情况,采用以下方法:

① 填塘

在人力、时间和取土条件允许时,可采用此法。填塘前应对较严重的管涌先抛石、砖块等填塞,待水势消减后集中人力和抢护机械,采用沙性土或粗砂将坑塘填筑起来,以制止涌水带沙。

② 水下反滤层

如坑塘过大,填塘贻误时间,可采用水下抛填反滤层的抢护方法。在抢筑时,应先填塞较严重的管涌,待水势消减后,从水上直接向管涌区内分层按要求倾倒砂石反滤料,使管涌处形成反滤堆,从而抑制土粒外流,控制险情发展。这种方法用砂石较多,亦可用土袋做成水下围井,以节省砂石反滤料。

③ 抬高坑塘、沟渠水位

抬高坑塘、沟渠水位的抢护、作用原理与减压围井(即养水盆)相似。为了争取时间,常利用涵闸、管道或临时安装抽水机引水入坑,以抬高坑塘、沟渠水位,减小临背河水头差,抑制管涌冒沙现象。

(6)"牛皮包"的处理

草根或其他胶结体把黏性土层凝结在一起组成地表土层,其下为透水层时,渗透水压未能顶破表土层而形成的鼓包现象称为"牛皮包"险情,这实际上是流土现象,严重时可造成漏洞。抢护方法是:在隆起部位,铺青草、麦秸或稻草一层,厚度为 10~20 cm,其上再铺柳枝、麦秸或芦苇一层,厚度为 20~30 cm。厚度超过 30 cm 时,可横竖分两层铺放,铺成后用锥戳破鼓包表层,使内部的水和空气排出,然后压土袋或块石进行保护。

5. 注意事项

(1) 在堤防工程背水坡附近抢护管涌险情时,切忌使用不透水的材料强填硬塞,以免截断排水通路,造成渗透坡降加大,使险情恶化。各种抢护方法处理后排出的清水,应引至排水沟。

(2) 在堤防工程背水坡抢筑的压渗台,不能使用黏性土料,以免造成渗水无法排出。违反"背水导渗"的原则,必然会加剧险情。

(3) 采用无滤层减压围井,必须具备减压围井中所提条件。同时由于井内水位高、压力大,井壁围堰要有足够的高度和强度,以免井壁被压垮,并应严密监视围堰周围地面是否有新的管涌出现。同时,还应注意不要在险区附近挖坑取土,否则会因井壁抢筑不及,或围堰倒塌,造成决堤的危险。

(4) 对严重的管涌险情抢护,应以反滤围井为主,并优先选用砂石反滤围井和土工织物反滤围井,辅以其他措施。反滤盖层只能适用于渗水量较小、渗透流速较小的管涌,或普遍渗水的地区。

(5) 采用土工合成材料抢护各种险情时,要正确掌握如下施工方法:

① 土工织物铺设前应将铺设范围内的地表进行清理、平整,除去尖锐硬物,以防碎石棱角刺破土工织物。

② 若土工织物铺设在粉粒、黏粒含量比较高的土壤上,最好先铺一层 5~10 cm 厚的砂层,使土工织物与堤坡较好地接触,共同形成滤层,防止在土工织物的表层形成泥布。

③ 尽可能将几块土工织物缝制在一起,以减少搭接,土工织物铺设在地表不要拉得过紧,要有一定宽松度。

④ 土工织物铺设时,不得在其上随意走动或将块石、杂物重掷其上,以防人为损坏。

⑤ 当管涌处水压力比较大时,土工织物覆盖其上后,往往会被水柱顶起来,原因是重压不足,应当继续加石子,也可以用编织袋或草袋装石子压重,直到压住为止。

⑥ 要准备一定数量的缝制、铺设器具。

(6) 用梢料或压土袋处理管涌时,必须留有排水出口,不能在中途把土袋搬走,以免渗水大量涌出而加重险情。

(7) 修筑反滤导渗的材料,如细砂、粗砂、碎石的颗粒级配要合理,既要保证渗流畅通排出,又不让下层细颗粒土料被带走,同时不能堵塞排水口。导滤的层次及厚度要根据反滤层的设计而定。此外,反滤的分层要严格掌握,不得混杂。

四、滑坡(脱坡)抢险

堤坡(包括堤基)部分土体失稳滑落,同时出现趾部隆起外移的现象,称为滑坡。滑坡(亦称脱坡)有背河滑坡和临河滑坡两种,从性质上又可分为剪切破坏、塑性破坏和液化破坏,其中剪切破坏最为常见。

1. 险情说明

堤防工程出现滑坡,主要是由边坡失稳下滑造成的。开始时,在堤顶或堤坡上发生裂缝或蛰裂,随着险情的发展,即形成滑坡。根据滑坡的范围,一般可分为堤身与基础一起滑动和堤身局部滑动两种。前者滑裂面较深,呈圆弧形,滑动体较大,堤脚附近地面往往被推挤外移、隆起,或沿地基软弱层一起滑动;后者滑动范围较小,滑裂面较浅,虽危害较轻,也应及时恢复堤身完整,以免继续发展。

滑坡严重者,可导致堤防工程溃口,必须立即抢护。由于初始阶段滑坡与崩塌现象不易区分,应对滑坡的原因和判断条件认真分析,确定滑坡性质,以利采取抢护措施。

2. 原因分析

(1) 高水位持续时间长,在渗透水压力的作用下,浸润线升高,土体抗剪强度降低,在渗水压力和土重增大的情况下,可能导致背水坡失稳,特别是边坡过陡时,更易引起滑坡。

(2) 堤基处理不彻底,有松软夹层、淤泥层和液化土层,坡脚附近有渊潭和水塘等,有时虽已填塘,但施工时未处理,或处理不彻底,或处理质量不符合要求,抗剪强度低。

(3) 在堤防工程施工中,由于铺土太厚,碾压不实,或含水量不符合要求,干容重没有达到设计标准,致使填筑土体的抗剪强度不能满足稳定要求。冬季施工时,土料中含有冻土块,形成冻土层,解冻后水浸入软弱夹层。

(4) 堤身加高培厚时,新旧土体之间结合不好,在渗水饱和后,形成软弱层。

(5) 高水位时,临水坡土体处于大部分饱和、抗剪强度低的状态。而当水位骤降时,临水坡失去外水压力支持,加之堤身的反向渗压力和土体自重大的作用,可能引起失稳滑动。

(6) 堤身背水坡排水设施堵塞,浸润线抬高,土体抗剪强度降低。

(7) 堤防工程本身稳定安全系数不足,加上持续大暴雨或地震、堤顶堤坡上堆放物等外力的作用,易引起土体失稳而造成滑坡。

(8) 水中填土坝或水坠坝填筑进度过快,形成过大的孔隙水压力,或局部含水量过高,或排水设施不良,形成集中软弱层。

3. 抢护原则

造成滑坡的原因是滑动力超过了抗滑力,所以滑坡抢护的原则应该是设法减小滑动力和增加抗滑力。它的抢护原则和做法可以归纳为"清除上部附加荷载,视情况削坡,下部固脚压重"。对因渗流作用引起的滑动,必须采取"临截背导"的措施,即临水帮戗,以减少堤身渗流。上部减载是在滑坡体上部削缓边坡,下部压重是抛石(或沙袋)固脚。如堤身单薄、质量差,为补救削坡后造成的堤身削弱,应采取加筑后戗的措施予以加固。如基础差,或靠近背水坡脚有水塘,在采取固基或填塘措施后,再行还坡。必须指出,在抢护滑坡险情时,若江河水位很高,则抢护临水坡的滑要比背水坡困难得多。为避免贻误时机、造成灾害,应临水坡、背水坡同时进行抢护。

4. 抢护方法

(1) 滤水土撑法

滤水土撑法又称滤水戗垛法。在背水坡发生滑坡时，可在滑坡范围内全面抢筑导渗沟，导出滑坡体渗水，以减小渗水压力，降低浸润线，消除产生进一步滑坡的条件；至于因滑坡造成堤身断面的削弱，可采取间隔抢筑透水土撑的方法加固，防止背水坡继续滑坡。此法适用于背水堤坡排渗不畅、滑坡范围较大、取土较困难的堤段。

其具体做法是：先将滑坡体的松土清理掉，再在滑坡体上顺坡挖沟至拟做土撑部位，沟内按反滤要求铺设土工织物滤层或分层铺填砂石、梢料等反滤材料，并在其上做好覆盖保护。顺滤沟向下游挖明沟，以利渗水排出。抢护方法同渗水抢险采用的导渗法。土撑可在导渗沟完成后抓紧抢修，其尺寸视险情和水情而定。一般每条土撑顺堤方向长 10 m 左右，顶宽为 5~8 m，边坡为 1∶3～1∶5，间距为 8~10 m，撑顶应高出浸润线出逸点 0.5~2 m。土撑采用透水性较大的土料，分层填筑夯实。如堤基不好，或背水坡脚靠近坑塘，或有渍水、软泥等，须先用块石、沙袋固基，用沙性土填塘，其高度应高出渍水面 0.5~1 m。也可采用撑沟分段结合的方法，即在土撑之间，在滑坡体上顺坡做反滤沟，覆盖保护，在不破坏滤沟的前提下，撑沟可同时施工。

(2) 滤水后戗法

当背水坡滑坡严重，且堤身断面单薄，边坡过陡，又有滤水材料和取土较易时，可在其范围内全面抢筑导渗后戗。此法既能导出渗水，降低浸润线，又能加大堤身断面，可使险情趋于稳定。其做法与上述滤水土撑法相同，它们的区别在于滤水土撑法的土撑是间隔抢筑，而滤水后戗法则是全面连续抢筑，其长度应超过滑坡堤段两端各 5~10 m。当滑坡面土层过于稀软不易做滤沟时，常可用土工织物、砂石或梢料做反滤材料代替，具体做法见抢护渗水的反滤层法。

(3) 滤水还坡法

凡采用反滤结构恢复堤防工程断面、抢护滑坡的措施，均称为滤水还坡。此法适用于背水坡，主要是由于土料渗透系数偏小引起堤身浸润线升高，排水不畅，而形成的严重滑坡堤段。其具体抢护方法如下：

① 导渗沟滤水还坡法

先在背水坡滑坡范围内做好导渗沟，其做法与上述滤水土撑导渗沟的做法相同。在导渗沟完成后，将滑坡顶部陡立的土堤削成斜坡，并将导渗沟覆盖保护后，用沙性土农层回填夯实，做好还坡。

② 反滤层滤水还坡法

反滤层滤水还坡法与导渗沟滤水还坡法基本相同,仅将导渗沟改为反滤层,反滤层的做法与抢护渗水险情的反滤层做法相同。

③ 透水体滤水还坡法

当堤背滑坡发生在堤腰以上,或堤肩下部发生蛰裂下挫时,应采用此法。它的做法与上述导渗沟和反滤做法基本相同。如基础不好,亦应先加固地基,再对滑坡体的松土、软泥、草皮及杂物等进行清除,并将滑坡上部陡坎削成缓坡,最后按原坡度回填透水料。根据透水体材料不同,可分为以下两种方法:

a. 沙土还坡。其作用和做法与抢护渗水险情采用的沙土后戗相同。如采用粗砂、中砂还坡,可恢复原断面;如用细砂或粉砂还坡,边坡可适当放缓。回填土时亦应层层压实。

b. 梢土还坡。其作用和做法与抢护渗水险情采用的梢土后戗基本相同,区别在于抢筑的断面是斜三角形,各层梢土是下宽上窄不相等。

(4) 前戗截渗

前戗截渗法(又称临水帮戗法)主要是在临水坡用黏性土修前戗截渗。当背水坡滑坡范围较大,在背水坡抢筑滤水土撑、滤水后戗及滤水还坡等工程需要较长时间,一时难以奏效,而临水坡又有条件抢筑截渗土戗时,可采用此法。此法也可与抢护背水堤坡同时进行,其具体做法与抢护渗水险情采用的抛投黏性土方法相同。

(5) 护脚阻滑法

护脚阻滑法在于增加抗滑力,减小滑动力,制止滑坡发展,以稳定险情。具体做法是:查清滑坡范围,将块石、土袋(或土工编织土袋)、铅丝石笼等重物抛投在滑坡体下部堤脚附近,使其能起到阻止继续下滑和固基的双重作用。护脚加重数量可由堤坡稳定计算确定。滑动面上部和堤顶,除有重物时要移走外,还要视情况削缓边坡,以减小滑动力。

(6) 土工织物反滤布及土袋还坡法

在背水坡发生严重滑坡,又遇大风暴雨的情况下采用土工织物反滤布及土袋还坡法。即在滑坡堤段范围内,全面用透水土工织物或无纺布铺盖滤水,以阻止土粒流失,此法亦称贴坡排水。对大堤滑坡部位使用编织袋装土叠砌还坡,以保持堤防工程抗洪的基本断面。

5. 注意事项

在滑坡抢护中,应注意以下事项:

(1) 滑坡是堤防工程最严重的险情之一,一般发展较快,一旦出险,就要立即采取措施,在抢护时要抓紧时机,事前把料物准备好,一气呵成。在滑坡险情出现或抢护时,还可能伴随浑水漏洞、严重渗水以及再次滑坡等险情,在这种复杂紧急情况下,不要只采取单一措施,应研究选定多种适合险情的抢护方法,如抛石固脚、填塘固基、开沟导渗、透水土撑、滤水还坡、围井反滤等,在临、背水坡同时进行或采用多种方法抢护,以确保堤防工程安全。

(2) 在渗水严重的滑坡体上,要尽量避免大量抢护人员践踏,造成险情扩大。如坡脚泥泞,人上不去,可铺些芦苇、秸料、草袋等,先上少数人工作。

(3) 抛石固脚阻滑是抢护临水坡行之有效的方法,但一定要探清水下滑坡的位置,然后在滑坡体外缘进行抛石固脚,才能制止滑坡土体继续滑动。严禁在滑动土体的中上部抛石,这不但不能起到阻滑作用,反而加大了滑动力,会进一步促使土体滑动。

(4) 在滑坡抢护中,也不能采用打桩的方法。因为桩的阻滑作用小,不能抵挡滑坡体的推动,而且打桩会使土体震动,抗剪强度进一步降低,特别是脱坡土体饱和或堤坡较陡时,打桩不但不能阻挡滑脱土体,还会促使滑坡险情进一步恶化。只有当大堤有较坚实的基础、土压力不太大、桩能站稳时,才可打桩阻滑,桩要有足够的直径和长度。

(5) 开挖导渗沟,应尽可能挖至滑裂面。如情况严重,时间紧迫,不能全部挖至滑裂面时,可将沟的上下两端挖至滑裂面,尽可能下端多挖。导渗材料的顶部必须做好覆盖防护,防止滤层被堵塞,以利排水畅通。

(6) 导渗沟开挖填料工作应从上到下分段进行,切勿全面同时开挖,并要保护好开挖边坡,以免引起坍塌。在开挖中,对于松土和稀泥土都应予以清除。

(7) 背水滑坡部分,土壤湿软,承载力不足,在填土还坡时,必须注意观察,上土不宜过急、过量,以免超载影响土坡稳定。

五、漏洞抢险

1. 险情说明

在汛期或高水位情况下,背水坡或坡脚附近出现横贯堤身或堤基的渗流孔洞,称为漏洞。漏洞又分为清水漏洞和浑水漏洞。如果漏洞口流出的是清水,称为清水漏洞,清水漏洞往往是由堤身散浸集中而形成的,这说明险情刚刚发生,还没有迅速扩展,如处理不及时或处理不当就可发展成浑水漏洞,因此应及时组织抢护。如果漏洞流出浑水,或由清变浑,或时清时浑,均表明漏洞正在迅速扩大,堤身有可能发生塌陷甚至溃决的危险。因此,无论是发生清水漏洞还是浑水漏洞,也无论漏洞大小,均属重大险情,必须慎重对待,全力以赴,迅速进行抢护。

2. 原因分析

漏洞产生的原因是多方面的,一般有以下几点:

(1) 由于历史原因,堤身内部遗留有屋基、墓穴、战沟、碉堡、暗道、地窖等,筑堤时未清除或清除不彻底。

(2) 堤身填土质量不好,土料含沙量大,未夯实或夯实达不到标准,有土块或架空结构,在高水位作用下,土块间部分细料流失,堤身内部形成越来越大的孔洞。

(3) 堤身中夹有沙层等,在高水位作用下,沙粒流失,形成流水通道。

(4) 堤身内有白蚁、蛇、鼠、獾等动物洞穴,腐朽树根或裂缝,在汛期高水位作用下,将淤塞物冲开,或因渗水沿裂缝隐患、松土串联而成漏洞。

(5) 在持续高水位条件下,堤身浸泡时间长,土体变软,更易促成漏洞的生成,故有"久浸成漏"之说。

(6) 位于老口门和老险工部位的堤段,筑堤时对原有抢险所用抢险木桩、柴料等腐朽物未清除或清除不彻底,形成漏水通道。

(7) 对复堤结合部位处理不好或产生的贯穿裂缝处理不彻底,一旦形成集中渗漏,即有可能转化为漏洞。

(8) 沿堤修筑涵闸或泵站等建筑物时,建筑物与土堤结合部填筑质量差,在高水位时浸泡渗水,水流由小到大,冲走泥土,形成漏洞。

3. 漏洞查找方法

漏洞险情发生时,探摸洞口是关键,主要有以下方法:

(1) 撒糠皮法。漏洞进水口附近的水流易发生旋涡,撒糠皮、锯末、泡沫塑料、碎草等漂浮物于水面,观测漂浮物是否在水面上打旋或集中于一处,可判断旋涡位置,并借以找到水下进水口,此法适用于漏洞处水不深而出水量较大的险情。

(2) 竹竿吊球法。在水较深,且堤坡无树枝、杂草阻碍时,可用竹竿吊球法探测洞口。其方法是:在一长竹竿上(视水深大小定长短)每间隔 0.5 m 用细绳拴一网袋,袋内装一小球(皮球、木球、乒乓球等),再在网袋下端用一细绳系一薄铁片或螺丝帽配重,铁片上系一布条。持竹竿探测时若遇洞口布条被水流吸到洞口附近,则小球将会被拉到水面以下。

(3) 竹竿探测法。一人手持竹竿,将竹竿一头插入水中探摸,若遇洞口竿头被吸至洞口附近,则通过竹竿移动和手感来确定洞口。此法适用于水深不大的险情,若水深较大,则竹竿受水阻力较大,移动度过小,手感失灵,难以准确判断洞口位置。

(4) 数人并排探摸法。由熟悉水性的几个人排成横列(较高的人站在下边)立在水中堤坡上,手臂相挽,顺堤方向前进,用脚踩探,凭感觉找洞口。采用此法,事先要备好长竿或梯子、绳子等救生设备,必要时供下水人把扶,以保安全。此法适用于浅水、风浪小且洞口不大的险情。

(5) 潜水探摸法。漏洞进水口处如水深流急,在水面往往看不到旋涡,需人下水探摸。当前比较可行的方法是:一人站在临堤坡水边或水内,持 5~6 m 长竹竿斜插入深水堤脚估计有进水口的部位,要用力插牢、持稳,另有熟悉水性的 1 人或 2 人沿竿探摸,一处不行再移动竹竿位置另摸。因有竹竿凭借,潜、扶、摸比较得手,能较快地摸到进水口,但下水人必须腰系安全绳,以保安全,有条件时潜水员探摸更好。

(6) 布幕、编织袋、席片查洞法。将布幕或编织布等用绳拴好,并适当坠以重物,使其易于沉没水中,贴紧堤坡移动,如感到拉拖突然费劲,并辨明不是有石块或木桩树根等物阻挡,且出水口出水减弱,就说明这里有漏洞。

(7) 利用漂浮探漏自动报警器探摸洞口。漂浮探漏自动报警器是利用水流在漏洞进水口附近存在流速场,靠近洞口的物体能被吸引的原理设计的。漂浮探漏自动报警器分为探测系统和报警系统两部分,探测系统是核心,由探杆、细绳、浮漂、吸片和配重组成。报警系统是辅助装置,其作用是当探测系统发现漏洞口时,发出警报,夜间也能发挥正常效用。

4. 抢护原则

抢护漏洞的原则是"前堵后导,临背并举"。即在抢护时,应首先在临水坡查找漏洞进水口,及时堵塞,截断漏水来源;同时,在背水坡漏洞出水口采取反滤盖压,制止土料流失,使浑水变清水,防止险情扩大。切忌在背河出水口用不透水料物强塞硬堵,以免造成更大险情。切忌在堤脚附近打桩,防止因震动而进一步恶化险情。一般漏洞险情发展很快,特别是浑水漏洞,危及堤身安全,所以抢护漏洞险情要抢早抢小,一气呵成,决不可贻误战机。

5. 抢护方法

常用的抢护方法有如下几种:

(1) 临水堵截

当洞口较小时,一般可用土工膜、篷布等隔水材料盖堵,软性材料堵塞,并盖压闭气;当洞口较大,堵塞不易时,可采用软帘、网兜、薄板等覆盖的办法进行堵截;当洞口较多、情况复杂,洞口一时难以寻找,如水深较浅时,可在临水坡修筑月堤,截断进水,也可以在临水坡面用黏性土帮坡,起到防渗防漏作用。

① 塞堵法

当漏洞进水口较小,周围土质较硬时,可用棉衣、棉被、草包或编织袋等软性材料填塞,或用预制的软楔、草捆堵塞。这一方法适用于水浅且流速小,只有一个或少数洞口,人可以下水接近洞口的地方,具体做法如下:

a. 软楔堵塞

用绳结成圆锥形网罩,网格约 10 cm×10 cm,网内填麦秸、稻草等软料,为防止放到水里往上漂浮,软料里可以裹填一部分黏土。软楔大头直径一般为 40~60 cm,长度为 1~1.5 m。为抢护方便,可事先结成大小不同的网罩,在抢险时根据洞口大小选用网罩,并在罩内充填料物,用于堵塞。

b. 草捆堵塞

把稻草或麦秸等软料用绳捆扎成圆锥体,粗头直径一般为 40~60 cm,长度为 1~1.5 m,一定要捆扎牢固。同时要捆裹黏土,以防在水中漂浮。在抢堵时,首先应把洞口的杂物清除,再将软楔或草捆塞入进水口,塞时小头朝洞口。小洞可以用一个,大洞可以用多个,洞口用软楔或草捆堵塞后,要用篷布或土工膜铺盖,再用土袋压牢,最后用黏性土封堵闭气,直到完全断流为止。若洞口不止一个,堵塞时要注意不要顾此失彼,扩大险情。如主洞口没有探摸清楚,也容易延误抢险时间,导致口门扩大,险情更趋严重。

② 盖堵法

盖堵法就是用铁锅、软帘、网兜和薄木板等盖堵物盖住漏洞的进水口,然后在上面抛压黏土袋或抛填黏土进行闭气,以截断洞口的水流,根据覆盖材料的不同,有以下几种抢护方法:

a. 土工膜、篷布盖堵。当洞口较大或附近洞口较多时,可采用此法,先用直径为 5.0 cm 钢管将土工膜或篷布卷好,在抢堵时把上边两端用麻绳或铅丝系牢于堤顶木桩上,放好顺堤坡滚下,把洞口盖堵严密后再盖压土袋并抛填黏土闭气。

b. 软帘盖堵法。此法适用于洞口附近流速较小、土质松软或周围已有许多裂缝的情况。一般可选用草席或棉絮等重叠数层作为软帘,也可就地取材,将柳枝、稻草或芦苇编扎成软帘。软帘的大小应视洞口的具体情况和需要盖堵的范围确定。软帘的上边可根据受力的大小用绳索或铅丝系牢于堤顶的木桩上,下边坠以重物,以利于软帘紧贴边坡并顺坡滚动。盖堵前先将软帘卷起,盖堵时用杆顶推,顺堤坡下滚,把洞口盖堵严密后,再盖压土袋,外抛填黏土,以封堵闭气。

c. 水布袋堵漏法。此法是利用透水与透水不透砂两种材料分别制成袋口上有金属环的布袋,将布袋置于洞口附近,布装被水流冲进洞内,在水压力作用下充分膨胀,袋体紧密地压贴在洞口处,漏洞即被封堵。水布袋堵漏工具由水袋和辅件组成。水袋由袋口铁环和布袋制成,辅件为铝合金组合管、水袋牵线。水袋袋口有直径为 0.3 m、0.4 m、0.5 m 三种规格,每种规格分别有长 1 m 和 2 m 两种型号。水布袋堵漏操作方法有两种:一种是水袋堵漏杆放置法,当查出漏洞位置后(浅水漏洞),两名堵漏操作人员一人手持系好水袋的操作杆,一人手持长杆戳着水袋袋底移至漏洞口处,水袋会立即被吸入堵住洞口;另一种是布条吸入法,当查明漏洞口位置后(深水漏洞),两名身穿救生衣的操作人员在漏洞以上水面处,一人拿着与水袋袋底连接着的布条,另一个人协助拿布条的人将布条准确放置于洞前入洞激流处,布条被吸入洞中,水袋即堵住漏洞。水袋堵漏的关键是如何准确地将水袋放置于洞口。水袋具有体积小、质量轻、便于携带、制作简单、价格便宜、便于存放、可多年使用、适应能力强等特点。

d. 软罩堵漏法。此法堵漏的主要特点是抢堵漏洞快、适应性强、软罩与洞口接触密实、操作简单、价格低廉、加工制作快、质量轻等。制作与使用方法是:软罩直径为 0.3~0.5 m,阻圈可根据直径大小选材,一般用直径为 16~22 mm 的圆钢或扁铁焊制。软布可采用耐拉土工布或特别加工的软布织品,用料根据软罩直径而定。堵漏时用人或竹竿将软罩沿堤坡盖住洞口,然后及时用编织土袋加固,盖压闭气。

e. 机械吊兜法。此法主要是利用吊车或挖掘机直接吊运网兜盖堵较大的漏洞口,具有抢堵漏洞快、抗冲能力强、密封性好、省力省料、便于携带和运输等特点。制作与使用方法是:网兜用直径为 2 cm 的小麻绳编制,网眼 25~30 cm 见方,网高 1~1.5 m,网绳用直径为 3 cm 的棕绳,网兜内装麻袋、塑料编织袋若干个,麻袋和编织袋要装松散的淤土和两合土,切忌用硬土块。堵漏时,装土 70% 左右,一般网兜内装土 1~2 m³,吊兜做好后用吊车或挖掘机吊起网兜直接盖住洞口,然后抛土加固。

f. 电动式软帘抢堵漏洞法。制作与使用方法是:在软帘滚筒的一端安装一个 5 kW 的电机,由一个正、倒向开关控制,给软帘滚筒一个同轴心的转动力,迫使软帘滚筒向下推进。为了降低转速,加大扭矩,在电机一端设置变速箱。由人工控制能伸缩的操纵杆,保证电机和软帘滚筒的相对转动,准确掌握软帘推进的尺度,确保软帘覆盖到位。为封严软帘四周,防止漂浮、进水,解决软帘不能贴近坡面、易引发新漏洞的问题,把软帘滚筒做成两端粗(直径为 30 cm)、中间细(直径为 15 cm)的形状,可确保整个软帘拉平,贴近堤坡。操作时先在堤顶上固定两根 0.5 m 长的木桩或数根 30 cm 长的铁桩,再把固定拉杆、拉绳拴于桩上,最后一人手持操纵杆,接通电源,展开软帘,依据漏洞位置,视覆盖到位情况,关闭电源。如果软帘没有盖住漏洞口,开关应置于倒向把软帘卷上来,调整位置重新展开软帘,直到盖住漏洞入水口为止。

g. 铺盖 PVC 软帘堵漏法。每卷软帘宽 4 m,厚 1.2 mm,与坡同长。上端设直径为 5 cm 的钢管,下端设直径为 20 cm 的混凝土圆柱。PVC 卷材具有一定柔性,在漏洞水力吸引下能迅速将漏洞封堵。该材料又具有其他柔性材料没有的刚性,因此受水冲摆影响小,易入水。软帘入水靠配重沿提坡自然伸展开,软帘与堤坡的摩擦力及水流的冲浮力最小,入水角度最佳。

h. 铁锅盖堵法。此法适用于洞口较小,水不太深,洞口周边土质坚硬的情况。一般用直径比洞口大的铁锅,正扣或反扣在漏洞口上,周围用胶泥封住,即可截断水流。

i. 网兜盖堵法。在洞口较大的情况下,也可以用预制的方形网兜对漏洞进口盖堵。制作网兜一般采用直径为 1 cm 左右的麻绳,织成网眼为 20 cm×20 cm 的网,周围再用直径为 3 cm 的麻绳作网框,网宽一般为 2~3 m,长度应为进水口至堤顶的边长的 2 倍以上。在抢堵时,将网折起,两端一并系牢于堤顶的木桩上,网中间折叠处坠以重物,将网顺边坡沉下成网兜形,然后在网中抛以草泥或其他物料,以堵塞洞口。待洞口覆盖完成后,再压土袋,并抛填黏土,封闭洞口。

j. 黏土盖堵法。当堤坝临水坡漏洞较多较小,范围较大,漏洞口难以找准或找不全时,可采用抛填黏土,形成黏土贴坡,以达到封堵洞口的目的。

（2）背水导渗

背水导渗常用的方法有反滤围井法、反滤压盖法、无滤减压围井法和透水压渗台法等。

① 反滤围井法

堤坡尚未软化,出口在坡脚附近的漏洞,可采用此法。堤坡已被水浸泡软化的不能采用。反滤围井抢筑前,应清基除草,以利围井砌筑。围井筑成后应注意观察防守,防止险情变化和围井漏水倒塌。根据围井所用材料的不同,具体做法有以下几种:

a. 土工织物反滤围井。在抢筑围井时,应先将围井范围内一切带有尖棱的石块和杂物清除,表面加以平整后,再铺设符合反滤要求的土工织物,最后在其上填筑沙袋或砂砾石透水料,周围用土袋垒砌做成围井。围井范围以能围住流土出口和利于土工织物铺设为宜,围井高度以使渗漏出的水不带泥沙为宜,一般高度为 1~1.5 m。根据出水口的数量和分布范围,可以布置单个围井或多个围井,一般单个洞口围井直径为 1~2 m,也可以连片做成较大的围井。

b. 砂石反滤围井。当现场砂石料比较丰富时,也可以采用此法。抢筑这种围井的施工方法与土工织物反滤围井基本相同,只是用砂石反滤料代替土工织物。按反滤要求,分层铺设粗砂、小石子和大石子,每层厚度为 20~30 cm。反滤围井完成后,如发现料物下沉,可继续补填滤料,直到稳定。砂石反滤围井筑好后,当险情已经稳定后,再在围井下端用竹管或钢管穿过井壁,将围井内的水位适当排降,以免井内水位过高,导致围井附近再次发生管涌、流土和井壁倒塌,造成更大的险情。

c. 梢料反滤围井。在土工织物和砂石料缺少的地方,土工织物和砂石料一时难以运到,又急需抢护,也可就地取材,采用梢料反滤围井。细梢料可采用麦秸、稻草等,厚度为 20~30 cm;粗梢料可采用柳枝、秫秸等,厚度为 30~40 cm,其填筑要求与砂石反滤围井相同。但在反滤梢料填好后,顶部要用沙袋或石块压牢,以免漂浮冲失。

上述三种反滤围井仅是防止险情扩大的临时措施,并不能完全消除险情,围井筑成后应密切注意观察防守,防止险情变化和围井漏水倒塌。

② 反滤压盖法

在大堤背水坡脚险情处,抢筑反滤压盖,制止堤基土沙流失,以稳定险情。此法一般适用于险情面积较大并连成片、险情比较严重的地方。根据所用反滤料的不同,具体抢筑方法有以下几种:

a. 土工织物反滤压盖。此法适用于铺设反滤料面积较大的情况。在清理地基时,应把一切带有尖棱的石块和杂物清除干净,并加以平整。先铺一层土工织物,其上铺砂石透水料,最后压石块或沙袋一层。

b. 砂石反滤压盖。在砂石料充足的情况下,可以优先选用。先清理铺设范围内的杂物和软泥,对其中涌水涌沙较严重的出口用块石或砖块抛填,以消减水势。同时,在已清理好的大片有管涌和流土的面积上,普遍盖压粗砂一层,厚约 20 cm,最后压盖块石一层,予以保护。

c. 梢料反滤压盖。在土工织物和砂石料缺少的地方,也可以采用梢料反滤压盖,清基要求、消减水势与土工织物和砂石反滤压盖相同。在清理地基后,铺筑时先铺细梢料如麦秸、稻草等,厚度为 10~15 cm;再铺粗梢料如柳枝、秫秸等,厚度为 15~20 cm,最后铺席片或草垫等。这样层梢层席,视情况可只铺一层或连续数层,然后上面压盖石块或土袋,以免梢料漂浮。必要时再压盖透水性大的沙土,修成梢料透水平台。梢料末端应露在平台脚外,以利渗水排出。总的厚度以能制止涌水带出细砂,浑水变清水,稳定险情为原则。

③ 无滤减压围井法

无滤减压围井法是在大堤背水坡脚险情处使用土袋抢筑围井,抬高井内水位,以减少临背河水头差,降低渗透压力,减小水力坡降,制止渗透破坏,稳定险情。此法适用于临背河水头差较小,高水位持续时间短,出现险情的周围地表坚实、完整、渗透性较小,现场又缺少土工织物和砂石反滤料的情况,具体做法有以下几种:

a. 无滤层围井。在出水口周围用土袋垒砌无滤层围井,随着井内水位升高,逐渐加高加固,直到制止涌水带沙,险情稳定为止。

b. 无滤层水桶。对个别或面积较小的出水口,可采用无底的水桶或油桶,紧套在出水口的上面,四周用土袋围筑加固,做成无滤层水桶,通过桶内水位升高,逐渐减小渗水压力,防止涌水带沙,使险情趋于稳定。

c. 背水月堤。当背水堤脚附近出现分布范围较大的出水险情时,可在背水坡脚附近抢筑月堤,截蓄涌水,抬高水位。月堤可随水位升高而加高加固,直至险情稳定。修筑背水月堤,必须慎重考虑月堤的填筑质量和工作量以及完成时间,要保证能满足适应险情的发展和安全的需要。

④ 透水压渗台法

在背水坡脚抢筑透水压渗台,可以平衡渗压,延长渗径,减小水力坡降,并能导渗滤水,防止涌水带沙,使险情趋于稳定。此法适用于险情范围较大,现场缺乏反滤料物,但沙土料比较丰富的地方。具体做法是:先将抢险范围内的淤泥和杂物清除干净,对较严重的涌水出水口用石块或砖块填塞,待水势消减后,用透水性大的沙土修筑平台。透水压渗台的宽、高,应根据地基土质条件,计算其渗流,分析弱透水层底部垂直向上渗压分布情况和修筑压渗台的土料物理力学性能,分析其在自然容重或浮容重情况下,平衡自下而上的承压水头的渗压台所必需的厚度,以及因修筑渗压台导致渗径的延长、渗压的增大所需要的台宽与台高。

⑤ 水下漏水的抢护

如果漏洞出水口在池塘或沟渠内,可结合具体情况,采取以下方法:

a. 填塘。如坑塘不大,在人力、机械、时间和取土条件能够迅速完成任务的情况下,可采用此法。对严重的出水涌沙口在填塘前应先抛石块或砖块填塞,待水势消减后集中人力、机械,采用沙土或粗砂将坑塘填筑起来,制止涌水带沙,稳定险情。

b. 水下反滤层。如坑塘过大,填坑贻误时间,可采用水下抛填反滤层的抢护方法。在抢筑时,从水上直接向出水口内分层按要求倾倒砂石反滤料,形成反滤堆,制止涌水带沙,控制险情。

c. 抬高坑塘或沟渠水位。为了争取时间,常利用管道引水入塘或临时安装抽水机引水入塘,以抬高水位,减不临背河水头差,制止涌水带沙,此法作用原理与减压围井类似。

6. 注意事项

(1) 出现漏洞险情时,应按照抢险要求,将抢险人员分成临水洞口堵截和背水反滤填筑两组,紧张有序地进行抢险工作。

(2) 在抢堵洞口时,切忌乱抛石料等块状物,以免架空,使漏洞继续发展扩大。

(3) 在背河堤脚附近抢护时,切忌使用不透水材料堵塞,以免截断排水出路,造成渗透坡降加大,使险情恶化。

(4) 使用土工织物做反滤材料时,应注意不要被泥土淤塞,阻碍渗水流出。

(5) 透水压渗台应有一定的高度,能够把透水压住。

(6) 在背水坡需做反滤围井时,因井内水位上升较快,因此最重要的是将基础处理好,使其与井壁结合紧密,严防漏水。

六、风浪抢险

1. 险情说明

汛期来水后河道水面变得较为开阔,防止风浪对堤防的袭击,有时甚至成了抗洪胜利的关键问题。风浪对堤防的威胁,不仅因波浪连续冲击,使浸水时间较久的临水堤坡形成陡坎和浪窝,甚至产生坍塌和滑坡险情,也会因波浪壅高水位引起堤顶漫水,造成漫决险情。

2. 原因分析

风浪造成险情的主要原因是:

(1) 堤身抗冲能力差。主要是堤身存在质量问题,如堤身土质沙性大,不符合要求;堤身碾压不密实,达不到要求等。

(2) 风大浪高。堤前水深大,水面宽,风速大,形成浪高,冲击力强。

(3) 风浪爬高大。由于风浪爬高,增加水面以上临水坡的饱和范围,降低土壤的抗剪强度,造成坍塌破坏。

(4) 堤顶高程不足。如果堤顶高程低于浪峰,波浪就会越顶冲刷,造成漫决险情。

3. 抢护原则

风浪抢护的原则是:

(1) 削减风浪的冲击力。利用漂浮物防浪,削减波浪的高度和冲击力,是一种行之有效的方法。

(2) 增强临水坡的抗冲能力。主要是利用防汛料物,经过加工铺压,保护临水坡,增强抗冲能力。

4. 抢护方法

(1) 挂柳防浪

受水流冲击或风浪拍击,堤坡或堤脚开始被淘刷时,可用此法缓和流势,减缓流速,促淤防塌。其具体做法是:

① 选柳。选择枝叶繁茂的大柳树,于树干的中部截断,一般要求干枝长1 m以上,直径为0.1 m左右。如柳树头较小,可将数棵捆在一起使用。

② 签桩。在堤顶上预先打好木桩,桩径一般为0.1~0.15 m,长1.5~2 m,可以打成单桩、双桩或梅花桩等,桩距一般为2~3 m。

③ 挂柳。用8号铅丝或绳缆将柳树头的根部系在堤顶打好的木桩上,然后将树梢向下,并用铅丝或麻绳将块石或沙袋捆扎在树梢叉上,其数量以使树梢沉贴水下坡边不漂浮为宜,推柳入水,顺坡挂于水中。如堤坡已发生坍塌,应从坍塌部位的下游开始,顺序压茬,逐棵挂向上游,棵间距离和悬挂深度应根据坍塌情况确定。如水很深,横向流急,已挂柳还不能全面起到掩护作用时,可在已抛柳树头之间再错茬签挂,使能达到防止风浪和横向水流冲刷为止。

④ 坠压。柳枝沉水漂浮,若坠压不牢,不但容易走失,而且还不能紧贴堤坡,将影响掩护的效果。为此,在坠压数量上应使其紧贴堤坡不漂浮为宜。

(2) 挂枕防浪

挂枕防浪一般分单枕防浪和连环枕防浪两种。具体做法是:

① 单枕防浪。将柳枝、秸料或芦苇扎成直径为0.5~0.8 m的枕,长短根据坝长而定。枕的中心卷入两根5~7 m长的竹缆作龙筋,枕的纵向每隔0.6~1 m用10~14号铅丝捆扎。在堤顶距临水坡边2~3 m处或在背水坡上打1.5~2 m长的木桩,桩距为3~5 m,再用麻绳把枕拴牢于桩上,绳缆长度以能适应枕随水面涨落而移动,绳缆亦随之收紧或松开为宜。

② 连环枕防浪。当风力较大,风浪较高,一枕不足以防浪冲击时,可以挂两个或多个枕,用绳缆、木杆或竹竿将多个枕捆紧连在一起,形成连环枕,也叫枕排。临水最前面枕的直径要大一些,容重要轻些,使其浮得最高,抵御风浪。枕的直径要依次减小,容重依次增加,以消余浪。

(3) 木排防浪

将直径为5~15 cm的圆木捆扎成排,将木排重叠3~4层,总厚度为30~50 cm,宽1.5~2.5 m,长3~5 m,连续抛锚固定在离堤坡水边线外一定距离,可有效防止风浪袭击堤防。根据经验,同样波长,木排越长消浪效果越好。同时,木排的厚度为水深的1/12~1/10时最佳。木排圆木排列方向,应与波浪传播方向垂直。圆木间距应等于其直径的一半。木排与堤防岸坡的距离,以相当于波长的2~3倍时,挡浪的作用最大。木排锚链长度约等于水深时,木排最稳定,但此时锚链所受拉力最大,锚易被拔起,所以木排锚链长度一般应比水深大些。

(4) 柳箔防浪

在风浪较大,堤坡土质较差的堤段,把柳、稻草或其他秸料捆扎并编织成排,固定在堤坡上,以防止风浪冲刷。具体做法是:用18号铅丝捆扎成直径约0.1 m,长约2 m的柳把,再用麻绳或铅丝连成柳箔。在堤顶距临水堤肩2~3 m处,打1 m长的木桩一排,间距约3 m。将柳箔上端用8号铅丝或绳缆系在木桩上,柳箔下端则适当坠以块石或沙袋。根据堤的迎水坡受冲范围,将柳箔置放于堤坡上,柳把方向与堤轴线垂直。出入水面的高度可按水位和风浪变化情况确定,一般上下可以有点富余。柳箔的位置除靠木桩和坠石固定外,必要时在柳箔面上再压块石或沙袋,以免漂浮和滑动。在风浪袭击处,需要保护的范围较大时,可用两排柳箔上下连接起来,以加大防护面积。

(5) 土袋防浪

此法适用于土坡抗冲能力差,当地缺少秸料,风浪冲击又较严重的堤段。具体做法是:用土工编织袋、草袋或麻袋装土、砂、碎石或碎砖等,装至袋容积的70%~80%后,用细麻绳捆住袋口,最好是用针缝住袋口,以利搭接。水面以上部分或水深较浅时,在土袋放置前,先将堤的迎水坡适当削平,再铺放土工织物。如无土工织物,可铺厚约0.1 m的软草一层,以代替反滤层,防止风浪将土淘出。根据风浪冲击的范围摆放土袋,袋口向里,袋底向外,依次排列,互相叠压,袋间叠压紧密,上下错缝,以保证防浪效果。一般土袋铺放需高出浪高。

(6) 土工织物防浪

具体做法是:将土工织物展铺于堤坡迎浪面上,并用预制混凝土块或石袋压牢,也可抗御风浪袭击。土工织物的尺寸应视堤坡受风浪冲击的范围而定,其宽度一般不小于4 m,较高的堤防可达8~9 m,宽度不足时,需预先黏结或焊接牢固。长度不足时可搭接,搭接长度不少于10 cm,铺放前应将堤坡杂草清除干净,织物上沿应高出水面1.5~2 m,也可将土工织物做成软体排顺堤坡滚抛。

(7) 散厢护坡防浪

此法适用于堤脚已被风浪冲垮,且险情继续发展的情况。具体做法是:先在临湖堤肩每隔1 m打一根2 m长的桩,再将秸料用细绳捆在木桩上,边捆边填土,一直到出水5 cm为止(如取土困难也可利用一部分碎秸料)。散厢护坡可以防止随机风波转为固定的水位风波,效果很好。

5. 注意事项

(1) 抢护风浪险情需要在堤顶打桩时,桩距要大,尽量不破坏大堤的土体结构。

(2) 抢护风浪险情应推广使用土工膜和土工织物,因其具有抢护速度快、效果好的优点,但使用时一定要压牢。

(3) 防风浪用料物较多,大水时在容易受风浪淘刷的堤段要备足料物。要坚持"以防为主、防重于抢"的原则,平时加强草皮、防浪林等生物养护。

七、裂缝抢险

1. 险情说明

堤坝裂缝是最常见的险情,有时也可能是其他险情的预兆,比如裂缝能发展成渗透变形、滑坡险情,甚至发展为漏洞,应引起高度重视。裂缝按其出现的部位可分为表面裂缝和内部裂缝;按其走向可分为横向裂缝、纵向裂缝和龟纹裂缝;按其成因可分为不均匀沉陷裂缝、滑坡裂缝、干缩裂缝、冰冻裂缝和振动裂缝。其中,以横向裂缝和滑坡裂缝危害最大,应及早抢护,以免造成更严重的险情。

2. 原因分析

产生裂缝险情的主要原因是:

(1) 堤的地基地质情况不同,物理力学性质差异较大,地基地形变化,土壤承载能力不同,均可引起不均匀沉陷裂缝。

(2) 堤身与刚性建筑物接触不良,由于渗水等原因造成不均匀沉陷,引起裂缝。

(3) 在堤坝施工时,采取分段施工,工段之间进度差异大,接头处没处理好,均可引起不均匀沉陷裂缝。

(4) 背水坡在高水位渗流作用下,由于抗剪强度降低,临水坡水位骤降或堤脚被掏空,均有可能引起滑坡性裂缝,特别是背水坡脚基础存在软弱夹层时,更易发生。

(5) 施工时堤体土料含水量大,控制不严,容易引起干缩裂缝或冰冻裂缝。

(6) 施工时有冻土、淤泥土或硬土块造成碾压不实,或者新旧结合部未处理好,在渗流作用下容易引起各种裂缝。

(7) 堤体本身存在隐患,如洞穴等,在渗流作用下也能引起局部裂缝。

(8) 地震等自然灾害引起的裂缝。

总之,引起堤坝裂缝的原因很多,有时也不是单一的原因,要加以分析断定,针对不同的原因,采取相应有效的抢护措施。

3. 抢护原则

裂缝险情抢护应遵循"判明原因,先急后缓,截断封堵"的原则。根据险情判别,如是滑坡或坍塌崩岸性裂缝,应先抢护滑坡或崩岸险情,待险情稳定后,再处理裂缝。对于最危险的横向裂缝,如已贯穿堤身,水流易于穿过,使裂缝冲刷扩大,甚至形成决口,因此必须迅速抢护;如裂缝部分横穿堤身,也会缩短渗径、抬高浸润线,导致渗水加重,引起堤身破坏。因此,对于横向裂缝,不论是否贯穿堤身,均应迅速处理。对于纵向裂缝,如较宽较深,应及时处理;如裂缝较窄较浅或呈龟纹状,一般可暂不处理,但应注意观测其变化,并堵塞裂缝,以免雨水进入,待洪水过后再处理。对较宽较深的裂缝,可采用灌浆或汛后用水洇实等方法处理。作为汛期裂缝抢险必须密切注意天气和雨水变化,备足抢险料物,抓住无雨天气,突击完成。

4. 抢护方法

裂缝险情的抢护方法,可概括为开挖回填、横墙隔断、封堵缝口等。

(1) 开挖回填

采用开挖回填方法抢护裂缝险情比较彻底,适用于没有滑坡可能性,并经检查观测已经稳定的纵向裂缝。在开挖前,用经过过滤的石灰水灌入裂缝内,便于了解裂缝的走向和深度,以指导开挖。在开挖时,一般采用梯形断面,深度挖至裂缝以下 0.3~0.5 m,底宽至少为 0.5 m,边坡要满足稳定及新旧填土结合的要求,并便于施工。开挖沟槽长度应超过裂缝端部 2 m。开挖的土料不应堆放在坑边,以免影响边坡稳定。不同土料应分别堆放,在开挖后,应保护坑口,避免日晒、雨淋。回填土料应与原土料相同,并控制含水量在适宜的范围内。填筑前,应检查坑槽底和边壁原土体表层土壤含水量。若偏干,则应在表面洒水湿润;若表面过湿,应先清除,然后再回填。回填要分层填土夯实,每层厚度约 20 cm,顶部应高出堤顶面 3~5 cm,并做成拱形,以防雨水灌入。

(2) 横墙隔断

横墙隔断适用于横向裂缝抢护,具体做法如下:

① 横墙隔断

a. 裂缝已经与临水相通的,在裂缝临水坡先筑前戗截流;裂缝背水坡有漏水的,在背水坡做好反滤导渗;裂缝与临水尚未连通并趋稳定的,从背水面开始,分段开挖回填。

b. 除沿裂缝开挖沟槽外,还应增挖与裂缝垂直的横槽(回填后相当于横墙),横槽间距为 3~5 m,墙体底边长度为 2.5~3 m,墙体厚度以便利施工为宜,但不宜小于 0.5 m。

c. 坑槽开挖时宜采取坑口保护措施,回填土分层夯实,夯实土料的干密度不小于堤身土料的干密度,确保坑槽边角处夯实质量和新老土结合。

d. 当裂缝漏水严重,险情紧急或者河水猛涨,来不及全面开挖裂缝时,可先沿裂缝每隔 3～5 m 挖竖井截堵,待险情缓和后再采取其他措施进行处理。

② 土工膜盖堵

对洪水期堤防发生的横向裂缝,如深度大,又贯穿大堤断面,可采用此法。具体做法是:将土工膜或复合土工膜在临水堤坡全面铺设,并在其上用土帮坡或铺压土袋、沙袋等,使水与堤隔离,起截渗作用。同时在背水坡采用土工织物进行滤层导渗,以保持堤身土粒稳定。必要时再抓紧时间采用横墙隔断法处理。

(3) 封堵缝口

① 灌堵缝口

对裂缝宽度小于 1 cm、深度小于 1 m、不太严重的纵向裂缝和不规则纵横交错的龟纹裂缝,经检查观测已经稳定时,可采用此法。具体做法是:用干而细的沙壤土由缝口灌入,再用板条或竹片捣实;灌塞后,沿裂缝筑宽 5～10 cm、高 3～5 cm 的拱形土埂,压住缝口,以防雨水浸入;灌堵后,如又有裂缝出现,说明裂缝仍在发展,应仔细判明原因,根据情况,另选适宜方法处理。

② 裂缝灌浆

对缝宽较大、深度较小的裂缝,可采用自流灌浆法处理,即在缝顶挖宽、深各为 0.2 m 的沟槽,先灌清水,再灌水土质量比为 1∶0.15 的稀泥浆,最后灌水土质量比为 1∶0.25 的稠泥浆。泥浆土料为两合土,灌满后封堵沟槽。如裂缝较大,开挖困难,可采用压力灌浆法处理。灌浆时可将缝门逐段封死,将灌浆管直接插入缝内,也可将缝口全部封死,由缝侧打眼灌浆,反复灌实。灌浆强度一般控制在 0.12 MPa 左右,避免跑浆。压力灌浆方法对已稳定的纵缝也适用,但不能用于滑坡性裂缝,以免加速裂缝发展。

5. 注意事项

(1) 对未堵或已堵的裂缝,均应注意观察、分析,研究其发展情况,以便及时采取必要措施。

(2) 采取横墙隔断措施时是否需要修筑前戗、反滤导渗,或者只修筑前戗和反滤导渗而不做隔断横墙,应根据实际情况决定。

(3) 当发现裂缝后,应尽快用土工膜、雨布等加以覆盖保护,不让雨水流入缝中,并加强观测。

(4) 对伴随有滑坡和塌陷险情出现的裂缝,应先抢护滑坡和塌陷险情,待脱险并趋于稳定后再抢护裂缝。

(5) 在采用开挖回填、横墙隔断等方法抢护裂缝险情时,必须密切注意上游水情和雨情的预报,并备足抢险料物,抓住晴天,保证质量,突击完成。

八、坍塌抢险

1. 险情说明

坍塌是堤防、坝岸临水面土体崩落的重要险情,堤岸坍塌主要有以下两种类型:

(1) 崩塌。由于水流将堤岸坡脚淘刷冲深,岸坡变陡,使上层土体失稳而崩塌。每次崩塌土体多呈条形,其岸壁陡立,且长度、宽度、体积比弧形坍塌小,简称条崩。当崩塌在平面和横断面上均为弧形阶梯式土体崩塌时,其长度、宽度、体积远大于条崩,简称窝崩。

(2) 滑脱。滑脱是堤岸一部分土体向水内滑动的现象。这两种险情,以崩塌比较严重,具有发生突然、发展迅速、后果严重的特点。造成堤岸崩塌的原因是多方面的,故抢护的方法也比较多。

2. 原因分析

发生坍塌的主要原因是:

(1) 有环流强度和水流挟沙能力较大的洪水。

(2) 坍塌部位靠近主流,直接冲刷。

(3) 堤岸抗冲能力弱。因水流淘刷冲深堤岸坡脚,在河流的弯道,主流逼近凹岸,深泓紧逼堤防。在水流侵袭、冲刷和弯道环流的作用下,堤外滩地或堤防基础逐渐被淘刷,使岸坡变陡,上层土体内部的摩擦力和黏结力抵抗不住土体的自重和其他外力,使土体失去平衡而坍塌,危及堤防。

(4) 横河、斜河的水流直冲堤防、岸坡,加之水流靠堤脚,且水位时涨时落,流势上提下挫,在土质不佳时,容易引起堤防坍塌险情。

(5) 水位陡涨骤降,变幅大,易使堤坡、坝岸失去稳定性。高水位时,堤岸土体含水量增大或饱和,抗剪强度降低;水位骤降时,土体失去了水的顶托力,高水位时渗入土内的水,又反向河内渗出,促使堤岸滑脱坍塌。

(6) 堤岸土体长期经受风雨的剥蚀、冻融,黏性土壤干缩或筑堤时碾压质量不好,堤身内有隐患等,常使堤岸发生裂缝,破坏土体整体性,加上雨水渗入,水流冲刷和风浪振荡的作用,促使堤岸发生坍塌。

(7) 堤基为粉细沙土,不耐冲刷,常受流势顶冲而被淘刷,或因震动使沙土地基液化,也将造成堤身坍塌。坍塌险情如不及时抢护,将会造成溃堤灾害。

3. 抢护原则

抢护坍塌险情要遵循"护脚固基,缓流挑流,恢复断面,防护抗冲"的原则。应以固基、护脚、防冲为主,增强堤岸的抗冲能力,同时尽快恢复坍塌断面,维持尚未坍塌堤岸的稳定性,必要时修筑坝垛工程挑流外移,制止险情继续扩大。在实地抢护时,应因地制宜,就地取材,抢小抢早。

4. 抢护方法

探测堤防、堤岸防护工程前沿或基础被冲深度,是判断险情轻重和决定抢护方法的首要工作。一般可用探水杆、铅鱼从测船上测量堤防、堤岸防护工程前沿水深,并判断河底土石情况。通过多点测量,即可绘出堤防、堤岸防护工程前沿的水下断面图,以大体判断堤防、堤岸防护工程基础被冲刷的情况及抛石等固基措施的防护效果。与全球定位仪(GPS)配套的超声波双频测深仪法是测量堤防、堤岸防护工程前沿水深和绘制水下断面地形图的先进方法。在条件许可的情况下,可优先选用。因为这一方法可十分迅速地判断水下冲刷深度和范围,以赢得抢险时间。

(1) 护脚固基防冲

当堤防受水流冲刷,堤脚或堤坡被冲成陡坎时,针对堤岸前水流冲淘情况,可采用护脚固基防冲的方法,尽快护脚固基,抑制急流继续淘刷。根据流速大小可采用土(沙)袋、块石、柳石枕、铅丝笼、长土枕及土工编织软体排等防冲物体加以防护。该法具有施工简单灵活、易备料、能适应河床变形的特点,因此使用最为广泛。

① 探摸。先摸清坍塌部分的长度、宽度和深度,以便估算所需劳力和料物。

② 制作。

a. 柳石枕一般直径为 1 m,长 10 m(也可根据需要而定),外围柳料厚度为 0.2 m,以柳(或苇)捆扎成小把,也可直接包裹柳料,石心直径约 0.6 m,用铅丝或麻绳捆扎成枕。流急处应拴系龙筋绳和底钩绳,以增强抗冲力。操作程序是:打顶桩、放垫桩、腰绳、铺柳排石、置龙筋绳、铺顶柳,然后进行捆抛。柳排石的体积比一般掌握在 1∶2~1∶2.5。铺放柳枝应在垫桩中部,底宽 1 m 左右,压宽厚度为 15~20 cm,分两层铺平放匀,并应先从上游开始,根部朝上游,要一铺压一铺,上下铺相互搭接在 1/2 以上。排石要中间宽,上下窄,枕的两端各留 40~50 cm 不放石,以便捆扎枕头。排石至半高要加铺细柳一层,以利放置龙筋绳。捆枕方法现多采用绞杠法。

b. 铅丝石笼的制作已由过去的人工操作逐步推广到使用铅丝笼网片自动编织机制作,工效提高 10 倍左右。铅丝石笼装好后,使用抛笼架抛投。

c. 长管袋(长土枕)采用反滤土工织物制作,管袋进行抽沙充填,直径一般为1 m,长度根据出险情况而定。在长土枕下面铺设褥垫沉排布并连接为整体,以保护布下的床沙不被水流带走,填补凹坑或加强单薄堤身。

③ 抛护。在堤顶或船上沿坍塌部位抛投块石、土(沙)袋、柳石枕或铅丝笼,先从顶冲坍塌严重部位抛护,然后依次上下进行,抛至稳定坡度为止。水下抛填的坡度一般应缓于原堤坡。抛投的关键是实测或探摸险点位置准确,避免抛投体成堆压垮坡脚。水深流急之处,可抛铅丝石笼、土工布袋装石等。

(2) 沉柳缓流防冲

沉柳缓流防冲法适用于堤防临水坡被淘刷范围较大的险情,对减缓近岸流速、抵御水流冲刷比较有效。对含沙量大的河流,效果更为显著。具体做法如下:

① 先摸清堤坡被淘刷的下沿位置、水深和范围,以确定沉柳的底部位置和数量。

② 选用枝多叶茂的柳树头,用麻绳或铅丝将大块石或土(沙)袋捆扎在柳树头的树杈上。

③ 用船将柳树头抛投在指定位置,应从下游向上游、由低处到高处依次抛投,务必使树头依次排列,紧密相连。

④ 如一排沉柳不能掩护淘刷范围,可增加沉柳排数,并使后一排的树梢重叠于前一排树杈之上,以防沉柳之间的土体被淘刷。

(3) 桩柴护岸(含桩柳编篱抗冲)

在水流不太深的情况下,堤坡、堤脚受水流淘刷而坍塌时,可采用桩柴护岸(含桩柳编篱抗冲)的方法,其效果较好。具体做法如下:

① 先摸清坍塌部位的水深,以确定木桩的长度。一般桩长应为水深的2倍,桩入土深度为桩长的1/3～1/2。

② 在坍塌处的下沿打桩一排,桩距为1 m,桩顶略高于坍塌部分的最高点。如一排不够高可在第一级护岸基础上再加二级或三级护岸。

③ 木桩从下到上密叠一层直径约0.1 m的柳把(或秸把、苇把、散柳)。用14号铅丝或细麻绳捆扎成柳把,并与木桩拴牢,其后用散柳、散秸或其他软料铺填,厚度为0.2 m左右,软料背后再用黏土填实。

④ 在坍塌部位的上部与前排桩交错另打0.5～0.6 m的签桩一排,桩距仍为1 m,略露桩顶。用麻绳或14号铅丝将前排桩拉紧,固定在签桩上,以免前排桩受压后倾斜。最后用0.2～0.3 m厚的黏性土封顶。此外,如遇串沟夺流,顺堤行洪,水流较浅,还可横截水流,采取桩柳编篱防冲法,以达缓溜落淤防冲的目

的。具体做法是：横截水流，打桩一排，桩距为 1 m，桩长以能拦截水流为宜，桩顶略高于水面。然后用已捆好的柳把在桩上编成透水篱笆，一道不行可多打几道。如所打柳木桩成活，还可形成活柳桩篱，可长时期起缓流落淤作用。

(4) 柳石软搂

在险情紧迫时，为抢时间常采用柳石软搂的方法，尤其当堤根行流甚急，单纯抛乱石、土袋又难以稳定，抛铅丝石笼条件不具备时，采用此法较适宜。如流势过大，在软搂完成后于根部抛柳石枕围护。具体做法如下：

① 打顶桩。在堤顶距临水堤肩 2～3 m 处，根据软搂底钩绳数的需要打单排或双排顶桩(桩长 1.5～1.7 m，入土 1.2～1.3 m，梢径为 12～14 cm，顶径为 14～16 cm)。桩距一般为 0.8～1 m，排距为 0.3～0.5 m，前后排向下游错开 0.15 m，以免破坏堤顶。

② 拴底钩绳。在前排顶桩上拴底钩绳，绳的另一端活扣于船的龙骨上。当无船时可先捆一个浮枕推入水中，在枕上插上杆，将另一端活扣系在木杆上。绳缆应根据水流深浅、流势缓急，选用股麻绳(六丈、七丈、八丈或十丈绳，直径分别为 3～4 cm，4～5 cm，5～6 cm)。

③ 填料。在准备搂回的底钩绳和堤坡已放置的底钩绳之间，抛填层柳层石或层柳层淤、层柳层土袋(麻袋、草袋、编织袋)，一般每层铺厚度为 0.3～0.5 m 的柳枝、厚度为 0.2～0.3 m 的石淤或土袋，逐层下沉，追压到底，以出水面为宜。每次加压柳石，均应适当后退，做成 1∶0.3～1∶0.5 的外坡，并要利用搂回的底钩绳加拴捆扎柳石层的直径为 2.5～3 cm 的麻绳(核桃绳，又称捆扎柳石层用的练子绳)或 12 号铅丝一股，系在靠堤坡的底钩绳上，以免散柳被水冲失。最后，将搂回的底钩绳全部拴拉固定在顶桩上(双排时拴在第二排顶桩上)。

④ 沉柳。若水流冲刷严重，亦可在柳石软搂外再加抛沉柳，以缓和流势。

⑤ 柳石混杂(俗称风搅雪)。当险情过于紧迫时，个别情况下来不及实施与软搂有关的打顶桩和拴底钩绳、练子绳等措施，单纯采取层柳层石，或者采取柳石混杂抢护措施时，要严密注意观察流势，必要时及时配合其他防护措施，加以补救。

5. 注意事项

在堤防坍塌抢险中，应注意以下事项：

(1) 要从河势、水流势态及河床演变等方面分析坍塌发生的原因、严重程度及可能发展的趋势。堤防坍塌一般随水流量的大小而发生变化，特别是弯道顶点上下，主流上提下挫，坍塌位置也随之移动。汛期流量增大，水位升高，水面比降增大，主流沿河道中心的曲率逐渐减小，主流靠岸位置移向下游；水流量减小，水位降低,水面比降减小,主流沿弯曲河槽下泄,曲率逐渐增大,主流靠岸位置移向上游。凡属主流靠岸的部位,都可能发生堤岸坍塌,所以原来未发生坍塌的堤段,也可能出现坍塌。因此,在对原出险处进行抢护的同时,也应加强对未发生坍塌堤段的巡查,发现险情,及时采取合理抢护措施。

(2) 在涨水的同时,不可忽视落水出险的可能。在大洪水、洪峰过后的落水期,特别是水位骤降时,堤岸失去高水时的平衡,有些堤段也很容易出现坍塌,切勿忽视。

(3) 在涨水期,应特别注意迎流顶冲造成的坍塌险情,稍一疏忽,会有溃堤之患。

(4) 坍塌的前兆是裂缝,因此要细致观察堤、坝岸顶部和边坡裂缝的发生和发展情况,要根据裂缝分布、部位、形状以及土壤条件,分析是否会发生坍塌,可能会发生哪种类型的坍塌。

(5) 对于发生裂缝的堤段,特别是产生弧形裂缝的堤段,切不可堆放抢险料物或其他荷载。对裂缝要加强观测和保护,防止雨水灌入。

(6) 圆弧形滑塌最为危险,应采取护岸、削坡减载、护脚固基等措施进行抢护,尽量避免在堤、坝岸上打桩,因为打桩对堤、坝岸振动很大,做得不好,会加剧险情。

九、跌窝抢险

1. 险情说明

跌窝又称陷坑,一般是在大雨、洪峰前后或高水位情况下,经水浸泡,在堤顶、堤坡、戗台及坡脚附近,突然发生局部凹陷而形成的一种险情。这种险情既会破坏堤防的完整性,又常缩短渗径,有时还伴随渗水、漏洞等险情发生,严重时有导致堤防突然失事的危险。

2. 原因分析

导致跌窝的原因主要是:

(1) 施工质量差。施工质量差主要表现在:堤防分段施工,施工接头未处理好;土块架空;雨淋沟(水沟浪窝)回填质量差;堤身、堤基局部不密实;堤内埋设涵管漏水;土石、混凝土结合部夯实质量差等。施工质量差的堤段,在堤身内渗水作用或暴雨冲蚀下易形成跌窝。

(2) 堤防本身有隐患。堤身、堤基内有动物洞穴、刨树坑夯填不实形成的洞穴树根或抢险物料等腐烂形成的空洞、坟墓、地窖、防空洞等。遇高水位浸透或遭暴雨冲蚀时,这些洞穴周围土体湿软下陷或流失即形成跌窝。

(3) 伴随渗水、管涌或漏洞形成。由于堤防渗水、管涌或漏洞等险情未能及时发现和处理,使堤身或堤基局部范围内的细土料被渗透水流带走、架空,最后土体支撑不住,发生塌陷而形成跌窝。

3. 抢护原则

根据险情出现的部位及原因,采取不同的措施,以"抓紧翻筑抢护,防止险情扩大"为原则,在条件允许的情况下,可采用翻挖分层填土夯实的方法予以彻底处理。当条件不允许时,如水位很高、跌窝较深,可进行临时性的填筑处理,临河填筑防渗土料。如跌窝处伴有渗水、管涌或漏洞等险情,也可采用填筑导渗材料的方法处理。

4. 抢护方法

(1) 翻填夯实

凡是在条件许可,而又未伴随渗水、管涌或漏洞等险情的情况下,均可采用此法。具体做法是:先将跌窝内的松土挖出,再分层填土夯实,直到填满跌窝,恢复堤防原状为止。如跌窝出现在水下且水不太深时,可修土袋围堰或桩柳围堰,将水抽干后,再行翻筑。如跌窝位于堤顶或临水坡,宜用防渗性能不小于原堤土的土料,以利防渗;如跌窝位于背水坡,宜用透水性能不小于原堤土的土料,以利排水。

(2) 填塞封堵

当跌窝出现在水下时,可用草袋、麻袋或土工编织袋装黏性土或其他不透水材料直接在水下填实跌窝,待全部填满后再抛黏性土、散土加以封堵和帮宽,要封堵严密,防止在跌窝处形成渗水通道。

(3) 填筑滤料

当跌窝发生在堤防背水坡,且伴随发生渗水、漏洞或管涌险情时,除尽快对堤防迎水坡渗漏通道进行截堵外,对不宜直接翻筑的背水跌窝,可采用填筑滤料法抢护。

具体做法是:先清除跌窝内松土或湿软土,然后用粗砂填实,如涌水水势严重,可按背水导渗要求,加填石子、块石、砖块、梢料等透水材料,以消减水势,再予填实。待跌窝填满后可按砂石滤层铺设方法抢护。

5. 注意事项

(1) 跌窝险情往往是一种表面现象,原因是内在的,抢护跌窝险情,应先查明原因,针对不同情况,选用不同方法,备足料物,迅速抢护。

(2) 在翻筑时,应根据土质情况留足坡度或用木料支撑,以免坍塌扩大,并要便于填筑;需筑围堰时,应适当留足施工场地,以利抢护工作和漏水时加固。

(3) 在抢护过程中,必须密切注意上游水位涨落变化,以免发生安全事故。

第八章　道路应急抢通过程潜在风险与安全知识

应急救援施工作业具有工期紧、突击性强、工种复杂、特种作业多、施工协作要求高等特点,同时施工过程受自然因素及外界干扰的影响很大,施工作业环境及气候恶劣,容易使抢险救援作业人员的体力和注意力下降,施工现场存在大量的危险和不安全因素(次生灾害频发),事故隐患多,易发生安全事故。因此,加强应急救援施工作业安全控制,是实现"安全救援",确保应急救援抢险抢通任务顺利完成的基础。

第一节　安全生产管理

一、基本概念

1. 安全生产

安全生产是为了使生产过程在符合物质条件和工作秩序下进行,防止发生人身伤亡和财产损失等生产事故,消除或控制危险、有害因素,保障人身安全与健康、设备和设施免受损坏、环境免遭破坏的总称。

2. 安全生产管理

安全生产管理是管理的重要组成部分,是安全科学的一个分支。所谓安全生产管理,就是针对人们生产过程的安全问题,运用有效的资源,发挥人们的智慧,通过人们的努力,进行有关决策、计划、组织和控制等活动,实现生产过程中人与机器设备、物料、环境的和谐,达到安全生产的目标。

安全生产管理的目标是减少和控制危害,减少和控制事故,尽量避免生产过程中由于事故所造成的人身伤害、财产损失、环境污染以及其他损失。

安全生产管理包括安全生产法制管理、行政管理、监督检查、工艺技术管理、设备设施管理、作业环境和条件管理等。

安全生产管理的基本对象是企业员工,涉及企业中的所有人员、设备设施、物料、环境、财务、信息等各个方面。

安全生产管理的内容包括安全生产管理机构、安全生产管理人员、安全生产责任制、安全生产管理规章制度、安全生产策划、安全培训教育、安全生产档案等。

二、安全生产管理要素

1. 安全意识

安全意识是安全生产的灵魂。建设安全意识,其重点就是要加强安全宣传教育,普及安全常识,强化安全意识,强化全员的自我保护意识,提高员工的安全素质,最终达到保障员工的生命安全的目的。

2. 安全法制

安全法制是安全生产的利器。安全法制就是要坚持以法治安,即用法律法规来规范生产工作者的行为,使安全生产工作有法可依、有章可循,建立安全生产法制秩序。坚持依法治安,要建立、修订、完善安全生产管理相关的规定、办法、细则等,并把各项安全规章制度落实到安全生产管理全过程,同时加强执法,要依法进行安全检查、安全监督,维护制度的权威性。

3. 安全责任

安全责任是安全生产的核心,必须层级落实安全责任。牢固树立安全责任意识,要以全面落实安全生产责任制为核心,坚持事前预防、事中监督、事后处理,多管齐下,使各个环节、各个阶段、各个岗位的安全责任都能得到有效落实。

4. 安全科技

安全科技是安全生产的动力。应用先进的安全装置、防护设施、预测报警技术都是解放生产力、保护生产力、发展生产力的最重要途径。安全科技是安全生产的先导,是科学生产的延伸,是安全生产的强力技术支持和巨大的动力源泉。

5. 安全投入

安全投入是安全生产的保障。安全生产的硬件、软件的改造与更新,安全生产环境的改善必须投入,有投入才会有更高的回报。有计划的安全投入一方面要见其实效,但不可忽视安全投入的迟后效应和公益效应,以及厚积薄发的巨大潜力。

三、安全生产管理原则

安全生产管理必须坚持"安全第一、预防为主、综合治理"的原则。这是一个完整的统一体系,且三者之间存在内在的严密逻辑关系,即坚持安全第一,必须以预防为主,然后实施综合治理;只有认真治理隐患,有效防范事故,才能把"安全第一"落到实处。

(1) 安全第一

安全第一体现在生产经营单位应当把生产、安全、效益等看成一个有机的整体,当这些指标发生矛盾或冲突时,必须将安全放在第一位。

(2) 预防为主

① 安全教育。采取多种形式,加强对有关安全生产法律、法规和安全生产知识的宣传、教育和培训,保证从业人员具备必要的安全生产常识,熟悉有关的安全生产规章制度和安全操作规程,掌握本岗位的安全操作技能,增强事故预防和应急处理能力,提高职工的安全生产意识。

② 安全投入。即要求生产经营单位应当具备一定的安全投入,并予以保证对因安全生产所需的资金投入不足导致的后果承担责任。

③ 安全责任。实现安全生产,必须建立健全安全生产责任制,各负其责,齐抓共管。要增强有关部门及其工作人员和生产经营单位主要负责人的责任感,监督他们切实履行自己的法定职责。

④ 建章立制。即要求生产经营单位制定并落实各种措施和规章制度以实现安全生产。规章制度不健全、安全管理措施不落实,势必会埋下不安全因素和事故隐患,最终导致事故。

⑤ 隐患整改。一般情况下,大部分事故发生前都有安全隐患,这就要求从业人员尽职尽责,加强管理,及时发现、消除安全隐患,避免或者减少事故。

⑥ 监督执法。强化安全生产监督管理,应加大日常监督检查和重大危险源监控的力度,重点查处生产经营过程中的安全生产违法行为,发现事故隐患应当要求及时整改,并依法采取监管措施或者处罚措施,严格追究有关人员的责任。

(3) 综合治理

① 主动排查,综合治理各类隐患,把事故消灭在萌芽状态。

② 事故发生后,要查明事故的原因,分清事故责任,制定防止事故再次发生的各项措施。

③ 加大处罚力度,对违章者批评教育,并依照有关规章制度给予处分,令其吸取教训,并以此教育全体人员,杜绝、防止类似事故发生。

④ 运用好经济手段、法律手段,从发展规划、行业管理、经济政策、教育培训以及责任追究等多方面着手,建立安全生产长效机制。

第二节 道路应急抢通过程二次事故危险源辨识

危险源的存在是事故发生的根本原因,防止道路抢通二次事故就是消除、控制道路抢通过程中人—装备—环境系统的危险源。操作人员了解危险源的知识,掌握道路抢通过程中的危险源辨识方法,可以更有效地避免二次事故的发生。

一、危险源的概念

危险源是指可能引发事故发生的根源、状态和活动或它们的组合,是构成风险的原因。凡存在能量、有害物质或危险物质,都有可能导致事故的发生,都是产生风险的根源。

道路抢通过程中二次事故造成巨大破坏的根本原因是运行中的抢通装备具有很大的动能,遇到二次事故,能量意外释放。运行中的抢通装备是危险源。

导致二次事故的直接原因在于操作者的不当操作行为,装备的装置失效,使得运行中的装备能量意外释放。

危险源的实质是具有潜在危险的源点或部位,是事故发生的源头,是能量、危险物质集中的核心,是能量从那里传出或爆发的地方。危险源存在于确定的系统中,不同的系统范围,危险源的区域也不同。

分析危险源应按系统的不同层次来进行。一般来说,危险源可能存在事故隐患,也可能不存在事故隐患,对于存在事故隐患的危险源一定要及时加以整改,否则随时都可能导致事故。对危险源的控制,实际就是消除其存在的事故隐患或防止其出现事故隐患。

二、危险源的构成要素

危险源应由三个要素构成:潜在危险性、存在条件和触发因素。

危险源的潜在危险性是指一旦触发事故,可能带来的危害程度或损失大小,或者说危险源可能释放的能量强度或危险物质量的大小。

危险源的存在条件是指危险源所处的物理、化学状态和约束条件状态。一定的危险源总是与相应的触发因素相关联。在触发因素的作用下,危险源转化为危险状态,继而转化为事故。

触发因素在道路抢通过程中主要是指操作者的不安全行为,如操作不当、疲劳操作、酒后操作等;装备的不安全状态,如制动失效、爆胎等;被操作对象或道路环境的不安全状态,如塌方、雪崩等以及夜间、特殊天气的不安全因素等。

三、危险源的分类

1. 根据危险源作用分类

根据危险源在事故发生中所起的作用不同,可将危险源划分为根源危险源(又称第一类危险源)和状态危险源(又称第二类危险源)。

能量和危险物质的存在是危害产生的最根本原因,通常把可能发生意外释放的能量或危险物质称作根源危险源,如:高速行驶的汽车、极端自然灾害(地震、泥石流)等。

造成约束、限制能量和危险物质措施失控的各种不安全因素称作状态危险源,如:装备转向失控、制动失效、操作人员操作不当,造成装备失去控制或躲避不及,对他人和自身造成伤害的危险源。

根源危险源是客观存在的,状态危险源大多是人为因素造成的。所以防范二次事故的重点是控制状态危险源,操作人员要控制不安全行为,时时注意道路环境异常状况,排除装备的不安全状态和环境不良因素对安全操作的影响。

2. 按事故的原因分类

通常情况下,按导致事故和危害的直接原因,将危险源分为人的因素、物的因素、环境因素和管理因素四类。

(1) 人的因素包括:心理、生理性危险和有害因素(负荷超限、健康状况异常、从事禁忌作业心理异常、辨识功能缺陷以及其他心理、生理性危害因素),行为性危险和有害因素(指挥错误、操作错误、监护错误、其他错误以及其他行为性危险和有害因素)。

(2) 物的因素包括:物理性危险和有害因素(设备、设施、工具、附件缺陷,防护缺陷,电伤害,噪声,振动危害,电离辐射,非电离辐射,运动物伤害,明火,高温物质,低温物质,信号缺陷,标志缺失,有害光照)、化学性危险和有害因素(爆炸品,压缩气体和液化气体,易燃液体,易燃固体,自燃物品和遇湿易燃物品,氧化剂和有机过氧化物,有毒品,放射性物品,腐蚀品,粉尘与气溶胶)、生物性危险和有害因素(致病微生物、传染病媒介物、致害植物)。

(3) 环境因素包括:室内作业场所环境不良(室内地面滑,室内作业场所狭窄,室内地面不平,室内梯架缺陷,地面、墙和天花板的开口缺陷,房屋基础下沉,室内安全通道缺陷,房屋安全出口缺陷,采光照明不良,作业场所空气不良,室内温度、湿度、气压不适,室内排水不良,室内涌水)、室外作业场所环境不良(恶劣气候与环境,作业场地和交通设施湿滑,作业场地狭窄,作业场地杂乱,作业场地不平,航道狭窄,有暗礁或险滩,脚手架、阶梯或活动梯架缺陷,地面开口缺陷,建筑物和其他结构缺陷,作业场地基础下沉,作业场地安全通道缺陷,作业场地安全出口缺陷,作业场地光照不良,作业场地空气不良,作业场地温度、湿度、气压不适,作业场地涌水、地下(含水下)作业环境不良(隧道/矿井顶面缺陷,隧道/矿井正面或侧面缺陷,隧道/矿井地面缺陷,地下作业面空气不良,地下火,冲击地压,地下水,水下作业供氧不足)、其他作业环境不良(强迫体位、综合性作业环境不良)。

(4) 管理因素包括:职业安全卫生组织机构不健全、职业安全卫生责任制不落实、职业安全卫生管理规章制度不完善、职业安全卫生投入不足、职业健康管理不完善。

3. 按事故类型分类

综合考虑事故的起因物、致害物、伤害方式等特点,将危险源及危险源造成的事故分为16类。

(1) 物体打击,是指落物、滚石、锤击、碎裂崩块、碰伤等伤害,包括因爆炸而引起的物体打击。

(2) 车辆伤害,是指机动车辆在行驶中引起的人体坠落和物体倒塌、飞落、挤压伤亡事故,不包括起重设备提升、牵引车辆和车辆停驶时发生的事故。

(3) 机械伤害,是指机械设备运动(静止)部件、工具、加工件直接与人体接触引起的夹击、碰撞、剪切、卷入、绞、碾、割、刺等伤害,不包括车辆、起重机械引起的机械伤害。

(4) 起重伤害,是指各种起重作用(包括起重机安装、检修、试验)中发生的挤压、坠落、(吊具、吊重)物体打击和触电。

(5) 触电,包括雷击伤害。

(6) 淹溺,包括高处坠落淹溺,不包括矿山、井下透水淹溺。

(7) 灼烫,是指火焰烧伤、高温物体烫伤、化学灼伤(酸、碱、盐、有机物引起的体内外灼伤)、物理灼伤(光、放射性物质引起的体内外灼伤),不包括电灼伤和火灾引起的烧伤。

(8) 火灾。

(9) 高处坠落,是指在高处作业中发生坠落造成的伤亡事故,不包括触电坠落事故。

(10) 坍塌,是指物体在外力或重力作用下,超过自身的强度极限或因结构稳定性破坏而造成的事故,如挖沟时的土石塌方、脚手架坍塌、堆置物倒塌等,不适用于车辆、起重机械、爆破引起的坍塌。

（11）放炮,是指爆破作业中发生的伤亡事故。

（12）火药爆炸,是指生产、运输、储藏过程中发生的爆炸。

（13）化学性爆炸,是指可燃性气体、粉尘等与空气混合形成爆炸性混合物,接触引爆能源时,发生的爆炸事故(包括气体分解、喷雾爆炸)。

（14）物理性爆炸,包括锅炉爆炸、容器超压爆炸、轮胎爆炸等。

（15）中毒和窒息,包括中毒、缺氧窒息、中毒性窒息。

（16）其他伤害,是指除上述以外的危险因素,如摔、扭、挫、擦、刺、割伤和非机动车碰撞、轧伤等。

四、危险源辨识

危险源辨识的目的就是通过对系统的分析,界定出系统中的哪些部分、区域是危险源,其危险的性质、危害程度、存在状况、危险源能量与物质转化为事故的转化过程、规律、转化的条件、触发因素等,以便有效地控制能量和物质的转化,使危险源不至于转化成事故。

（1）危险源辨识:就是识别危险源并确定其特性的过程。

（2）特别提示:危险源辨识是一个动态的过程,每当工作场所发生变化,都要对危险源重新进行辨识。

（3）辨识原则:预见性、及时性、全面性、精确性。

道路抢通过程中存在着多种多样的危险源,主要有人、物、工作环境、安全管理情况等。在这些危险源中,有的可能直接导致二次事故发生,如装备故障;有的可能是二次事故发生的深层次诱因或根本原因,如预案及管理措施不完善等。无论哪种危险源,只要存在,就会为二次事故的发生埋下隐患。

通过本节的学习,应掌握危险源的概念、分类及辨识方法,在以后的道路抢通过程中应积极有效地辨识危险源,提前防范二次事故风险。

第三节 道路应急抢通施工作业安全控制

一、道路工程

1. 土方施工

（1）土方开挖前,必须了解土质、地下水等情况;查清地下埋设的管道、电缆和有毒有害气体等危险物以及文物古迹的位置、深度走向,并加设标记、设置防护栏杆;根据其危险性,确定采取的施工作业方法、安全技术措施等。

（2）开挖深度超过 2 m 时,其边缘上面要设置警告标志,特别是在街道、居民区、行车道和现场通道附近开挖土方时,不论深度大小都要设置警告标志和高度不低于 1.2 m 的双道防护栏或定型护身栏,夜间还要设红色警示灯。

（3）在沟槽(坑)边缘 1 m 以内不准堆土或堆放物料,距沟槽(坑)边缘 1~3 m 堆土高度不得超过 1.5 m,距沟槽(坑)边缘 3~5 m 堆土高度不得超过 2.5 m,停放车辆、设备、起重机械距沟槽(坑)边缘不小于 4 m。

（4）在靠近建筑物、设备基础、电杆及各种脚手架附近挖土时,必须采取安全防护措施。

（5）开挖沟槽时,应当根据土质情况进行放坡或防护。挖掘深度超过 1.5 m,而且不加防护时,应按规定放缓坡度。

（6）因施工区域狭窄等原因不能放坡,则应采取围壁措施。要注意围壁支撑的木料,不能有朽、断、裂现象。

（7）高陡边坡处施工,必须遵守下列规定:

① 作业人员必须绑系安全带。

② 边坡开挖中如遇地下水涌出,应先排水,后开挖。

③ 开挖工作应与装运作业相互错开,严禁上、下双重作业。

④ 弃土下方和有滚石危险的区域,应设警告标志,下方有道路的,作业时严禁通行。清理路堑边坡上突出的块石和整修边坡时,应从上而下顺序进行,坡面上的松动土、石块必须及时清除。坡面上的操作人员需戴安全帽。严禁在危石下方作业、休息和存放机具。边坡上方有人工作时,边坡下方不准站人。

⑤ 高边坡开挖时,作业人员要戴安全帽,并安排专职人员对上边坡进行监视,防止上部塌方和物体坠落。

⑥ 深基坑开挖抛土距坑边缘太近时,应安排作业人员指挥,安全员负责监控,要及时地指挥作业人员将基坑边缘的土移到规定距离之外。

（8）在地质不良地段,应根据要求并结合实际情况,在分段开挖的同时,及时分段修建支挡工程。在开挖过程中应严密注意土体的稳定情况,并应有相应的安全措施,同时注意弃土的堆放,以免影响不良地段的原有稳定状态。

（9）施工中如发现山体有滑动、崩塌迹象危及施工安全时,应暂停施工,撤出人员和机具,并根据实际情况,研究制定新的施工方案和安全措施。

（10）滑坡地段的开挖,应从滑坡体两侧向中间自上而下进行,严禁全面拉槽开挖。弃土不得堆在主滑区内。

（11）在落石与岩堆地段施工,应先清理危石和设置拦截设施后再进行开挖。坡面上的松动石块应边挖边清除,严防岩堆松动滑脱伤人。

(12) 岩溶地区施工,应认真处理岩溶水的涌出,以免导致突发性的坍陷。

(13) 泥沼地段施工,应制定和落实预防人、机下陷的安全技术措施。挖出的废土应堆置在合适的地方,以防汛期造成人为的泥石流。

(14) 施工中遇有土体不稳、发生坍塌、水位暴涨或山洪暴发等情况以及在爆破警戒区内听到爆破信号时,应立即停工,人、机撤至安全地点。

(15) 使用机械破冻土时,机械 5 m 以内禁止站人,并应注意附近建筑物的安全。

(16) 运土方的车辆会车时,应轻车让重车,通过窄路、交叉路口、铁路道口和交通繁忙地段以及转弯时,应注意来往行人和车辆。重车运行,前后两车间距必须大于 5 m,下坡时,间距不应小于 10 m,严禁车上乘人,过道应设专人管理、维修。悬崖陡壁处应设防护栏杆。

(17) 机械在危险地段作业时,必须设明显的安全警告标志,并应设专人站在操作人员能看清的地方指挥。驾机人员只能接受指挥人员发出的规定信号。

(18) 大型机械进场前,应查清所通过道路、桥梁的净宽、限高和承载力是否满足通过要求,否则应拓宽和加固或绕道。

(19) 机械在边坡、边沟附近作业时,应与边缘保持必要的安全距离,使轮胎(履带)压在坚实的地面上。

2. 石方施工

(1) 石方爆破作业,以及爆破器材的管理、加工、运输、检验和销毁等工作必须严格遵守国家现行的《爆破安全规程》。

(2) 选择炮位时,炮眼口应避开正对的电线、路口和构造物。

(3) 凿打炮眼时,坡面上的浮岩危石应予以处理。

(4) 凿眼所用的工具和机械要详加检查,确认完好。

(5) 严禁在残眼上打孔。

(6) 机械扩眼,宜采取湿式凿岩机或带有捕尘器的凿岩机。凿岩机支架要牢固,严禁用胸部和肩头紧顶把手。风动凿岩机的管道要顺直,接头要紧密,气压不应过高。电动凿岩机的电缆线宜悬空挂设,工作时应注意观察电流值是否正常。

(7) 空压机必须在无荷载状态下启动。开启送气阀前,应将输气管道连接好,不得扭曲。在征得凿眼机操作人员同意后方可送气,出气口前方不得有人工作或站立。运转中应注意检查是否有异常情况,不得擅离岗位。

(8) 爆破器材库的选址和搭建以及配套设施应请当地公安部门进行监督和指导,运输爆破器材要使用专用运输工具,在公安部门的押运下进行,并应避开人员密集地段，中途不得停留。

（9）要根据当地的气候和水文等情况，制定爆破器材保护预案，防止因为施工过程中突遇气候等环境因素骤变，导致爆破器材的流失。

（10）在保管、加工、运输爆破器材过程中，严禁穿着化纤服装。

（11）爆破器材应按规定要求进行检验，对失效和不符合技术条件要求的器材不得使用。

（12）爆破器材必须严格管理，建立并严格执行爆破器材领用、退库制度。爆破器材应有专人领取，严禁由一人同时搬运炸药与雷管。电雷管严禁与带电物品一起携带运送。

（13）制作起爆药包（柱），应在专设的加工房或爆破现场的专用棚内进行。

（14）超过 5 m 的深孔不得使用导火索起爆。

（15）装炮作业必须遵守以下规定：

① 装药前应对炮眼进行验收和清理。

② 严禁烟火和明火照明。无关人员必须远离现场。

③ 应用木质炮棍装药，严禁使用金属器皿装药。深孔装药出现堵塞时，在未装入雷管和起爆药前，可采用铜和木质长杆处理。

④ 装好的炸药包（柱）和硝化甘油类炸药，严禁投扔或冲击。

⑤ 不得采用无填塞爆破（扩壶除外），也不得使用石块和易燃材料填塞炮孔。填塞炮眼时不得破坏起爆线路。

（16）已装药的炮孔必须当班爆破，装填的炮孔数量应以一次爆破的作业量为限。

（17）爆破作业必须有专人指挥。确定的危险边界应有明显标志，警戒区四周必须派设警戒人员。警戒区内的人员、牲畜必须撤离，施工机具应妥善安置。预告、起爆、解除警戒等信号应有明确的规定。

（18）应按照规定确定防止个别飞散物对人员伤害的安全距离。

（19）导火索起爆应采用一次点火法点火，其长度应保证点完导火索后人员能撤至安全地点，但不得短于 1.2 m。不得在同次爆破中使用不同燃速的导火索。露天爆破，一人连续点火的导火索不得超过 10 根，严禁使用明火点燃，严禁脚踩和挤压已点燃的导火索。多人同时点炮时，每人点炮数量应相同。必须先点燃信号管，信号管响后无论导火索点完与否，人员必须立即撤离。信号管的长度不得超过该次被点导火索中最短导火索长度的 1/3。

（20）爆破时，应清点爆炸数量与装炮数量是否相符。确认炮响完并过 5 min 后，方准爆破人员进入爆破作业点。

(21) 电力起爆必须遵守下列规定：

① 在同一爆破网路上必须使用同厂、同型号的电雷管,其电阻值差应控制在±0.2 Ω以内。

② 爆破网路主线应绝缘良好,并设中间开关,与其他电源线路应分开铺设。

③ 必须严格检查主线、区域线、端线、电源开关和插座等的断通与绝缘情况,在联入网络前各自的两端必须短路。

④ 爆破网络的连接必须在全部炮孔装填完毕,无关人员全部撤至安全地点后进行。连接必须由工作面向中起爆站依次进行,两线的接点应错开10 cm,接点必须牢固,绝缘良好。

⑤ 用动力或照明电源起爆时,起爆开关必须放在上锁的专用起爆箱内,起爆开关箱和起爆器的钥匙必须由爆破工作的负责人严加保管,决不能交给他人。

⑥ 装好炸药包后,必须撤除作业现场的一切电源。

⑦ 在雷雨季节、潮湿场地等情况下,应采用非电起爆法。

(22) 裸露爆破必须保证先爆的药包不致破坏其他药包,否则应用齐发起爆法。严禁用石块覆盖裸露药包和将炸药包插入石缝中进行爆破。

(23) 各种类型的"盲炮"处理必须按照国家现行的《爆破安全规程》有关规定办理。

(24) 大型爆破必须按审批的爆破设计书,并征得当地县(市)以上公安部门同意后,由专门成立的现场指挥机构组织人员实施。

大型爆破的安全距离,除考虑个别飞散物的因素外,还必须考虑爆破引起地震及冲击波对人员、设施及建筑物的影响,按规定经计算后确定安全距离。

(25) 石方地段爆破后,必须确认已经解除警戒,作业面上的悬岩危石也经检查处理后,经过履行必要的确认手续,清理石方人员方准进入现场。

(26) 撬动岩石必须由上而下逐层撬(打)落,严禁上下双重作业,不得将下面撬空使其上部自然塌落。

(27) 抬运石块的铁链或绳索应理顺并拴牢,抬运时要同起同落、步调一致。

3. 不良地质地段路基施工

(1) 滑坡

① 应核查滑坡影响范围并设安全警示标志,根据现场情况设置围挡等防护设施。施工期间应由专人负责滑坡体的监测。

② 严禁在滑坡影响范围设置临时生产、生活设施,停放机械,堆放机具等。

③ 施工前应先做好截、排水设施,并随开挖随铺砌。对施工用水严格管理,防止渗入滑坡体内。

④ 在滑坡体上开挖路堑和修筑抗滑支挡结构时,应符合以下规定:应分段跳槽开挖,严禁大段拉槽开挖,并随挖、随砌、随填并夯实;开挖与砌筑时应加强支撑与临时锚固,并随时监测其受力状态;抗滑桩、锚杆(索)施工应从两段逐步向滑坡主轴方向进行;采用抗滑桩、挡土墙共同支挡时,应先做抗滑桩后做挡土墙。

⑤ 采取减重、加载措施时,应遵守以下规定:减重应自上而下开挖,开挖面应立即整平、压实;弃土应堆置在滑坡区以外或指定的阻滑区域;加载的填土和减重的弃土,不得堵塞滑坡体下部的渗、排水口。

⑥ 应避免在冰雪融化期开挖滑坡体,雨后不得立即施工,禁止夜间施工。

(2) 泥石流

① 应结合实际情况认真评估泥石流的危害程度,核实泥石流形成区、流动区和堆积区,并制定安全防护措施。

② 应与气象、国土资源等部门保持畅通联系,人员驻地、生产设施等临时工程必须避开泥石流影响区。

③ 施工期要设专人巡查,发现异常及时预警并采取相应措施。

④ 取土和弃土应避开泥石流影响区,防止诱发人工泥石流。

(3) 危岩、落石、岩堆与崩塌

① 危岩、落石、岩堆与崩塌地段施工前,要对影响范围进行评估,并对既有的建(构)筑物和交通设施采取相应的安全防护或迁移措施。

② 施工期要设观测点,由专人监测和巡查,发现异常应立即停工,人机撤离,评估危险程度后采取相应的措施。

③ 危岩、落石、岩堆与崩塌影响范围内严禁搭盖临时房屋、堆放机具。

④ 刷坡时要明确清刷范围,并设置围挡和警示标志。

⑤ 施工前要先清理危岩、危石或对其采取加固措施,并根据现场情况修建拦截建筑物等防护设施,各项防治工程应及时配套完成。

⑥ 爆破开挖时要采取控制爆破技术,并加强现场防护及爆破后的检查。

⑦ 对于稳定性较差的岩堆路基,应先筑护脚挡墙稳定岩堆脚,再用水泥砂浆分段注入岩体并留出泄水孔;对于较高的边坡,应分段筑成台阶边坡,并注浆护面或砌筑护面墙维护岩堆稳定。

(4) 岩溶及坑洞

① 岩溶及其他坑洞地区施工前要核查洞穴的位置和分布情况,设置明显的警示标志和防护设施,防止人员、机械设备误入。

② 施工前要探明洞内情况,洞内有害气体和物质未排除前禁止作业人员进入。对不稳定的洞穴应采取临时支撑等安全措施。

③ 对路基稳定有影响的岩溶水、地面水应先进行疏导、引排。

④ 注浆处理时,要随时观测注浆压力和周边情况,发现异常及时采取相应措施。

(5) 风沙地区

① 风沙地区的临时生产、生活设施应进行必要的加固,并应制定生活用水、临时用电的安全措施。

② 作业人员应按规定配备风镜、口罩等防护用品。人员外出时不应少于两人同行,大风天气禁止外出。

③ 风沙地区的临时道路应设固定道路标志,人行道坡度不应陡于1∶3。

④ 在两侧同时作业时,迎风侧和背风侧的施工应相互错开。

⑤ 开挖沙层要自上而下进行,严禁直立开挖或掏空挖沙。

⑥ 严禁在挖方坡脚下休息和存放机具。

⑦ 大风来临前,要保持机具设备的最小迎风面正对风向。高耸机具要采取拆卸或拉缆风绳等其他防风措施。对精密仪器要采取覆盖、包裹等措施。

(6) 冻土地区

① 做好排水设施。施工便道距路堤坡脚或堑顶不少于 20 m。

② 各种车辆和机械不得沿路堤坡脚与排水沟之间行驶。

③ 富冰、饱冰冻土或含水冰层地段路堤施工,必须保持路基与周围冻土处于冻结状态。

④ 冻土路堑开挖时,应防止阳面冻土因受热融化而坍塌。

4. 施工机械操作

(1) 挖掘机

① 发动机启动或操作开始前应发出信号。启动后,严禁在铲斗内、臂杆、履带和机棚上站人。

② 装载作业时,应待汽车停稳后,再进行装料。

③ 卸料时,在不碰击自卸汽车任何部位的情况下,铲斗应尽量降低,并禁止铲斗从汽车驾驶室上越过。

④ 作业时,禁止任何人上下机械和传递物件,不准边工作、边维修、保养。

⑤ 作业时,不要随便调节发动机、调速器以及液压系统、电气系统。

⑥ 作业时,要注意选择和创造合理的工作面,严禁掏洞挖掘。

⑦ 禁止用铲斗击(破)碎坚固物体,也不准用回转机械方式使铲斗破碎坚固物体。

⑧ 禁止将挖掘机布置在上下两个采掘段(面)内同时作业。在工作面内移

动时,应先平整地面并排除通道内的障碍物。如需在松软地面上移动时,必须在行走装置下垫方木,同时视下陷情况及时进行处理。

⑨ 作业时,如遇较大石块或坚硬物体时,先清除再继续作业。

⑩ 禁止将铲斗杆或铲斗油缸全伸出顶起挖掘机。铲斗没有离开地面时,挖掘机不能做横向行驶或回转运动。

⑪ 禁止在电线等架空物下作业,不准将满载铲斗长时间滞留在空中。

⑫ 禁止用挖掘机动臂拖拉位于侧面的重物,禁止用液压挖掘机工作装置突然下落冲击的方式进行挖掘。

⑬ 回转平台上部在做回转运动时,回转手柄不能做相反方向的操作。

⑭ 操作人员必须随时注意机械各部件的运转情况,发现异常应立即停机,及时检修。

⑮ 正铲装置处于履带行走装置对角线位置(45°左右)时,不得在停机面以下作业。

⑯ 液压挖掘机在工作中应经常检查液压油温度是否正常。

⑰ 挖掘机行走时,遇电线、交叉道、管道和桥梁时,必须有专人指挥,挖掘机与高压电线的距离不得少于5 m,应尽可能避免倒退行走。

⑱ 行走时,动臂应和履带平行,回转台应保持铲斗离地面1 m左右。下坡应用低速行驶,禁止变速和滑行。

⑲ 挖掘机行走路线应与路面、沟渠、基坑等边缘保持足够的安全距离,以免滑翻。

(2) 推土机

① 了解作业区的地势和土壤种类,测定危险点及选定最佳的操作方法。

② 如果作业区有大块石头或大坑穴时,应预先清除或填平。

③ 除驾驶室外,机上其他地方禁止载人,行驶中任何人不得上下推土机。

④ 行驶时,铲刀应离地面40~50 cm。

⑤ 严禁在运转中或在斜坡上进行紧固、保养和修理推土机。

⑥ 上下斜坡时,先选择最合适的斜坡运行速度,在斜坡上不得改变运行速度。行驶时,应直接向上或向下行驶,不得横向或对角线行驶。下坡时,禁止空挡滑行或高速行驶;下陡坡时,应放下推土铲使之与地面接触并倒退下坡。避免在斜坡上转弯掉头。

⑦ 在坡地上工作时,若发动机熄火,应立即将推土机制动,用三角木等将推土机履带楔紧后,将离合器杆置于脱开位置,变速杆置于空挡位置,方能启动发动机,以防推土机溜坡。

⑧ 工作中驾驶员需要离开机器时,必须将操纵杆置于空挡位置,将推土机放下并将机器制动,关闭发动机后方可离开。

⑨ 在危险或视线受限的地方,一定要下机检视,确认能安全作业后方能继续工作。严禁推土机在倾斜的状态下爬过障碍物,爬过障碍物时不得脱开一个离合器。

⑩ 避免突然起步、加速或停止,避免高速行驶或急转弯。

⑪ 填沟或回填土时,禁止推土机铲超出沟槽边缘,可用一铲顶一铲的推土方法填土,换好倒车挡后,才能提升推土铲进行倒车。在深沟、陡坡的施工现场作业时,应由专人指挥,以确保安全。

⑫ 多机在同一作业面作业时,前后两机相距不应小于 8 m,左右两机相距应大于 1.5 m。两台或两台以上推土机并排推土时,两推土机刀片之间应保持 20~30 cm 的间距。推土机下坡时,其坡度不得大于 30°,在横坡上作业,其横向坡度不得大于 10°。

⑬ 在垂直边坡的沟槽作业时,对于大型推土机,沟槽深度不得超过 2 m;对于小型推土机,沟槽深度不得超过 1.5 m。若沟槽深度超过上述规定值时,必须放好安全装置或采取其他安全措施。

⑭ 工作现场有电线杆时,应根据电线杆的结构、埋入深度和土质情况,使其周围保持一定的安全土堆。电压超过 380 V 的高压线,其保留土堆大小应征得电业部门或电业专业人员的同意。

⑮ 在爆破现场作业时,爆破前必须把推土机开到安全地带。进入现场前,操作人员必须了解现场有无瞎炮等情况,确认安全后,方可将推土机开入现场。

⑯ 若必须要在推土铲下进行维修等作业,则首先应将推土铲升到所需的位置,其次锁好分配器,锁住安全锁,最后用垫块将推土机刀铲垫牢固后,方可进行作业。

⑰ 履带推土机不准在沥青路面上行驶,当必须从沥青路面上通过时,应铺设道木、草袋等以免破坏路面。通过铁道时,应在轨道两边和中间铺设道木,垂直通过。通过交叉口时,应注意来往行人和车辆,确保安全通过。

⑱ 倒车时,应特别注意块石或其他障碍物,防止碰坏油底壳。

⑲ 推土机在摘卸推土刀片时,必须考虑下次挂装的方便。

⑳ 用推土机伐除大树或清除残墙断壁时,应提高着力点,防止其上部反向倒下。

(3) 自行式铲运机

① 运行车道必须平整坚实,单行道的宽度不得小于 4.5 m(或 1.5 倍车

宽),超、会车时,两车净距不得小于1 m。

② 多台机械在工地纵队行驶时,前后间距不得小于20 m。

③ 在作业过程中发现后主离合器制动不灵、机械有异响、警报器报警时,应立即停车检修。

④ 特别注意严禁在大于15°的横坡上行驶,不得在陡坡上进行危险性作业。

(4) 装载机

① 除驾驶室外,机上其他地方严禁载人。

② 装料时铲斗的装料角度不宜过大,以免增加装料阻力。

③ 装料时应低速行进,不得采用加大油门、高速将铲斗插入料堆的方式进行装料。

④ 装料时,驱动轮如有打滑现象,应微升铲斗,再装料。如某些料场打滑现象严重时,应使用防滑链条。

⑤ 在土质坚硬的情况下,不宜强行装料,应先用其他机械松动后,再用装载机装料。

⑥ 向车上卸料时,必须将铲斗提升到不会触及车厢挡板的高度,严防铲斗碰撞车厢。

⑦ 向车内卸料时,不准将铲斗从汽车驾驶室顶上越过。

⑧ 装载机不能在坡度较大的场地上作业。在松散不平的地上作业,可将铲背置于浮动位置,使铲斗平稳地推进。

⑨ 在装载作业中,应经常注意液力变矩器油温情况,当油温超过规定数值时,应停机降温后再继续作业。

⑩ 装载机一般应采用中速行驶。在平坦的路面上行驶时,可以短时间采用高速挡。在上坡及不平坦的道路上行驶时,应采用低速挡。采用高速挡行驶时,不得进行升降和翻转铲斗。

⑪ 下坡时,应采用制动减速,不可踩离合器踏板,以防切断动力而发生溜车事故。

⑫ 行驶中,在不妨碍通过性能的前提下,铲斗应尽可能降低高度。

⑬ 通过桥涵时,应先注意交通标志所限定的载重吨位及行驶速度,确认可以通过后再匀速通过。在桥上应避免变速、制动和停车。

⑭ 涉水时,应在发动机正常有力、转向机构灵活可靠的情况下进行,并应对河流的水深、流速及河床情况了解后再通过。涉水深度不得超过发动机油底壳离地高度。

⑮ 涉水后应立即停机检查,若发现因浸水造成制动失灵时,则应进行连续

制动,利用发热排除制动片内的水分,以尽快使制动器恢复正常。

⑯ 装载机作业时,铲斗下面严禁站人。

(5) 汽车

① 运土车辆必须遵守交通法规,不得超载、偏载、超高,不得人货混装,驾驶室内不得超员。

② 装、卸土场地都要由专人指挥车辆行走和装卸土。

③ 卸土时,严禁在驾驶室外进行翻斗操作,翻斗内严禁站人。

④ 卸料起斗时,应检视上空有无电线,防止挂断。卸土后,要确认货斗复位,起翻装置的发动机关闭后,才开始行走。

⑤ 严禁边倒车边起斗或在猛进猛退中起斗。

⑥ 在陡坡、高坡、坑边或填方边坡处卸土时,停歇地点必须平整坚实,地面宜有反坡,与边缘必须保持安全距离。

(6) 轮胎式起重机

① 作业地面应坚实平整,工作时支脚必须全部打开,支脚必须支垫牢靠,回转半径内不得有障碍物。两台或多台起重机吊运同一重物时,必须使用同等能力与性能的起重机,工作时要保持同速提升或降落,重物重力不得大于两台起重机允许起吊重力之和的70%,每台起重机分配到的负荷量不得大于该机允许起吊重力的80%。

② 吊起重物时,应先将重物吊离地面10 cm左右,停机检查制动器灵敏性和可靠性以及重物绑扎的牢固程度,确认情况正常后,方可继续工作。作业中不得悬吊重物行走。

③ 起升或降下重物时,速度要均匀以保持机身的稳定,防止重心倾斜。严禁起吊的重物自由下落。

④ 作业时,前后轮下应用三角木块楔紧。

⑤ 配备必要的灭火器,驾驶室内不得存放易燃品。雨天作业,制动带淋雨打滑时,应停止作业。

⑥ 在输电线路下作业时,起承臂、吊具、辅具、钢丝绳等与输电线的距离应满足规定要求。

⑦ 工作完毕,应将机车停放在坚固的地面上,吊钩收起,各部制动器刹牢,操纵杆放到空挡位置。

(7) 平地机

① 启动发动机时,时间一次不得超过30 s,如需再次启动,必须将钥匙转回关闭位置,待2 min后再启动。

② 在作业过程中,如遇报警信号灯闪亮或报警音鸣响时,应尽快停止平地机的工作,查明故障并予以排除后,方可继续作业。

③ 发动机启动后,各仪表读数均应在规定值的范围内。发动机运转时,不得操作冷启动开关,否则会造成发动机严重损坏。

④ 驾驶平地机时,不得把脚放在离合器或制动踏板上。起步、停车或转向应使用离合器。

⑤ 行驶中应把刮刀升高,并保持在平地机的宽度内,确保转向时前轮不碰刮刀。

⑥ 在发动机处于高速运转状态下时,不得切换转入较低挡位,以免损坏变速器。

⑦ 转向或使用轴驱动轮转向时,不得锁止差速器。可使前轮倾斜以减小平地机转向半径,但在高速行驶时不得使用。转向后应把前轮定在垂直的位置。

⑧ 在陡坡上作业时,不得使用铰接机架,以防止翻车造成严重的人机损伤。在陡坡上来回进行作业时,刮刀伸出的方向应始终朝向下坡方向。

⑨ 平地机作业时,刮刀与机架中心线的工作夹角应在 $15°\sim75°$ 的范围内。刮刀的回转与铲土角的调整以及向机外倾斜都必须在停机时进行,作业时刮刀的升降量不得过大。

⑩ 左右(侧)平地时,侧摆转盘手柄使转盘与牵引架稍向机架左(右)偏置,在要求的切土深度把刮刀水平放置,前轮向(左)右倾斜,料堆在左(右)双驱轮之外形成。

⑪ 如果用铰接式平地机左(右)倾平地时,使机架右(左)铰接。如果驱动轮打滑,那么减小铰接角度,可以减少切土角度及侧推力。

⑫ 一旦刮刀操作开始后,可使用增减开关来改变"坡度跟踪控制器"的提升,这样可以使泥土带出刮刀外。

⑬ 在"S"形弯道路肩右(左)起点作业时,前轮需稍向左(右)倾斜,向右(左)打方向,把刀尖定在左(右)前轮外侧后面。平地时,始终让刀尖处在接近边沟的路肩边缘上。

⑭ 在右侧开"V"形边沟时,让刀尖处于右前轮外缘,刀尾处于左双轴驱动轮之前,刮刀后倾,升起刀尾,以便将泥土运向左双轴驱动轮内侧,同时前轮向左倾,沿着标线慢慢前进。如果使用铰接式平地机在硬土质上作业时,需调直机架,以免阻力过大,引起平地机侧移;在松土质上作业时,应使驱动轮在硬地上行走。在第二遍作业时,右前轮在第一遍作业刮出的斜面上行走,并以稍快的速度切出规定的坡度。

⑮ 高坡切削时,应确保双轴驱动轮靠近坡脚,同时让转盘和刮刀尽可能朝平地机工作的一边侧移。

⑯ 做路拱时,先将路料堆放在路中央,使平地机的刮刀前倾 60°～70°,稍提刀尾,平地机沿堆料中央匀速行驶,使路料沿刮刀向两侧移动。用同样的方法在路两侧作业,刮出路面的横坡。在接近路肩时,让刀尾和双轴驱动轮成一直线。

⑰ 维修道路作业时,应确保转盘居中,刮刀与机架中心线成 30°角,刮刀后倾,可使刮刀做最大切削以清除隆起的坑槽。朝向路中央工作时,前轮向刀尾一侧倾斜。

⑱ 把平地机停放在平地上,变速器置于空挡位置,拉上驻车制动,刮刀及附属工作装置降至地面,但不得向下施压,以减轻液压油缸负荷,关掉发动机,把蓄电池开关拨到断开位置。

⑲ 装好铰接式平地机的锁销。

⑳ 用压缩空气(与正常气流方向相反)清洁散热器。清洁时应注意安全。

(8) 压路机

① 压路机启动时,要特别注意前后左右的情况,确认没有人员和障碍物。

② 压路机靠近路堤边缘作业时,应根据路堤高度留有必要的安全距离。碾压傍山道路时,必须由里侧向外侧碾压,距路基边缘不得少于 0.5 m。

③ 特别注意压路机不能上陡坡,上坡时变速应在制动后进行,下坡时严禁脱挡滑行。

④ 两台以上压路机同时作业,其前后间距不得小于 3 m,在坡道上纵队行驶时,其间距不得小于 20 m。

⑤ 振动压路机起振和停振必须在压路机行走时进行,在坚硬路面上行走,严禁振动。

⑥ 换向离合器、起振离合器和制动器的调整,必须在主离合器脱开后进行,不得在急转弯使用快速挡;严禁在尚未起振情况下调节振动频率。

⑦ 变换压路机前进或后退方向时,应待滚轮停止后进行,严禁利用换向离合器做制动用。

二、桥梁工程

1. 明挖基础

(1) 基坑开挖的方法、顺序以及支撑结构的安设,均应按照有关规定进行。开挖较大较深和地质水文复杂的基坑必须制定详细的施工方案和安全措施方案。

(2) 开挖基坑时,要指派专人检查对邻近建(构)筑物或临时设施的安全,并留有检查记录。基坑深度超过 1.5 m 时,为便于上下必须挖设专用坡道或铺设跳板,其宽度应超过 60 cm;深狭沟槽应设靠梯或软梯,禁止脚踏固壁支撑上下。

(3) 开挖基坑时,要根据土壤、水文等情况,按规定的边坡坡度分层下挖。基坑深度超过 1.5 m,不加支撑时,应按要求进行放坡;如施工地区狭小或受其他条件限制时,应采取固壁支撑措施。

(4) 基坑开挖过程中,必须随时检查坑壁边坡有无裂缝和坍塌现象,如发现边坡有裂缝、疏松或支撑有折断、走动等危险先兆,应立即采取措施。

(5) 基坑边缘有表面水时,应采取截流措施;在有大量地下水流的情况下进行挖基时,应配足抽水机具,并设置出入的安全通道。

(6) 采用挖土机械开挖基坑,坑内不得有人作业。挖掘机等机械在坑顶进行挖基出土作业时,机身距坑边的安全距离应视基坑深度、坡度、土质情况而定,一般应不小于 1 m。开挖基坑的人员不得在坑壁下休息。

(7) 基坑开挖中,遇到有流砂、涌水、涌砂及基坑边坡不稳定现象发生时,应立即采取防护加固措施。

(8) 基坑需机械排水开挖时,必须配备足够的抽排水设备。

(9) 施工时,应在修建桥涵的公路两端设置"禁止通行"的标志。

(10) 基坑开挖需要爆破,应按国家现行的《爆破安全规程》办理。

2. 围堰

(1) 在围堰内作业,遇有洪水或水流,应立即撤出作业人员。

(2) 采用挡土板或板桩围堰,应视土质、涌水、挖深情况,逐段支撑,并应随时检查挡板、板桩等挡土设施的稳定牢固状况。

(3) 当基坑较深时,应设置上下扶梯。遇有流砂、涌砂或支撑变形等异常情况,应立即停止挖掘,并立即撤出作业人员。

(4) 挖基工程所设置的各种围堰和基坑支撑,其结构必须坚固牢靠。基础施工中,挖土、吊运、浇筑混凝土等作业,严禁碰撞支撑。施工中发现围堰、支撑有松动、变形时,应及时加固,危及作业人员安全时,应立即撤出。施工中交接班时,应将处理情况和注意事项交接清楚。

(5) 基坑抽水过程中,要指派专人检查土层变化、支撑结构受力等情况,发现有变形时,应立即向现场负责人报告,并及时采取安全措施。

(6) 基坑支撑拆除时,应在现场技术负责人的指导下进行。拆除支撑可配合回填土进程,由低处向上拆除,严禁站在正在拆除的支撑上操作。有引起坑壁坍塌危险时,必须采取安全措施。

3. 就地浇筑的墩台

(1) 就地浇筑墩台混凝土施工前必须搭设好脚手架和作业平台,墩身高度在 2~10 m 时,平台外侧应设栏杆及上下扶梯;墩身高度 10 m 以上时,应加设安全网。

(2) 模板就位后,应立即用撑木等固定其位置,以防倾倒砸人。当用吊机吊模板合缝时,模板底端应用撬棍等工具拔移,不得徒手操作。每节模板支立完毕,就在安好边接紧固器,支好内撑后,方可继续作业。

(3) 在树立高桥墩的墩身模板过程中,安装模板的作业人员必须系好安全带,并拴于牢固地点。穿模板拉杆,应内外呼应。

(4) 整体模板吊装前,模板要连接牢固,内撑拉杆、箍筋应上紧,吊点要正确牢固。起吊时,应拴好溜绳,听指挥,不得超载。

(5) 用吊斗浇筑混凝土,吊斗提降,应设专人指挥。升降斗时,下部的作业人员必须躲开,上部人员不得身倚栏杆推吊斗,严禁吊斗碰撞模板及脚手架。

(6) 在围堰内浇筑墩台混凝土,应安设梯子或设置跳板,供作业人员上下。

(7) 凿除混凝土浮浆及桩头,作业人员必须按规定佩戴防护用品。人工凿除,应经常检查锤头是否牢固,使用高镐凿除桩头,应先经检查,安全可靠,方可作业,严禁风枪对准人。

(8) 采用吊斗出渣,应拴好挂钩,关好斗门。吊机扒杆转动范围内,不得站人。

(9) 拆除模板,应划定禁行区,严禁行人通过。拆除水面上模板,应配有工作船、救护船。

(10) 安装盆式橡胶支座或钢支座,应按要求施工。

4. 砌筑墩台

(1) 砌筑墩台前,应搭设好脚手架、作业平台、护栏、扶梯等安全防护设施。

(2) 人工、手推车推(抬)运石块或预制块件时,脚手架跳板应铺满,其宽度、坡度及强度应经过设计,满足安全要求。脚手架和作业平台上堆放的物品不得超过设计荷载。砌筑材料应随运随砌。

(3) 吊机、桅杆吊运砌筑材料时,应听从指挥信号。砌筑材料吊运到砌筑面时,作业人员应避让,待停稳后方可上前砌筑。在任何情况下,不得将手伸入砌体缝隙之间。

(4) 人工抬运大块石料,应捆绑牢靠,动作协调一致,缓慢平放,防止撞伤人。

(5) 各种吊机作业,吊运重物的下边均不得站人。

5. 贝雷梁钢桥架设

(1) 贝雷架墙基础基坑开挖后,应注意检查地质是否符合设计要求,若满足要求应及时浇筑混凝土,并做好排水设施,避免雨水浸泡及积水,以保证地基承载力及限制下沉量。

(2) 浇筑混凝土基础前,应控制好其顶面标高及其平整度,因为贝雷支墩均由定型构件组拼而成,其长度是相对固定的,墩顶标高只能由支墩基础、纵横垫梁及贝雷片节数调整。

(3) 吊装贝雷支墩应分层组装,切忌图快而单组贝雷一次吊装到顶,因为贝雷片之间均为铰接,各组贝雷之间也是通过拉杆(角钢)用螺栓连接,单组贝雷稳定性差,只有通过用连接杆件将各组贝雷连接成整体后才稳定可靠。

(4) 吊装贝雷纵梁之前应注意检查贝雷片之间各插销是否插好,连接角钢螺栓是否拧紧,纵梁、横垫梁之间连接是否牢固可靠。

(5) 贝雷片搭设与拆除过程中,施工人员必须要戴安全帽扎安全带,严禁酒后上架作业。

(6) 用吊车吊装、拆除贝雷支墩时应派专人指挥吊车,严禁吊车大臂碰撞贝雷梁及其基础。

6. 旧桥加固改造

(1) 对旧桥出现的问题及旧桥周边的环境进行细致调查,分析改造过程可能发生的安全风险。

(2) 在对前期各种调查进行充分论证的基础上,编制旧桥改造施工组织、作业指导书、安全方案、应急预案等。

(3) 凿除、拆除旧有结构物时,需设置防护网或做硬质防护,废弃物不得随意向桥下倾倒,应集中外运处理,防止高空坠物伤及他人。

(4) 进行旧结构裂纹封闭或修补处理时,作业人员必须穿戴防护服,戴防护眼镜,避免灌浆料伤害作业人员。

(5) 混凝土裂缝修补注胶封闭时,应保证现场的通风。压力灌注应严格控制所灌注压力,灌注过程应一气呵成,避免中断,灌注后应及时清理灌胶设备。

(6) 灌浆作业现场应备一定量的消防器材,原材料存放区域应设禁火标志,作业和存放区域严禁使用明火。

(7) 墩台扩宽、增补基桩施工时,应当严格监测原桥基础扰动。扩大基础施工如对邻近建(构)筑物或临时设施有影响时,应采取安全防护措施。墩柱包钢加固时,应严格控制植筋钻孔深度,避免损伤原有钢筋。

(8) 进行钢板粘贴加固的,应避免钢板粘贴不牢伤害作业人员,粘贴钢板应根据作业面使用数量分批运往作业区,避免作业区域临时荷载过大。

(9) 粘贴碳布用胶腐蚀性很强,作业人员必须在穿戴好防护服的情况下进行作业。

(10) 梁体顶升施工前,必须进行支架专项设计,确保其强度、刚度和稳定性良好,支架爬梯和作业平台必须满足规范规定和作业要求。

(11) 安装好滑板支座后,布设横、纵向千斤顶之前,应对安装位置的强度进行试验,避免纠偏过程中顶裂梁体。

三、隧道工程

1. 坍塌清理

详见"道路工程"施工安全控制要点。

2. 喷射混凝土

(1) 喷射混凝土机械必须定机、定人、定岗,认真执行安全操作规程,坚持交接班,并做好书面记录。机械检修时,必须停机,锁定电源开关并悬挂相关指示牌。喷射机连接的风水管路应牢固通畅。

(2) 作业开始前,仔细检查受喷面,彻底清理危石。

(3) 喷混凝土时,禁止施工人员站在料管接头附近。

(4) 根据喷射方式、混凝土配合比等条件,采取合适的降尘措施,控制空气中粉尘含量。对从事喷射作业的人员,应定期进行健康检查。接触速凝剂时必须戴橡胶手套。

(5) 检修泵及管路时,必须停泵,并关上闸阀,停几分钟后进行检修工作。

(6) 严禁将喷嘴对准施工人员。

(7) 应把喷层的异常裂缝作为主要安全检查内容之一,经常进行观察与检查,并作为施工危险信号引起警惕,尤其是全断面开挖的拱圈、拱顶部分不得因高、难而省略检查。

(8) 当拌和机设在洞内时,应对拌和机以及其他机械的回转部分予以覆盖,防止产生卷夹伤人事故。必要时,应在拌和机附近设置集尘机,做好局部空气净化。

(9) 在开始喷射作业前,应由专人仔细检查管路、接头等,防止在喷射时发生因软管破损、接头断开等引起的事故。

(10) 当采用人工喷射时,应配备辅助喷射支架,防止在发生管路堵塞时因喷嘴剧烈振动而引起的危害。当转移喷射地点时,必须先关闭喷射机,不得在喷嘴前方站人。

(11) 在作业中如发生风、水、输料管路堵塞或爆裂时,必须依次停止风、水、料的输送。喷头应有专人看护,以防消除堵塞后,喷头摆动喷射伤人。

(12) 对锚喷支护体系的监控测量中发现支护体系变形、开裂等险情时,应采取补救措施。当险情危急时,应将人员撤出危险区。

(13) 采用超前锚杆或超前小导管支护时,应有防护措施。

(14) 为避免供料、拌和、运输、喷射作业之间的干扰,应建立各工序之间的联络信号和联络方法。喷射作业应由班组长按规定的信号、方法进行指挥,防止因喷射手和机械操纵人员联络不佳造成事故。

3. 锚固注浆支护

(1) 注浆工作面的操作人员应戴防护口罩、防护眼镜、橡胶手套及专用袖。

(2) 眼睛、脸部或皮肤接触浆液时,应立即用清水或生理盐水彻底冲洗 20 min,严重者送医院治疗。

(3) 加强环境保护意识,对废液、冲洗液以及沾染有浆液的弃物均应妥善处理。

(4) 对使用的钻孔设备,经常进行安全检查;应设置各种安全防护罩,电器部分应安装漏电保护器。

(5) 钻孔作业抽换钻杆时,应防止钻杆被高压泥水冲出孔口伤人。

(6) 钻孔中发生大量突泥涌水时,应及时注浆封堵。

(7) 加强统一指挥,在钻注作业中发生异常情况时,要及时处理,以确保安全。

(8) 向锚杆孔压注砂浆,压强应不大于 0.2 MPa;注浆管喷嘴,严禁对人放置,在未打开风阀前不得搬动或开启封盖。

(9) 当钻眼、安装锚杆、挂钢筋网及喷射混凝土在高于 2 m 的高处作业时,应符合高处作业的有关规定。

四、机场场道工程

1. 场道清理

详见"道路工程"施工安全控制要点。

2. 水泥混凝土施工

(1) 基本要求

① 施工前,应对作业人员进行安全技术教育。

② 现场机电设备,应由专人管理,专人负责修理,以确保安全。

③ 现场操作人员必须按规定佩戴安全防护用品。有毒、易燃材料施工时,必须严格执行防毒、防火等规定。

④ 工地应设有消防设施,并处理好污水,做好环境保护工作。

(2) 模板施工

① 模板及其支架的强度、刚度和稳定性应满足各施工阶段荷载的要求,能承受浇筑混凝土的冲击力、混凝土的侧压力和施工中产生的各项荷载。

② 模板、支撑连接应牢固,支撑杆件不得撑在不稳定的物体上;模板、支架不得使用腐朽、锈蚀等劣质材料。

③ 现场加工模板及其附件等应按规格码放整齐;废料、余料应及时清理,集中堆放,妥善处置。

④ 吊运组装模板时,吊点应合理布置,吊点构造应经计算确定;起吊时,吊装模板下方严禁站人。

⑤ 装卸、搬运模板应轻抬轻放,严禁抛掷;模板支设、安装应稳固,符合施工要求。

⑥ 模板拆除应符合下列要求:

a. 模板拆除应待混凝土强度达到规定后,方可进行。

b. 预拼装组合模板宜整体拆除。拆除时,应按规定方法和程序进行,不得随意撬、砸、摔和大面积拆落。

c. 拆除的模板应分类码放整齐。带钉的木模板必须集中码放,并及时拔钉、敲平或清理。

(3) 摊铺施工

① 人工摊铺

a. 装卸钢模板时,必须逐片轻抬轻放,不得随意抛掷。堆砌时,应规则有序并稳妥。

b. 操作时,特别是多人同时操作摊铺时,因工作面小,锄、锹等均为长物工具,必须相互关照,注意安全。

c. 固定模板时,插钉或长圆头钉等不得乱放乱搁,以免伤人,完工后,应收捡干净。

d. 使用振捣器时,操作人员要佩戴安全防护用品。配电盘(箱)的接线宜使用电缆线。注意保护好电力线,不得割伤保护层,应经常注意检查。

e. 如采用木模板,拆模后的模板应堆放整齐,并做到及时取钉,堆放稳妥。

② 轨模摊铺机

a. 布料机与振平机之间应保持 5~8 m 的安全距离。

b. 要认真检查布料机传动钢丝的松紧是否适度。不得将刮板置于运行方向垂直的位置,也不得借助整机的惯性冲击料堆。

c. 作业中严禁驾驶员擅离岗位。无关人员不得在驾驶台上停留或上下摊铺机。在弯道上作业时,要注意防止摊铺机脱轨。

③ 滑模摊铺机

a. 摊铺机安装完毕后,应仔细检查各部螺栓紧固情况,各油管、线路有无接反、接错现象,以免造成反向动作或短路发生事故。

b. 启动前先鸣喇叭发信号,使非操作人员离开工作区。启动发动机,进行无负荷运转,确认各系统工作正常后方可开始作业。

c. 调整时,用手动控制系统;进行摊铺作业时,用自动控制系统,举升锁要处于非锁紧状态。

d. 调整机器的高度时,工作踏板、扶梯等处禁止站人。

e. 作业速度一经选定,要保持稳定,应尽量减少停机启动次数,以确保摊铺质量。

f. 运输混凝土的自卸车倒车卸料时,要有专人指挥。

g. 操作人员要随时注意纵向走向,方向感应器的偏位指针要对位,尤其是作业半径较小时,应密切监视传感器,以防止传感器脱离、掉线,造成事故。

h. 严禁驾驶员在摊铺作业时离开驾驶台。作业时,无关人员不得上下或停留在驾驶台及踏板上。

i. 作业中,禁止任何人员在抹平器轨道上行走或停留,以防挤伤脚部或绊倒发生事故。

j. 在检修设备过程中应关闭发动机。

k. 禁止用摊铺机牵引其他机械。

五、特殊季节与夜间施工

1. 雨季施工

(1) 临时场地选址要合理,避开滑坡、泥石流、山洪、坍塌等灾害地段。大风和大雨后,应当检查临时场地地基和主体结构情况,发现问题及时处理。

(2) 注意天气预报,根据雨季施工的特点,制定有效的措施,做好防汛准备。

(3) 若施工现场临近高地,应在临近处挖设截水沟,防止洪水冲入现场。

(4) 做好傍山的施工现场边缘的危石处理,防止滑坡、坍塌威胁工地。

(5) 雨季应设专人负责,及时疏浚排水系统,确保施工现场排水畅通。

(6) 对路基易受冲刷部分,应铺石块、矿渣、砾石等渗水防滑材料,或者设涵管排泄,保证路基的稳固。

(7) 应指定专人负责维修路面,及时对不平或积水处进行修理。

(8) 施工中遇到气候突变,发生暴雨、水位暴涨、山洪暴发或因雨发生坡道打滑等情况,应当停止土石方机械作业施工。

(9) 雷雨天气不得进行露天电力爆破土石方作业,如中途遇到雷电时,应迅速将雷管的脚线、电线主线两端连成短路。

(10) 遇到大雨、大雾、雷击和6级以上大风等恶劣天气,应当停止进行露天高处、起重吊装等作业。

2. 冬季施工

(1) 施工前要周密计划,充分做好冬季施工的准备工作,不可仓促施工。

(2) 冬季施工不得使用硝化甘油类炸药,因为此类炸药在低温环境下会凝固成固体,当受到振动时,极易发生爆炸。

(3) 机械施工时,应当采取措施注意防滑,在坡道和冰雪路面应当缓慢行驶。发动机应当做好防冻、防止水箱冻裂准备。在陡坡附近使用、移动机械时,要注意陡坡可承受的荷载,防止坍塌。

(4) 现场使用的锅炉、火坑等用焦炭时,应有通风条件,防止煤气中毒。

(5) 防止亚硝酸钠中毒(人体摄入 10 mg 即可导致死亡)。冬季施工常用的防冻剂、阻锈剂就是亚硝酸钠,由于其外观、味道、溶解性等特征与食盐极为相似,很容易误食,导致中毒事故。

(6) 大雪、轨道电缆结冰和6级以上大风等恶劣天气,应当停止垂直运输作业,并将吊笼降到底层(或地面),切断电源。

(7) 施工现场明火操作地点要有专人看管,待作业完毕检查后,确保无死灰复燃,方可撤离。

(8) 供暖锅炉房宜选建在施工现场的下风方向,远离在建工程,易燃、可燃建筑,露天可燃材料堆场,料库等。

(9) 照明线路、照明灯具应远离可燃的材料。

(10) 准备轻便消防器材。入冬前应将泡沫灭火器、干粉灭火器等放到有采暖的地方,并套上保温套。

(11) 重点做好施工区、生活区、库房、材料站、机械设备和吸烟、用火、用电的管理工作。

(12) 现场照明严禁使用碘钨灯,严禁使用电炉子取暖。

3. 高温季节施工

(1) 应合理安排时间,调整工序,及时增加夜间施工设施,避开高温时段施工。

(2) 合理调整作息时间,避开中午高温时间作业;当无法避免时,应加强防晒防暑保护措施,严格控制加班加点,适当缩短作业人员的工作时间,保证作业人员有充足的休息和睡眠时间。

(3) 对在容器内和高温条件下的作业场所,要采取通风和降温措施。

(4) 对露天作业中的固定场所,应搭设歇凉棚,防止热辐射并要经常洒水降温。

(5) 对高温作业人员,先进行健康检查,发现有作业禁忌者,应及时调离岗位。

(6) 要保证及时供应符合卫生要求的茶水、清凉含盐饮料、绿豆汤等。

(7) 要经常组织医护人员到工地进行巡回医疗和预防工作,重视年老体弱、中暑者和血压较高的人员身体变化。

(8) 及时发放防暑、降温的急救药品和劳保用品。

4. 夜间施工

(1) 夜间施工时,应根据作业内容,制定周密的安全措施,进行针对性的安全技术交底,责任落实到人。

(2) 作业人员必须认真贯彻夜间作业安全措施;尽量避免同一作业范围内安排交叉施工,如确需交叉施工时,必须细化作业范围,并采取专门的安全措施。

(3) 施工现场设置明显的标志,如安全标牌、警戒灯等,标志牌应具备夜间荧光功能。

(4) 夜间施工人员白天必须保证睡眠,不得连续作业。

(5) 建立夜间施工领导值班和交接班制度,以加强夜间施工管理与调度。

(6) 施工用电设备必须有专人看护,以确保用电设备及人身安全。

(7) 要建立安全员巡查制度,发现问题必须立即解决。

(8) 夜间施工时,工器具、设备(施工车辆、发电机等)应悬挂具有反光的黄色标志牌。

(9) 进入作业现场所有人员必须穿反光防护服装。

(10) 雷雨、大风天气禁止夜间作业,禁止夜间高处作业,禁止夜间涉水作业。

(11) 夜间施工期间,施工现场必须配备符合要求的照明设备,保证夜间施工有良好的照明条件。

(12) 在深基坑、小桥梁两侧等危险地段,应设置围栏,并设置警示标志(反光标志、警示灯),必要时安排专人值守。

(13) 夜间作业船只或在通航江河上长期停置的船只,应按规定配置齐全的夜航、停泊标志灯,停靠码头应设照明灯。

实 践 篇

第九章　道路应急抢通一般工作流程与预案

道路抢通应本着"能过则过、能绕则绕"的思路,根据"安全至上、交叉作业、快速推进、以通为主"的原则,在确保人员安全的前提下,尽快抢通道路,并在抢通任务完成后及时总结,不断完善技战法。本章主要介绍道路应急抢通过程的一般工作流程,并以涉水路段抢通和山区道路滑坡体应急救援为例,简要介绍相应预案和技战法。

第一节　应急抢通准备及响应

在接到上级部门应急抢通指令后,应遵照本书第四章第三节所述,对抢通现场安全状况和灾害的危险性进行评估,做好必要的安全防护措施,保证抢险人员和装备的安全。在此基础上贯彻因地制宜、就地取材、修旧利废和灵活配用的原则,依据所调查的灾情合理配备人员和施工机械,优先配备现场经验丰富的工程技术人员,配置操作适应性强、功能多样的机械,积极稳妥地采用新材料、新技术、新工艺,加快抢通速度。在人员与装备调配完成后,应保障其快速、安全到达现场。

一、道路抢通装备调配

应急装备,就是应急救援人员的武器,没有好武器,想打出漂亮仗是很难的。因此,必须对应急物资装备充分了解,正确选择,充分储备,方能在险情到来之时,做到兵来将挡,水来土掩。

1. 装备保障的主要特点

(1) 准备仓促

灾害发生往往比较突然,甚至呈现骤发性特征,使得装备保障的准备工作受到了种种制约。为了与灾害抢时间、争速度,救援单位往往是一获悉消息或一接到指令就迅速出动,往往给装备保障做出反应、进行准备的时间极为有限;在灾害发生的初始阶段,由于灾害信息比较散乱且模糊不清,救援行动的决心难以完整、系统地确定和下达，这也使装备保障因缺少必要的依据而难以筹划组织实施。

(2) 任务繁重

应急救援的装备保障任务比较繁重。从内容上看，应急救援行动的装备保障必须要做好物资、器材、技术、运输、卫勤等保障工作。从对象上看，不仅要保障队伍自身行动的需要，有时还要负责加强支援抢险力量的生活、卫生保障。从方式上看，由于抢救行动往往在多点、多方向同时展开，且任务变换比较频繁，装备保障工作也必须多方向、快节奏地组织实施。这些都无形中增大了装备保障的工作量和工作难度。

(3) 手段多样

应急救援的装备保障具有许多不确定的因素。一是遂行任务的力量规模不确定。既有成建制集团作业，也有非建制或多建制的小规模独立行动。二是作业地域不确定。在应急救援过程中，救援行动往往点多、线长、流动性大，很难有固定的作业场所。三是保障的资源筹措及组织渠道不确定。除了救援单位自身组织的保障外，有时还需要依靠地方的保障力量来解决。四是保障的数额不确定。不仅各个方向的作业量不同而导致保障数额不相同，而且地方在保障资源供应上也存在数额不确定的问题，这些都使装备保障难以确定明确的保障标准。基于上述因素，装备保障工作需要灵活地组织实施，只有综合运用各种保障手段，才能具有较强的整体保障能力和良好的保障效益。

(4) 环境复杂

应急救援装备保障的环境条件非常复杂。一方面，灾区的交通、电力、通信、供水系统往往受到严重破坏，使装备保障工作失去了可供利用的基本依托。另一方面，装备保障系统与直接参与抢救行动的救援单位一样，时常受到灾害险情的威胁。如果是在重灾区组织装备保障工作，环境更为恶劣，无论是物资器材的筹措，还是保障手段的施展，都会遇到难以想象的困难。

2. 应急装备的配备原则

配备应急装备，应坚持以下三个原则：

(1) 依法配备。对法律法规明文要求必备的，必须配备。

(2) 合理配备。对法律法规没做明文要求的，按照预案要求和救援任务实际，合理配备。

(3) 双套配备。应急装备在使用过程中突然出现故障，这种事情无论从理论上分析，还是在实际工作中，都会发生。因此，对于一些特殊的应急装备，必须进行双套配置，如移动通信话机突然坏了，不能正常进行指挥，怎么办？只有靠备用移动通信工具;又如空气呼吸器突然出现严重故障,不能正常使用,这时不能冒险进入毒气区进行操作。对于双套配置的问题,要根据实际全面考虑,既不能怕花钱,也不能一概双套配置,造成过度投入,浪费资金。

3. 装备保障的任务、方法

(1) 物资器材保障

应急救援中的物资器材保障,是后勤、装备保障的一项中心工作,其主要内容可分为三大类。一是人员消耗物资,包括各种给养、被装、医药等。此类物资保障,关系到参加应急救援行动的各类人员,在艰苦的抢救作业环境中能否保持充沛体力及旺盛精力,是物资器材保障的重点。二是作业器材,包括小型作业工具、大型施工机械及必要的防护器材,是提高应急救援行动效率的物质保障。三是装备消耗物资,包括油料、车材、机械备件等,是救援单位保持持久作业能力的必要条件。组织应急救援中的物资器材保障,关键是要按照抢救行动所需物资器材的时间、地点和数量,及时、准确地送到参与抢救作业的单位。

其组织实施的主要方法有:

① 逐级补给

逐级补给,是指按照建制自上而下逐级进行的物资器材补给。这种方法通常在组织中、大规模灾害的抢救行动时采用。由于参与抢救行动的救援单位建制较齐全,作业区域相对较固定,各级装备保障体系较完整,地方保障力量较雄厚,使物资器材的保障能够正常地组织实施。在这种情况下,采用逐级补给的保障方法,能够充分发挥各级后勤及地方保障力量的作用,提高物资器材保障的效益。

② 越级补给

越级补给,是指越过中间补给环节而实施的物资器材补给。在应急救援行动中,存在个别救援队远离本部单独执行特殊任务,不同隶属关系的单位在一个作业区执行同一任务等情况,这些情况往往造成中间保障环节受损、保障行动受阻或补给渠道的混乱,常常会出现无法组织正常保障的现象。为了提高保障速度,使保障对象能够及时得到所需的补给而不影响抢救作业速度,越级补给是一种行之有效的保障方法。采用这一方法时,要注意搞好协调,防止保障工作出现混乱。

③ 定点补给

定点补给,是指在抢救现场划分若干个保障区域,设立固定场所组织物资器材保障。在一些持续时间较长的抢救行动中,后勤部门可以根据救援单位的任务性质及对物资器材保障的要求,设立若干个固定保障点,以作业区为单位组织定点保障。

④ 调剂补给

调剂补给，是指救援单位相互调剂物资器材的补给。当物资器材补给一时中断或供不应求时，供给部门可依托上级根据各救援单位物资器材储备数量的情况，在救援单位之间组织调剂补给，以达到相互补充、平衡需求的目的。调剂补给是一种应急性的保障方法，调剂的范围和数量要严格控制，通常在紧急情况下对执行特殊任务的救援队伍保障时才采用。

组织物资器材保障，对于应急救援行动的组织实施至关重要，各级领导应给予高度重视。在物资器材筹措上，应以可能的需求量及消耗量为标准，按照略有余额的要求组织。筹措方法以自备为前提基础，以就地或就近筹措为主要方式，商请地方政府有关部门共同实施。在补给顺序上，应坚持先主要方向后次要方向，先急需的物资器材后一般的物资器材，先一线救援单位后二线救援单位和保障分队。在补给手段上，通常以计划请领为主，紧急情况下组织直达供应，以保证抢救行动不间断。

（2）技术保障

应急救援的技术保障，是指为保证参与抢救作业的各类技术装备处于良好的技术状态，并按技术要求而采取的相关措施。技术保障的内容相当广泛，大致可分为检查、使用、保养、维修、管理等内容，但就应急救援的任务需要而言，其实质就是对受损的技术装备及时维修。

其组织实施的主要方法有：

① 现地维修

现地维修，是指对受损的技术装备就地组织修理。这种方法对救援单位抢救行动能力的保持具有重要意义，它可以节省拖运修理所需要的时间，使受损的技术装备在短时间得到及时修复。但容易受维修场所、设备等条件的限制，对一些损坏程度较严重的技术装备，难以达到理想的维修效果。

② 定点维修

定点维修，是指在适当的地点开设修理机构专门对技术装备进行修理。组织定点维修，可以综合使用修理力量和修理设备，便于组织大型技术装备和损坏程度比较严重的技术装备的维修工作。维修点的选择可根据救援的任务性质、作业区范围、技术装备的分布及地形、交通情况灵活确定，尽可能地实现就近维修。

③ 巡回维修

巡回维修，是指对参与抢救行动的技术装备所进行的流动性修理。通常由修理分队组成若干个修理小组，到技术装备较为集中的作业区、集结地进行检查、修理。组织巡回维修,应注意把握好时机,以不影响正常的救援作业为宜,通常在作业间隙或驻扎期间组织实施。

应急救援的技术保障,必须周密筹划,统一组织,才能适应快节奏的应急救援行动的需要。一是要充分进行技术保障准备。从某种意义上讲,良好的技术保障决定着抢救行动的效果。因此,在遂行应急救援任务时,首先必须在思想上重视技术保障问题,无论行动规模大小,都应把技术保障摆在重要位置,并指定专门机构负责。同时,对参与抢救行动的各类技术装备,只要时间和条件许可,应尽可能地组织检查、保养、检修、零配件筹措补充等技术准备工作,保证各类装备以良好的技术状态投入抢救行动。二是要灵活运用保障方法和手段。通常情况下,应以现地维修为主,辅之以定点维修和巡回维修。维修时,应尽可能地进行原件修理和换件修理,紧急情况下也可进行拆拼修理,但必须严格控制,慎重实施。三是要加强技术保障的协调工作。装备部门对所属的技术保障力量应做到统一管理,科学使用,有计划、有组织地开展技术保障工作;要指导所属保障机构相互支持、相互协作,共同完成技术保障任务;要积极争取地方政府保障力量的支持与配合,提高技术保障能力,保证抢救行动的顺利实施。

(3) 运输保障

运输保障是后勤保障的重要组成部分。在装备保障活动中,运输保障与物资器材保障、技术保障、卫勤保障等有着密切的联系。其主要内容有:保障救援开进展开及在灾区内的机动需要;输送救灾物资、装备、器材;转移、疏散灾区群众,抢运受灾物资;运送伤病人员等。

组织应急救援的运输保障,应根据灾情性质、部队任务及运输需求、部队及地方运输力量状况和交通情况等,周密地组织实施。组织运输保障的基本方法是直达运输和接力运输。

① 直达运输

直达运输,是将物资或人员直接输送到目的地的运输保障方法,通常在运输距离较短、交通状况良好的情况下采用。如自身具有一定的运输力量,在组织运输保障时,应尽可能地采用直达运输的方法,减少中转环节,提高运输时效。

② 接力运输

接力运输,是在不便组织直达运输的情况下进行的分段转运。这种方法既可以运用一种运输方式,也可以运用多种运输方式。在救援行动中,经常出现运输道路受灾害破坏、运输方式受自然条件限制,而救援单位又要做长距离机动的情况,在此情况下,直达运输方式往往无法实施,而接力运输则能较好地实现保障目的。在组织接力运输时,应加强指挥,周密计划,充分发挥整体运输效能,保证各段的运力能适时衔接,防止脱节。必要时,应请求地方运输力量支援,以增强运输能力,加快运输进程,保障抢救行动的顺利实施。

运输保障对抢救行动的组织实施有着直接的联系,后勤指挥员必须科学组织,确保顺畅。一是要综合使用运输力量。在应急救援行动中,运输任务繁重,运输组织复杂,仅靠救援单位建制内的运输力量是难以满足行动需要的,必须以建制内的运输力量为基础,积极争取地方运输力量的协同,这样才能使各级运输力量相互配合,各种运输工具相互衔接,依靠整体力量完成运输任务。二是要突出保障重点。通常应把握两个重点,即开进展开阶段,以输送救援人员及作业器材为重点;抢救行动实施中,以急需物资的前送和伤病人员的后运为重点。三是要统筹使用运输工具。通常以直达运输为主,必要时组织接力运输。运输组织要统筹计划,充分利用好空中运输工具,提高运输效率。四是要协同有关单位搞好交通保障,重点是搞好交通设施的防护、抢修及交通调整的组织实施。

二、选择应急抢通通道,保障快速、安全到达现场

1. 多通道、多路径选择

(1) 对区域道路网综合分析,初步提出应急抢通、救援的主通道和辅助通道。

灾后应第一时间收集灾害影响区域的道路交通图,对进入和连接灾区的主要道路等级、长度、原路基本的抗灾能力进行梳理,根据其与灾害中心区的关系,初步提出应急抢通或救援主通道和辅助通道。

同时,充分利用新闻、网络和其他即时通信手段,以及百度、高德等软件,进行大数据分析,对灾害情况做出初步判断,初步形成灾区公路抢通概略示意图(概略示出里程、可能的灾害路段),以供抢通机具设备、人员等的调度和安排使用。随着应急调查、踏勘及抢通的推进,及时更新该图。

(2) 多方向、多通道道路灾害应急调查,初步拟定各通道主要抢通、保通方案。

应急抢通阶段,应充分运用高精度遥感、无人机摄影等技术,掌握灾区公路总体受损情况,为科学制定抢通方案、评价公路网抗灾能力提供技术支撑。同时组织有经验的工程技术人员开展现场调查,了解损坏情况,及时判断通行条件,提出抢通方案和加固措施建议。该阶段应重视信息反馈的及时性,以利于综合抢通方案的制定和完善。

2. 加强同一通道内各道路的互联互通,互为保通、协同保通

(1) 对有中间隔离带的对向分幅道路,通过中央分隔带开口、隧道内横洞,

实现左右幅之间的交通转换。

对向分幅的道路一般每 2 km 有一处中央分隔带开口,隧道内一般每 500～750 m 有一处横通道,可通过中央分隔带开口、隧道内横洞,实现左右幅之间的交通转换,以绕避灾害路段,必要时,可增加临时开口。对具有平导洞的隧道,则可充分利用平导洞进行交通转换,实现抢通和保通。

(2) 打通同一走廊内不同道路之间的应急联系通道,通过不同道路之间的互联互通,进行相互转换。

若同一走廊内有两条及两条以上道路时,可通过开辟应急联系通道,连通走廊内各道路,增加同一走廊内不同道路之间的连通节点,变各自独立的道路为互联互通的路网,通过不同道路之间的交通转换,达到绕避灾害路段、协同避灾、构筑抢通和救援公路网体系的目的。

3. 强化多种运输方式联动

当公路运输体系受损特别严重,抢通极其困难时,应充分考虑与区域内其他运输方式的联动。收集铁路、水路的相关资料,构建沟通不同运输体系的临时设施,如应急便道、应急码头、应急物资堆放场地等。对于特重大灾害,还可发挥航空优势,采用空投场与路段转运相结合的方式,进行救援和分段抢通。通过以上多种运输方式的综合运用,实现运输体系的互补和联动,为公路的抢通提供支持。

第二节 应急抢通现场工作

抵达现场后,应遵照抢通要求,合理选择整体抢通路线并确保抢通过程安全。道路抢通时,要尊重客观规律,讲究科学抢通,在保证通行的前提下,控制好工程规模,不可一味追求高标准,同时注意保护好生态和自然环境,避免造成新的灾害。抢通过程中,派专人负责安全警戒,严密监视次生灾害的发展动向,设置安全警示标志,加强交通管制。

一、抢通路线选择

1. 一般原则

对于每一条具体的道路,实施抢通时,其总体路线选择应遵循"先临后固、先绕后治、先通后畅"的原则。

(1) 优先选择以路基通过为主实施抢通的路线方案,对损毁严重、无修复利用价值的桥梁,研究桥梁改路基的可能性方案。

(2) 对损毁严重、抢通难度较大的路段,优先选择开辟临时便道,或设便桥跨河换岸绕避的抢通方案。

(3) 优先抢通供抢通的施工机具和人员通行的临时便道,以方便多点作业抢通,后续改善坡度、平整路面及加固边坡等完善措施同步推进。

(4) 采用新材料、新装备,提高抢通的效率和可靠度。如大跨径战备钢桥及配套的装配式桥墩、装配式钢棚洞、钢波纹管明洞等。

(5) 采用"先窄后宽、先通后畅"的方式,逐步提升通行能力。对局部特别困难路段,可适当降低技术标准。

2. 抢通路线选择

(1) 对于灾害较轻路段,原则上按原标准恢复原路的方式进行抢通,对原单车道公路,可根据地形条件,增加设置错车道。

(2) 对损毁较严重、打通难度较大的路段,按照临时和永久并行推进抢通。

① 临时道路宜尽量采用双车道,局部困难路段可采用单车道并设置错车道。

② 同步对原路按原标准进行打通和恢复,对局部困难路段,可降低技术指标。

(3) 对损毁非常严重、打通难度极大的路段,可先设置临时便道绕行。

① 一般应满足农村公路技术标准,设计速度为 15 km/h,路基宽度为 4.5~6.5 m,采用单车道时,应设置错车道,错车道间距为 200~300 m,错车道处路基宽度不小于 6.5 m,长度一般不小于 10 m,相邻错车道之间应尽可能通视。

② 平曲线半径一般不小于 15 m,特殊困难路段不小于 10 m。

③ 最大纵坡一般小于 9%,特殊困难路段纵坡可增大到 10%~12%。

④ 为保证救援货车的通行需要,在交通量较大的主要救援通道上新开辟的应急便道技术标准不宜低于四级公路标准,路基宽度不宜小于 6.5 m,有条件的路段,尽量拓宽至 7.5 m。特殊困难路段,可采用单车道,但单车道长度不宜太长。

⑤ 临河便道路线高程宜根据现场实际情况确定,原则上宜高不宜低。特殊困难路段,可采用过水路面。

二、安全保障措施

公路抢通过程中,以及初通后危险性较大的地段(如高位崩塌、路基脱空、桥隧受损严重路段),应制定抢通保通阶段的安全保障措施,保障通行车辆/人员的安全。

1. 信息收集与共享

在应急调查获取公路灾损资料的基础上,积极与国土、气象、地灾处置等相关部门对接,收集遥感、航拍、降雨、洪水、地灾等资料,为制订抢通保通计划、安全保障措施提供可靠基础资料。

在救援主管部门的指挥和授权下,通过互联网、微信等信息化平台实时共享相关信息,以便于动态调整应急方案。

2. 人工预警和交通管制

高位崩塌落石、滑坡等灾害发育路段,或地质灾害发育、通视条件较差路段,应布设瞭望哨、观察哨,采用对讲机、口哨等方式进行人工预警。

临时便道、便桥,或灾害发育、路基宽度被压缩影响通行的路段,应采取交通管制,单向、间隔管制通行。

3. 巡查监测

大型滑坡、山体变形开裂路段,很难通过观察判断险情时,应开展地质灾害区域及受损结构物的巡查、监测。

(1) 巡查

巡查范围及内容主要包括:地灾体及边坡、防护结构(锚杆锚索框架梁、挡墙、抗滑桩)、桥梁(伸缩缝、梁体、墩柱、系梁、挡块、锥坡)、隧道(洞门、边仰坡、灾害段衬砌开裂)等的开裂变形及发展特征。巡查次数应视地质灾害体规模及特征而定,一般可每天1~2次,在余震、降雨后应及时巡查,若地质灾害体、公路结构物持续变形,应安排专人持续跟踪观察。

(2) 监测

① 路基

对严重受损公路、变形特征不明的大型不良地质体,应及时布设地面位移观测点,必要时可进行深部位移观测,及时判明灾害体的变形及发展趋势,对于地形陡峻、灾害持续发展路段,可采用无人机进行实时观测,以获取灾害体最新发展动态。

② 桥梁

应急抢通保通阶段的首要要求是"快",鉴于桥梁应急监测具有及时性、紧迫性、必要性和安全性的要求,通常将桥梁应急监测方案分为两阶段,即先采用人工监测,待自动化实时监测安装调试稳定后再转为自动化监测。

人工监测包括:

a. 桥面伸缩缝和护栏拉裂相对变位监测

在受损桥梁桥面伸缩缝、护栏或路面开裂处布置测点。用游标卡尺或裂缝观测仪测量出标志间距离,求得裂缝变位值,每次监测应同时读取温度情况。

b. 墩柱竖直度变化监测

在现场架设全站仪,测量并计算墩柱的倾斜度和倾斜量,分析判断其变化累计量和趋势。

c. 墩柱裂缝发展监测

监测有无新增裂缝,并观察裂缝长度、宽度变化。选取一定量的典型裂缝粘贴载玻片,监测其变化发展情况,若载玻片拉裂,则采用裂缝测宽仪对裂缝发展变化进行观测。

自动监测包括:

a. 桥梁墩台倾斜监测

墩柱的倾斜幅度是桥梁最重要的安全参数,其变化可通过小量程、高精度倾角仪来实时监测。

b. 桥梁盖梁与 T 梁错位监测

主梁的水平位移、错位变形是大桥结构与构件变形、破损的主要参数。可在盖梁顶面安装顶杆位移计,位移计顶杆顶在 T 梁横隔板侧面,宜每处同时布置 2 个,分别测量盖梁上两个方向 T 梁的位移情况。

c. 桥梁墩柱裂缝监测

桥梁的横系梁裂缝、墩柱的环形和斜向裂缝往往是桥梁结构与构件变形、破损最为敏感的结构特征。可在墩柱或地系梁裂缝最密集的位置或方向,选择裂缝张开程度最大或较有代表性的裂缝安装裂缝计实时监测。

d. 桥梁三维坐标监测

桥梁及其基础在抢通保通和加固施工各种荷载作用下,其自身及周边三维坐标变化情况是衡量桥梁是否安全的最直观信息。桥梁三维坐标变化情况一般通过在关键位置布置北斗定位系统进行动态监测。

③ 隧道

隧道受损段应实时监测衬砌裂缝发展、渗水变化、底板隆起等特征,必要时可开展衬砌应力、应变监测。通过持续的监测,分析灾害的发展规律和趋势,实时监控隧道运营安全状态。

a. 裂缝监测

将裂缝变送器(表面式测缝计)垂直裂缝走向布置,用以测量裂缝宽度的变化。

b. 净空监测

通过在隧道内布置净空监测断面,监测隧道内轮廓变化规律。沿隧道的边墙和拱圈布设串联关节,根据隧道的大小选择不同长度的关节和节点数量,每一个节点就是一个测点。每个测点测量对应测点处的收敛值,在最后一个串联式关节处引出测量导线至无线多通道采集系统。可以根据监测要求设置测量间隔时间,以降低人工监测的频率。

c. 衬砌应力监测

通过在隧道衬砌内表面布置应变变送器(混凝土应变计),监测衬砌应力的变化规律。

d. 基底水压力监测

在路面向下钻孔,布置渗压计,监测仰拱底部水压力的变化规律。

(3) 应急预案

对于抢通保通阶段出现的特大洪水、泥石流等极端灾害情况,应及时会商确定应急预案,如:特大洪水暴发,河床过水断面不足时,采用钢便桥顶升预案;泥石流暴发可能冲蚀路基时,采用便道改移预案;桥梁墩柱持续变形,采用临时支撑加固预案等。

第三节 应急抢通预案与技战法

合理地选择技战法是顺利完成应急抢通任务的关键。多次救援实战表明,科学合理的技战法可以有效指导作业人员开展好救援抢通工作,能够使救援达到事半功倍的效果。在实际的险情处置中,要认真结合现场实际情况,创新思路,科学决策,灵活运用各种技战法,确保救援行动的高效、安全。本节分别以涉水路段抢通和山区道路滑坡体应急救援为例,综合应用前述抢通技术,介绍相应预案与技战法。

一、涉水路段抢通技战法

以涉水路段为例,当路基坍塌段较长时,视现场条件可将第七章第一节所述的几种方法结合应用。

如图 9-1 所示的涉水路段,可采用的抢通方法有:

(1) 直接采用透水路堤法进行抢通

直接在原路基上加铺一层透水路堤,其标高必须高于流水面标高。

(2) 疏导法与透水路堤法结合应用

① 从过水断面与原路基断面结合部位开始填筑透水路堤 30 m。

② 采用疏导法埋设圆管涵。

图 9-1 流水面高于原路基的涉水路段

③ 重复填筑透水路堤及埋设圆管涵直至与原路基相连接。

(3) 透水路堤法与桥梁法结合应用

参考疏导法与透水路堤法结合应用,使用桥梁代替圆管涵。

(4) 防护措施

当被冲毁的路基边坡为高陡边坡时,在高边坡一侧应先施工防护措施,再参考以上方案进行抢通作业。防护措施可根据现场材料、机械等条件进行选择。

① 采用速强混凝土浇筑挡土墙、护脚墙。

② 采用浆砌片石砌筑挡土墙、护脚墙。

③ 先打入木桩或钢管桩,间距为 20 cm,再码砌片石或袋装土,或直接回填土石混合料,用小型平板夯夯实(机具不足条件下可采用挖掘机斗进行压实),形成简易桩板墙。

以上防护措施可根据现场需要施工多道防护线,每级边坡(10 m)设置一道防护线。

二、山区道路滑坡体应急救援技战法

由于地质、极端气候等自然灾害影响,加之近年大型工程活动的增加,每年各地都会发生多起滑坡灾害,造成重大人员伤亡和财产损失。在处理此类灾害过程中,形成了一系列滑坡处置技术措施,现结合实际处置案例对相关技战法总结如下:

1. 以搜救被埋人员为主的救援采用的主要技战法

(1) "翻烧饼"法,适用于在未稳定的特大型滑坡体上搜寻被掩埋人员。具体操作方法是：由于滑坡体高差较大，且滑坡体仍处于运动状态，未完全稳定下来，因此很难确定人员掩埋的具体方位。为及时搜寻滑坡体中被掩埋人员，同时防止搜寻过程中因开挖形成新的临空面，产生次生灾害，在坡脚处用挖掘机挖起一定方量石料，查看是否存在被埋人员，但石料不外运，而是堆积压实在与开挖处相同方位，以继续起到对正面塌方支撑作用。当挖开一定区域后，继续挖与其相邻区域石料，并将前面探坑填满，如此反复。

在浙江丽水"11·13"抢险救援行动中，由于滑坡体正面塌方量巨大、落差较高、向下位移较快，因此虽然正对滑坡体坡脚处有 6 人被掩埋，但由于破坏严重，很难确定具体方位，需将塌方石料挖除寻找失联人员。经观察，在不受扰动的情况下，正面塌方每小时移动距离已接近 6 mm 警戒线，如将坡底石料挖除，势必引起二次塌方。经过仔细勘察，作业人员决定在正对滑塌体方向采用"翻烧饼"的技战法，成功将被掩埋的 6 人遗骸挖出。

（2）"剥洋葱"法，适用于滑坡体已趋于稳定的人员搜救。具体操作方法是：在确保滑塌体稳定的情况下，从最外层开始，由高及低，由上至下，向内侧利用挖掘机一层一层将塌方石料剥离外运。

在浙江丽水"11·13"抢险救援行动中，针对滑坡体侧方较为稳定的实际情况，采取"剥洋葱"技战法，成功搜索到遇难者遗体 4 具。

（3）"准确定位，定点搜索"法，适用于土层厚、面积广、方量大，且短时无法将滑坡体移除的特大型滑坡体中的人员搜救。具体操作方法为：通过网络下载航拍图等形式还原灾害发生前现场，按照滑坡体滑动方向预判被埋人员位置，利用普通挖掘机与长臂挖掘机联合作业，在安全处向目标方向开挖作业槽，手术刀式定点搜寻。

在浙江丽水"11·13"抢险救援行动中，在搜寻最后 3 名失联人员时，由于失联人员可能被埋位置处于滑坡体后侧，全面挖除此处坡脚存在较大塌方风险。地灾专家提供了"修筑平台、分级降坡"的方案，希望将滑坡体大部分清运出场，避免搜寻时再次塌方。但按此方案外运方量巨大，因此很难按地方政府期望的搜寻时间完成任务。根据地方政府提供的滑坡前被埋住户位置图纸，通过分析，判定被埋人员位置与塌方前变化不大，于是采用"准确定位，定点搜寻"的战法，成功找到遗骸 3 具。在深圳光明新区"12·20"抢险救援行动中，针对滑坡体土层厚（20 m 左右）、面积广（40 万 m^2）、方量大（500 多万 m^3）的特点，GPS 定位灾害发生前房屋被埋前准确位置，按照滑坡体走向，预判被埋可能位置，采用定点搜寻的技战法进行作业，成功找到多名遇难者遗骸。

2. 以道路抢通为主的救援采用的主要技战法

(1)"就地打通",适用于滑坡量较小、道路受阻不严重、道路单侧或两侧能够就近弃土的滑坡体。具体操作方法为:设备在救援现场沿着道路方向直接清运,边推边弃边前行,一直向前延伸,直到道路打通为止。

在福建宁化"5·19"抢险救援行动中,由于受灾对象主要为三个方向的乡村道路受阻,救援时总体方案采用"就地打通"并结合"多向掘进、平行作业"的战法。其中方田乡至泗溪村的山区道路有200多处小型塌方,堵塞道路达7 000多m,道路纵坡和转角较大,无法进行多点同时作业,根据现场实际情况,采用"就地打通",并结合"先抢通、后拓宽"的战法,沿路向前逐步推进,效果比较明显。

(2)"多点作业、同步展开",适用于道路多处被中小型滑坡体阻断,同时设备能够多个作业点到位实施救援的滑坡体。具体操作方法为:设备到位至多个作业点,同时展开作业,相互不受影响,此战法还可以结合"先抢通、后拓宽""开辟便道、绕道前行""多向掘进、平行作业"等其他战法进行救援,其间如遇石方地质还可采用爆破等手段辅助作业。

在福建宁化"5·19"抢险救援行动中,3号作业面方田乡抢通前,近40 km的道路沿线仅500 m^3 以上塌方体就有43处,且道路宽度只有3.5 m,四周山高林密、坡陡弯急,根据现场实际情况,采用"多点作业、同步展开""先抢通、后拓宽"的战法展开作业。经过全体官兵7个昼夜连续奋战,圆满完成抢险救援任务。

第十章 "5·12"汶川特大地震震后应急抢通案例分析

2008年5月12日14时28分,四川省汶川县映秀镇发生8.0级大地震,重灾区范围达12万km^2,造成直接经济损失约五千亿元。这是新中国成立以来破坏性最强、波及面最广、救灾难度最大的一次地震。

汶川特大地震及其引发的滑坡、崩塌、泥石流、堰塞湖等次生灾害,使灾区交通基础设施损毁十分严重,受损范围广,受损程度大,经济损失严重。交通是抗震救灾的生命线、生存线,尽快抢通损毁公路,保障公路畅通,对于整个抗震救灾工作具有极其重要的意义。地震造成大部分道路交通中断,多数重灾县成为"孤岛",使得大量救援人员和机具设备难以迅速到达灾区。本章即对汶川地震救援中典型抢通案例进行分析总结。

第一节 绵茂公路汉旺至清平段抢通

一、基本情况

四川省德(阳)阿(坝)公路绵竹至茂县段,全长约56 km,设计速度为40 km/h。汶川大地震对绵茂公路汉旺至清平黑洞崖段(汉旺—篦棚子段为山岭重丘区二级公路,长约18 km,篦棚子—黑洞崖段为矿山路,长约2 km)造成了致命性的破坏,给沿线居民生产、生活及生命安全带来了严峻挑战,因此汉旺至清平段是绵茂公路抢通的重点路段。

二、灾害情况

经专家和技术人员深入现场沿线徒步踏勘,掌握了绵茂公路汉旺至清平黑洞崖段的受损情况,其主要破坏类型有:

(1)堰塞湖与水毁。本段形成的堰塞湖造成路基被淹没,泄洪冲蚀下游道路,直接危及临河防护构造物和路基稳定,甚至冲毁全部路基。

(2)滑坡。在地形陡峻的崩坡路段,受强烈地震影响,致使坡体失稳诱发滑坡,摧毁或掩埋公路。

(3) 泥石流。本路段沟谷纵坡比降大,山体破碎,受地震影响形成了丰富的松散固体物源,在强降雨作用下形成泥石流,摧毁或掩埋公路。

(4) 崩塌、落石。本路段边坡陡峭,节理发育,局部形成倒坡,崩塌、碎落和飞石发育,安全威胁较大。

(5) 路基路面沉陷、开裂。

(6) 桥梁垮塌或开裂。

(7) 路基排水工程开裂、垮塌或被冲毁。

三、应急抢通技术措施

根据受损情况,专家和技术人员迅速制定抢通措施,为快速抢通受灾公路奠定了基础。

1. 汉旺九更桥——一把刀段

该段的抢通技术措施,首先是在现有路基体上拓宽,抢修宽度不小于 3 m 的应急道路;其次对道路进行加宽、加固,提高抗灾能力和通行能力,以保证雨季抗灾车辆通行。

(1) 水毁

① 工点一(K1+460～K1+475 段)

该段左幅路基被冲毁而悬空(图10-1),右幅路基具备通行条件。处置措施是直接在基岩上应急填筑,恢复双向通行,左侧设置"严禁靠边行驶"警示标志。

图 10-1　K1+460～K1+475 段路基破坏

② 工点二(K1+510～K1+590 段)

该段临河挡土墙基底被掏空,上边坡崩塌侵占道路,致使路基宽度严重不足(图 10-2)。

处置措施是在现有路基体上拓宽,打通宽度不小于 3 m 的应急道路,并在两端设"单向通行"警示标志。

图 10-2　K1+510～K1+590 段破坏

a. K1+510～K1+550 段挡土墙被冲毁，右侧靠山体陡坡，左侧临河，适当调整路基高程，形成宽度不小于 3 m 的应急道路，实现单向通行。

b. K1+550～K1+590 段左幅路基被冲毁，右幅路基被边坡崩塌体侵占，清除堆积体，半幅应急通行，并在两端设"单向通行"警示标志。

③ 工点三(K2+450～K2+540 段)

该段部分路基、路面及临河挡墙被冲毁，露出了新老两层路面。采用沙袋护肩+填筑路堤的方式处置，打通宽度不小于 3 m 的应急道路，两端设"单向通行"警示标志。

④ 工点四(K3+100～K3+700 段)

该段是抢险保通的重点和难点地段。路基被完全冲毁，已成乱石林立的河道，巨石直径为 1～10 m，右侧为陡峭山体。具体措施为清理河道，将河中巨石爆破、分解至直径为 1 m 左右的石块，顺路基坡脚堆砌，形成能抗常年洪水冲蚀的堆石护坡；填筑高出水位 0.5 m 的路堤以应急通行，再逐步进行加宽、加高和加固。

(2) 滑坡(工点五，K2+800～K2+870 段)

该段道路被滑坡体堆积阻断，堆积体主要为块石土，滑坡后侧为完整稳定基岩，左侧临河挡墙完好。采用挖掘机、推土机直接予以清除。

2. 金鱼嘴水坝—小岗剑段

本段公路位于 V 形峡谷内，路基受堰塞湖冲蚀和滑坡、泥石流、崩塌堆积体的掩埋，损毁严重，抢险保通难度大。抢通技术措施是清理疏通河道，清除崩塌体，填筑修复路基，增设防冲刷构筑物，提高抗灾害能力；其支线高桥至天池采用简易便桥跨清平河。

(1) K5+300～K5+900 段

① K5+300～K5+520 段

该段河谷宽 45～70 m，左侧临河路基边坡和构筑物被冲毁，局部残留挡墙体，挡防工程失效。抢通技术措施分两步实施：首先利用路基左侧河谷漫滩，填筑高出河面 1～2 m，宽度不小于 4 m 的应急道路，满足抢险车辆通行；其次再加宽、加固右侧路基，如图 10-3 所示。

图 10-3 K5+300～K5+520 段破坏

② K5+520～K5+700 段

路基左侧临河浸水挡土墙被冲毁,路面毁坏;路基右侧为高陡山体,滑坡、崩塌、落石形成的堆积体掩埋路基,难以通行。应急措施是采用挖掘机、推土机清除堆积体,后期增设路堑墙。

③ K5+700～K5+900 段

该段主要震害为崩塌、落石,堆积体掩埋路基,但厚度较小,清除后不影响正常通行。后期应加强该段浸水挡土墙防冲刷处理。

(2) K5+900～K7+700 段

① K5+900～K6+100 段

该段左侧临清平河,右侧山体覆盖土层较厚,顺山坡易发生崩塌、溜方掩埋路基,暴雨后局部形成小规模泥石流。清方后可应急通行。

② K6+100～K7+300 段

该段路基全无,块石土淤塞河道与原路持平,受洪水及小岗剑堰塞湖的威胁大,抢修的路基有再次被冲毁的危险。应急措施是先清理疏通河道,分解河中巨石,改善流态,靠山填筑路堤,形成抢险通道,然后再加宽,临河侧顺路堆砌大块石,加固路基,如图10-4所示。

(a) K6+100~K7+300段损毁情况　　(b) K6+100~K7+300段填筑情况

图 10-4　K6+100～K7+300 段处置

③ K7+300～K7+700 段

该段为V形峡谷段,位于小岗剑堰塞湖前,公路已被滑坡形成的堰塞体和右侧大型泥石流堆积体共同掩埋,处理困难。应急措施是在堆积体上抢通临时便道。

第二节 小岗剑堰塞湖应急处置

一、基本情况

"5·12"大地震后,由于山体滑坡、泥石流堵塞,造成绵竹市汉旺镇绵远河上游形成多处堰塞湖(图10-5),回淹长度达 4 km 以上,蓄水约 7 000 万 m^3。一把刀和小岗剑两个堰塞湖像架在绵竹市人民头上的一对杀手锏,一旦溃坝,将对汉旺、绵竹、德阳等重要城市和沿河镇村的人民生命财产构成严重威胁,其危害程度不可估量,后果不堪设想。

图 10-5 堰塞湖位置

二、灾害情况

小岗剑水电站上游形成高 63 m、长 105 m(上下游方向)、宽 173 m(左右岸方向)的堰塞体,堰塞体主坝宽 70 m,且含泥量达到 70%左右,存在溃坝的可能性。

绵远河上游河床来水量为 13 m^3/s,小岗剑堰塞湖水位以 4 m/d 的速度上涨,库容量以 50 万 m^3/d 的速度增加,截至 2008 年 6 月 10 日,库水位已上涨

60 m,库容量已达 1 000 万 m³。库水位和库容量的不断上涨,加剧了溃坝的风险,同时造成上游淹没范围不断扩大,对库区内的抢险救灾及灾后重建带来严重影响。

三、抢险技术措施

在对小岗剑堰塞湖地理位置、地势构造、堰塞体组成等情况进行分析后,制定了爆破控制泄流方案。在确保下游汉旺镇人民群众生命财产安全的情况下,有效控制下泄流量,尽快放空湖水,为绵远河汛期安全度汛创造条件。

1. 泄流控制参数

(1) 理论依据

考虑到堰塞湖处理的特殊性,采用美国天气局推荐的溃坝简化计算模型(SMPDBK)进行计算。这一模型不但计算简便,而且有足够精度估算出堰塞湖溃坝最大流量和下游最大水深,同时能够进行下游河段洪水演算,是当前国际上公认的标准模型。

一般溃坝水力计算需要考虑的主要因素有:坝高、最大蓄水量、溃决的时间和溃决断面的形状与尺寸。

(2) 参数计算

① 溃坝缺口宽度 b

宽度 b 一般根据黄河水利委员会提供的经验公式进行计算,其公式为:

$$b = 0.1 K W^{\frac{1}{4}} B^{\frac{1}{4}} H^{\frac{1}{2}} \tag{10-1}$$

式中,W 为堰塞湖溃坝时的下泄水量(万 m³);B 为主坝长度(m);K 为堰塞湖溃坝流量经验计算系数,黏土类坝体取 0.65,壤土类坝体 1.3;H 为堰前水头或最大坝高(m)。

这里系数 K 取 0.90,坝长 $B=70$ m,计算结果如下:

a. 全溃坝情况,下泄水量 $W=1\,000$ 万 m³,坝高 $H=60$ m,计算得出溃口宽度 $b=113.39$ m,修正为 70 m;

b. 2/3 溃坝情况,下泄水量 $W=667$ 万 m³,坝高 $H=40$ m,计算得出溃口宽度 $b=83.66$ m,修正为 70 m;

c. 1/2 溃坝情况,下泄水量 $W=500$ 万 m³,坝高 $H=30$ m,计算得出溃口宽度 $b=67.42$ m;

d. 1/3 溃坝情况,下泄水量 $W=333$ 万 m³,坝高 $H=20$ m,计算得出溃口宽度 $b=49.75$ m;

e. 1/4 溃坝情况,下泄水量 $W=250$ 万 m³,坝高 $H=15$ m,计算得出溃口

宽度 $b=40.09$ m。

② 溃坝最大泄流量 Q_{max}

Q_{max} 根据肖克列公式进行计算,其公式为:

$$Q_{max}=\frac{8}{27}g^{\frac{1}{2}}\left(\frac{B}{b}\right)^{\frac{1}{4}}bH_0^{\frac{3}{2}} \quad (10-2)$$

式中,H_0 为水库坝前淤积面以上水深;g 为重力加速度,取 9.8 m/s²,其他符号意义同前。

这里坝长 $B=70$ m,计算结果如下:

a. 全溃坝情况,溃口宽度 $b=70$ m,水深 $H_0=60$ m,计算得出最大泄流量 $Q_{max}=28\ 095$ m³/s;

b. 2/3 溃坝情况,溃口宽度 $b=70$ m,水深 $H_0=40$ m,计算得出最大泄流量 $Q_{max}=15\ 293$ m³/s;

c. 1/2 溃坝情况,溃口宽度 $b=67.42$ m,水深 $H_0=30$ m,计算得出最大泄流量 $Q_{max}=9\ 658$ m³/s;

d. 1/3 溃坝情况,溃口宽度 $b=49.75$ m,水深 $H_0=20$ m,计算得出最大泄流量 $Q_{max}=4\ 185$ m³/s;

e. 1/4 溃坝情况,溃口宽度 $b=40.09$ m,水深 $H_0=15$ m,计算得出最大泄流量 $Q_{max}=2\ 312$ m³/s。

③ 溃坝演进沿程最大泄流量 Q_l

其公式为:

$$Q_l=\frac{W}{\dfrac{W}{Q_{max}}+\dfrac{L}{V_{max}K'}} \quad (10-3)$$

式中,L 为控制断面(下游控制破坏流量下线位置)到水库坝址的距离(m);K' 为经验系数,山区取 1.1~1.5,丘陵取 1,平原取 0.8~0.9;V_{max} 为特大洪水最大流速,无资料时,山区取 3.0~5.0,丘陵取 2.0~3.0,平原取 1.0~2.0(m/s)。

这里系数 K' 取 1.4,最大流速 $V_{max}=5$ m/s,控制距离 $L=15\ 000$ m,计算结果如下:

a. 全溃坝情况,下泄水量 $W=1\ 000$ 万 m³,最大流量 $Q_{max}=28\ 095$ m³/s,计算得出演进沿程最大泄流量 $Q_l=4\ 002$ m³/s;

b. 2/3 溃坝情况,下泄水量 $W=667$ 万 m³,最大流量 $Q_{max}=15\ 293$ m³/s,计算得出演进沿程最大泄流量 $Q_l=2\ 585$ m³/s;

c. 1/2 溃坝情况,下泄水量 $W=500$ 万 m^3,最大流量 $Q_{max}=9\ 658\ m^3/s$,计算得出演进沿程最大泄流量 $Q_1=1\ 879\ m^3/s$;

d. 1/3 溃坝情况,下泄水量 $W=333$ 万 m^3,最大流量 $Q_{max}=4\ 185\ m^3/s$,计算得出演进沿程最大泄流量 $Q_1=1\ 134\ m^3/s$;

e. 1/4 溃坝情况,下泄水量 $W=250$ 万 m^3,最大流量 $Q_{max}=2\ 312\ m^3/s$,计算得出演进沿程最大泄流量 $Q_1=775\ m^3/s$。

④ 溃坝洪水传播时间

堰塞湖溃坝之后,堰塞湖溃坝洪水多长时间会到达下游各个断面对防汛十分重要,堰塞湖溃坝洪水比一般洪水的传播要快得多,其波速在坝址附近最大,距坝址越远,波速削减越快。黄河水利委员会水科所根据实验求得堰塞湖溃坝洪水起涨时间简化计算公式如下:

$$t_1 = \frac{k_1 L^{1.75} (10-h_0)^{1.3}}{W^{0.2} H_0^{0.35}} \quad (10-4)$$

式中,h_0 为下游计算断面基流平均水深(m);t_1 为下游计算断面堰塞湖溃坝洪水起涨时间(s);k_1 为经验系数,其取值区间为 $0.65 \sim 0.75$,一般可取平均数 0.7。

需要指出的是,下游计算断面起涨时间的堰塞湖溃坝洪水流量并不是该断面的最大堰塞湖溃坝洪水流量,最大堰塞湖溃坝洪水流量到达时间 t_2 要比起涨时间 t_1 滞后,其简化计算公式如下:

$$t_2 = \frac{k_2 L^{1.4}}{W^{0.2} H_0^{0.5} h_m^{0.25}} \quad (10-5)$$

式中,k_2 为经验系数,取值区间为 $0.8 \sim 1.2$;h_m 为最大流量时的下游平均水深(m)。

这里系数 k_2 取 1.20,控制距离 $L=15\ 000\ m$,计算结果如下:

a. 全溃坝情况,下泄水量 $W=1\ 000$ 万 m^3,上游水深 $H_0=60\ m$,下游水深 $h_m=15\ m$,计算得出传播时间 $t_2=36.68\ min$;

b. 2/3 溃坝情况,下泄水量 $W=667$ 万 m^3,上游水深 $H_0=40\ m$,下游水深 $h_m=10\ m$,计算得出传播时间 $t_2=53.92\ min$;

c. 1/2 溃坝情况,下泄水量 $W=500$ 万 m^3,上游水深 $H_0=30\ m$,下游水深 $h_m=8\ m$,计算得出传播时间 $t_2=69.73\ min$;

d. 1/3 溃坝情况,下泄水量 $W=333$ 万 m^3,上游水深 $H_0=14.67\ m$,下游水深 $h_m=5\ m$,计算得出传播时间 $t_2=121.64\ min$;

e. 1/4 溃坝情况,下泄水量 $W=250$ 万 m^3,上游水深 $H_0=15\ m$,下游水深

$h_m=2$ m,计算得出传播时间 $t_2=160.20$ min。

(3) 计算结果分析

根据对绵远河及其下游工业重镇——汉旺镇历年来水文资料的调查,汉旺镇所遭遇的洪灾为50年一遇,相应流量为 3 000 m³/s,并且在小岗剑下游观音岩还有一处小型堰塞湖尚未彻底处理完成,小岗剑出现溃坝后洪水到达观音岩将造成该处堰塞湖溃坝,造成洪峰叠加。

根据以上情况,结合计算结果,经研究分析认为小岗剑需进行控制爆破泄流,不能出现全溃坝现象,应控制在2/3溃坝比较合理。

若能控制在2/3溃坝将不会对汉旺镇、下游金鱼嘴电站及沿线主要村庄造成威胁。

2/3溃坝,溃口宽70 m(河床段主坝基本溃掉),坝下游下泄最大流量为 15 293 m³/s,到达汉旺镇最大洪峰流量为 2 585 m³/s,洪峰到达汉旺镇时间为出现溃坝后54 min。

(4) 堰塞湖爆破泄流控制参数验算

① 水力参数

堰塞湖爆破泄流水力参数主要控制下泄最大流量、控制断面最大流量、洪水到达时间。以小岗剑为例,因受汉旺镇最大防洪能力影响,坝址处最大下泄流量应控制在 15 300 m³/s 以内,控制断面——汉旺镇最大通过流量应控制在 3 000 m³/s 以内,为便于下游部分受影响群众及时被疏散,洪峰到达汉旺镇时间应在50 min 以上。

② 爆破参数

根据控制水力参数,爆破应控制爆破块石粒径、泄槽宽度和深度。

控制爆破块石粒径依据动水中抛投料稳定计算理论来进行计算,最大石块粒径应小于动水稳定石块粒径。石块粒径计算公式如下:

$$d=\frac{\left(\dfrac{v}{k}\right)^2 \gamma}{2g(\gamma_s-\gamma)} \tag{10-6}$$

式中,d 为石块引化为球体的当量直径(m);v 为流速(m/s);k 为稳定系数,取 0.7;γ_s 为块石密度,取 2.1 t/m³;γ 为水密度,取 1.0 t/m³;g 为常数,取 9.8 m/s²。

爆破泄流控制参数计算结果如下:

当流速 $v=1$ m/s 时,计算石块引化为球体的当量直径 $d=9.47$ mm;

当流速 $v=2$ m/s 时,计算石块引化为球体的当量直径 $d=37.86$ mm;

当流速 $v=3$ m/s 时,计算石块引化为球体的当量直径 $d=85.19$ mm;

当流速 $v=5$ m/s 时,计算石块引化为球体的当量直径 $d=236.64$ mm。

根据以上计算,爆破时,槽底部块石粒径宜控制在 100 cm 左右;当最大泄流时,块石粒径应为 250~300 cm,才不至于把小岗剑堰塞体全部冲毁而造成全溃坝,给下游汉旺镇造成大的危害。

2. 爆破设计

(1) 设计思路

应以抛掷爆破为主,同时要尽可能将泄流沟渠(尤其是块石堰体沟渠)底部的岩石充分破碎,以便过流后容易被水冲刷带走。根据水力学计算可知,沟渠底部岩石的粒径应控制在 100 mm 以内。

(2) 设计原则

一般采取加强抛掷爆破、裸露爆破和土岩内部爆破相结合的原则。根据堰塞体表面形态,对于无沟型、表面物质相对均一的堰塞体,可以在其中间进行爆破;对于堰塞体表面物质不均匀者,可以在细颗粒较多的地方爆破成槽;对于单一沟型者,一般顺沟爆破成槽;对于双沟或多沟者,遵守能力最小原理,一般在最低洼的沟进行爆破成槽。对已过流堰塞湖,采用表面裸露爆破加深或者侧面加宽的方式进行设计。

(3) 理论依据

根据爆炸理论,炸药在土岩表面至内部一定距离内任意一点爆炸后,都将使土岩破碎或抛掷。将药包设置在土岩表面而进行的爆破称为表面接触爆破,对药包不加覆盖称为裸露接触爆破。裸露接触爆破的药包爆炸后能将距药包一定距离内的土岩破碎并抛走一部分。将药包设置在土岩内部而进行的爆破称为内部爆破,药包爆炸后将形成一个漏斗坑(图 10-6),其大小与装药量多少和土岩性质、结构有关。

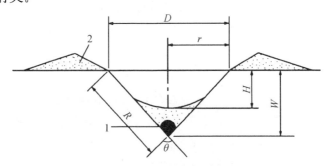

图 10-6 爆破漏斗示意图

D—爆破漏斗直径;H—爆破漏斗可见深度;r—爆破漏斗半径;W—最小抵抗线;
R—漏斗作用半径;θ—爆破漏斗张开角;1—药包;2—爆堆

根据漏斗爆破理论,爆破作用指数公式为:

$$n = r/W \tag{10-7}$$

式中,n 为爆破作用指数;r 为漏斗半径(m);W 为最小抵抗线(m)。即当 $n=1$ 时为标准抛掷爆破,当 $n>1$ 时为加强抛掷爆破。n 值是一个重要的参数,当 W 不变、n 值加大时,r 也随着加大,但当 n 值加大到一定程度时,r 随 n 值的变化不明显,通常 n 的取值为 1~3。

可见深度 H 是一个随 n 值而变化的参数,当 $n=1$ 时,$H=0.5W$;当 $n=1.5$ 时,$H=W$;当 $n=2$ 时,$H=1.4W$。当相邻两个药包之间的距离 $a \leqslant r$ 时,将两个漏斗坑连接起来,形成一条沟,而且中间没有埂子。

根据上述理论,设置多排多个药包同时起爆就能开设出一条符合长、宽、高要求的泄流沟渠。

一般情况下,当堰体为块石体时,抗冲刷能力强,槽的纵坡可以适度放大,宽度也要稍大;当堰体为土体时,抗冲刷能力弱,槽的坡度可以稍缓,但是要尽量加大深度,降低水位。

(4) 炸药选择

根据堰体所处的环境及当地气候情况,同时也为设置药包方便,一般选择具有防水性能的乳化炸药。

(5) 起爆网路

为了保证爆破效果和起爆网路本身的安全,堰塞体爆破时,不管是大石解小爆破还是裸露接触爆破或挖坑抛掷爆破,都应同时起爆,同一网路不需分段。可采用导爆索起爆网路,即所有药包全部用导爆索引出后连通起爆;也可采用非电起爆网路,即在所有药包内装相同段位的高段位非电毫秒雷管(如 11~15 段),然后用 1 段非电毫秒雷管将所有药包连通后用电雷管引爆。

四、抢险实施

2008 年 5 月 21 日上午,抢险人员乘坐直升机到达堰体后,发现该堰体左侧相对低洼,在山体垮塌过程中形成了缺口,但表面全是大块石。抢险人员决定将缺口内最高处表面的大块石炸碎,由于只空运了 480 kg 乳化炸药,根据计算,可将顺河长 40 m、宽 15 m 范围内的大石炸碎。

经过几个小时的爆破施工,于 2008 年 5 月 21 日 18:20 成功实施爆破。本次爆破对左侧缺口内大石进行了有效破碎,一旦过流,将有利于水的流动。

5 月底,湖区已进入雨季,上游来水十分丰富,根据第一次爆破后的缺口高度,在缺口过流时库容将会很大,一旦达到 1/2~2/3 或者全溃坝,流量将超过下游汉旺镇的最大允许通过流量 3 000 m³/s,这将严重威胁下游 20 多万人的生命和财产安全。再加上湖区水位很高,会淹没大量公路、村庄和磷矿,严重影响抢险救灾和恢复重建,因此指挥部决定,再次对堰塞体进行爆破。经过水力学计算后得出结论,必须在缺口顶部再向下炸一个深 3 m、底宽 10 m 的泄流沟渠。

2008 年 6 月 8 日,技术人员先期到达堰体,根据以上理论迅速拟定了如下方案:

(1) 分两层进行裸露接触爆破,每层破碎深度为 1.5 m。

(2) 上层爆破范围为顺河长 25 m、宽 15 m,设置 6 排炸药包,每排为 10 个,间排距均为 2.2 m,每个药包重 92 kg,共计乳化炸药 5 520 kg。药包内部装 1 段非电毫秒雷管,药包外部全部用 1 段非电毫秒雷管连接,在距爆点 1 500 m 的湖面上用电雷管引爆。

(3) 下层爆破范围为顺河长 40 m、宽 12 m,设置 5 排炸药包,每排为 16 个,间排距均为 2.3 m,每个药包重 96 kg,共计乳化炸药 7 680 kg。由于一次爆破药量太大,技术人员决定平均分成两次爆破,先爆破下游,再爆破上游,每次各 3 840 kg,起爆网路与上层相同。

2008 年 6 月 12 日 10:10 实施最后一次爆破,爆破后缺口即开始过流,最初流量约为 30 m³/s。由于沟渠表面充分破碎,在水流的冲刷作用下缺口开始加大、加深,泄流量也逐步加大,至 13:00 时,流量增加到约 2 000 m³/s,湖内水位快速下降。狂泄而下的洪流冲垮了下游两个小堰塞湖,洪峰经过下游汉旺镇时,实测流量为 2 900 m³/s,没有超过汉旺镇的最大允许通过流量,爆破成功,险情排除(图 10 - 7)。

图 10 - 7　小岗剑堰塞湖洪峰安全通过汉旺镇

第三节 汶川地震中破损桥梁抢修

一、基本情况

2008年5月12日,四川省汶川县发生里氏8.0级地震。汶川县、北川县、绵竹市、什邡市、青川县、茂县、安县、都江堰市、平武县、彭州市10个极重灾县(市)以及41个重灾县(市、区)对外交通几乎全部中断或部分中断,数百万极重灾区群众被困于一个个"生命孤岛"。地震灾区范围内的公路总里程达62 671 km,地震受损公路总里程达31 412 km,直接经济损失约612亿元。

二、桥梁典型震害情况

桥梁典型震害可归纳为全桥损毁、部分孔跨损毁以及构件震害三种类型。
(1) 全桥损毁可分为全桥倒塌、滑坡堆积体掩埋和堰塞湖淹没三种类型。
(2) 部分孔跨损毁可分为主梁落梁和部分孔跨被砸毁两种类型。
(3) 构件震害可分为主梁开裂、移位、撞击损伤;支座移位、脱空;挡块撞坏;墩柱开裂、压溃、剪断;桥台开裂、锥坡开裂、下沉等。

三、损伤桥梁抢修技术措施

桥梁局部遭受非致命性损伤后,可针对不同情况采取不同的抢修技术措施,使其全部或部分恢复使用功能,为保障应急交通运输奠定基础。

1. 管制限行

破损桥梁抢修后,通行条件差,桥梁等构造物受损严重,承载力降低,必须实施限速、限载、限宽的交通管制。

抢险初期在极重灾区的许多路段和受损桥梁均采用这种处理方式。

2. 桥上架桥

适用条件:当上部梁体发生严重纵向移位,但未落梁,而桥墩基本完好,偏移小,有足够承载能力时,一般可用公路战备钢桥跨越严重移位的桥跨。

注意事项:需在梁底附着桥墩设临时支撑,防止通行车辆振动,导致落梁发生。

应用实例:汶川地震中寿江大桥汶川岸1个30 m T形梁纵向移位严重,面临落梁危险。

3. 墩台横、纵向防震挡块破坏

对开裂不严重的挡块可以采用注浆法封闭裂缝;对开裂严重的挡块应凿除

混凝土，并通过植筋予以加强，且重新浇筑挡块混凝土，或安装新型挡块，并设置缓冲装置。

原设计未设置防落梁装置时，应增设纵、横向防落梁装置。典型的防落梁装置如图 10-8 所示。

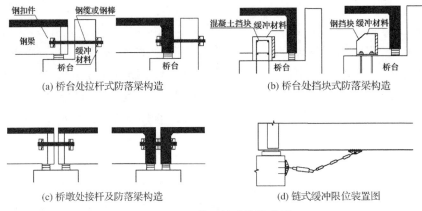

图 10-8　典型的防落梁装置

4. 同步顶升、整联复位

适用条件：简支结构、桥面连续，或连续梁结构，上部结构发生了纵横向移位。

恢复方法：每片梁各自由两个扁千斤顶支撑，整联布设数十个千斤顶，采用同步控制技术，将整联均匀顶升，换上临时支座。同时利用设在盖梁侧面或顶面的纵横向反力架和千斤顶提供梁体复位力。

应用实例：都江堰至映秀高速公路的庙子坪岷江大桥引桥，一联 4 跨，200 m 长，共 40 片 T 梁，重达 8 000 t，采用了 80 个扁千斤顶同步顶升，更换临时支座，纵横向顶梁，整联逐步复位后，再更换永久支座，如图 10-9 所示。

5. 桥墩置换

震后上部梁体损伤较小，完全可以利用；而下部桥墩和基础受损较严重，无法复原或加固困难，可采用置换桥墩的方式。

6. 钢套加固桥墩

适用条件：桥墩严重开裂、压溃或剪坏，而基础基本无损害。

加固方法：圆形墩可采用外包钢管，再内灌混凝土予以加固；大尺寸、深水方形墩可采用下沉钢套箱，内灌混凝土予以加固。

7. 墩身外包缓冲垫层

墩身外包缓冲垫层可以提高桥墩抗撞击能力，主要用于山坡滚石可能冲击桥墩的路段，如图 10-10 所示。

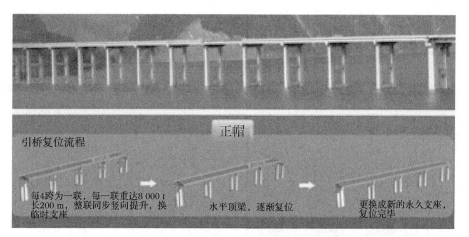

图 10-9 庙子坪岷江大桥引桥整联复位

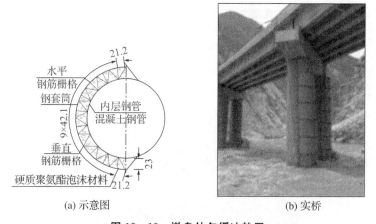

(a) 示意图　　　　　　　(b) 实桥

图 10-10 墩身外包缓冲垫层

8. 钢套箱加固(图 10-11)

图 10-11 庙子坪岷江大桥深水主墩钢套箱加固

9. 隔震技术

矮墩桥梁应采用隔震技术,减弱地震对桥梁的作用,保护桥梁主体结构,在恢复重建中部分桥梁采用了铅芯隔震支座,如图 10-12 所示。

高墩长桥应重视防落梁和限位技术,如设置阻尼器(图 10-13),增设防落梁装置等。

图 10-12　铅芯隔震支座　　　　图 10-13　设置阻尼器

10. 增加桥墩塑性铰区域的延性

为防止桥墩在地震作用下发生压溃、剪切等脆性破坏,在墩身外侧和塑性铰区域,增加钢套或外缠纤维,能有效改善桥墩的延性,如图 10-14 所示。

图 10-14　桥墩底部包裹钢管,上部包裹碳纤维

第四节　都汶公路彻底关 321 钢桥抢建

一、基本情况

都江堰至汶川公路是阿坝藏族羌族自治州与成都市联系的主要通道,彻底

关大桥跨越岷江,共 13 跨全长 370 m,是都汶公路的关键性节点。

二、彻底关大桥震害受损情况

(1) 跨岷江的 1～3 跨和连接彻底关隧道的第 13 跨,受山体滑坡影响致使梁体被滚落的巨石砸断,造成桥梁倒塌。

(2) 9 号和 10 号桥墩被飞石击打,正面受撞击,表面破碎,背面严重开裂。

(3) 第 2、3 联梁体向都江堰岸纵移,11 号墩顶伸缩缝宽度达 20～30 cm。

(4) 第 2、3 联梁体左移,第 4 联梁体右移。

(5) 全桥左侧挡块均破损断裂。

除了上述 5 种严重震害外,还有盖梁受损开裂、支座变形或震落、防撞栏杆被砸坏、桥面板被砸坏、伸缩缝受挤压或拉伸变形移位等震害。

三、彻底关大桥抢通抢建方案

为打通生命通道,必须恢复原桥或新建临时便桥跨越岷江。为此,结合桥区地形地貌、震害情况、地形地质条件、水文条件,提出了三种抢通抢建方案。

1. 利用太平驿电站坝体做过河通道

在彻底关隧道出口侧抢建应急道路,沿老 213 线到达太平驿水电站,经太平驿站坝体到达映秀岸。主要工程包括在电站坝体上架设一座 15 m 长的加强型单排单层装配式公路钢桥。

该方案难度较大,需要在两岸规模较大的滑坡体上抢修应急通道,且不稳定边坡存在继续垮塌的危险,对抢通后行车安全不利。

2. 恢复倒塌桥墩后再架设 321 战备钢桥

主要工程包括采用临时钢管墩恢复倒塌的两个桥墩;架设跨径为 33 m＋30 m＋33 m 的加强型双排单层 321 战备钢桥。

该方案的优点是桥面设计高程较高,不受洪水影响,且两岸接线顺畅;缺点是桥墩恢复需要较长时间,大型专用打桩设备难以运抵现场,且洪期水中施工难度极大。

3. 在原桥下游合适位置抢建 321 战备钢桥

抢建桥梁上部结构采用加强型三排双层 321 战备钢桥,跨径为 1～60 m。考虑水面比降、漂浮物高度、浪高等因素,控制 321 型钢桥梁底高程不低于 1 065.06 m,以满足 10 年一遇泄洪需要。汶川岸桥台采用钢管柱型钢笼装级配块石,沿河岸设置钢笼装级配块石防冲刷导流坝,待钢管桩钻孔完成后,浇筑表面钢筋混凝土防冲板。由于道路中断,且都江堰岸没有大型施工机具设备,该岸桥台直接采用万能杆件拼装型钢笼装级配块石，并布置两排小直径钻孔钢管桩，钢管内灌注小石子混凝土以防止冲刷。桥头引道填筑砂砾路基。

主要工程包括钢管柱型钢笼装级配块石、万能杆件组装桥台、防冲刷导流坝、防冲刷钢管桩、表面钢筋混凝土防冲板、1～60 m 长的加强型三排双层 321 战备钢桥、引道砂砾石路基。

该方案需压缩岷江河床，修建水中基础，其优点主要是：

(1) 可避开两岸不稳定的崩塌体；

(2) 两岸接线比较方便；

(3) 修建速度较快，工期容易控制。

其缺点和难点是：

(1) 桥台基础直接搁置在河床上，自身稳定性较差；

(2) 岷江洪期流量大，河床压缩后，流速急剧增大，导致冲刷严重，需要采取可靠的防冲刷措施。

4. 方案比选

对于上述三种方案，经过技术人员反复研究和多次讨论，形成以下主要意见：

(1) 要确保施工期和使用阶段安全可靠。

(2) 要对拟实施方案进行渡洪安全性论证，以确保洪期桥梁安全。

(3) 在保证结构安全的情况下，力争缩短时间，缩短工期。

(4) 在统筹考虑、综合比较后，对方案三进一步细化，作为拟实施方案。

(5) 为方便两岸接线，且由于 321 型钢桥推出法对施工场地的需要，将桥位移到彻底关大桥下游约 200 m 处。要充分考虑都江堰岸无机械设备，完全依靠人工操作实施的可能性。

经综合比选论证后，决定采用方案三在原桥位下游抢建一座 60 m 长的 321 战备钢桥。

四、抢建实施

1. 汶川岸型钢桥台抢建

(1) 型钢桥台加工

汶川岸型钢桥台采用 325 mm×10 mm 螺旋焊管做立柱，16 型槽钢做平撑、斜撑，形成一个横桥向长 8 m，顺桥向下半部为梯形（下部宽为 9 m，上部宽为 3.55 m，高 8.5 m），上半部为矩形，顶宽 3.55 m，高 3.5 m 的钢围笼，整个钢围笼体积近 526 m³。型钢桥台加工时要注意平撑、斜撑与钢管立柱的焊接，确保焊缝饱满,保证加工质量,加工时考虑工地起吊能力,将上部矩形部分改为现场单块焊接。

(2) 桥台型钢钢围笼下放

在钢围笼加工的同时,对桥位处河床进行压缩。在压缩河床时注意需在桥位的上游处形成一个挑水坝,使桥台处江水基本处于相对静止状态,便于型钢桥台钢围笼的安放与调整。由于一个桥台型钢钢围笼全部加工完成质量达 23 t,从填筑的河道上到需落位的桥台位置有 15 m 左右,从现场试吊情况来看,一台 50 t 吊车无法将如此重的钢围笼准确、安全地安放于河床上。现场决定部分斜撑和上部矩形部分不再组拼焊接,以减轻型钢钢围笼的质量。同时为确保安全,桥台型钢钢围笼采用两辆 50 t 吊车下放。在下放过程中,先将型钢钢围笼安放在桥台位置处,由于河床不平,河心侧低、河岸侧高,桥台钢围笼下放后处于倾斜状态。根据桥台钢围笼现场入水情况,仔细测量、认真计算后,重新将型钢钢围笼提起,根据测量数据将型钢钢围笼立柱进行切割。由于方法得当,再次将型钢钢围笼放入江中后,型钢钢围笼放置平稳、竖直。为了确保桥台型钢围笼安放质量,保证型钢钢围笼 6 个支脚全部支承于河床的砾石上,需要下水进行检查、支垫。同时从钢管上口内投入混凝土麻袋,如部分钢管下口没有与河床接触,填入的混凝土麻袋在形成强度后能对型钢桥台立柱进行可靠支撑。

待型钢钢围笼初步稳定,立即采用挖掘机向钢围笼内抛填级配较好的大块石,并进一步对型钢钢围笼进行稳固,形成良好的抗冲刷基础。待钢围笼基本稳固并有一定的抗倾覆能力后,可以边回填桥台后空区边回填钢围笼,两者交错同步进行。填筑时注意钢围笼不移位、不变形。待桥台后路基成形后,测量型钢桥台高程,如高程达不到设计要求,可用型钢将桥台立柱接高,重新形成钢桥支座顶面。

需特别注意的是,为便于支座下应力的扩散,从钢桥支座顶面以下 1.0 m 范围内,需人工夯填小粒径级配良好的砾石,顶面浇筑 30 cm 厚的 C30 混凝土。

2. 都江堰岸桥台抢建

从汶川岸到都江堰岸,只能从华能太平驿水电站的大坝上过江,大约要绕行 3 km,其中还要翻越 4 个大型滑坡体,徒步轻装行走 2 h 才能到达作业地点。为加快都江堰岸桥台抢建进度,在原垮塌的彻底关大桥上架起一座临时过江溜索,安上过江吊笼,以人工方式将二十几吨万能杆件、几十吨原材料运送至桥台位置。

都江堰岸桥台利用万能杆件组拼,该杆件单件最重 73 kg,便于人工抬运及组拼。由于材料及时运输到位,桥台仅用 7 天时间就基本拼装完成。

3. 防冲刷措施

由于本钢桥将面临严峻的洪水考验,湍急的江水尽管不能撼动近千吨的钢围笼,但可能将钢围笼下河床掏空,使型钢桥台沉陷,最终导致整个桥梁丧失行车能力。本桥在桥台上、下游设置钢围笼导流坝,桥台前面设置主动防护型钢围笼,防止江水直接冲击汶川岸型钢桥台。如果桥台下河床被冲刷,钢围笼内的砾石会借重力主动填补,避免继续冲刷,可以防止桥台沉降和保证桥台后路基安全。

(1) 导流坝钢围笼加工

根据彻底关临时钢桥处的实际情况,充分考虑压缩河床后江水的冲刷以及起重机械行走、运行所需尺寸,导流坝沿岷江方向长度初步确定为135 m。根据施工图纸提供的资料及现场实测,综合考虑钢桥运行期间最高水位,按高出最高水位1 m确定导流坝高程,确保导流坝围堰体安全。导流坝钢围笼由单层组成,钢围笼高度为8.5 m,顶宽为3 m,底宽为5 m。钢围笼立柱采用∠100×100×8,平、斜撑及横联采用∠75×75×5,在加工好后的钢围笼上每15 cm采用10 mm钢筋加密。钢围笼按一种型号加工,每节长度为3 m,共需45节,可视具体情况适当增减。

导流坝钢围笼施工前,应做好材料、场地、设备及人员等各方面的准备工作,原材料应按规定的场地堆码,并应根据设计图纸的技术要求进行尺度、材质及力学性能检验,对于所用的各种机械设备开工前都应进行检查调试,以确保抢建工作正常进行,保证工程质量及安全。

导流坝所需钢围笼应在汶川岸的河滩地上进行加工,加工好后用装载机吊运至岸边施工现场。

(2) 导流坝钢围笼安放

先下放汶川岸桥台钢围笼,再在桥台钢围笼的上、下游分别安导流坝钢围笼(也可采用吊车直接安放的方式进行安装),钢围笼下放时上游侧、下游侧交替进行,直至完成。导流坝钢围笼之间与桥台型钢钢围笼之间应及时柔性连接,依次逐步形成一个整体,下放完成后即可在钢围笼内抛放大块砾石直至钢围笼顶面。随后可用挖掘机回填砾石,在钢围笼内侧形成一个较为稳固的导流坝,逐步压缩河床断面,完成导流坝施工。

4. 321钢桥上部结构的拼装及架设

(1) 场地准备

① 根据两岸的接线位置、地形、高差和地质等情况,决定推出岸和对岸的摇滚至岸边的最小安全距离。

② 定出平滚、摇滚与座板的位置,测得桥中线桩与平滚、摇滚、座板标示桩的高程,中线桩应测至对岸鼻架端能达到的最远处。

③ 根据架桥现场的地形、道路状况,在推出岸的桥头规划出堆放桥梁部件、工具的位置和建桥器材车辆掉头的位置,使人工搬运距离最短,使用最方便。在对岸无法先期到达时,可将对岸座板和摇滚放在鼻架上,随桥架推出运送至对岸。

(2) 滚轴安置

滚轴分摇滚和平滚两种。摇滚设在推出岸和对岸的岸边,推出岸的摇滚用于桥架的推出,对岸的摇滚用于桥架的坐落,平滚安置在推出岸摇滚之后。

① 摇滚置于两岸的河边,其与河边的距离由地基承载力与土壤的静止角而定。摇滚的纵向(垂直于河流方向)位置设在桥座座板靠河边一侧,使桥梁最后就位时,桥头端柱落在座板的中心线上。摇滚与座板的距离为 1.0 m,不得小于 0.74 m。

② 平滚用来拼装桥梁,在推出岸摇滚之后每隔 5.7 m 安置一组平滚。对于本桥三排双层加强型桥梁,内排桁架占用里面平滚靠外面的一个,中外排桁架分别占用外面平滚的两个滚子。

③ 安置平滚之前要布置好滚轮样盘。

(3) 钢桥架设

钢桥采用悬臂推出法,鼻架为单排 8 节,双排 4 节,三排 2 节,总长 14 节,对岸用卷扬机牵引,架设时注意横梁安装在桁架的阴头端。

第一步:单排鼻架的拼装

① 在推出岸两边的每个摇滚上各竖放一片桁架,桁架的一端放在摇滚上,另一端放在临时垫木上,各片桁架的阴头朝前。

② 将第一根横梁置于前端竖杆后面(注意:放在阴头端),并将横梁底面内两排孔眼各自套入两片桁架上弦横梁垫板上的栓钉,用横梁夹具夹住,但不拧紧,待该横梁上的斜撑安装好之后才能将横梁夹具拧紧。

③ 安装第二节桁架,同时在前一节桁架的横梁上安装斜撑。

④ 在第二节桁架前端竖杆的后面安装横梁,用横梁夹具轻轻夹住,待横梁上斜撑安装好后再拧紧。

⑤ 安装第三节桁架,并在第一节桁架上安装抗风拉杆。

⑥ 根据两岸地面高差确定下弦接头数目,然后在鼻架下弦两桁架接头处安装下弦接头,并用桁架销子连接。

⑦ 依照上述拼装步骤循环进行,直至鼻架第 9 节单排桁架拼装完毕。

第二步：双排单层鼻架的拼装

① 在第 9 节接好的桁架外边,再各安装一片桁架,并在相邻两片桁架上弦杆的顶面安装支撑架,但不拧紧螺栓,使之构成临时框架。

② 在桁架中竖杆前安装横梁就位,然后装上横梁夹具,但暂不夹紧。

③ 把第二根横梁装在后端竖杆的前面,用横梁夹具夹住。

④ 将第三根横梁装在前端竖杆之后,与此同时在第二根横梁上安装斜撑。

⑤ 再安装次一节桥梁的内排桁架,同时在第一节桁架内安装抗风拉杆。

⑥ 安装第二节桥梁的外排桁架,同时旋紧第一节桥梁的支撑架、横梁夹具和抗风拉杆。

⑦ 按上述步骤安装到第 13 节。

第三步：三排单层鼻架的拼装

① 将第 14 节内排桁架连接在已装好的鼻架上。

② 将第二排桁架抬起置于平板或垫木上,并与安装好的鼻架对齐,用人扶着,使第一、第二排桁架上弦杆的顶面在同一高程上,然后在两桁架之间安装支撑架,待第一节桁架的横梁就位后,拧紧支撑架螺栓。

③ 安装第二节桥梁的第二排桁架。

④ 抬上第一节桥梁的第三排桁架,用人扶住,不让其倾倒。

⑤ 在第一节桁架中竖杆前安装横梁,用横梁夹具夹住,但不拧紧。

⑥ 在第一节桁架后端竖杆前,安装第二根横梁,用横梁夹具夹住,仍不夹紧。

⑦ 在第一节桁架前端竖杆后,安装第三根横梁,并在第二根横梁上安装斜撑。

⑧ 安装第一节桥梁的抗风拉杆,并在第二与第三排桁架前端竖杆上安装联板,然后拧紧所有的横梁夹具。

第四步：三排双层桥梁正桥的拼装

三排双层桥梁的拼装与三排单层桥梁的拼装方法一样,当完成四节三排单层的底层桥梁后,即开始安装第三节桥梁的上层桁架。每安装一节正桥桁架前必须先安装下一节中间那片桁架,让中间这片桁架先装一节。

为了装拆方便,只装双层桥梁上层桁架的销子,均由里往外插,故次一节的外排桁架必须在前一节的中排桁架安装之前装上,否则外排桁架的销子就无法装上。

第五步：钢桥面板的铺设

钢桥桥面架设与桥体架设顺序相反：

① 架设每节桥面板。桥面板的架设顺序由中央桥面板开始,往两边分别架设标准的桥面及路缘板。

② 整节桥面板架设好后,U 形螺栓只需拧紧。

③ 按顺序逐节安装桥面板。

④ 检查调整整桥桥面板,使之整齐、平整,然后紧固所有 U 形螺栓和 L 形螺栓。

第六步:桥梁拉出、落位

① 所有 321 钢桥装配齐全后,检查连接钢销及螺栓,做好牵引准备。

② 在汶川岸设置转线地锚。地锚采用挖掘机开挖,人工回填砾石,做成重力式地锚。此地锚需考虑两个转线:一是牵引转线,二是制动尾绳转线。根据桥梁质量及平滚数量,经计算钢桥推出的摩擦力为 130 kN 左右,故牵引力按 5 t 卷扬机走 4 线滑车组的方式进行牵引。制动尾绳采用 5 t 卷扬机走单线,起保险作用。

③ 牵引时注意及时调整对岸平滚的位置及角度,如桥位调正后可将对岸平滚方向与桥轴线垂直,不再对桥轴线进行调整。

④ 当鼻架过江后支承于桥台上,可根据牵引进度适时拆除多余的鼻架。

⑤ 桥梁落位采用 4 个 50 t 千斤顶,或根据实际情况进行调整。汶川岸场地较好,桥梁落位采用 50 t 吊车,直接落位;映秀岸采用 4 个 50 t 千斤顶进行落位,上好桥座板。落位时注意需单边落位,待一方完成后再落另一岸。

5. 钢桥保通措施

(1) 根据设计要求准确定位桥台的平面位置,在下放时随时控制好其垂直度避免倾斜。

(2) 钢围笼回填级配较好的砾石,确保回填质量。

(3) 在全部钢桥完全贯通后,对全桥各部位进行全面检查,对连接梁及横梁的 U 形螺栓进一步紧固,及时发现问题和排除隐患,确保钢桥质量。

(4) 各构件焊接要焊透,长度满足要求。螺栓连接应将螺栓拧紧,使用一段时间后安排专人检查加固。

(5) 实行交通管制,车辆行驶严格按限速要求,禁止急停、加速,单车限速 5 km/h,限重 20 t。

(6) 洪汛期间,安排专人观察水位,检查冲刷深度,当水位超出设计水位时,应采取顶升措施;与水文部门及时联系,掌握水文变化情况。

(7) 在钢桥两端头设置限速牌、安全行驶标志、夜间警示标志,钢桥上设置照明灯及荧光标志,平台处设置大功率的照明灯,供夜间照明。

第五节 平武县南坝镇涪江低水桥抢建

一、基本情况

平武县南坝镇原本有一条二级公路穿镇而过,"5·12"汶川特大地震造成南坝镇山体崩塌,桥梁垮塌,数百名重伤员和2万多名群众被困在涪江对岸。受涪江段堰塞湖溃堤威胁,北面是山,南面是涪江,外运伤员内运物资,只能靠一条小船摆渡,致使平武县重灾区南坝镇一度成为孤岛,渡河问题成为当地抗震救灾最大的障碍。

二、抢通技术方案

在对涪江流速、水深、江幅等进行认真的勘察和计算后,确立了充分利用就便器材,架设低水桥的处置方案及基本施工方案,如图10-15所示。

图10-15 渡船与桥位

三、低水桥抢建实施

1. 堆砌桥脚

(1)对于靠近岸边、水浅、流缓的位置,直接从河床底部搬运块石堆砌成桥脚基础,而后在块石基础上堆砌沙包形成桥脚。

(2)对于靠近合龙段、水深、流急的桥脚,首先在河床中打入用于固定钢丝笼的钢钎,而后分层铺设钢丝笼,在钢丝笼内填充沙包直到预定高度。

(3) 对于水深、流急、人员难以立脚的合龙段桥脚,事先在岸上制作由钢管、万能连接件以及钢丝网组成的钢性骨架,而后使用吊车将骨架吊运至桥脚位置,最后向骨架内抛填沙袋形成堆砌桥脚。

2. 铺制桥面

在桥脚施工完成后,利用倒塌民房上的木材与竹材等制作桥面。

四、任务完成情况

在江水湍急、建材短缺的情况下,800 多名解放军应急抢险官兵就地取材,用水泥板和江中石块编织铁丝笼堆成桥墩,利用倒塌房屋上的木材、山上竹竿等材料作为桥面器材,砍伐竹竿 5 000 多根,装填石袋 60 000 多个,搬运圆木 200 多根,填压水泥板 3 000 多块,推填土方 2 000 多 m^3,经过 5 个昼夜的奋战,成功架通长 160 m、宽 3.5 m 的涪江低水桥,打通了南坝镇抗震救灾的生命线,为南坝镇救灾和灾后重建赢得了主动,创造了条件。

第六节 宝成铁路 109 隧道震灾抢险整治

一、基本情况

宝成铁路是连接我国西北和西南的交通大动脉,是进出四川的最快捷运输大通道。"5·12"汶川特大地震导致宝成铁路 109 隧道多处山体崩塌、行进机车被毁、油罐列车洞内起火燃烧,工程严重受损,交通运输中断。能否在最短时间内抢通 109 隧道,恢复宝成铁路运营,成为当时全国抗震抢险中广泛关注的焦点。

面对突发的特大自然灾害,参与宝成铁路 109 隧道抢险的专业技术人员反应迅速、准确应对,仅用 2 天时间就提交了隧道加固方案,2 天时间完成了隧道加固实现通车,3 天时间完成了改线勘测,6 天时间完成了改线站前施工图,为抗震抢险工作提供了强有力的技术支持。

二、宝成铁路 109 隧道工程概况及震害情况

1. 隧道工程概况

109 隧道位于宝成铁路徽县车站南端,始建于 1954 年,原为窄夹子 1 号 (192.23 m)及窄夹子 2 号(333.02 m)两座隧道,由于两隧道间边坡高陡,常有落石危及行车安全。窄夹子 1 号隧道北口 1968 年 3 月 28 日发生塌方 100 余 m^3,将 1 台机车和 2 节车皮推下嘉陵江,1972 年接棚洞 67.1 m;窄夹子 2 号

隧道出口因落石1971年接长明洞18.06 m,1982年再次接长棚洞89.57 m;该隧道前后4次共计接长明洞200.82 m,现全长726.07 m。

2. 隧道区地质环境

109隧道位于嘉陵江上游秦岭岭南低中山峡谷区,该段河谷宽约50~100 m,两岸山坡高陡,自然坡度为40°~85°,相对高差为200~400 m。出露岩性为石炭系下统巨厚层灰岩,受构造及风化作用影响,垂直长大节理和缓倾角(20°~30°)结构面发育,危岩落石及崩塌等不良地质现象多发,地质环境条件恶劣。

3. 隧道区震灾情况

"5·12"汶川特大地震对宝成铁路109隧道区造成的危害总体上表现为两大方面:一是地震引发山体崩塌造成的直接工程损毁及诱发的次生地质灾害,主要表现为3处大崩塌和1处堰塞湖(表10-1);二是地震作用和诱发的洞内油罐大火,二者叠加对隧道主体结构产生损坏,其主要灾害类型为隧道主体开裂、掉块,衬砌表层剥落,拱脚或拱腰错台,棚洞T梁损毁等。

表10-1 宝成铁路109隧道区地震崩塌灾害情况表

名称	崩塌特征	工程危害
隧道对岸公路崩塌	边坡高160 m,宽80 m,崩塌后壁坡度约75°,岩性为石炭系下统巨厚层灰岩。崩塌堆积体呈扇形,坡度约35°,宽70 m,长45 m,体积约2万m³,为"5·12"地震形成的中型崩塌	崩塌掩埋公路长约88 m,阻断了隧道救援抢险通道
隧道进口端崩塌	边坡高120 m,宽160 m,崩塌后壁近直立,岩性为石炭系下统巨厚层灰岩。崩塌堆积体呈三角形,坡度约40°,宽200 m,长120 m,体积约12万m³,为"5·12"地震形成的大型崩塌	崩塌损坏进口端隧道180 m,堵塞嘉陵江,形成长达3.5 km的堰塞湖,危及上下游居民及铁路、公路安全
隧道出口端崩塌	边坡高120 m,宽150 m,崩塌后壁陡立,岩性为石炭系下统巨厚层灰岩。崩塌堆积体呈扇形,坡度约40°,宽150 m,长35 m,体积约2万m³,为"5·12"地震形成的中型崩塌	崩塌砸毁出口端棚洞80 m,拦石墙及路堑墙36 m,并造成列车出轨,引发洞内油罐起火燃烧

三、109隧道抢险加固整治

1. 109隧道抢险工作面临的主要困难及工作重点

(1)面临的主要困难

① 地震造成载有航空油罐的列车在隧道内脱轨燃烧,燃烧产生的大火、高温

和有害气体阻止了救援人员的靠近,对及时查明灾害受损情况带来了巨大困难。

② 三处大地震崩塌体及诱发的堰塞湖等次生地质灾害给抢险工作带来了极大挑战。

(2) 工作重点

① 第一时间对隧道的受损情况、修复的可行性做出预判,为抢险决策提供依据。

② 及时对隧道损坏情况进行分析,提出修复加固设计方案,为抢险人员、物资、设备调集及实施提供依据。

③ 及时对隧道区地震崩塌体、堰塞湖等次生地质灾害进行调查,对其稳定性及发展趋势加以准确评判,提出切实可行的清除、加固设计措施,指导抢险施工。

④ 对隧道区总体震害情况及长期运营安全进行分析评判,同步开展改线方案研究、勘测设计工作,为根治灾害提供依据。

2. 109 隧道抢险应遵循的原则

(1) 隧道抢险方案应有利于 109 隧道的快速抢通,隧道恢复加固措施应具备能够快速施工和安全的特点。

(2) 鉴于洞内大火扑灭前难以进入查明具体受损情况,前期恢复方案的制定应具有系统性和前瞻性,应充分考虑到地震与火灾共同组合的各种不利影响,制定预案和对策。

(3) 鉴于地震与火灾对既有工程安全影响严重,在抢通的同时,必须着眼长远,研究制定新线改建方案,以根治灾害。

(4) 新线改建应坚持地质选线的原则,以避免次生地质灾害的威胁,保证工程的长期运营安全。

3. 109 隧道洞外灾害抢险加固整治措施

(1) 隧道对岸公路崩塌灾害整治

对掩埋公路的崩塌堆积体迅速清除,疏通道路,同时设立观察哨指挥交通,确保抢险通道的安全顺畅。

(2) 隧道进口端崩塌灾害整治

对新形成的地震崩塌高陡崖壁,为防止其进一步风化剥落、坍塌危及隧道洞身及河道安全,进行挂网喷护。对崩塌堆积体堵塞河道形成的堰塞湖危害,根据危害的时效性加以分步治理。第一步,及时疏通,确保湖水上涨不淹没抢险公路通道;第二步,根据预测的当年汛期可能出现的最大洪峰流量进行计算设计,实施顶面宽度为 40 m,深度不小于 5 m 的河道疏浚工程,以保证修复后的宝成铁路及上下游居民安全度汛;第三步,根据推算的本段嘉陵江百年一遇洪峰流量和工程需要,对堰塞坝进行清理,以根除隐患。

(3)隧道出口端崩塌灾害整治

清除崩塌堆积体,拆除被毁坏的棚洞,边坡挂网喷护,局部开裂块体用锚索加固,先行恢复通车;其后恢复钢棚洞,加固受损挡墙,确保运营安全。

(4)隧道洞内灾害抢险加固措施

根据地震及火灾对隧道洞内工程的实际损坏情况,分别采取有针对性的加固措施(表10-2)。

表10-2 隧道洞内加固措施一览表

损伤程度	损伤表现特征	加固措施
轻度损伤	混凝土表面基本完好,构件无空鼓、无明显裂缝	基本不处理,局部喷锚修补
中度损伤	抹灰层基本剥落和大面积内鼓,表面有裂缝或局部损伤	采用R32N自进式锚杆加固,并挂$\phi 8$ mm钢筋网喷C20混凝土嵌补,局部设钢架加强
严重损伤	裂缝较多、掉块现象严重、局部坍塌、混凝土表层出现酥碎、强度明显降低	设钢架、喷混凝土并挂网,同时采用R32N自进式锚杆注浆加固
极严重损伤	衬砌坍塌、混凝土失效	衬砌拆换

四、经验教训

109隧道抢险抢通及改线工程,于2008年11月12日全部完成并开通运营。结合实战抢险,总结以下经验教训:

(1)健全和完善的应急机制是保证抢险工作顺利进行的基础。当灾难发生时,应迅速启动应急抢险预案,短时间内完成抢险队伍、物资的集结和运输,为救援工作赢得宝贵时间。

(2)坚持科学抢险的工作思路,才能针对灾害特点制定出科学合理的工作程序和工程抢险措施,使抢险工作各环节间有序衔接、忙而不乱。

(3)抢险工作必须坚持快速行动、灵活务实的作风。抢险专业人员只有深入一线,及时根据现场情况调整和完善抢险加固措施,才能指导施工,快速完成抢险工作。

(4)山区交通工程建设过程中,只有高度重视地质工作,才能有效避免和减轻包括地震在内的各种自然灾害及其次生灾害的影响。

参考文献

一、专著

[1] 陈发智,沈昌礼. 交通保障学[M]. 北京:解放军出版社,1996.

[2] 陈乐生. 汶川地震公路震害调查 地质灾害[M]. 北京:人民交通出版社,2012.

[3] 陈乐生,庄卫林,赵河清,等. 汶川地震公路震害调查 桥梁[M]. 北京:人民交通出版社,2011.

[4] 陈云鹤. 公路应急交通保障[M]. 北京:国防工业出版社,2013.

[5] 重庆市交通委员会. 道路危险货物运输从业人员培训教材[M]. 北京:人民交通出版社,2009.

[6] 道路客货运输驾驶员继续教育培训教材编写组. 道路客货运输驾驶员继续教育培训教材[M]. 3版. 北京:人民交通出版社股份有限公司,2016.

[7] 杜继稳. 降雨型地质灾害预报预警——以黄土高原和秦巴山区为例[M]. 北京:科学出版社,2010.

[8] 湖北省防汛抗旱机动抢险总队. 水利工程防汛抢险技术[M]. 北京:中国水利水电出版社,2016.

[9] 黄成光. 公路隧道施工[M]. 北京:人民交通出版社,2001.

[10] 黄光成. 隧道工程[M]. 北京:人民交通出版社,2001.

[11] 简文彬,吴振祥. 地质灾害及其防治[M]. 北京:人民交通出版社股份有限公司,2015.

[12] 江苏省交通运输厅,江苏省公安厅. 安全与节能驾驶读本[M]. 北京:人民交通出版社,2009.

[13] 交通运输部工程质量监督局. 公路水运工程施工安全标准化指南[M]. 北京:人民交通出版社,2013.

[14] 交通运输部工程质量监督局. 公路水运工程施工企业安全生产管理人员考核培训教材(公路分册)[M]. 北京:人民交通出版社,2011.

[15] 李东林,宋彬. 地质灾害调查与评价[M]. 武汉:中国地质大学出版社有限

责任公司,2013.

[16] 李光林,刘波. 公路路面机械装备与使用技术[M]. 北京:人民交通出版社,2010.

[17] 李继业,张庆华,郗忠梅,等. 河道堤防工程抢险防护实用技术[M]. 北京:化学工业出版社,2013.

[18] 李家春,田伟平,马保成,等. 公路地质灾害防治指导手册[M]. 北京:人民交通出版社,2010.

[19] 李志刚. 路面器材技术与应用[M]. 北京:国防工业出版社,2012.

[20] 刘宝兴. 路基工程新技术实用全书(第二卷)[M]. 北京:海潮出版社,2001.

[21] 刘传正. 重大地质灾害防治理论与实践[M]. 北京:科学出版社,2009.

[22] 刘伦华,张流趁. 地质灾害调查与评估[M]. 北京:地质出版社,2014.

[23] 彭富强. 公路养护技术与管理[M]. 北京:人民交通出版社,2010.

[24] 山东黄河河务局. 堤防工程抢险[M]. 郑州:黄河水利出版社,2015.

[25] 佘小年,傅鹤林,罗强,等. 公路滑坡崩塌地质灾害预测与控制技术[M]. 北京:人民交通出版社,2010.

[26] 四川省交通运输厅. 汶川地震公路抗震技术文集——纪念汶川特大地震两周年[M]. 成都:四川人民出版社,2010.

[27] 唐永健,庄卫林,吉随旺. "5·12"汶川大地震四川灾区公路应急调查与抢通[M]. 北京:人民交通出版社,2008.

[28] 危险货物道路运输安全检查实用手册编写组. 危险货物道路运输安全检查实用手册[M]. 北京:人民交通出版社,2015.

[29] 吴有铭. 公路交通应急管理体系构建理论与方法[M]. 北京:人民交通出版社,2011.

[30] 伍石生,郭平,张倩. 公路养护与抢修实用技术[M]. 北京:人民交通出版社,2008.

[31] 武警交通应急救援工程技术研究所. 道路交通应急抢险抢通技术[M]. 北京:人民交通出版社,2012.

[32] 武警交通应急救援工程技术研究所. 道路交通应急抢险抢通技术指南[M]. 北京:人民交通出版社股份有限公司,2017.

[33] 武警交通指挥部司令部. 应急救援实用知识手册[M]. 北京:人民交通出版社股份有限公司,2017.

[34] 武警水电第三总队. 应急抢险救援实践与探索[M]. 成都:西南交通大学出版社,2011.

[35] 向波,蒋劲松,李本伟,等. 公路应急抢通保通技术手册[M]. 北京:人民交通出版社股份有限公司,2018.

[36] 杨文渊,徐犇. 简明公路施工手册[M]. 3版. 北京:人民交通出版社,2010.

[37] 殷坤龙,张桂荣,陈丽霞,等. 滑坡灾害风险分析[M]. 北京:科学出版社,2010.

[38] 应急救援系列丛书编委会. 应急救援案例精选与点评[M]. 北京:中国石化出版社,2008.

[39] 尤晓暐. 公路养护与管理[M]. 北京:中国电力出版社,2009.

[40] 张国胜. 道路清障救援从业人员素质教育读本(装备分册)[M]. 北京:人民交通出版社股份有限公司,2017.

[41] 张乃平,夏东海. 自然灾害应急管理[M]. 北京:中国经济出版社,2009.

[42] 赵启林,刘洪兵,翟可为,等. 桥梁应急加固与抢修工程[M]. 北京:国防工业出版社,2013.

[43] 郑杰. 最新交通工程施工新技术实用手册[M]. 北京:时代传播音像出版社,2003.

[44] 郑颖人,陈祖煜,王恭先,等. 边坡与滑坡工程治理[M]. 2版. 北京:人民交通出版社,2010.

[45] 中国军事后勤百科全书编审委员会. 中国军事后勤百科全书(军事交通卷)[M]. 北京:金盾出版社,2002.

[46] 中国科学院兰州冰川冻土研究所. 雪崩及其防治[M]. 北京:科学出版社,1979.

[47] 中国人民解放军总参谋部军训和兵种部. 军用道路[M]. 北京:解放军出版社,2005.

[48] 中国人民武装警察部队交通指挥部. 武警交通部队士兵职业技能鉴定标准(汽车、工程机械类)[M]. 北京:人民交通出版社,2013.

[49] 中华人民共和国国家统计局. 中国统计年鉴 2017[M]. 北京:中国统计出版社,2017.

[50] 中华人民共和国交通运输部. 汶川地震公路桥梁震害图集[M]. 北京:人民交通出版社,2009.

[51] 钟连德,侯德藻,武珂缦,等. 公路施工作业区交通安全保障技术[M]. 北京:人民交通出版社,2012.

[52] 朱峰. 公路工程施工[M]. 北京:机械工业出版社,2010.

二、期刊论文

[1] 常向东,杜建革,孟辉,等. 陕西省渭南、铜川两市公路养护工人3 189例健康调查[J]. 交通医学,2009,23(3):258-259.

[2] 程飞,常向东. 公路养护工人640例健康状况调查分析[J]. 交通医学,2006,20(3):336,338.

[3] 程敬忠. 巩固深化"两个教育"成果 推动部队各项工作[J]. 河南消防,2002(8):10-11.

[4] 冯宪书,孙爱霞. 高技术战争条件下的交通保障[J]. 国防交通工程与技术,2003,1(1):13-15.

[5] 奉武贵,郭枝明,李兵枝. 山体崩塌阻塞道路抢通与预防处治技术[J]. 中国公路,2013(23):128-129.

[6] 龚鹏飞. 道路交通突发事件分类与分级[J]. 灾害学,2013,28(1):45-49.

[7] 管满泉. 论道路交通事故应急救援体系的构建[J]. 中国人民公安大学学报(自然科学版),2006,12(3):83-87.

[8] 郭秋红,魏建邦. 搞好理想与奉献教育强化官兵的职业道德[J]. 青海师范大学民族师范学院学报,2003,14(1):49-50.

[9] 胡建华. 浅谈汽车驾驶员心理现象与安全行车的关系[J]. 科技致富向导,2014(14):149.

[10] 胡立成,赵世宜,吴娟,等. 重大地震灾害公路军事运输保障研究[J]. 国防交通工程与技术,2009,7(4):3-5.

[11] 江永贝,陆维特,郑宇,等. 浙江省高速公路养护安全生产管理问题及对策探析[J]. 北方交通,2013(1):126-129.

[12] 康进辉,王洪新. 北京地区自然灾害救援中道路抢通施工[J]. 水利水电快报,2018,39(6):46-48.

[13] 李峰宇,王建国,刘重春,等. 机场道面润滑软毁伤抢修评估与分级[J]. 后勤工程学院学报,2011,27(1):51-57.

[14] 李红,刘益新,张爱莲. 公路养护女工职业健康状况调查[J]. 贵州医药,2008,32(1):82.

[15] 刘克俭,张鄂,张晓芹,等. 不同公路养护作业环境有害因素的检测与评价[J]. 中华劳动卫生职业病杂志,2006,24(11):673-675.

[16] 刘肖缨. 探讨道路运输从业人员的职业道德及社会责任感[J]. 中国经贸,2013(16):75.

[17] 罗松涛,翟耀武,闵代洪."5·12"地震后道路抢通过程中的成功做法[J].

水利水电技术,2008,39(8):55-56.

[18] 孟祥连. 宝成铁路109隧道震灾特征及抢险整治措施[J]. 铁道工程学报,2009,26(6):91-93.

[19] 沈忠仁,何小涛,刘晓宇. 反思公路应急抢通保通[J]. 中国公路,2013(24):90-94.

[20] 宋书斌. 公路运输"保畅通"对策探析[J]. 国防,2013(7):66-67.

[21] 苏红云. 道路抢险抢通救援装备及技术[J]. 建设机械技术与管理,2011(11):95-103.

[22] 王建宇,丘创逸. 应急救援人员的职业危害及其预防控制[J]. 国际医药卫生导报,2009,15(21):10-15.

[23] 王剑锋. 救援抢通装备效能评估[J]. 安全与环境工程,2017,24(5):21-25.

[24] 王楠楠. 震后公路边坡崩塌灾害评估与对策研究 从抢通保通到恢复重建:公路边坡崩塌启示录[J]. 交通建设与管理,2013(5):37-38.

[25] 王素光. 地震损毁公路的抢通抢建方法[J]. 江西建材,2016(13):150-151.

[26] 王芸. 试论工程设计人员的职业道德建设[J]. 石油化工管理干部学院学报,2004(1):62-64.

[27] 熊友山,邓长青,王庆. 震灾与公路抢通[J]. 中外公路,2008,28(5):16-20.

[28] 薛军. 灌浆法在路面抢修中的应用分析[J]. 河南科技,2014(15):159.

[29] 杨涛,宋杨珑. 自然灾害损毁道路应急抢通技术[J]. 水利水电技术,2014,46(5):5-8.

[30] 杨亚. 公路养护工程病害成因分析及处治对策[J]. 黑龙江交通科技,2013(9):10.

[31] 于志军,刘清伟. 抢险救灾道路抢通战法探索与研究[J]. 工程技术,2015(55):281.

[32] 于志军,刘清伟,曲万山,等. 抢险战法探索与研究[J]. 消防界,2015(3):56-57.

[33] 袁维. 公路养护技术与病害防治研究[J]. 城市建设,2010(5):131.

[34] 张金美,张宏建,曾智刚. 制式应急桥梁在抢险救援中的应用研究[J]. 中国应急救援,2016(5):19-22.

[35] 张学红. 高速公路养护员工作满意度影响因素调查[J]. 科技广场,2013

(6):176-180.

[36] 张亚洲,詹登民. 地震震损道路应急抢通技术研究[J]. 四川水力发电,2014,33(s1):35-39.

[37] 张玉鹏. 山区道路滑坡体应急救援技战法浅析[J]. 交通节能与环保,2016,12(4):52-55.

[38] 周强. 震后公路隧道抢通技术[J]. 交通科技与经济,2012,14(5):34-38.

[39] 庄卫林,蒋劲松. 四川公路桥梁震后抢通、保通及恢复技术[J]. 西南公路,2010(2):33-37.

三、其他

[1] 曹栩锋. 公路地质灾害应急抢通技术研究[D]. 淮南:安徽理工大学,2014.

[2] 陈华卫. 汶川地震后公路设施的灾害评估与恢复技术研究[D]. 西安:长安大学,2011.

[3] 陈乐生. 汶川大地震公路抢通与保通[C]//湖北公路交通防灾救灾安保工程专家论坛专辑,2008.

[4] 程超. 喷射硫铝酸盐混凝土紧急抢修机场道面研究[D]. 长沙:湖南大学,2015.

[5] 崔玉红,王娟,严宗达. 国外道桥路面快速抢修技术研究述评(二)[C]//全国结构工程学术会议,2004:471-478.

[6] 江瑞. 云南国省干线公路自然灾害应急管理机制研究[D]. 昆明:云南财经大学,2015.

[7] 孔福利. 爆破技术在地质灾害处理中的应用[C]//多样化军事任务中的工程保障技术论文集(抗震救灾篇),2009.

[8] 李春. 地方干线公路桥梁与隧道突发断道应急抢修技术研究[D]. 重庆:重庆交通大学,2012.

[9] 李东涛,王书平,尉泽辉. 高速公路在自然灾害下的风险防范与救援[C]//公路应急和风险管理国际研讨会论文集. 北京:人民交通出版社,2010:256-261.

[10] 刘富强. 养路工劳动过程中的粉尘危害及其对疲劳的影响[D]. 武汉:华中科技大学,2008.

[11] 欧阳天烽. 山区城市快速干道突发灾害预防及快速抢通技术研究[D]. 重庆:重庆交通大学,2010.

[12] 深圳航天科技创新研究院. Q/TJ 0003—2011 无机聚合物混凝土施工及验

收规范[S].2011.
- [13] 四川省交通运输厅公路规划勘察设计研究院. 汶川地震公路震害评估、机理分析及设防标准评价[R]. 2011.
- [14] 王辉. 南京公路自然灾害应急预案的工程设计及应用[D]. 南京:东南大学,2016.
- [15] 王莉. 高速公路桥梁病害分析与山区桥梁灾害防治[D]. 长沙:湖南大学,2010.
- [16] 武冯炜. 公路养护职工的工作压力管理研究[D]. 昆明:云南财经大学,2017.
- [17] 谢正理,祁鹏. 长大隧道涌突水发生机理研究[C]//中国公路建设行业协会. 全国公路建设与养护优秀论文集. 北京:人民交通出版社,2010:153-161.
- [18] 张帆. 高速公路隧道群应急策略研究[D]. 重庆:重庆交通大学,2018.
- [19] 张冠洲,张小伟,凌亮. 堰塞湖松散介质中微震爆破技术研究[C]//多样化军事任务中的工程保障技术论文集(抗震救灾篇),2009.
- [20] 张家平. 黑龙江省公路风吹雪灾害时空分布与防治技术研究[D]. 西安:长安大学,2012.
- [21] 张启龙. 公路交通防减灾预案的研究[D]. 西安:长安大学,2015.
- [22] 中华人民共和国铁道部. 铁路线路抢建技术规程(试行)[S].1996.